Ludmila Schubert

UKRAINISCH
für
Anfänger und Fortgeschrittene

Ludmila Schubert

UKRAINISCH
für
Anfänger und Fortgeschrittene

Übungen und Dialoge
als MP3-Dateien zum Download

2., überarbeitete Auflage

2008

Harrassowitz Verlag · Wiesbaden

Download der Sprachbeispiele unter
https://www.harrassowitz-verlag.de/isbn_9783447057660.ahtml

Der Text des ukrainischen Schriftstellers und Journalisten Roman Fedoriw (1930–2001) auf dem Umschlag lautet in der Übersetzung:
Auf dem belebten Platz mitten in Europa wurde unsere Sprache Jahrhunderte lang … öffentlich gepeinigt: Sie wurde verboten, verhöhnt, von eigenen Kindern verraten, von Fremden ignoriert. Und jedes Mal … ist sie aus Schutt und Asche auferstanden, um der ganzen Welt zu erklären: ich lebe, ich bin die Sprache des Volkes, das aufwärts geht.
(Zitiert nach: Z. Terlak, O. Serbens'ka »Ukrainskij jazyk dlja načinajuščix«, L'viv, Svit 2000, S. 183)

Bibliografische Information der Deutschen Nationalbibliothek
Die Deutsche Nationalbibliothek verzeichnet diese Publikation in der Deutschen
Nationalbibliografie; detaillierte bibliografische Daten sind im Internet
über https://dnb.de abrufbar.

Bibliographic information published by the Deutsche Nationalbibliothek
The Deutsche Nationalbibliothek lists this publication in the Deutsche
Nationalbibliografie; detailed bibliographic data are available in the internet
at https://dnb.de.

Informationen zum Verlagsprogramm finden Sie unter
http://www.harrassowitz-verlag.de

© Otto Harrassowitz GmbH & Co. KG, Wiesbaden 2008, 2012, 2022
Das Werk einschließlich aller seiner Teile ist urheberrechtlich geschützt.
Jede Verwertung außerhalb der engen Grenzen des Urheberrechtsgesetzes ist ohne
Zustimmung des Verlages unzulässig und strafbar. Das gilt insbesondere
für Vervielfältigungen jeder Art, Übersetzungen, Mikroverfilmungen und
für die Einspeicherung in elektronische Systeme.
Gedruckt auf alterungsbeständigem Papier.
Druck und Verarbeitung: docupoint, Barleben
Printed in Germany
ISBN 978-3-447-05766-0

Inhalt

Vorwort	IX
Das ukrainische Alphabet	XI
Landkarte der Ukraine	XIII

Einführungskurs

Lektion 1 3
    Alphabet: **А а, Е е, І і, О о, К к, М м, Т т**
    Allgemeine Rechtschreib- und Lautregeln
    Buchstaben und Laute

Lektion 2 4
    Alphabet: **и, У у, В в, Н н, Р р, С с, Х х**
    Phonetik: **р, и**
    Die Wortbetonung

Lektion 3 6
    Alphabet: **Ю ю, Я я, Б б, Д д, Й й, Л л, П п**
    Phonetik: **с, сп, ст**
    Die Wortarten im Ukrainischen / Die Substantive
    Belebte und unbelebte Substantive / Eigennamen

Lektion 4 8
    Alphabet: **Є є, Ї ї, Г г, Ґ ґ, З з, Ф ф, Ц ц, ь**
    Phonetik, Orthographie: **ь, г, ґ**
    Doppelvokale und Doppelkonsonanten
    Das Genus der Substantive

Lektion 5 10
    Alphabet: **Ж ж, Ч ч, Ш ш, Щ щ**
    Phonetik: Die Zischlaute / Die zusammengesetzten Konsonanten
    Die Pronomen / Die Personalpronomen der 3. Person
    Die ukrainischen Namen

Lektion 6 13
    Das Alphabet (Zusammenfassung)
    Die Vokale und Konsonanten im Ukrainischen / Der Apostroph

Lektion 7 17
    Phonetik, Orthographie:
    Die Wiedergabe deutscher Eigennamen im Ukrainischen

Grundkurs

Lektion 1 21
    Der Satzbau / Die Satzintonation / Die Verneinung
    Die Partikel **чи** / Die Personalpronomen

Lektion 2 27
    Die Possessivpronomen der 1. und 2. Person
    Die Adverbien / Die Lokaladverbien
    Die Konjunktionen

Lektion 3 32
    Die Possessivpronomen der 3. Person
    Berufsbezeichnungen im Ukrainischen

Lektion 4 37
    Die Adjektive
    Die Qualitäts- und Beziehungsadjektive

Lektion 5 42
    Die Verben / Die Präsens-Konjugation der Verben (I)
    Die Adverbien der Art und Weise

Lektion 6 49
    Die Präsens-Konjugation der Verben (II)
    Die Temporaladverbien
    Das Genus der Substantive (Zusammenfassung)

Lektion 7 56
    Die Zahlwörter / Die Grundzahlen bis 30
    Die Präsens-Konjugation der Reflexivverben

Lektion 8 62
    Die Ordnungszahlen bis 30

Lektion 9 68
    Die Pluralbildung der Substantive, Adjektive und Possessivpronomen

Lektion 10 73
    Die Deklination der Substantive / Der Vokativ
    Das Präteritum der Verben

Lektion 11 79
    Der Präpositiv der Substantive

Lektion 12 87
    Das Futur der Verben
    Die Deklination der Adjektive und Possessivpronomen (Präpositiv)

Inhalt VII

Lektion 13 96
    Der Präpositiv Singular belebter Maskulina
    Die Präpositionen на, в / у, по

Lektion 14 102
    Der Genitiv der Substantive
    Die Grund- und Ordnungszahlen bis 100 / Die Rektion der Grundzahlen

Lektion 15 114
    Die Verben der Fortbewegung
    Der Genitiv der Adjektive und Possessivpronomen

Lektion 16 124
    Der Akkusativ der Substantive, Adjektive und Possessivpronomen
    Die transitiven Verben der Fortbewegung

Lektion 17 138
    Die Deklination der Personalpronomen (Genitiv, Akkusativ)
    Substantivierte Adjektive / Die Modalverben

Lektion 18 146
    Der Dativ der Substantive, Adjektive und Possessivpronomen

Lektion 19 157
    Die Verbalaspekte
    Der Dativ und Präpositiv der Personalpronomen

Lektion 20 172
    Der Instrumental der Substantive, Adjektive und Possessivpronomen
    Die archaische Konjugation der Verben

Lektion 21 187
    Die Präfixbildungen der Verben
    Der Gebrauch des Apostrophs
    Der Instrumental der Personalpronomen

Lektion 22 195
    Der Konjunktiv
    Die Deklination der Substantive (Zusammenfassung)

Lektion 23 206
    Der Imperativ
    Die Deklination der Adjektive (Zusammenfassung)

Lektion 24 216
    Die Steigerung der Adjektive
    Die Reflexivverben / Das Genus der Verben
    Unpersönliche Reflexivverben

Lektion 25 226
    Die Steigerung der Adverbien
    Die Deklination der Possessivpronomen (Zusammenfassung)
    Das Possessivpronomen **свій**

Lektion 26 236
    Der Gebrauch des Genitivs
    Die Wortbildung der Substantive

Lektion 27 245
    Die Pronomen (Zusammenfassung)
    Die Grund- und Ordnungszahlen ab 200

Anhang

Abkürzungen 259
Grammatik 259
Lösungen der Aufgaben 289
Literaturverzeichnis 311

Vorwort

Das Lehrbuch „Ukrainisch für Anfänger und Fortgeschrittene" ermöglicht den Lernenden einen schnellen und ergebnisorientierten Zugang zur modernen ukrainischen Sprache, die durch zahlreiche Besonderheiten und Ausnahmen gekennzeichnet ist. Bereits vorhandene Kenntnisse können kontinuierlich erweitert und vervollständigt werden. Besonderer Wert wird darauf gelegt, den Lehrstoff mit alltäglichen Situationen und landeskundlichen Informationen zu verbinden, um so vor allem die kommunikativen Fähigkeiten zu entwickeln.

Der Einführungskurs verfolgt das Ziel, die Lernenden mit dem ukrainischen Alphabet, der Aussprache und Rechtschreibung, der kyrillischen Schrift sowie den Grundlagen der ukrainischen Grammatik vertraut zu machen. Im Grundkurs werden Grammatikkenntnisse kontinuierlich erweitert und ergänzt, wobei der Schwerpunkt auf der Morphologie liegt.

Wesentliches Merkmal des Lehrbuches ist die enge Verbindung zwischen Grammatik und Sprachpraxis. So wird von Beginn an jedes Grammatikthema nicht isoliert behandelt, sondern stets im Zusammenhang mit einem alltagsbezogenen Text eingeführt, ausführlich erklärt und durch entsprechendes Übungsmaterial veranschaulicht und gefestigt. Die Lexik umfasst typische Alltagssituationen und Standardthemen wie Studium, Familie, Beruf, Wohnen, Freizeit, Einkaufen, Sport, Reise, Hotel, Stadtbesichtigung, Orientierung u. a. Die Rechtschreibung entspricht dem neuesten Stand der Sprachentwicklung, der Schwierigkeitsgrad der Texte ist dem Lernfortschritt angepasst.

„Ukrainisch für Anfänger und Fortgeschrittene" wendet sich an Erwachsene mit und ohne Vorkenntnisse/n in anderen slawischen Sprachen. Es kann im Sprachunterricht an Universitäten, Volkshochschulen und anderen Bildungseinrichtungen sowie im Selbststudium benutzt werden und ist auch für Nicht-Philologen gut geeignet.

Das im Buch verwendete Lehrmaterial ist im Laufe meiner langjährigen Lehrtätigkeit erarbeitet, systematisiert und getestet worden. Ich danke deshalb allen meinen ehemaligen Schülern für ihr großes Interesse und Engagement. Mein herzlicher Dank gilt meiner Familie – das Erscheinen dieses Buches wäre ohne ihr großes Verständnis und ihre tatkräftige Hilfe nicht möglich geworden. Für die Mithilfe bei der Erstellung einzelner Lektionen möchte ich mich insbesondere bei meinem Sohn Michael bedanken, der mehrere Kapitel in eigener Verantwortung entworfen und gestaltet hat. Für die stets freundliche Betreuung und Unterstützung danke ich Frau Dr. Barbara Krauß vom Harrassowitz Verlag.

Bergheim, im April 2008   Ludmila Schubert

Das ukrainische Alphabet

Buchstabe			Name	Aussprache	Transl.
А а	*А а*	*Аа*	a / а	a (**S**and)	a
Б б	*Б б*	*Бб*	be / бе	b (**B**and)	b
В в	*В в*	*Вв*	we / ве	w (**W**and)	v
Г г	*Г г*	*Гг*	he / ге	h (**H**and)	h
Ґ ґ	*Ґ ґ*	*Ґґ*	ge / ґе	g (**G**ans)	g
Д д	*Д д*	*Дд*	de / де	d (**D**amm)	d
Е е	*Е е*	*Ее*	e / е	e (**F**ett)	e
Є є	*Є є*	*Єє*	je / є	je (**j**etzt)	je
Ж ж	*Ж ж*	*Жж*	she / же	sh / g (**G**enie)	ž
З з	*З з*	*Зз*	se / зе	s (**S**ohn)	z
И и	*И и*	*Ии*	y / и	y / i (**T**isch)	y
І і	*І і*	*Іі*	i / і	i (**I**gel)	i
Ї ї	*Ї ї*	*Її*	ji / ї	ji (**K**yjiw)	ji
Й й	*Й й*	*Йй*	jot / йот	j (**J**od)	j
К к	*К к*	*Кк*	ka / ка	k (**A**kt)	k
Л л	*Л л*	*Лл*	el / ел	l (**l**amp) *hart*	l
М м	*М м*	*Мм*	em / ем	m (**M**ost)	m
Н н	*Н н*	*Нн*	en / ен	n (**N**est)	n
О о	*О о*	*Оо*	o / о	o (**M**orgen)	o
П п	*П п*	*Пп*	pe / пе	p (**P**reis)	p
Р р	*Р р*	*Рр*	er / ер	r (**T**irol)	r
С с	*С с*	*Сс*	es / ес	ss (mu**ss**)	s
Т т	*Т т*	*Тт*	te / те	t (**A**tlas)	t
У у	*У у*	*Уу*	u / у	u (**L**ust)	u
Ф ф	*Ф ф*	*Фф*	ef / еф	f (**o**ft)	f
Х х	*Х х*	*Хх*	cha / ха	ch (a**ch**t)	x
Ц ц	*Ц ц*	*Цц*	tse / це	ts / z (**Z**ug)	c
Ч ч	*Ч ч*	*Чч*	tsche / че	tsch (Ma**tsch**)	č
Ш ш	*Ш ш*	*Шш*	scha / ша	sch (**Sch**ein)	š
Щ щ	*Щ щ*	*Щщ*	schtscha / ща	schtsch (Bor**schtsch**)	šč
ь	*ь*	*ь*	znak mjakschennja	*Weichheitszeichen*	'
Ю ю	*Ю ю*	*Юю*	ju / ю	ju (**J**uwel)	ju
Я я	*Я я*	*Яя*	ja / я	ja (**J**asmin)	ja

Das ukrainische Alphabet basiert auf dem kyrillischen und besteht aus 33 Buchstaben. Das Weichheitszeichen ь hat keinen Lautwert, es bestimmt zusammen mit dem Apostroph ('), welches nicht zum Alphabet gehört, die Aussprache des vorangehenden Konsonanten.

Zur Wiedergabe ukrainischer Eigennamen wird entweder die internationale Transliteration (Kyiv *bzw.* Kyjiv – statt Kiev, Kiew) oder die deutsche Umschrift (Kyjiw, Kyjiv) benutzt.

Landkarte der Ukraine

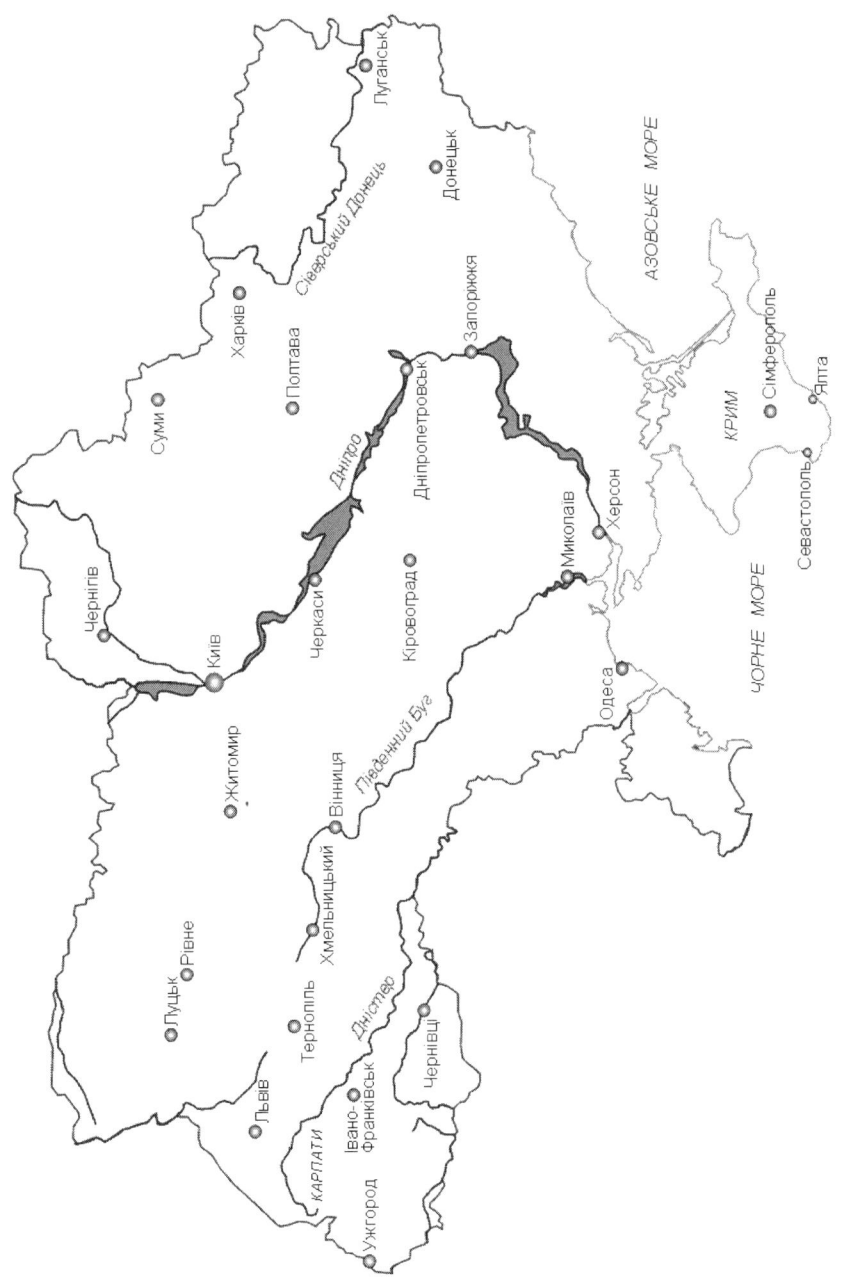

EINFÜHRUNGSKURS

LEKTION 1

Alphabet: A a, E e, I i, O o, K к, M м, T т
Allgemeine Rechtschreib- und Lautregeln
Buchstaben und Laute

| A a *Aa* | I i *Ii* | К к *Кк* | Т т *Тт* |
| E e *Ee* | O o *Oo* | М м *Мм* | |

Übung 1
Lesen Sie die folgenden Wörter:

ма́ма, ко́ма, а́том, те́ма, акт, такт, кака́о, мат, тома́т, коміте́т, Е́мма, О́тто, Те́о, Том, Мака́о, Кі́то, Ка́ма

Übung 2
Schreiben Sie die Buchstaben in Schreibschrift:

Aa Aa Ee Ee Ii Ii Oo Oo Kк Kк Mм Mм Tт Tт

Übung 3
Schreiben Sie die Wörter der Übung 1 in Schreibschrift ab.

Allgemeine Rechtschreib- und Lautregeln

Im Ukrainischen gibt es keine Artikel. Alle Substantive (außer der Eigennamen – Namen von Personen, Städten und Ländern) werden klein geschrieben. Die Vokale werden kurz und deutlich ausgesprochen, betonte etwas ausdrucksstärker. Die Konsonanten spricht man ohne Aspiration (*Behauchung*) aus.

Buchstaben und Laute

Ein Alphabet besteht aus Buchstaben, die verschiedene Laute graphisch darstellen. Man kann also die Buchstaben sehen und schreiben und die Laute hören und aussprechen. In manchen Sprachen besteht zwischen Form und Klang wesentlicher Unterschied. Im Ukrainischen ist dieser Unterschied gering.
Wenn man ein Wort buchstabiert, muss man den Namen jedes Buchstaben nennen, demzufolge buchstabiert man das Wort **такт** so: те-а-ка-те.

Übung 4
Buchstabieren Sie die Wörter der Übung 1.

Übung 5
Bilden Sie Wörter:

кта, аттк, мкао, аамм, оаакк, мттао, аемт, тмоа, атм, ттмкеіо

LEKTION 2

Alphabet: **и**, **У у**, **В в**, **Н н**, **Р р**, **С с**, **Х х**
Phonetik: **р**, **и**
Die Wortbetonung

| и | *и* | В в | *Вв* | Р р | *Рр* | Х х | *Хх* |
| У у | *Уу* | Н н | *Нн* | С с | *Сс* | | |

Übung 1
Lesen Sie die folgenden Wörter:

ра́ма, теа́тр, ка́рта, орке́стр, курс, сорт, ка́са, нерв, контра́кт, рестора́н, раке́та, хор, хара́ктер, матро́с, океа́н, автома́т, касе́та, астрона́вт, Ні́на, Ма́рко, Тама́ра, Рома́н, Христи́на, Тара́с, Ві́ра, Мака́р, Ха́рків, Ва́рна, Рим

Übung 2
Schreiben Sie die neuen Buchstaben und die Wörter der Übung 1 in Schreibschrift.

Übung 3
Schreiben Sie die folgenden Wörter in ukrainischer Schrift:

Toronto, Traktor, Motor, Ananas, Aachen, Saar, Achim, Mars, Marokko, Metro, Kontrast, Text, Kaktus, Kontakt, Start, Iran

Phonetik

Das ukrainische **р** wird wie das deutsche Zungenspitzen-**r** artikuliert.

Übung 4
Lesen Sie die Wörter vor. Beachten Sie die Aussprache von **р**.

к**р**ос, ка́**р**та, мото́**р**, к**р**ан, ко́**р**ок, ма́**р**ка, **р**есто**р**а́н, квад**р**а́т, **р**итм, к**р**ем, сати́**р**а, ту́**р**ок, Ма́**р**та, **Р**ома́н, Мака́**р**, А**р**а**р**а́т, То**р**о́нто, Са́**р**а, Хе**р**со́н, К**р**им, **Р**і́вне

Übung 5
Buchstabieren Sie die Wörter der Übung 4 und schreiben Sie sie ab.

Der Vokal **и** wird *etwa* wie das deutsche **i** im Wort „Tisch" ausgesprochen. Dieser Buchstabe steht niemals am Wortanfang und wird daher immer klein geschrieben.

Übung 6
*Vergleiche Sie die Aussprache von **и** und **i**:*

ки – кі, ми – мі, ти – ті, ви – ві, ни – ні, ри – рі
кит – кіт, мир – мі́ра, ви – він, ним – нім, рис – ріс, син – сі́но

Die Wortbetonung

In mehrsilbigen Wörtern wird eine Silbe normalerweise kraftvoller ausgesprochen als die anderen. Das heißt, diese Silbe ist betont. Es gibt verschiedene Regeln dafür, welche Silbe betont werden soll: im Tschechischen wird immer die erste, im Polnischen die vorletzte Silbe betont. Im Ukrainischen ist die Betonung beweglich, d. h. jede Silbe kann betont werden: ма́-ма (´ - / die *erste* Silbe), то-ма́т (- ´ / die *zweite* Silbe), рес-то-ра́н (- - ´ / die *dritte* Silbe). Manche Wörter haben mehr als eine Betonung, wie das Wort заку́ска – *Imbiss*. Hier darf man sowohl за́куска als auch заку́ска sagen. Es ist wichtig, von Anfang an auf die richtige Betonung zu achten. Eine falsch gesetzte Betonung kann das Wort akustisch und inhaltlich verändern, wie за́мок *(Schloss – Gebäude)* und замо́к *(Türschloss)*.
In diesem Lehrbuch sind Wörter, die aus mindestens zwei Silben bestehen, mit dem Betonungszeichen (´) versehen.

Übung 7
Ordnen Sie die folgenden Wörter nach Betonung und tragen Sie sie in die Tabelle ein.

такт, то-ма́т, ва́н-на, Ок-са́-на, но́-та, Ан-то́н, акт, кі-мо-но́, кон-та́кт, ко-мі-те́т, мі́-мі-ка, Мо́-ні-ка

–	´ –	– ´	´ – –	– ´ –	– – ´
такт	ва́нна	…			

Fügen Sie die Wörter der Übung 1 nach dem gleichen Prinzip in die Tabelle ein.

Übung 8
Schreiben Sie die buchstabierten Wörter auf und setzen Sie Betonungszeichen:

ка-ер-о-ес, ер-и-те-ем, ем-о-те-о-ер, ка-ве-а-де-ер-а-те, ес-а-те-и-ер-а, ка-а-ер-те-а, ер-о-ем-а-ен, те-о-ер-о-ен-те-о, ем-а-ка-а-ер

LEKTION 3

Alphabet: **Ю ю, Я я, Б б, Д д, Й й, Л л, П п**
Phonetik: **с, сп, ст**
Die Wortarten im Ukrainischen / Die Substantive
Belebte und unbelebte Substantive / Eigennamen

| Ю ю | *Юю* | Б б | *Бб* | Й й | *Йй* | П п | *Пп* |
| Я я | *Яя* | Д д | *Дд* | Л л | *Лл* | | |

Übung 1
Lesen Sie die folgenden Wörter:

бар, бана́н, ла́мпа, да́ма, дире́ктор, я́хта, юри́ст, симпа́тія, бюро́, диск, хі́мія, студе́нт, басе́йн, істо́рія, температу́ра, до́міно, трибу́на, демокра́т, Ната́лка, Бори́с, Оле́на, Дмитро́, Людми́ла, Па́вло, Ю́лія, Ю́рій, Лі́дія, Оде́са, Полта́ва, Рейн, Берлі́н, Бре́мен, Ніл, Дама́ск, Пекі́н, Мадри́д

Übung 2
Schreiben Sie die neuen Buchstaben und die Wörter der Übung 1 in Schreibschrift.

Übung 3
Schreiben Sie die folgenden Wörter in ukrainischer Schrift:

Oslo, Amsterdam, Soldat, Delikt, London, Park, Major, Solo, Jupiter, Lama, Parlament, Stadion, Radio, Dialekt, Boston, Lima, Tabak

Phonetik

Das ukrainische **с** wird immer, auch am Wort- und Silbenanfang sowie vor **п** und **т**, wie das deutsche **ss** bzw. **ß** ausgesprochen.

Übung 4
Lesen Sie die folgenden Wörter. Beachten Sie genau die Aussprache von **с**.
Danach buchstabieren Sie die Wörter und schreiben Sie sie ab.

стати́**с**тика, **с**по́нсор, **с**туде́нтка, **с**порт, **с**пектр, **с**та́тус, **с**танда́рт, **с**пирт, **с**амура́й, **с**уп, комі**с**а́р, уніве́р**с**итет, **С**ама́нта, **С**аар, **С**а́ра

Die Wortarten im Ukrainischen

Man unterscheidet 10 Wortarten: Substantive, Pronomen, Adjektive, Zahlwörter, Verben, Adverbien, Präpositionen, Konjunktionen, Partikel und Interjektionen.

Die ersten 5 gehören zu flektierten *(veränderlichen)*, die letzten zu nichtflektierten *(unveränderlichen)* Wortarten.

Die Substantive

Die Substantive bezeichnen Personen, Gegenstände oder Sachverhalte:
директор, мама, диск, лампа, спорт, математика.

Belebte und unbelebte Substantive

Der Bedeutung nach werden Substantive in belebte und unbelebte eingeteilt. Belebt sind Substantive, die Lebewesen *(Personen und Tiere)* bezeichnen: Іван, Ніна, адвокат, крокодил. Alle anderen Substantive sind unbelebt.

Übung 5
Belebt oder unbelebt? Tragen Sie die folgenden Substantive in die Tabelle ein.
мотор, Тарас, студент, трактор, парк, хамелеон, Донбас, лама, проспект, какаду

belebt	unbelebt
…	мотор

Eigennamen

Eine besondere Gruppe unter Substantiven bilden die Eigennamen. Dazu gehören:
– Personennamen *(Vor- und Nachnamen, Pseudonyme usw.)*: Іван, Оксана
– Rufnamen für Tiere: Рябко, Мурка
– geographische Namen: Одеса, Берлін, Іспанія
– Namen von Organisationen und Einrichtungen: „Динамо", Бундесвер
– Astronomische Namen: Марс, Сатурн
– Zeitungs- und Büchertitel: „Експрес", „Біблія"
Die Eigennamen werden immer groß geschrieben.

Übung 6
Markieren Sie die Wortgrenzen und schreiben Sie die Wörter ab. Beachten Sie die Groß- und Kleinschreibung der Substantive.

кіноресторанослороттердамтеатрбоннстандартбременхаосдинамітделіанкарамайорюр истлондонмадридтиранпарксахара

LEKTION 4

Alphabet: Є є, Ї ї, Г г, Ґ ґ, З з, Ф ф, Ц ц, ь
Phonetik, Orthographie: ь, г, ґ
Doppelvokale und Doppelkonsonanten
Das Genus der Substantive

| Є є | *Єє* | Г г | *Гг* | З з | *Зз* | Ц ц | *Цц* |
| Ї ї | *Її* | Ґ ґ | *Ґґ* | Ф ф | *Фф* | ь | *ь* |

Übung 1
Lesen Sie die folgenden Wörter:

цеме́нт, зоопа́рк, фана́т, діало́г, цент, телегра́ма, фарао́н, культ, леге́нда, фанфа́ра, коле́га, центр, екза́мен, магази́н, ва́за, є́вро, музе́й, бі́знес, фі́зика, стиль, культу́ра, гігіє́на, Украї́на, Ки́їв, Гава́ї, Га́на, Га́мбург, Ґе́теборг, Цейло́н

Übung 2
Schreiben Sie die neuen Buchstaben und die Wörter der Übung 1 in Schreibschrift.

Phonetik, Orthographie

Das Weichheitszeichen ь ist kein selbständiger Laut. Es dient zur Bezeichnung der *Weichheit* des vorangehenden Konsonanten und darf *nur* nach д, з, л, н, р, с, т, ц gebraucht werden: дь, зь, ль, нь, рь, сь, ть, ць.

Übung 3
Lesen Sie die folgenden Wörter. Beachten Sie die Aussprache der weichen Konsonanten. Buchstabieren Sie die Wörter und schreiben Sie sie in Schreibschrift.

сталь, та́нець, результа́т, Кельн, Бі́лефельд, А́льпи, Було́нь, Луцьк, Львів, Терно́піль, Севасто́поль, Азо́вськ, Доне́цьк, Хмельни́цький

Der ukrainische Konsonant г wird im Gegensatz zum deutschen h stimmhaft und ohne Behauchung ausgesprochen. Der Konsonant ґ wird in einigen ukrainischen Wörtern wie ґра́ти *(Gitter)*, ґрунт *(Boden)*, ґа́нок *(Außentreppe)*, ґа́ва *(Rabe)* sowie in Fremdwörtern, insbesondere in Eigennamen, an Stelle des lateinischen g gebraucht: Га́мбурґ *(Hamburg)*, Ґе́ттінґен *(Göttingen)*.

Übung 4
Lesen Sie die folgenden Wörter vor. Schreiben Sie sie in Schreibschrift ab.

Ганс – Ґа́бі   Гу́берт – Ґу́став   Ге́ра – Ґе́ра   Гава́на – Ґа́на   Га́ген – Ґа́рда

Übung 5
Schreiben Sie die folgenden Eigennamen in ukrainischer Schrift.

Wagner, Hamlet, Faust, Karlsberg, Hannover, Frankfurt, Hessen, Hamburg, Teheran, Magdeburg, Bagdad, Madagaskar

Übung 6
Schreiben Sie die buchstabierten Wörter auf und setzen Sie Betonungszeichen:

еф-і-зе-и-ка-а, це-е-ен-те-ер, ел-е-ге-е-ен-де-а, еф-а-ен-еф-а-ер-а, де-і-а-ел-о-ге, те-е-ел-е-ге-ер-а-ем-а, ка-о-ел-е-ге-а, у-ка-ер-а-ї-ен-а, бе-і-зе-ен-е-ес, ве-а-зе-а

Doppelvokale und Doppelkonsonanten

Doppelvokale und Doppelkonsonanten werden immer lang ausgesprochen.

Übung 7
Lesen Sie die Wörter vor. Beachten Sie die Länge der Vokale und der Konsonanten.

Маас, Саар, Га́нна, ва́нна, АББА, О́тто, Е́мма, Сте́лла, Мі́ккі, мо́кко, мо́тто, Е́ссен

Das Genus der Substantive

Die Substantive haben drei grammatische Kategorien: **Genus** (*Geschlecht:* männlich, weiblich, sächlich), **Numerus** (*Zahl:* Singular, Plural) und **Kasus** (*Fall:* Nominativ, Genitiv, Dativ, Akkusativ, Instrumental, Präpositiv, Vokativ).
Man unterscheidet im Ukrainischen das *natürliche* und das *grammatische* Geschlecht. Belebte Substantive haben in der Regel das natürliche Geschlecht: Іва́н – männlich, Оле́на – weiblich. Bei allen anderen Substantiven erkennt man das Geschlecht an der Endung. In diesem Fall spricht man vom grammatischen Geschlecht. Männliche Substantive enden auf einen Konsonanten, weibliche auf **-а** oder **-я**, sächliche auf **-о** oder **-е**. Das Geschlecht der Substantive wird im Lehrbuch durch die folgenden Abkürzungen gekennzeichnet: *m* – für *Maskulina (männlich)*, *f* – für *Feminina (weiblich)* und *n* – für *Neutra (sächlich)*.

Übung 8
Bestimmen Sie das Geschlecht dieser Substantive und tragen Sie sie in die Tabelle ein:

хор, кіно́, ка́са, метро́, коме́та, клас, календа́р, тео́рія, пюре́

m	*f*	*n*
хор	...	

LEKTION 5

Alphabet: **Ж ж, Ч ч, Ш ш, Щ щ**
Phonetik: Die Zischlaute
Die zusammengesetzten Konsonanten
Die Pronomen / Die Personalpronomen der 3. Person
Die ukrainischen Namen

| Ж ж | *Жж* | Ш ш | *Шш* |
| Ч ч | *Чч* | Щ щ | *Щщ* |

Übung 1
Lesen Sie die folgenden Wörter:

журна́л, мане́ж, жира́фа, желе́, пасажи́р, чек, ша́пка, чемпіо́н, шокола́д, ма́ршал, Джон, Жа́нна, Джейн, Слова́ччина, Пари́ж, По́льща

Übung 2
Schreiben Sie die neuen Buchstaben und die Wörter der Übung 1 in Schreibschrift.

Phonetik

Die Konsonanten ж, ч, ш, щ sind **Zischlaute**. Das щ setzt sich aus zwei Lauten zusammen: ш + ч. Alle Zischlaute werden im Ukrainischen hart ausgesprochen.

Übung 3
Lesen Sie die Wörter vor. Beachten Sie dabei die Aussprache der Zischlaute.

журна́л, желати́н, женьше́нь, Жито́мир, Чад, чай, Ча́плін, чек, Че́хія, Чорно́биль, шампу́нь, шабло́н, Шевче́нко, Ю́щенко, Тимоше́нко, шифр, шокола́д, Ще́цин, борщ, що, ще

Die zusammengesetzten Konsonanten

Im Gegensatz zum Buchstaben щ, welcher 2 Laute wiedergibt, gibt es im Ukrainischen 2 einzelne Laute, die aus 2 Buchstaben bestehen: дж und дз.

Übung 4
Lesen Sie die folgenden Wörter vor:

Джон, Джордж, Джака́рта, джаз, джем, дже́нтльмен, джи́нси, джип, ме́неджер, бджола́, дзюдо́, дзе́ркало, дзвін, дзьоб

Übung 5
Schreiben Sie die Wörter der Übungen 3 und 4 ab. Setzen Sie Betonungszeichen.

Die Pronomen

Pronomen werden als „Stellvertreter" der Substantive (wie *Personalpronomen*: Іва́н – він) oder als ihre „Begleiter" (wie *Possessivpronomen*: мій син) gebraucht. Die Personalpronomen der 3. Person richten sich in erster Linie nach dem Geschlecht:

      він – er *(m)*   **вона́** – sie *(f)*   **воно́** – es *(n)*

Übung 6
Tragen Sie noch andere ihnen bekannte Substantive passend zu den Pronomen in die Tabelle ein:

він	вона́	воно́
бар	лампа	кіно́
...	...	...

Achten Sie darauf, dass das Geschlecht der ukrainischen Substantive nicht immer mit dem Geschlecht der deutschen Substantive übereinstimmt: das Wort „ра́ма" ist im Ukrainischen weiblich, das Wort „Rahmen" ist im Deutschen männlich.

Die ukrainischen Namen

Die ukrainischen Namen bestehen aus drei Teilen: dem Nachnamen (прі́звище), dem Vornamen (ім'я́) und dem Vatersnamen (ім'я́ по ба́тькові).

Прі́звище *(Nachname)*	Ім'я́ *(Vorname)*	Ім'я́ по ба́тькові *(Vatersname)*
Косте́нко *m f*	Тара́с *m*	Іва́нович *m*
Бо́йко *m f*	Васи́ль *m*	Петро́вич *m*
Кравчу́к *m f*	Петро́ *m*	Миха́йлович *m*
Щерба́к *m f*	Мико́ла *m*	Па́влович *m*
Леви́цький *m*	Андрі́й *m*	Сергі́йович *m*
Леви́цька *f*	Га́нна *f*	Іва́нівна *f*
Зі́нченко *m f*	Марі́я *f*	Миха́йлівна *f*

Bei der Vorstellung werden alle drei Teile genannt: Іва́н Макси́мович Кравчу́к *bzw.* Га́нна Петрі́вна Кравчу́к. Später verwendet man entweder die neutrale, offizielle Form: пан *(Herr)* / па́ні *(Frau)* + Nachname (пан Кравчу́к / па́ні Кравчу́к) oder die höfliche Form – den Vornamen und den Vatersnamen (Іва́н Макси́мович / Га́нна Петрі́вна). Verbreitet ist auch die Form пан / па́ні + Vorname (пан Іва́н / па́ні Га́нна). In Studenten- Schüler- und manchmal auch Kollegenkreisen werden bei der Vorstellung nur zwei Teile genannt – der Vorname und der Nachname (Богда́н Коза́к / Гали́на Петре́нко).

Die ukrainischen Nachnamen haben in der Regel nur eine Form – sowohl für Männer, als auch für Frauen (Петро́ Бо́йко *und* Іри́на Бо́йко). Eine Ausnahme bilden die Nachnamen auf **-ий**, die weibliche Form endet hier auf **-а** (Олекса́ндр Сави́ць**кий** / О́льга Сави́ць**ка**).

Übung 7
Lösen Sie das Kreuzworträtsel. Suchen Sie die ukrainischen Vornamen:

Іва́н, Володи́мир, Богда́н, Рома́н, Тара́с, Ма́рко, Дмитро́, Анто́н, Миро́н, Фе́дір, Ната́лка, Іва́нка, Окса́на, Христи́на, Марі́йка, Кили́на, Іри́на, Оле́на, Гали́на, Мирослава

А	І	В	А	Н	В	Р	С	У	Х	О	Л	В	О	Л	О	Д	И	М	И	Р
Д	К	Л	Н	А	У	К	Л	Т	А	М	М	У	У	І	Т	Р	С	Д	И	О
О	М	Р	К	Т	Е	С	Д	Р	М	Г	А	Л	И	Н	А	Л	Н	І	М	М
Б	О	Г	Д	А	Н	К	Л	Л	И	Л	Р	Д	И	О	Л	Л	О	Р	А	А
Н	У	І	И	Л	О	Д	К	Н	Р	О	І	О	Д	К	Л	Н	Л	О	І	Н
І	В	А	Н	К	А	Н	Д	Е	О	К	Й	Т	Д	Д	Л	Ф	Е	Д	І	Р
Н	Д	К	О	А	Н	Т	О	Н	С	Л	К	И	Л	К	О	У	Н	Н	Д	К
Д	К	Л	Н	Н	Д	К	К	И	Л	Т	А	О	Д	Е	Л	Н	А	Д	К	Л
Л	У	О	І	А	К	И	С	У	А	О	М	А	Р	К	О	В	І	С	У	Т
Х	Р	И	С	Т	И	Н	А	М	В	Д	К	Л	Н	Н	Т	А	Р	А	С	К
К	Л	Д	К	Л	Н	І	Н	Е	А	Д	К	Л	Н	Н	Д	К	И	Д	К	Л
М	Н	К	И	Л	И	Н	А	К	Л	Н	С	Д	М	И	Р	О	Н	Н	Д	К
О	І	Д	К	Л	Н	Л	Д	М	И	Т	Р	О	Д	К	Л	Н	А	Д	К	Л

Der Vatersname wird von einem männlichen Vornamen mit Hilfe der Suffixe **-ович** für Männer und **-івна, -ївна** für Frauen gebildet:
Ві́ктор Іва́н-**ович** (Ві́ктор, *der Sohn von* Іва́н), bzw. Андрі́й-**ович**, Петр-о́-**вич**;
Га́нна Іва́н-**івна** (Га́нна, *die Tochter von* Іва́н), bzw. Андрі́-**ївна**, Петр-**івна**.

Übung 8
Bilden Sie die Vatersnamen nach dem Muster:
Дени́с – Дени́сович, Дени́сівна / Андрі́й – Андрі́йович, Андрі́ївна

Богда́н, Євге́н, Анато́лій, Русла́н, Яросла́в, Маркі́ян, Сергі́й, Олексі́й

Übung 9
Vorname, Vatersname oder Nachname? Ordnen Sie die folgenden Eigennamen und tragen Sie sie entsprechend in die Tabelle ein.

Семе́нович Іва́нівна Лукаше́нко Гали́на Петро́вич Ти́мченко Ма́рківна Іва́н Андрі́ївна Андрі́йович Грищу́к Богда́нівна О́льга Шевче́нко Сергі́йович Богда́н Катери́на Андрі́й Марі́я Сергі́й Оле́на Ма́рко Марчу́к Ма́ркович Сергі́ївна

Vorname		Vatersname		Nachname
m	*f*	*m*	*f*	*m f*
…	Галина	…		

LEKTION 6

Das Alphabet (Zusammenfassung)
Die Vokale und Konsonanten im Ukrainischen
Der Apostroph

Übung 1
Nennen Sie die Namen der Buchstaben und lesen Sie die Wörter vor:

А а	Анто́н, А́нглія, зо́на	Н н	Наза́р, Ні́на, клан
Б б	Берлі́н, Бі́рма, краб	О о	Оле́г, О́льга, ра́діо
В в	Володи́мир, Вікто́рія, а́вто	П п	Пари́ж, Пі́за, суп
Г г	Га́лич, гіта́ра, маг	Р р	Рома́н, Рі́о, бар
Ґ ґ	Ґе́ттінґен, маґі́стр, Га́мбурґ	С с	Сергі́й, Січ, транс
Д д	Дмитро́, Діа́на, като́д	Т т	Терно́піль, Тібе́т, цент
Е е	Еквадо́р, Е́мма, кафе́	У у	У́жгород, Уфа́, нуль
Є є	Єги́пет, є́вро, ательє́	Ф ф	Фра́нко, Філаде́льфія, шеф
Ж ж	Жито́мир, жі́нка, маса́ж	Х х	Ха́рків, хі́мія, крах
З з	За́греб, Зі́на, газ	Ц ц	Це́зар, ціль, табли́ця
И и	Крим, дида́ктика, Су́ми	Ч ч	Чорно́биль, чі́тко, матч
І і	Іва́н, І́ндія, інко́гніто	Ш ш	Шевче́нко, шість, гуля́ш
Ї ї	Ки́їв, Микола́їв, Украї́на	Щ щ	що, щі́тка, борщ
Й й	Йо́сип, Марі́йка, музе́й	ь	Кельн, дя́дько, стиль
К к	Ка́нів, Кі́ото, лак	Ю ю	Юрі́й, Людми́ла, меню́
Л л	Леоні́д, Лі́ма, карнава́л	Я я	Я́лта, Япо́нія, Аля́ска
М м	Марі́я, мімо́за, ритм		

Übung 2
Schreiben Sie die Wörter der Übung 1 in Schreibschrift.
Nennen Sie eigene Beispiele zu jedem Buchstaben des Alphabets.

Übung 3
Lernen Sie das ukrainische Alphabet auswendig.

Übung 4
Ordnen Sie die folgenden Wörter alphabetisch:

таба́к, автома́т, океа́н, бензи́н, ча́рдаш, Ло́ндон, диск, ритм, таксі́, па́ста, еконо́міка, ягуа́р, іде́я, жанда́рм, інжене́р, старт, ві́лла, що, ма́йстер, гімн, зодіа́к, йод, Шампа́нь, факт, яхта, ура́н, юри́ст, є́вро, кафе́, но́та, ха́ос, ци́фра

Übung 5
Fügen Sie die fehlenden Groß- und Kleinbuchstaben ein:

А а		В в		Г г			Є є		З з	
І і		Й й		Л л			О о			С с
У у		Ц ц		Ш ш		ь				

Übung 6
Schreiben Sie die folgenden Substantive in ukrainischer Schrift. Achten Sie dabei auf die Groß- und Kleinschreibung.

Stadion, Parlament, Telefon, Element, Idealist, Potsdam, Kanzler, Standart, Frankfurt, Schwerin, Brandenburg, Jalta, Charakter, Doktor, Gutenberg, Start, Bamberg, Honduras, Johannes, Pakistan, Grenada

Die Vokale im Ukrainischen

Man unterscheidet im Ukrainischen *harte* und *weiche* Vokale. Die meisten von ihnen bilden Paare:

hart	а	о	у	е	и	-
weich	я	-	ю	є	і	ї

Die harten Vokale **а, о, у, е, и** sowie der weiche Vokal **і** bezeichnen jeweils nur einen Laut. Die Konsonanten, die harten Vokalen vorangehen, werden hart ausgesprochen. Die weichen Vokale **я, ю, є, ї** werden wie zwei Laute – йа, йу, йе, йи (ja, ju, je, ji) ausgesprochen, wenn sie am Wort- bzw. Silbenanfang oder nach einem Vokal stehen. In diesem Fall spricht man von „jotierten Vokalen". Steht **я, ю** oder **є** direkt nach einem Konsonanten, spricht man es weich (ьа, ьу, ье – ′a, ′u, ′e) aus.

Übung 7
Lesen Sie die Wörter vor. Beachten Sie die Aussprache der weichen Vokale.

ja, ju, je, ji	Я́лта, а́рмія, ательє́, Юпі́тер, Єва́нгеліє, Севі́лья, Рив'є́ра, юсти́ція, Ренье́, Ки́їв, Украї́на, конферансьє́, Яма́йка, мілья́рд
′a, ′u, ′e	Ряза́нь, пюре́, Рє́пін, ряд, сюрпри́з, тю́бик, Дюма́, Цю́рих, нюа́нс, мю́зикл, ря́жанка, сюже́т, Тянь-Ша́нь, Кюрі́

Das weiche o wird im Ukrainischen durch die Buchstabenkombinationen **йо** *(am Wort- und Silbenanfang)* und **ьо** *(nach einem Konsonanten)* wiedergegeben.

Übung 8
Lesen Sie die folgenden Wörter vor. Beachten Sie dabei die Aussprache von **йо** *und* **ьо**.

йод, майо́р, батальйо́н, Йо́сип, йо́га, бульйо́н, райо́н, каньйо́н, Майо́рка, койо́т, льон, сього́дні, Льо́ня, дьо́готь, льо́тчик

Übung 9
Schreiben Sie die Wörter der Übung 7 und 8 in Schreibschrift ab.

Die Konsonanten im Ukrainischen

Man unterscheidet im Ukrainischen *harte* und *weiche* Konsonanten. Die meisten von ihnen bilden Paare:

hart	б	в	г	ґ	д	дж	дз	ж	з	-	к	л
weich	б´	в´	г´	ґ´	д´	-	дз´	-	з´	й	к´	л´

hart	м	н	п	р	с	т	ф	х	ц	ч	ш	щ
weich	м´	н´	п´	р´	с´	т´	ф´	х´	ц´	-	-	-

Übung 10
Vergleichen Sie die Aussprache der harten und der weichen Konsonanten.

hart	бик	вив	дим	лито	кит	мир	низ	пив	рис	тин
weich	бік	вів	дім	літо	кіт	мір	ніс	пів	ріс	тінь

Je nach der Stimmbeteiligung werden die Konsonanten in *stimmhafte* und *stimmlose* eingeteilt. Manche von ihnen bilden Paare:

stimmhaft	б	в	г	ґ	д	ж	з	дж	дз	л	м	н	р	й	-
stimmlos	п	ф	х	к	т	ш	с	ч	ц	-	-	-	-	-	щ

Übung 11
Vergleichen Sie die Aussprache der stimmhaften und der stimmlosen Konsonanten.

б – п	в – ф	г – х	ґ – к	д – т	ж – ш	з – с	дж – ч	дз – ц
банк	ваза	газ	ґава	дайм	жар	зайда	джаз	дзига
панк	фаза	хаз	кава	тайм	шар	сайда	час	циган

Im Wortauslaut werden stimmhafte Konsonanten stimmlos ausgesprochen. So klingt das Wort **сад** *(Garten)* wie **сат** und **друг** *(Freund)* wie **друх**. Innerhalb eines Wortes werden stimmhafte Konsonanten vor stimmlosen stimmlos: das Wort **медсестра́** *(Krankenschwester)* klingt wie **метсестра́**.

Andererseits werden stimmlose Konsonanten vor stimmhaften auch stimmhaft: **бакбо́рт** wird z. B. wie **багбо́рт** ausgesprochen.

Der Apostroph (')

Vor den Vokalen **я**, **ю**, **є**, **ї** wird nach den Konsonanten **б**, **п**, **м**, **в**, **ф**, **р** oft der Apostroph gebraucht: **суб'є́кт**, **В'ячесла́в**, **кур'є́р**. Der Apostroph bezeichnet im Gegensatz zum Weichheitszeichen die Härte des vorangehenden Konsonanten.

Übung 12
Lesen Sie die Wörter. Beachten Sie die Aussprache der Konsonanten vor dem Apostroph.

об'є́кт, суб'є́кт, комп'ю́тер, П'ємо́нт, прем'є́ра, ім'я́, В'єтна́м, В'я́тка, саф'я́н, ф'єрд

Übung 13
In jeder Spalte versteckt sich ein nicht passender Laut. Welcher?

ю	к	а	ж	б
я	м	о	ч	в
є	о	у	ш	ґ
ї	п	є	з	ч
е	х	и	щ	ц

Übung 14
In der Stadt sehen Sie verschiedene Schilder. Was bedeuten sie?

БІБЛІОТЕКА	ФОТОАТЕЛЬЄ	Ліфт	Радіо / Телевізори
Туалет	Кафе «Крим»	**Ресторан**	Кіоск
Газети	Телефон	Буфет	Сувеніри
Пошта	*Туристичне* бюро	Банк «АВАЛЬ»	Медпункт
Університет	**Кінотеатр «Сатурн»**	ТАКСІ	**Міліція**
Готель «Київ»	*Проспект* Шевченка	Парк культури	Театр опери і балету

Übung 15
Lesen und üben Sie die folgenden Wortverbindungen:

Добрий день!	*Guten Tag!*	Дя́кую! – Про́шу.	*Danke! – Bitte.*
До́брий ве́чір!	*Guten Abend!*	Ви́бачте! – Нічо́го.	*Verzeihung! – Keine Ursache.*
До́брого ра́нку!	*Guten Morgen!*	До побачення!	*Auf Wiedersehen!*
Будь ла́ска!	*Bitte schön!*	До за́втра!	*Bis morgen!*

LEKTION 7

Phonetik, Orthographie:
Die Wiedergabe deutscher Eigennamen im Ukrainischen

Deutsch		Ukrainisch	
Buchstaben	*Beispiele*	*Buchstaben*	*Beispiele*
ä	Bärbel	е	Бербель
ü	München	ю	Мюнхен
ö, oe	Gröber, Goethe	е, ьо	Ґребер, Ґрьобер Ґете
ei, ai	Leipzig, Weimar Rainer	ей, ай	Лейпціг, Ваймар Райнер
eu, oi	Neuss, Noibert Europa	ой єв	Нойс, Нойберт Європа
ie	Wiesbaden	і	Вісбаден
h	Hans Beethoven	г х	Ганс Бетховен
h *(stumm)*	Theodor	-	Теодор
g	Freiberg	г	Фрайберг
ck	Mecklenburg	к	Мекленбург
l *(vor einem Konsonanten und im Wortauslaut)*	Köln, Kiel	ль	Кельн, Кіль
l *(vor einem Vokal)*	Luxemburg Lukas	лю лу	Люксембург Лукас
qu	Quedlinburg	кв	Кведлінбург
v	Viktor	в	Віктор
x	Max	кс	Макс

Übung 1
Schreiben Sie die folgenden Eigennamen in ukrainischer Schrift:

Müller, Neubert, Axel, Heine, Oehlbrecht, Köhler, Schröder, Siegfried, Heike, Rafael, Dieter, Thomas, Münster, Gießen, Mainz, Rhein, Euskirchen, Hannover, Nürnberg, Düsseldorf, Hürth, Suhl, Elsdorf

Übung 2
Schreiben Sie auf Ukrainisch und buchstabieren Sie
– *Ihren Vor- und Nachnamen / die Namen Ihrer Kursnachbarn.*
– *den Namen Ihrer Heimatstadt und der Stadt, in der Sie wohnen.*

Übung 3
Markieren Sie die Wortgrenzen und schreiben Sie die Wörter ab.
РОЛЬФТАРАСМОНІКАГАЛИНАБЕРНГАРДАНТОНГАЙКЕХРИСТИНАОЛІВЕРБОГДАНЖ
АКЛІНМАРИНАФРАНКВОЛОДИМИРДІАНАМИРОСЛАВАЙОГАННЕСФЕДІРЮЛІАНЕДО
МІНІКСЕРГІЙГАННЕЛОРЕОКСАНААНДРЕАСАНДРІЙКАТРІНКАТЕРИНАМІХАЕЛЬМИХ
АЙЛОМАРІЯЛІДІЯ

БЕРЛІНКИЇВГАМБУРГОДЕСАМЮНХЕНЛЬВІВФРАНКФУРТДНІПРОПЕТРОВСЬККАССЕ
ЛЬТЕРНОПІЛЬБРЕМЕНСІМФЕРОПОЛЬДРЕЗДЕНДОНЕЦЬКЛЕЙПЦІГПОЛТАВАМАГДЕБУ
РГХАРКІВПОТСДАМЧЕРНІГІВНЮРНБЕРГУЖГОРОДБАДЕНБАДЕНЯЛТАСААРБРЮККЕ
НМИКОЛАЇВРОСТОКСЕВАСТОПОЛЬ

Übung 4
Lösen Sie das Kreuzworträtsel. Suchen Sie die deutschen Vornamen:

Alfred, Anna, Barbara, Bernd, Dieter, Günther, Hans, Helmuth, Jürgen, Klaus, Manfred,
Michael, Monika, Otto, Sandra, Sebastian, Thomas, Ulrike, Xaver

У	К	Л	А	У	С	Г	Ґ	О	Т	Т	О	Д	М	А	Н	Ф	Р	Е	Ц
З	И	І	О	Л	К	Л	М	Н	О	П	Р	С	О	Т	У	Ф	Г	Х	Ц
Г	**А**	**Н**	**С**	Ь	Ь	Б	Ю	Я	А	Б	В	Г	Н	Ґ	Д	Е	Е	Є	Ж
Й	Л	Л	Р	С	А	Н	Д	Р	А	Н	М	І	Х	А	Е	Л	Ь	О
Р	Ь	Т	У	І	Ф	Р	Х	Ц	Ч	Ш	Щ	Ь	К	Ю	Я	А	Ь	Б	В
Ґ	Ф	Е	С	К	И	Б	Ж	З	Д	І	К	С	А	В	Е	Р	М	Й	К
М	Р	О	Т	Е	Р	А	С	Т	І	У	Ф	Х	Ц	Ч	Ш	Щ	У	Ю	Я
Б	Е	Р	Н	Д	В	Р	Г	Ґ	Т	О	М	А	С	Д	Е	Є	Т	Ж	З
І	Д	К	Л	М	Н	А	О	П	Е	Р	С	Н	Т	У	Ю	Р	Ґ	Е	Н
Ц	Ч	Ш	Щ	Ю	Я	А	Б	В	Р	Г	Ґ	Н	Д	Е	Є	Ж	З	І	И
Л	С	Е	Б	А	С	Т	І	А	Н	М	Н	А	Ґ	Ю	Н	Т	Е	Р	О

Übung 5
Am Zeitungskiosk werden Zeitungen und Zeitschriften angeboten. Wie heißen sie?

УКРАЇНА	АРМІЯ України	Львівська *газета*
СПОРТ	Фут**О**л	*УКРІНФОРМ*
ФАКТИ і коментарі	БІЗНЕС	Донбас
Компаньйон	ЕКСПРЕС	ОЛІГАРХ
ПАРЛАМЕНТ	*КАПІТАЛ*	*Сигнал*

GRUNDKURS

LEKTION 1

Der Satzbau / Die Satzintonation
Die Verneinung
Die Partikel **чи**
Die Personalpronomen

Text 1

Хто це? Це Василь. **Хто він?** Він студе́нт.
А це́ хто? Це Русла́на. **Хто вона́?** Вона́ студе́нтка.
Це пан Луце́нко і па́ні Тимоше́нко. **Хто вони́?** Він учи́тель, вона́ вчи́телька.
Що це? Це стіл. **Де він?** Він тут. Це ла́мпа. **Де вона́?** Вона́ теж тут.
Це вікно́. **Де воно́?** Воно́ там. Це до́шка і ка́рта. **Де вони́?** Ось вони́.

Der Satzbau

In ukrainischen Sätzen wird die Kopula *ist*, *sind*, *bin*, *bist*, *seid* weggelassen:
– Хто це? (Wer *ist* das?) Це Василь. (Das *ist* Wassyl.)
Die Frage kann im Ukrainischen durch einen Fragesatz *mit* Fragewort wie **Хто?** *(Wer?)*, **Що?** *(Was?)*, **Де?** *(Wo?)* oder durch einen Fragesatz ohne Fragewort ausgedrückt werden:
– **Хто це?** (Wer *ist* das?) **Що це?** (Was *ist* das?) **Де він?** (Wo *ist* er?)
– **Це Васи́ль?** (*Ist* das Wassyl?) **Васи́ль тут?** (*Ist* Wassyl hier?)

Text 2

Це Васи́ль? Так, це Василь. **Він студе́нт?** Так, він студе́нт.
Де Васи́ль? Він тут. **Він тут?** Так.
Це Русла́на? Так, це Русла́на. **Вона́ студе́нтка?** Так, вона́ студе́нтка.
Де Русла́на? Вона́ там. **Вона́ там?** Так.

Die Satzintonation

Da die Wortfolge im Aussagesatz und im Fragesatz ohne Fragewort gleich ist, wird der einzige Unterschied durch die Intonation ausgedrückt. Man unterscheidet die *fallende* (↓) und die *steigende* (↑) Intonation. Die *fallende* Intonation ist für Aussagesätze und Fragesätze mit Fragewort typisch. Fragesätze ohne Fragewort haben *steigende* Intonation:
– Це Васи́ль.↓ Він студе́нт.↓ Він тут.↓ Хто це?↓ Де він?↓
– Це Васи́ль?↑ Він студе́нт?↑ Він тут?↑

Übung 1
Lesen Sie den folgenden Text. Beachten Sie die Satzintonation.

Хто це?↓ Це Іва́н?↑ Так, це Іва́н.↓ Хто він?↓ Він інжене́р?↑ Так, він інжене́р.↓
Це Окса́на?↑ Ні, це не Окса́на.↓ Це Ната́лка.↓ Це Ната́лка?↑ Так.↓ А де Окса́на?↓ Вона́ тут.↓
Що це?↓ Це крі́сло?↑ Так, це крі́сло.↓ А це вікно́?↑ Ні, це телеві́зор.↓ Це телеві́зор?↑ Так.↓
А де вікно́?↓ Воно́ там.↓ Воно́ там?↑ Так, воно́ там.↓
Що це?↓ Ра́діо?↑ Ні, це касе́та.↓ А де ра́діо?↓ Воно́ тут?↑ Так.↓

Übung 2
Bilden Sie Frage- und Aussagesätze nach dem Muster:

| журна́л | Що це? Це журна́л. Це журна́л? Так. Де він? Він тут. Він тут? Так. |
| Оле́на | Хто це? Це Оле́на. Це Оле́на? Так. Де вона́? Вона́ там. Вона́ там? Так. |

ра́діо	вікно́	Оста́п	студе́нт і студе́нтка
кни́жка	зо́шит	Соломі́я	стіл і стіле́ць

Merken Sie sich: Anders als im Deutschen, dürfen im Ukrainischen Substantive, die Personen bezeichnen, *nur* mit dem Fragewort **Хто?** erfragt werden:
– **Хто** це? (**Wer** *ist* das?) **Хто** Ви? (**Wer** *sind* Sie? *oder auch*: **Was** *sind* Sie?)

Übung 3
Bilden Sie Sätze nach dem Muster:

| Васи́ль – студе́нт. | Хто це? Це Васи́ль. Хто він? Він студе́нт. Васи́ль студе́нт? Так. |

Іва́сь – школя́р.	Богда́н Іва́нович – учи́тель.	Пан Тимоше́нко – інжене́р.
Ле́ся – школя́рка.	Ві́ра Петрі́вна – вчи́телька.	Русла́на Луце́нко – студе́нтка.

Wenn sowohl das Subjekt als auch das Prädikat Substantive sind, wird ein *Gedankenstrich* eingesetzt.

Fragesätze *ohne* Fragewort können *bejahend* oder *verneinend* beantwortet werden:

Це Васи́ль? (*Ist das Wassyl?*) **Так**, це Васи́ль. (**Ja**, das *ist* Wassyl.) *bejahend*
 Ні, це **не** Васи́ль. (**Nein**, das *ist* **nicht** Wassyl.) *verneinend*

Die Verneinung

Die Verneinungspartikel **не** (**nicht**, **kein**) steht unmittelbar vor dem Wort, welches verneint wird:
– Це Русла́на? Ні, це **не** Русла́на. (*Ist das Ruslana?* **Nein**, das *ist* **nicht** Ruslana.)
– Це журна́л? Ні, це **не журна́л**. (*Ist das eine Zeitschrift?* Nein, das *ist* **keine Zeitschrift**.)
– Журна́л **не тут**, а там. (*Die Zeitschrift ist* **nicht hier**, *sondern dort*.)

Satzbau / Satzintonation / Verneinung

Übung 4
Bilden Sie Fragen und beantworten Sie diese nach dem Muster:

Васи́ль / Оста́п   Це Васи́ль? Ні, це не Васи́ль. Це Оста́п.
                    А де Васи́ль? Він там. Васи́ль там? Так, він там.

Оле́на / Марі́чка	вчи́телька / учени́ця	журна́л / газе́та	ба́тько / дя́дько
Тара́с / Іва́н	студе́нт / у́чень	ка́рта / карти́на	сестра́ / ті́тка

Die Partikel чи

Fragesätze ohne Fragewort können im Ukrainischen auch mit der Partikel **чи** beginnen. In diesem Fall hat diese Partikel *keine* selbständige Bedeutung und beeinflusst auch nicht die Intonation:
– Це Оста́п?↑ **Чи** це Оста́п?↑ (*Ist das Ostap?*) Він тут?↑ **Чи** він тут?↑ (*Ist er hier?*)

Übung 5
*Bilden Sie 5 Fragesätze mit der Partikel **чи** und beantworten Sie diese bejahend und verneinend.*

Die Partikel **чи** kann auch in der Bedeutung **oder** *(bei einer Gegenüberstellung)* gebraucht werden:
– Це Оста́п **чи** Васи́ль? (*Ist das Ostap oder Wassyl?*) Він тут **чи** там? (*Ist er hier oder dort?*)
In diesem Fall *beeinflusst* die Partikel die Intonation: im ersten Teil des Fragesatzes ist sie *steigend* und im zweiten Teil *fallend*:
– Це Оста́п ↑ **чи** Васи́ль↓? Він тут↑ **чи** там↓?

Übung 6
Bilden Sie 5 Fragesätze mit der Gegenüberstellung und beantworten Sie diese.

Text 3

Хто **Ви**? **Я** Васи́ль Тимоше́нко. А Ви? Я Оста́п Савчу́к.
Хто **ви**? Я Русла́на Луце́нко, а це Тара́с Бо́йко. **Ми** студе́нти.
Ти Оле́сь? Ні, я Іва́сь. А це Га́ля і Ле́ся? Так, це **вони́**.

Die Personalpronomen

Die Personalpronomen unterscheiden sich im Ukrainischen nach Person – 1., 2., 3., nach Genus *(Geschlecht)* – *er, sie, es* und nach Numerus *(Zahl)* – *Singular* und *Plural*:

	1. Person	2. Person	3. Person
Singular	я *ich*	ти *du*	він *er* / вона́ *sie* / воно́ *es*
Plural	ми *wir*	ви *ihr* / Ви *Sie*	вони́ *sie*

Übung 7

Lesen und üben Sie die Substantive zum Thema „Studium, Unterricht". Bestimmen Sie ihr Geschlecht.

студе́нт	Student	поли́ця	Regal
студе́нтка	Studentin	карти́на	Bild, Gemälde
виклада́ч	Dozent, Dozentin	стіл	Tisch
учи́тель / вчи́тель	Lehrer	стіле́ць	Stuhl
учи́телька / вчи́телька	Lehrerin	крі́сло	Sessel
школя́р / у́чень	Schüler	кни́жка	Buch
школя́рка / учени́ця	Schülerin	словни́к	Wörterbuch
уро́к	Unterrichtsstunde	підру́чник	Lehrbuch
ле́кція	Vorlesung	зо́шит	Heft
семіна́р	Seminar	ру́чка	Kugelschreiber
університе́т	Universität	олі́ве́ць	Bleistift
аудито́рія	Unterrichtsraum	су́мка	Tasche
шко́ла	Schule	портфе́ль	Aktentasche
клас	Klassenraum	ма́па, па́пка	Mappe
вікно́	Fenster	кре́йда	Kreide
стіна́	Wand	гу́бка	Schwamm
ка́рта	Landkarte	ла́мпа	Lampe
до́шка	Tafel	телеві́зор	Fernseher
табли́ця	Tabelle	ша́фа	Schrank

„учи́тель" bzw. „учи́телька" *wird nach einem Konsonanten,* „вчи́тель" *und* „вчи́телька" *nach einem Vokal gebraucht:* Богда́н – учи́тель, *aber* Дмитро́ – вчи́тель, *bzw.* Іри́на Левчу́к – учи́телька, Іри́на – вчи́телька.

Übung 8

Lesen Sie die Dialoge vor. Beachten Sie die Intonation.

Dialog 1

Васи́ль: **Хто це?**
Русла́на: Це Оста́п.
Васи́ль: **Хто він?** Студе́нт?
Русла́на: Так, він студе́нт, як і ми.
Васи́ль: А це хто?
Русла́на: Це Оле́на.
Васи́ль: Це Оле́на? Невже́?
Русла́на: Так, це вона́.
Васи́ль: А це Тара́с?
Русла́на: Ні, це не Тара́с. Це Андрі́й.

Dialog 2

Іва́сь: **Що це?**
Ле́ся: Це до́шка.
Іва́сь: А це що?
Ле́ся: Це ка́рта.
Іва́сь: Це ка́рта?
Ле́ся: Так.
Іва́сь: Чи це тако́ж ка́рта?
Ле́ся: Ні, це не ка́рта. Це карти́на.
Іва́сь: Це зо́шит чи журна́л?
Ле́ся: Це журна́л.

Übung 9

Zeigen Sie auf Gegenstände oder Personen und fragen Sie Ihren Nachbarn:
Що це? / Хто це? / Це Іва́н? / Це вікно́? / А де ...?

Übung 10

Bilden Sie jetzt Fragesätze mit der Gegenüberstellung nach dem Muster:
Це портфе́ль **чи** підру́чник? ...

Satzbau / Satzintonation / Verneinung

Übung 11
Übersetzen Sie ins Ukrainische und setzen Sie Betonungszeichen:

1. Was ist das? Ist das ein Tisch? Ja, das ist ein Tisch. Und was ist das? Das ist ein Stuhl.
2. Das ist Taras. Was ist er? Er ist Schüler. Und wer ist das? Das ist Olena. Was ist sie? Sie ist Schülerin.
3. Dort ist die Tafel. Und was ist das? Das ist eine Landkarte. Und wo ist die Tabelle? Sie ist hier.
4. Wer sind Sie? Ich bin Thomas Müller. Sind Sie Student? Nein, ich bin kein Student. Ich bin Dozent.
5. Wer ist das? Ist das Roman oder Ostap? Das ist Ostap. Und dort ist Oksana. Was sind sie? Er ist Lehrer und sie ist Lehrerin.

Übung 12
Suchen Sie die unbelebten Substantive zum Thema „Unterricht", schreiben Sie sie ab und setzen Sie Betonungszeichen.

К	В	І	К	Н	О	Л	І	В	Е	Ц	Ь	О	Д	П	Ч	Ф
Ж	А	И	І	Л	Й	Г	Л	М	Н	Ь	О	К	Р	О	Р	С
А	З	В	Е	Р	Р	У	Ч	К	А	І	П	Л	Т	Р	Я	Р
Г	А	К	Е	Т	А	Б	З	Д	О	Ш	К	А	А	Т	П	К
Л	Ш	У	О	В	М	К	Р	С	Ь	Л	Р	С	Б	Ф	Ш	С
Б	К	А	Р	Т	А	А	Х	Т	Ч	С	І	Й	Л	Е	Р	Р
І	О	Ч	О	Щ	У	Я	А	І	Л	Т	С	Ж	И	Л	Н	Х
Б	Л	Ф	К	І	Д	П	Р	С	Т	І	Л	Е	Ц	Ь	К	М
Л	А	С	Н	Д	И	Ш	П	Т	П	Н	О	Р	Я	К	А	С
І	Т	Р	И	Т	Т	Р	С	І	Ш	А	Ф	А	Ь	А	Р	У
О	А	Л	Ж	У	О	Н	А	Л	Ь	Ш	К	З	Л	Ц	Т	М
Т	Р	Х	К	Ч	Р	С	Ь	А	К	С	Л	О	В	Н	И	К
Е	Л	М	А	О	І	Щ	Ь	М	Щ	Ь	Ф	Ш	Т	О	Н	А
К	О	П	Н	Т	Я	П	К	П	Ч	К	А	И	П	Л	А	С
А	Ю	Р	К	Р	Е	Й	Д	А	Л	О	А	Т	Л	В	Д	Т
Р	Х	Т	Ч	С	І	Н	А	Т	Е	Л	Е	В	І	З	О	Р

Vokabeln

аудито́рія *f*	Unterrichtsraum	поли́ця *f*	Regal
бібліоте́ка *f*	Bücherei	портфе́ль *m*	Aktentasche
виклада́ч *m*	Dozent, Dozentin	ра́діо *n*	Radio
вікно́ *n*	Fenster	ру́чка *f*	Kugelschreiber
він, вона́, воно́, вони́	er, sie, es, sie (Pl.)	словни́к *m*	Wörterbuch
вчи́тель *m*	Lehrer	стіл *m*	Tisch
вчи́телька *f*	Lehrerin	стіле́ць *m*	Stuhl
газе́та *f*	Zeitung	стіна́ *f*	Wand

гу́бка *f*	Schwamm	студе́нт *m*	Student
Де?	Wo?	студе́нтка *f*	Studentin
до́шка *f*	Tafel	су́мка *f*	Tasche
журна́л *m*	Zeitschrift	табли́ця *f*	Tabelle
зо́шит *m*	Heft	так	ja
і, а	und, aber	тако́ж, теж	auch
ка́рта *f*	Landkarte	там	dort
карти́на *f*	Bild, Gemälde	телеві́зор *m*	Fernseher
касе́та *f*	Kassette	ти, ви / Ви	du, ihr / Sie
клас *m*	Klassenzimmer	тут	hier
кни́жка *f*	Buch	уро́к *m*	Unterrichtsstunde
крейда́ *f*	Kreide	учени́ця *f*	Schülerin
крі́сло *n*	Sessel	у́чень *m*	Schüler
ла́мпа *f*	Lampe	фо́то *n*	Foto
ле́кція *f*	Vorlesung	Хто?	Wer?
ма́па *f*	Mappe, Landkarte	це	das
не	nicht, kein	чи	ob, oder
Невже́?	Tatsächlich?	ша́фа *f*	Schrank
ні	nein	шко́ла *f*	Schule
олі́вець *m*	Bleistift	школя́р *m*	Schüler
пан *m* / па́ні *f*	Herr / Frau, Dame	школя́рка *f*	Schülerin
па́пка *f*	Mappe	Що? / що	Was? / was, dass
підру́чник *m*	Lehrbuch	я, ми	ich, wir

LEKTION 2

Die Possessivpronomen der 1. und 2. Person
Die Adverbien / Die Lokaladverbien
Die Konjunktionen

Text 1

Що це? Це мій фотоальбо́м. Ось фо́то.
Це ти? Так, це я. А це хто? Це мій брат і моя́ сестра́.
Чий це брат? Це **мій** брат. **Чия́** це сестра́? Це **моя́** сестра́.
Чиє́ це фо́то? Це **моє́** фо́то.
Ось **твоє́** мі́сце. Тут **твій** комп'ю́тер і **твоя́** диске́та.
Тут **на́ша** кімна́та, **наш** стіл, **на́ше** ра́діо.
Навпро́ти **ва́ше** вікно́. Там **ваш** клас і **ва́ша** бібліоте́ка.

Die Possessivpronomen der 1. und 2. Person

Possessivpronomen werden zur Bezeichnung der Zugehörigkeit gebraucht. Sie beziehen sich immer auf Substantive: **мій** син *(mein Sohn – m)*, **моя́** до́чка *(meine Tochter – f)*. Die Frage nach den Possessivpronomen lautet **Чий? Чия́? Чиє́?** *(Wessen?)* Die Possessivpronomen der 1. und 2. Person entsprechen den folgenden Personalpronomen:

Personalpronomen	я	ти	ми	ви
Possessivpronomen	мій моя́ моє́	твій твоя́ твоє́	наш на́ша на́ше	ваш ва́ша ва́ше

Die Possessivpronomen der 1. und 2. Person sowie die Fragepronomen **чий, чия́, чиє́** stimmen mit Substantiven im *Genus*, *Numerus* und *Kasus* überein:
– **чий** син? мій (твій, наш, ваш) син *m*
– **чия́** до́чка? моя́ (твоя́, на́ша, ва́ша) до́чка *f*
– **чиє́** село́? моє́ (твоє́, на́ше, ва́ше) село́ *n*

Übung 1
Verbinden Sie die Possessivpronomen mit den passenden Substantiven.
Muster: мій журна́л, ...

| мій
моя́
моє́ | крі́сло
журна́л
газе́та | твій
твоя́
твоє́ | кімна́та
село́
гара́ж | наш
на́ша
на́ше | мі́сто
сусі́д
сусі́дка | ваш
ва́ша
ва́ше | до́чка
син
подві́р'я |

Übung 2
Bilden Sie Possessivpronomen nach dem Muster:
я – брат = мій брат

| я – син | ви – тітка | ми – квартира | ти – чоловік |
| ти – дочка | я – радіо | ви – клас | Ви – крісло |

Übung 3
Bilden Sie Frage- und Aussagesätze nach dem Muster:
книжка – я   Чия це книжка? Це моя книжка.

| словник – ми | мапа – ти | олівець – ти | таблиця – ми |
| полиця – ви | зошит – я | радіо – ми | ручка – Ви |

Text 2

Що це? Це теж фото. **Тут** я, Василь Тимошенко, а тут моя родина. **Посередині** мій брат Павло. **Поруч** моя сестра Леся. **Ліворуч** мій батько Степан Михайлович, **праворуч** моя мати Оксана Петрівна. **Попереду** мій дід Петро Данилович, а **там** моя баба Ірина Іванівна. **Навпроти** наша хата, наш сад і наше подвір'я.

Die Adverbien

Adverbien machen Angaben zu Umständen eines Vorgangs oder einer Eigenschaft. Der Bedeutung nach unterscheidet man im Ukrainischen Lokaladverbien – **праворуч** *(rechts)*, Adverbien der Art und Weise – **гарно** *(schön)*, Temporaladverbien – **зараз** *(jetzt, gleich)* u. a.

Die Lokaladverbien

Lokaladverbien bezeichnen einen Ort der Handlung oder des Geschehens. Die Frage nach Lokaladverbien lautet **Де?** *(Wo?)*

тут, там	*hier, dort*	поруч	*daneben*	посередині	*in der Mitte*
ліворуч	*links*	навпроти	*gegenüber*	попереду	*vorn*
праворуч	*rechts*	(не)далеко	*(nicht) weit*	позаду	*hinten*

Übung 4
Bilden Sie Fragen zum Text 2 und beantworten Sie diese nach dem Muster:
Де Павло? – Він **посередині**.

Übung 5
Stellen Sie zu den hervorgehobenen Wörtern Fragen wie **Хто? Що? Де? Чий?**
Muster: Це **Павло**. – **Хто** це? Він **тут**. – **Де** він? Він **мій** брат – **Чий** він брат?

Це **Степан Михайлович**. Він **там**. Він **інженер**. Він **мій** батько. Це **Леся**. Вона **тут**. Леся – **школярка**. Вона **моя** сестра. Це дім. Він **ліворуч**. Там **наш** город. **Навпроти** наше подвір'я.

Die Konjunktionen

Konjunktionen sind Hilfswörter, die einzelne Wörter und Satzteile miteinander verbinden. Die gebräuchlichsten von ihnen sind **i / й**, **та** und **а**. **I / й** und **та** *(und, auch)* sind anreihende Konjunktionen; **а** *(und, aber)* ist eine entgegenstellende Konjunktion:
– Це Тарас **і** Василь. (Das sind Taras *und* Wassyl.) Олена тут, **і** Руслана тут. (Olena ist hier, Ruslana ist *auch* hier.) Там Наталка **та** Оксана. (Dort sind Natalka *und* Oksana.)
– Тарас тут, **а** Василь там. (Taras ist hier *und / aber* Wassyl ist dort.)

Die Konjunktion **i** wird am Satzanfang, zwischen zwei Konsonanten und nach Konsonanten vor Vokalen *(vor allem vor jotierten)* gebraucht. **Та** und **й** werden zwischen zwei Vokalen oder nach Vokalen vor Konsonanten eingesetzt:
– **І** вони теж там були: Тарас **і** Василь, Остап **і** Андрій, Руслана **та** Оксана (Руслан**а й** Оксана), Марічк**а та** Наталка (Марічк**а й** Наталка).

Übung 6
i, й, та oder а? Setzen Sie die richtige Konjunktion ein:

Тут стіл ..... крісло. Тут стіл, ... там шафа. Це олівець, ... це ручка. Це книжка ..... журнал. Це газета, ... це касета. Василь – студент, ... Тарас теж студент. Макс – мій брат, ... Остап – мій товариш. Де Олена ..... Іван? Олена ліворуч, ... Іван праворуч.

Übung 7
Lesen und üben Sie die Substantive zum Thema „Familie". Bestimmen Sie ihr Geschlecht.

родина, сім'я	*Familie*	син	*Sohn*
батько	*Vater*	дочка, донька	*Tochter*
тато	*Vati, Papa*	дід, прадід	*Großvater, Urgroßvater*
мати	*Mutter*	дідусь	*Opa*
мама	*Mutti, Mama*	баба, прабаба	*Großmutter, Urgroßmutter*
батьки	*Väter, Eltern*	бабуся	*Oma*
родичі	*Eltern*	онук	*Enkel*
чоловік	*Ehemann, Mann*	онука	*Enkelin*
дружина, жінка	*Ehefrau, Frau*	дядько	*Onkel*
подружжя	*Ehepaar*	тітка	*Tante*
брат	*Bruder*	племінник, небіж	*Neffe*
сестра	*Schwester*	племінниця, небога	*Nichte*

Übung 8
Bilden Sie Sätze nach dem Muster:
Леся – сестра   Це Леся? Так, це Леся. Хто вона? Вона моя сестра.

| Павло – брат | Оксана – племінниця | Іван Данилович – дід |
| Василь – онук | Руслана – дочка | Віра Петрівна – тітка |

Юрко – брат – сусід   Чи Юрко твій брат? Ні, він мій сусід.

| Федір – дядько – чоловік | Ольга – дружина – сестра | пан Бойко – дід – прадід |
| Марко – племінник – брат | Леся – онука – дочка | пані Чуб – баба – прабаба |

Übung 9
Lesen Sie die Dialoge vor. Beachten Sie die Intonation.

Dialog 1

Івась:	**Що це?**
Леся:	Це фо́то.
Івась:	**Хто це?**
Леся:	Це Васи́ль.
Івась:	**Хто він?**
Леся:	Він мій брат.
Івась:	**А це хто? Юрко́?**
Леся:	Так, це Юрко́.
Івась:	Він теж твій брат?
Леся:	Ні, він мій сусі́д.

Dialog 2

Русла́на:	Хто це тут посере́дині?
Васи́ль:	Це моя́ сестра́ Ле́ся.
Русла́на:	А ліво́руч?
Васи́ль:	Моя́ ма́ти.
Русла́на:	А право́руч?
Васи́ль:	Моя́ ті́тка Ві́ра.
Русла́на:	Тут, ма́буть, твій брат Павло́?
Васи́ль:	Ні, це не Павло́. Це мій сусі́д Юрко́.
Русла́на:	Ціка́во.

Übung 10
Nehmen Sie ein Familienfoto (oder malen Sie ein Bild) und führen Sie ähnliche Gespräche zum Thema „Familie".

Übung 11
Suchen Sie die Substantive zum Thema „Familie", schreiben Sie diese ab und setzen Sie Betonungszeichen.

С	Е	Н	К	І	К	К	Ч	П	Л	А	К
Я	У	С	Ф	С	Й	Б	Я	О	Н	У	К	А
Л	Ж	**Д**	**Р**	**У**	**Ж**	**И**	**Н**	**А**	Ф	Л	Ж	П	Ь	Ж
О	К	Н	У	Н	Е	Б	Д	О	Д	Л	К	Г
Ч	О	С	Ь	О	О	А	Г	В	Я	Е	К	Т
К	Й	Е	О	А	Ш	В	Д	І	Д	М	О	К
А	М	С	А	Р	З	М	І	К	Ь	І	П	А
Т	І	Т	К	А	Б	А	Ф	Г	К	Н	С	Д
Г	Г	Р	Т	Б	А	Т	Ь	К	О	Н	У	К
Б	Р	А	Т	П	Н	И	К	Б	С	И	К	Т
П	Л	Е	М	І	Н	Н	И	Ц	Я	К	А	К

Übung 12
Übersetzen Sie ins Ukrainische und setzen Sie Betonungszeichen:

1. Da ist meine Familie. Rechts ist mein Vater.
2. Daneben ist meine Mutter. Und links ist mein Onkel.
3. Ist das Ihr Sohn? Nein, das ist nicht mein Sohn, das ist mein Bruder.
4. Ist das eure Tante? Ja, das ist unsere Tante Monika.
5. Ist das Herr Schmidt? Ja, das ist er. Ist er Ihr Nachbar? Nein, er ist mein Neffe.
6. Und wo ist Ihre Frau? Sie ist hier, in der Mitte.

Possessivpronomen der 1. und 2. Person / Lokaladverbien / Konjunktionen

Vokabeln

а	und, aber	наш, наша, наше	unser, unsere, unser
баба, бабуся f	Großmutter, Oma	онук m	Enkel
батько, тато m	Vater, Papa	онука f	Enkelin
батьки Pl.	Eltern, Väter	ось	da
брат m	Bruder	племінник m	Neffe
ваш, ваша, ваше / Ваш, Ваша, Ваше	euer, eure, euer / Ihr, Ihre, Ihr	племінниця f	Nichte
гараж m	Garage	подвір'я n	Hof
город m	Gemüsegarten	позаду	hinten
далеко / недалеко	weit / nicht weit	попереду	vorn
дід, дідусь m	Großvater, Opa	поруч	nebenan, daneben
дім m, хата f	Haus	посередині	in der Mitte
дочка, донька f	Tochter	праворуч	rechts
дружина f	Ehefrau	родина, сім'я f	Familie
дядько m	Onkel	родичі Pl.	Eltern
ж, же	doch	сад m	Obstgarten
жінка f	Frau, Ehefrau	село n	Dorf
звичайно	natürlich	сестра f	Schwester
і, й, та	und, auch	син m	Sohn
квартира f	Wohnung	сусід m	Nachbar
кімната f	Zimmer	сусідка f	Nachbarin
ліворуч	links	твій, твоя, твоє	dein, deine, dein
мабуть	bestimmt	тітка f	Tante
мати, мама f	Mutter, Mama	товариш m	Kamerad
мій, моя, моє	mein, meine, mein	фотоальбом m	Fotoalbum
місто n	Stadt	цікаво	interessant
місце n	Platz, Ort	Чий? Чия? Чиє?	Wessen?
навпроти	gegenüber	чоловік m	Mann, Ehemann

LEKTION 3

Die Possessivpronomen der 3. Person
Berufsbezeichnungen im Ukrainischen

Text 1

Ось Василь. Це **його́** словни́к, **його́**, кни́жка, **його́** фо́то.
Чий це словни́к? **Чия́** це кни́жка? **Чиє́** це фо́то? **Його́**.
Ось Ле́ся. Це **її́** стіл, **її́** шафа, **її́** кри́сло.
Чий це стіл? **Чия́** це шафа? **Чиє́** це кри́сло? **Її́**.
Ось Степа́н Миха́йлович і Окса́на Петрі́вна. Це **і́хній** горо́д, **і́хня** ха́та, **і́хнє** подві́р'я.
Чий це горо́д? **І́хній**. **Чия́** це ха́та? **І́хня**. **Чиє́** це подві́р'я? **І́хнє**.

Die Possessivpronomen der 3. Person

Die Possessivpronomen der 3. Person entsprechen den folgenden Personalpronomen:

Personalpronomen	він	вона́	воно́	вони́
Possessivpronomen	його́	її́	його́	і́хній, і́хня, і́хнє

Die Possessivpronomen der 3. Person Singular **його́, її́, його́** sind unveränderlich.
Die Possessivpronomen der 3. Person Plural **і́хній, і́хня, і́хнє** stimmen mit dem Substantiv im *Genus*, *Numerus* und *Kasus* überein.

– **чий** дім? його́ (її́, його́, і́хній) дім *m*
– **чия́** шко́ла? його́ (її́, його́, і́хня) шко́ла *f*
– **чиє́** село́? його́ (її́, його́, і́хнє) село́ *n*

Übung 1
Bilden Sie Possessivpronomen nach dem Muster:
він – друг / його́ друг

він – словни́к	він – ха́та	вони́ – ті́тка	він – кри́сло
вона́ – кімна́та	вона́ – мі́сце	вона́ – сусі́д	вони́ – сад
вони́ – подві́р'я	вони́ – горо́д	він – сусі́дка	вона́ – чолові́к

Übung 2
Bilden Sie Frage- und Aussagesätze nach dem Muster:
по́друга – він   Чия́ це по́друга? Це його́ по́друга.

друг – вона́	вікно́ – вони́	ма́па – вона́	виклада́ч – вони́
вчи́тель – вони́	двір – він	підру́чник – він	кни́жка – вона́

Possessivpronomen der 3. Person / Berufsbezeichnungen

Übung 3
Bilden Sie Sätze nach dem Muster:
Олéна – Сергíй – син   Це Олéна. Сергíй – **її** син.

| Оксáна – Лéся – дочкá | Івáн і Нíна – Мáрко – друг | Ілля́ та Лю́ба – Бикíв – селó |
| Остáп – Василькó – брат | Гнат і Гáнна – Гáля – онýка | Гліб і Вíра – Петрó – син |

| Павлó – син – **він** | Чи Павлó Ваш син? Ні, він не мій син. Він **йогó** син. | |

| Тарáс – брат – вонá | Марíйка – сестрá – він | пан Морóз – лíкар – вонú |
| Сергíй – онýк – він | Христúна – дочкá – вонú | пáні Левчýк – колéга – вонá |

Übung 4
Zeigen Sie ein Foto mit mehreren Personen und sprechen Sie darüber. Muster:
Це мій брат Мáрко. А це **йогó** дружúна ... . Тут моя́ подрýга ... . А тут **її** ... .

In der Umgangssprache wird häufig statt **їхній, їхня, їхнє** das vereinfachte *unveränderliche* Possessivpronomen **їх** gebraucht: **їх** брат, **їх** сестрá, **їх** фóто.

Übung 5
Lesen und üben Sie die Substantive zum Thema „Beruf, Beschäftigung". Bestimmen Sie ihr Geschlecht.

артúст, -ка	*Schauspieler, -in*	мéнеджер	*Manager, -in*
архітéктор	*Architekt, -in*	офіціáнт, -ка	*Kellner, -in*
асистéнт	*Assistent, -in*	пéкар	*Bäcker, -in*
бізнесмéн	*Geschäftsmann, -frau*	переклáдач, -ка	*Übersetzer, -in*
виклáдач	*Dozent, -in*	перукáр	*Friseur, -in*
вихователь, -ка	*Erzieher, -in*	підприємець	*Unternehmer, -in*
військовослýжбовець	*Militärangehörige(r)*	прибирáльниця	*Putzfrau*
водíй	*Kraftfahrer, -in*	програмíст	*Programmierer, -in*
дипломáт	*Diplomat, -in*	продавéць	*Verkäufer, -in*
домогосподáрка	*Hausfrau*	робітнú/к, -ця	*Arbeiter, -in*
економíст	*Betriebswirt, -in*	секретáр	*Sekretär, -in*
журналíст, -ка	*Journalist, -in*	селя́н/ин, -ка	*Bauer, Bäuerin*
залізнúчник	*Eisenbahner, -in*	слýжбовець	*Angestellter, -te*
інженéр	*Ingenieur, -in*	слю́сар	*Schlosser, -in*
комерсáнт	*Kaufmann, -frau*	співробíтни/к, -ця	*Mitarbeiter, -in*
кýхар	*Koch, Köchin*	спортсмéн, -ка	*Sportler, -in*
лíкар	*Arzt, Ärztin*	стюардéса	*Stewardess*
медсестрá	*Krankenschwester*	юрúст, адвокáт	*Jurist, -in, Anwalt, -in*

профéсія *f*, фах *m* – *Beruf;* за профéсією, за фáхом – *von Beruf*

Berufsbezeichnungen im Ukrainischen

Viele Berufsbezeichnungen haben im Ukrainischen *nur* die männliche Form: Івáн – інженéр, Гáнна – інженéр. Bei einigen Berufsbezeichnungen werden jedoch auch weibliche Formen gebildet: Павлó – вчúтель, Óльга – вчúтель *oder* вчúтелька.

Oder: Семе́н – журналі́ст, Іва́нна – журналі́ст / журналі́стка.
Manche Berufsbezeichnungen haben *nur* die weibliche Form: Оле́на – медсестра́.

Text 2

Я, Богда́н Іва́нович Луце́нко, за фа́хом **учи́тель**. Моя́ дружи́на Марі́я Васи́лівна за фа́хом **архіте́ктор**. Мій син Оле́сь – **школя́р**, а моя́ дочка́ Русла́на вже **студе́нтка**. Окса́на Петрі́вна Тимоше́нко – моя́ коле́га, **вчи́телька**, а її́ чолові́к Степа́н Миха́йлович – **інжене́р**. Мій брат – **військовослу́жбовець**, а моя́ сестра́ за фа́хом **перекла́дач**. Моя́ ма́ти Га́нна Григо́рівна – **лі́кар**, а мій ба́тько Іва́н Петро́вич вже **пенсіоне́р**.

Übung 6
Welche Berufe haben die im Text 2 erwähnten Personen? Bilden Sie einen Dialog:
– Хто Бори́с Іва́нович за фа́хом? ...

Übung 7
Beantworten Sie die Fragen:
Хто Ви за фа́хом? / Ваш ба́тько / брат / Ва́ша ма́ти / сестра́? ...

Übung 8
Lesen Sie die Dialoge vor. Beachten Sie die Intonation.

Dialog 1

Службо́вець:	**Як Ва́ше ім'я́?**
Русла́на:	Моє́ ім'я́ Русла́на.
Службо́вець:	**Як Ва́ше прі́звище?**
Русла́на:	Моє́ прі́звище Луце́нко.
Службо́вець:	**Хто Ви за фа́хом?**
Русла́на:	Я студе́нтка.
Службо́вець:	А Ваш ба́тько?
Русла́на:	Мій ба́тько – вчи́тель.
Службо́вець:	Хто Ва́ша ма́ти?
Русла́на:	Вона́ за фа́хом архіте́ктор.
Службо́вець:	Ваш брат теж студе́нт?
Русла́на:	Ні, він ще школя́р.

Dialog 2

Службо́вець:	Як Ва́ше ім'я́?
Васи́ль:	Моє́ ім'я́ Васи́ль.
Службо́вець:	Як Ва́ше прі́звище?
Васи́ль:	Моє́ прі́звище Тимоше́нко.
Службо́вець:	Хто Ви за фа́хом?
Васи́ль:	Я ще студе́нт.
Службо́вець:	А Ваш ба́тько?
Васи́ль:	Мій ба́тько – інжене́р.
Службо́вець:	Хто Ва́ша ма́ти?
Васи́ль:	Вона́ за фа́хом вчи́телька.
Службо́вець:	Ва́ша сестра́ теж студе́нтка?
Васи́ль:	Ні, вона́ школя́рка.

Übung 9
Bilden Sie ähnliche Dialoge zum Thema „Familie, Beruf".

Übung 10
Bilden Sie Wörter und setzen Sie Betonungszeichen:

оооааадмгспдрк иииаяпрбрлнць іеебзнсмн аіеорхтктр еяислнн оіирбтнк
іиієеьппдрмц аіииззлннчк еееаапрклдч оііафцнт іоооуеььвввйсскжбц

Possessivpronomen der 3. Person / Berufsbezeichnungen

Übung 11
Suchen Sie 12 Berufsbezeichnungen, schreiben Sie sie in Schreibschrift ab und setzen Sie Betonungszeichen.

Ж	У	Р	Н	А	Л	І	С	Т	У	І	О	Ю
Л	Ч	С	Д	Ф	Г	Г	Д	Й	Л	Ь	Ж	Ь
В	И	К	Л	А	Д	А	Ч	М	П	Д	П	Д
О	Т	М	І	Н	Ж	Е	Н	Е	Р	І	О	О
Д	Е	О	К	П	К	С	К	О	О	П	Ф	Г
І	Л	К	А	К	М	Л	К	Д	Д	Г	І	О
Й	Ь	П	Р	О	І	Ю	О	І	А	Ф	Ц	Д
М	К	І	М	І	П	С	К	Д	В	П	І	К
Д	И	П	Л	О	М	А	Т	П	Е	К	А	Р
П	І	К	У	Х	А	Р	О	Д	Ц	Г	Н	І
О	К	М	Д	К	М	І	П	І	Ь	О	Т	П

Übung 12
Welche Berufe üben diese Personen aus?

Marc arbeitet in einer Schule
Laura – in einem Krankenhaus
Denis – in einer Fabrik
Dominik – in einer Bank
Klaus – in einer Botschaft
Monika – in einem Ministerium
Thomas – in einer Redaktion

Sandra arbeitet in einem Supermarkt
Alexander – in einer PC-Firma
Verona – in einem Restaurant
Viktor treibt viel Sport
Roland ist bei der Armee
Hans ist bei der Eisenbahn tätig
Manfred fährt viel mit dem Auto

Übung 13
Übersetzen Sie ins Ukrainische und setzen Sie Betonungszeichen:

1. Ist das Ihre Freundin? Nein, das ist meine Kollegin.
2. Wie ist ihr Vorname? Ihr Vorname ist Sandra.
3. Und wie ist ihr Nachname? Ihr Nachname ist Müller.
4. Und wer ist das? Das ist mein Freund. Sein Vorname ist Thomas.
5. Was ist er von Beruf? Ist er Übersetzer? Nein, er ist Architekt.
6. Ist das seine Frau? Ja, das ist seine Frau Anna. Sie ist Erzieherin.

„Я не я, і ха́та не моя́." (Украї́нське наро́дне прислі́в'я)

Vokabeln

адвока́т *m f*	Anwalt, Anwältin	наро́дний	Volks-
арти́ст *m f*, -ка *f*	Schauspieler/in	офіціа́нт *m f*, -ка *f*	Kellner/in
архіте́ктор *m f*	Architekt/in	пе́кар *m f*	Bäcker/in
асисте́нт *m f*	Assistent/in	пенсіоне́р *m f*, -ка *f*	Rentner/in
бізнесме́н *m f*	Geschäftsmann, -frau	перекла́дач *m f*, -ка *f*	Übersetzer/in Dolmetscher/in

вихова́тель *m f*, -ка *f*	*Erzieher/in*	перука́р *m f*	*Friseur/in*
водíй *m f*	*Kraftfahrer/in*	підприє́мець *m f*	*Unternehmer/in*
двір *m*	*Hof*	по́друга *f*	*Freundin*
диплома́т *m f*	*Diplomat/in*	прибира́льниця *f*	*Putzfrau*
домогоспода́рка *f*	*Hausfrau*	прислі́в'я *n*	*Sprichwort*
друг *m*	*Freund*	прі́звище *n*	*Nachname*
економі́ст *m f*	*Betriebswirt/in*	програмі́ст *m f*	*Programmierer/in*
журналі́ст *m f*, -ка *f*	*Journalist/in*	продаве́ць *m f*	*Verkäufer/in*
залізни́чник *m f*	*Eisenbahner/in*	профе́сія *f*	*Beruf*
за фа́хом	*von Beruf*	робітни́/к *m*, -ця *f*	*Arbeiter/in*
ім'я́ *n*	*Vorname*	секрета́р *m f*, -ка *f*	*Sekretär/in*
інжене́р *m f*	*Ingenieur/in*	селя́н/ин *m*, -ка *f*	*Bauer, Bäuerin*
її́	*ihr, ihre (von* вона́*)*	службо́вець *m f*	*Angestellte/r*
і́хній, і́хня, і́хнє / і́х	*ihr, ihre (von* вони́*)*	слю́сар *m f*	*Schlosser/in*
його́	*sein, seine (von* він*)*	співробі́тни/к *m f*, -ця *f*	*Mitarbeiter/in*
коле́га *m f*	*Kollege/in*	спортсме́н *m f*, -ка *f*	*Sportler/in*
комерса́нт *m f*	*Kaufmann, -frau*	стюарде́са *f*	*Stewardess*
ку́хар *m f*	*Koch, Köchin*	фах *m*	*Beruf, Fach*
лі́кар *m f*	*Arzt, Ärztin*	Хто Ви за фа́хом?	*Was sind Sie von Beruf?*
медсестра́ *f*	*Krankenschwester*	юри́ст *m f*	*Jurist/in*
на	*auf*	Як Ва́ше ім'я́?	*Wie ist Ihr Vorname?*
наро́д *m*	*Volk*	Як Ва́ше прі́звище?	*Wie ist Ihr Nachname?*

LEKTION 4

Die Adjektive
Die Qualitäts- und Beziehungsadjektive

Text 1

Ось мі́сто Подо́льськ.
Тут **стари́й райо́н**, а там нови́й.
Тут **стара́ ву́лиця**, а там нова́.
Подо́льськ – **старе́ мі́сто**, а Новоподо́льськ – нове́ мі́сто.
Ось вели́кий парк. **Яки́й** це парк? **Вели́кий**.
Там вели́ка ріка́. **Яка́** там ріка́? **Вели́ка**.
Тут вели́ке о́зеро. **Яке́** тут о́зеро? **Вели́ке**.

Text 2

Це мій письмо́вий стіл.
Тут **черво́ний** олівець, а там **си́ній**.
Тут **черво́на** ру́чка, а там **си́ня**.
Тут **черво́не** крі́сло, а там **си́нє**.
Право́руч вели́кий словни́к, ліво́руч мале́нький.
Ось росі́йська газе́та, а ось англі́йська.
„Buch" – німе́цьке сло́во, „кни́жка" – украї́нське.

Die Adjektive

Die Adjektive bezeichnen die Eigenschaften der Substantive, auf die sie sich stets beziehen und mit denen sie im Genus, Numerus und Kasus übereinstimmen:
стари́й парк *(alter Park – m)*, стара́ шко́ла *(alte Schule – f)*, старе́ село́ *(altes Dorf – n)*.
Die Frage nach den Adjektiven lautet **Яки́й? Яка́? Яке́?** *(Wie? Welcher? Welche? Welches? Was für ein? ...)*
Dem Stammauslaut nach unterscheidet man im Ukrainischen *harte* und *weiche* Adjektive: нов-**и́й**, нов-**а́**, нов-**е́** – *hart* / си́н-**ій**, си́н-я, си́н-є – *weich*
Der Betonung nach unterscheidet man *stamm-* und *endbetonte* Adjektive:
вели́к-ий, вели́к-а, вели́к-е – *stammbetont* / мал-**и́й**, мал-**а́**, мал-**е́** – *endbetont*.

Die Qualitäts- und Beziehungsadjektive

Der Bedeutung nach unterscheidet man Qualitäts- und Beziehungsadjektive. Die Qualitätsadjektive benennen eigene, individuelle Eigenschaften:
– **до́брий** у́чень, **вели́кий** сад, **стара́** шко́ла, **си́нє** о́зеро.

Die Beziehungsadjektive bezeichnen Eigenschaften durch Beziehung auf *andere* Begriffe:
- **украї́нський** словни́к (ukrainisches Wörterbuch – *bezogen auf* „Украї́на"),
- **книжко́ва** шафа (Bücherschrank – *bezogen auf* „кни́жка").

Übung 1
Lesen und üben Sie die folgenden Adjektive:

Qualitätsadjektive

бі́лий	weiß	стари́й	alt
блаки́тний	hellblau	нови́й	neu
бруна́тний	braun	молоди́й	jung
жо́втий	gelb	до́брий	gut
зеле́ний	grün	пога́ний	schlecht
помара́нчевий	orange	гаря́чий	heiß
си́ній	blau	те́плий	warm
сі́рий	grau	холо́дний	kalt
черво́ний	rot	довги́й	land
чо́рний	schwarz	коро́ткий	kurz
вели́кий	groß	га́рний	schön
мали́й, мале́нький	klein	ціка́вий	interessant
		нудни́й	langweilig

Beziehungsadjektive

украї́нський	ukrainisch	письмо́вий	Schreib-
німе́цький	deutsch	книжко́вий	Bücher-
англі́йський	englisch	ки́ївський	Kiewer
росі́йський	russisch	берлі́нський	Berliner

Synonyme: бруна́тний – кори́чневий, помара́нчевий – жовтогаря́чий

Übung 2
Verbinden Sie die Adjektive mit den passenden Substantiven:

стари́й	ха́та	нови́й	крі́сло	вели́кий	табли́ця
стара́	подві́р'я	нова́	стіле́ць	вели́ка	вікно́
старе́	сад	нове́	ла́мпа	вели́ке	телеві́зор

Übung 3
Ergänzen Sie die Endungen und setzen Sie Betonungszeichen:

англі́йськ.... шко́ла, стар.... лі́кар, мале́ньк.... ра́діо, велик.... кімна́та, гарн.... жі́нка, блакитн.... не́бо, зелен.... а́вто, украї́нськ.... сувені́р, німе́цьк.... мі́сто, нов.... ву́лиця, син.... крі́сло, син.... зо́шит, англі́йськ.... бізнесме́н, молод.... чолові́к, помаранчев.... револю́ція

Übung 4
Suchen Sie zu jedem Substantiv ein passendes Adjektiv.

.... стіна́, ... стіл, ... не́бо, ... пого́да, ... друг, ... вчи́телька, ... фо́то, ... револю́ція, ... мо́ва, ... день, ... кни́жка, ... газе́та, ... спортсме́н, ... прі́звище, ... мі́сто, ... диплома́т

Adjektive / Qualitäts- und Beziehungsadjektive 39

Übung 5
Stellen Sie Fragen nach den Adjektiven. Muster:
Це старий район. Який це район? Поруч нова вулиця. Яка вулиця поруч?

Тут маленька бібліотека. Це англійське слово. Там велика стіна. Це український сувенір. Тут велике озеро. Поруч старий парк. Праворуч гарна кімната.

Übung 6
Bilden Sie die fehlenden Formen der Adjektive und fügen Sie passende Substantive hinzu:

m	український словник	англійський ...		
f	українська ...			
n	українське ...		берлінське	...
m	німецький ...		кельнський	...
f	...	київська ...		
n				

Übung 7
Bilden Sie Fragen und beantworten Sie diese nach dem Muster. Verwenden Sie dabei verschiedene Adjektive.
олівець   Який це олівець? Це синій олівець.

| портфель | дошка | вікно | вчитель | комп'ютер | дім |
| книжка | крісло | підручник | артистка | фільм | кімната |

хата   Яка це хата? Нова? Ні, це не нова хата, а стара.

| сад | словник | друг | архітектор | авто | місто |
| подвір'я | ручка | подруга | перекладач | водій | вулиця |

Übung 8
Lesen Sie die Dialoge vor. Beachten Sie die Intonation.

Dialog 1
Остап: Де твоя кімната?
Наталка: Ліворуч, де велике вікно.
Остап: **Яка твоя кімната?**
Наталка: Вона невелика, але затишна.
Остап: І гарна?
Наталка: Так, дуже гарна, світла.
Остап: Там є телефон, телевізор?
Наталка: Звичайно.
Остап: Чому „звичайно"?
Наталка: Адже гуртожиток новий, сучасний!

Dialog 2
Остап: **Який гарний букет!**
Наталка: Дійсно, дуже гарний.
Остап: Чий він? Твій?
Наталка: Звичайно.
Остап: Чому „звичайно"?
Наталка: Адже сьогодні свято.
Остап: **Яке свято?**
Наталка: Дуже гарне.
Остап: А саме?
Наталка: Жіночий день!

Übung 9
Bilden Sie Dialoge zum Thema „Mein Zimmer". Verwenden Sie dabei verschiedene Adjektive.

Übung 10
Bilden Sie Sätze nach dem Muster:
га́рний буке́т   Яки́й га́рний буке́т! Ді́йсно, ду́же га́рний. Чий він? Твій?
Звича́йно, мій. / На жаль, не мій.

| вели́кий сад | зати́шна кімна́та | га́рне ра́діо | чудо́вий комп'ю́тер |

(Bilden Sie 4 ähnliche Beispiele)

Zu den Beziehungsadjektiven gehören auch die so genannten Possessivadjektive, die von *belebten* Substantiven gebildet werden: ма́ма *f* – ма́м**ин** стіл, ма́м**ина** кни́жка, ма́м**ине** кри́сло (*Mamas Tisch, Mamas Buch, Mamas Sessel*); брат *m* – бра́т**ів** зо́шит, бра́т**ова** ру́чка, бра́т**ове** ра́діо (*Bruders Heft, ... Stift, ... Radio*). Die Possessivadjektive werden wie harte Adjektive dekliniert. Die Frage nach den Possessivadjektiven lautet aber nicht **Яки́й?**, sondern **Чий?** *(Wessen?)*
– **Чий** це стіл? Це ма́мин стіл. **Чия** це кни́жка? Це ма́мина кни́жка. **Чиє́** це крі́сло? Це ма́мине крі́сло.

Übung 11
Stellen Sie Fragen nach Possessivadjektiven, beantworten Sie diese kurz und nennen Sie das Substantiv, auf das sich das Adjektiv bezieht.
Muster: Це Іва́нове село́.   Чиє́ це село́? – Іва́нове (Іва́н).

| Тут Степа́нів брат. | Це Андрі́їв син. | Це Фе́дорів двір. | Там Сергі́єва ха́та. |
| Там Ві́рина дочка́. | Це Га́лине вікно́. | Тут Ма́рків сад. | Тут Марі́їне село́. |

Übung 12
Übersetzen Sie ins Ukrainische und setzen Sie Betonungszeichen:
1. Berlin ist eine große deutsche Stadt.
2. Semeniwka ist ein kleines ukrainisches Dorf.
3. Links ist eine gemütliche alte Straße.
4. Iwan Petrowytsch ist ein guter Lehrer. Ist er dein Vater? Natürlich.
5. Was für ein Feiertag ist heute? Heute ist der Frauentag.
6. Ist das Ihr Schreibtisch? Nein, mein Schreibtisch ist rechts.
7. Und dort ist mein neuer Bücherschrank.

„Вели́ка хма́ра – мали́й дощ."   (Украї́нське наро́дне прислі́в'я)
„Зеле́не, як ру́та." „Чи́сте, як сльоза́." „Черво́не, як жар." „Ясни́й, як со́нечко."
(Наро́дні о́бразні порівня́ння)

Vokabeln

адже́	*doch*	о́бразний	*bildhaft*
але́	*aber*	о́зеро *n*	*See, Teich*
англі́йський	*englisch*	письмо́вий	*Schreib-*

Adjektive / Qualitäts- und Beziehungsadjektive

бíлий	weiß	поганий	schlecht
блакитний	hellblau	погода *f*	Wetter
великий	groß	порівняння *n*	Vergleich
вулиця *f*	Straße	ріка *f*	Fluss
гарний	schön, hübsch	російський	russisch
гуртожиток *m*	Wohnheim	рута *f*	Gras, Kraut
дах *m*	Dach	саме	genau, zwar
день *m*	Tag	світлий	hell
дійсно, справді	tatsächlich, wirklich	свято *n*	Feiertag
добрий	gut	синій	blau
довгий	lang	слово *n*	Wort
дуже	sehr	сльоза *f*	Träne
жар *m*	Glut	сонце, сонечко *n*	Sonne
жіночий	Frauen-	старий	alt
жовтий	gelb	сучасний	modern
затишний	gemütlich	сьогодні	heute
зелений	grün	теплий	warm
книжковий	Bücher-	український	ukrainisch
короткий	kurz	хмара *f*	Wolke
маленький	klein	холодний	kalt
міст *m*	Brücke	цікавий	interessant
мова *f*	Sprache	червоний	rot
молодий	jung	чистий	sauber, rein
на жаль	leider	Чому?	Warum? Wieso?
небо *n*	Himmel	чорний	schwarz
німецький	deutsch	Який? Яка? Яке?	Welch/er? -e? -es?
новий	neu	ясний	hell, klar

LEKTION 5

Die Verben / Die Präsens-Konjugation der Verben (I)
Die Adverbien der Art und Weise

Text 1

Ось наша аудиторія. Вона велика і світла. Тут можна добре **працювати**: **читати, писати, перекладати**. Ліворуч – студентське кафе. Там можна **снідати, обідати, вечеряти**, або просто **відпочивати**.
Зараз урок. Я **читаю** український текст, а Сандра **перекладає**. Потім ми **пишемо** диктант. Наша вчителька Віра Петрівна – українка. Вона дуже добре **розмовляє** по-українськи, а також непогано по-німецьки. Хоча вона **каже**, що німецька мова дуже важка. А я **думаю**, що українська мова важка.

Die Verben

Ein Verb drückt eine Handlung, einen Zustand oder ein Geschehen aus: **писати** *(schreiben)*, **спати** *(schlafen)*. Der Infinitiv ist die Grundform des Verbs. Das Merkmal des Infinitivs ist im Ukrainischen das Suffix **-ти**, welches an den Infinitivstamm angefügt wird. Die Verben werden jedoch im Satz meistens nicht in ihrer Grundform, sondern in einer abgewandelten Form verwendet. Die Abwandlung der Verben nennt man Konjugation. Zu den grammatischen Kategorien des Verbs gehören Person *(1. – erste, 2. – zweite, 3. – dritte)*, Numerus *(Zahl – Singular, Plural)* und Tempus *(Zeitform – Präsens, Präteritum, Futur)*.

Die Präsens-Konjugation der Verben (I)

Man unterscheidet im Ukrainischen 3 Konjugationsarten: die erste (I), die zweite (II) und die archaische *(arch.)* Konjugation. Die meisten Verben gehören der 1. oder der 2. Konjugation an.

Übung 1
Vergleichen Sie die 1. und die 2. Konjugation: читати *(lesen)* – стояти *(stehen)*

Infinitiv →	чита-ти (I)	сто-яти (II)
я	чита-ю	сто-ю
ти	чита-єш	сто-їш
він, вона, воно	чита-є	сто-їть
ми	чита-ємо	сто-їмо
ви	чита-єте	сто-їте
вони	чита-ють	сто-ять

Verben / Präsenskonjugation (I) / Adverbien der Art und Weise   43

Zu der 1. Konjugation gehören:
- die meisten Verben auf -ати / -яти (слу́хати, розмовля́ти)
- viele Verben auf -іти (червоні́ти, зелені́ти)
- alle Verben mit dem Suffix -ва- (дя́кувати, працюва́ти, відпочива́ти)
- Verben auf -ти nach einem Konsonanten (нести́)

Infinitiv →	розмовля́-ти *	нес-ти́ **
я	розмовля́ю	несу́
ти	розмовля́єш	несе́ш
він, вона́, воно́	розмовля́є	несе́
ми	розмовля́ємо	несемо́
ви	розмовля́єте	несете́
вони́	розмовля́ють	несу́ть

* – *nach einem Vokal;* ** – *nach einem Konsonanten*

Übung 2
Konjugieren Sie selbständig die folgenden Verben:
слу́хати, відпочива́ти, ду́мати, вече́ряти, ма́ти

Übung 3
Fügen Sie passende Personalpronomen ein:
... чита́ю журна́л, а ... слу́хає ра́діо. ... обі́даєте? Ні, ... відпочива́ю. ... ду́маю, що ... ду́же до́бре розмовля́є по-німе́цьки. ... ка́жеш, що сього́дні га́рна пого́да? ... переклада́ють текст, а ... відпочива́єте. Що ... несете́? ... несу́ лист. Де ... за́вжди сніда́єте? ... сніда́ю в кафе́, а ... сніда́є вдо́ма. ... ма́єте словни́к? На жаль, ні. Але́ ... ма́є і словни́к, і підру́чник.

Unregelmäßige Fälle (1. Konugation):
- Konsonantenwechsel с – ш / з – ж / г – ж / т – ч
- Wegfall von -ва- im Suffix -юва- / -ува- / -ава-

	писа́ти	каза́ти	працюва́ти	дя́кувати
я	пишу́	кажу́	працю́ю	дя́кую
ти	пи́шеш	ка́жеш	працю́єш	дя́куєш
він	пи́ше	ка́же	працю́є	дя́кує
ми	пи́шемо	ка́жемо	працю́ємо	дя́куємо
ви	пи́шете	ка́жете	працю́єте	дя́куєте
вони́	пи́шуть	ка́жуть	працю́ють	дя́кують

Achten Sie beim Konjugieren auf die Betonung. Manche Verben behalten die Betonung auf dem Stamm: чита́ти – я чита́ю, ти чита́єш, він чита́є, ... , manche sind endbetont: нести́ – я несу́, ти несе́ш, він несе́, ... Viele Verben haben eine bewegliche Betonung: sie springt in der 2. Person Singular *um eine Silbe* zurück: писа́ти – я пишу́, ти пи́шеш, він пи́ше, ...

Übung 4
Nennen Sie die passende Verbform:

я (чита́ти), ти (писа́ти), ми (ма́ти), він (дя́кувати), ми (розмовля́ти), вони́ (відпочива́ти), вона́ (працюва́ти), Ви (малюва́ти), я (каза́ти), вони́ (слу́хати), ти (подорожува́ти), ми (дя́кувати), ви (нести́), він (сні́дати), вона́ (вече́ряти), вони́ (ма́ти)

Übung 5
Was tun Sie jetzt? Bilden Sie Fragen und beantworten Sie diese nach dem Muster:
слу́хати ра́діо   Ви слу́хаєте ра́діо? Так, я слу́хаю ра́діо.
                  oder: Ні, я не слу́хаю ра́діо. Я ... (*z. B.* працю́ю).

працюва́ти	писа́ти диктант	відпочива́ти
переклада́ти текст	сні́дати	нести́ портфе́ль
розмовля́ти по-німе́цьки	обі́дати	малюва́ти

Übung 6
Fügen Sie die Verben in der richtigen Form ein.

чита́ти	Ви .... рома́н?
	Ні, я .... лист.
	Тара́с .... комента́р.
писа́ти	Я .... нове́ сло́во.
	Ми .... дикта́нт.
	Вони́ .... пере́клад.
каза́ти	Ти ...., що це ціка́во?
	Ви ...., що тут є парк?
	Він ...., що Іва́н його́ брат.
працюва́ти	Де ти ....?
	Я .... тут.
	Вони́ .... до́бре.
подорожува́ти	Влі́тку ми ....
	Він бага́то ....
	Вони́ .... через Крим.
нести́	Що ти ....?
	Я .... портфе́ль.
	Вони́ .... комп'ю́тер у наш клас.

Text 2

Чи То́мас чита́є украї́нський текст? Так, він чита́є текст. Чи він тако́ж переклада́є текст? Ні, він не переклада́є текст. А хто переклада́є текст? Са́ндра.
Студе́нти чита́ють текст, чи пи́шуть дикта́нт? Вони́ пи́шуть дикта́нт.
Хто Ві́ра Петрі́вна? Вона́ вчи́телька. **Як** вона́ розмовля́є? Вона́ розмовля́є **по-украї́нськи**. Вона́ **до́бре** розмовля́є по-украї́нськи? Зви́чайно, вона́ **ду́же до́бре** розмовля́є по-украї́нськи. А як вона́ розмовля́є **по-німе́цьки**? Вона́ тако́ж **непога́но** розмовля́є по-німе́цьки.

Verben / Präsenskonjugation (I) / Adverbien der Art und Weise

Die Adverbien der Art und Weise

Die Adverbien der Art und Weise bezeichnen die *Qualität* eines Vorgangs und vertreten die Funktion einer Adverbialbestimmung im Satz. Die Frage nach diesen Adverbien lautet **Як?** *(Wie?)*
– Петро́ розмовля́є **по-німе́цьки**. **Як** він розмовля́є? *(Petro spricht deutsch. Wie spricht er?)*

Die meisten Adverbien der Art und Weise werden von Adjektiven abgeleitet:
– ціка́во (*von* ціка́вий), пога́но (*von* пога́ний) / *Endung* **-о**
– до́бр**е** (*von* до́брий) / *Endung* **-е**
– **по**-нов**о́му** (*von* нови́й), **по**-ста́р**ому** (*von* стари́й) / *Partikel* **по**-+ *Endung* **-ому**
– **по**-украї́нськ**и** (*von* украї́нський), **по**-німе́цьк**и** (*von* німе́цький) / *Partikel* **по**-+ *Endung* **-и** / *aber auch* **по**-украї́нськ**ому**, **по**-німе́цьк**ому**.

Übung 7
Lesen und vergleichen Sie die folgenden Adjektive und Adverbien. Achten Sie auf die Betonung.

Яки́й?	Як?	Wie?
га́рний	га́рно	schön, hübsch
пога́ний	пога́но	schlecht
те́плий	те́пло	warm
холо́дний	хо́лодно	kalt
ціка́вий	ціка́во	interessant
важки́й	ва́жко	schwer, schwierig
до́брий	до́бре	gut
украї́нський	по-украї́нськи / по-украї́нському	ukrainisch, auf Ukrainisch
німе́цький	по-німе́цьки / по-німе́цькому	deutsch, auf Deutsch
ки́ївський	по-ки́ївськи / по-ки́ївському	Kiewer, auf Kiewer Art
берлі́нський	по-берлі́нськи / по-берлі́нському	Berliner, auf Berliner Art
нови́й	по-нов́ому	neu, auf neue Art
стари́й	по-ста́рому	alt, auf alte Art, beim alten

Übung 8
Adjektiv oder Adverb? Setzen Sie das passende Wort in der richtigen Form ein.
Muster: до́брий – до́бре   Оле́на до́бре переклада́є. Вона́ до́бра учени́ця.

га́рний – га́рно	Окса́на – ду́же .... жі́нка.
	Оста́п .... малю́є.
те́плий – те́пло	Сього́дні ....
	Сього́дні .... день.
ціка́вий – ціка́во	Як тут ....!
	Це ду́же .... кни́жка.
украї́нський – по-украї́нськи	.... мо́ва ду́же га́рна.
	Вони́ розмовля́ють ....
німе́цький – по-німе́цьки	Ге́те – .... пое́т.
	Бори́с пи́ше лист ....
холо́дний – хо́лодно	Яки́й .... лимона́д!
	Як там ....!

Übung 9
Welche Sprache sprechen Sie? Bilden Sie Sätze nach dem Muster:

по-украї́нськи   Ви розмовля́єте по-украї́нськи? Ні, на жаль, я ще не розмовля́ю по-украї́нськи. Але́ я до́сить до́бре розмовля́ю по-англі́йськи.

| по-німе́цьки | по-францу́зьки | по-по́льськи | по-росі́йськи | по-іспа́нськи |
| по-італі́йськи | по-голла́ндськи | по-че́ськи | по-есто́нськи | по-туре́цьки |

Übung 10
Fügen Sie das passende Adverb ein:

> га́рно, пога́но, хо́лодно, ва́жко, до́бре, по-украї́нськи, по-німе́цьки, доскона́ло

Сього́дні .... Васи́ль розмовля́є .... А Макс пи́ше лист .... Як тут ....! Тара́с .... переклада́є текст. А Русла́на переклада́є текст .... Розмовля́ти по-німе́цьки – ду́же .... Андрі́й .... гово́рить по-англі́йськи.

Übung 11
Lesen Sie die Dialoge vor. Beachten Sie die Intonation.

Dialog 1

Васи́ль: Ти розмовля́єш по-англі́йськи?
Русла́на: Так.
Васи́ль: До́бре?
Русла́на: Ні, лише́ тро́хи.
Васи́ль: Як жаль!
Русла́на: Чому́?
Васи́ль: Я якра́з чита́ю лист.
Русла́на: І не все розумі́єш?
Васи́ль: На жаль...
Русла́на: Ось словни́к. Будь ла́ска!
Васи́ль: Дя́кую.

Dialog 2

Васи́ль: Що це ти чита́єш?
Марі́чка: Німе́цький журна́л.
Васи́ль: Яки́й?
Марі́чка: „Фо́кус".
Васи́ль: І ти все розумі́єш?
Марі́чка: Ма́йже все.
Васи́ль: Ти тако́ж розмовля́єш по-німе́цьки?
Марі́чка: Так.
Васи́ль: Доскона́ло?
Марі́чка: Не доскона́ло, але́ до́сить до́бре.
Васи́ль: Молоде́ць!

Übung 12
Bilden Sie ähnliche Dialoge zum Thema „Sprachkenntnisse".

Übung 13
Setzen Sie passende Verben ein:

Ті́на .... текст, а я .... лист. Ми ...., ... та .... в кафе́. Ви .... по-украї́нськи? Ні, але́ я тро́хи .... по-украї́нськи. Я ...., що це важка́ мо́ва. Що Ви ....? Я не ....

Übung 14
Übersetzen Sie ins Ukrainische und setzen Sie Betonungszeichen:

1. Taras liest einen Text und Iwan hört Radio.
2. Sprechen Sie ukrainisch? Ja, aber leider nur wenig.
3. Mein Freund spricht perfekt ukrainisch. Tatsächlich? Natürlich.
4. Verstehen Sie deutsch? Leider nicht. Wie schade!

Verben / Präsenskonjugation (I) / Adverbien der Art und Weise

5. Da ist unser Unterrichtraum. Hier kann man gut arbeiten.
6. Meine Mutter ist Rentnerin und mein Vater arbeitet noch.
7. Was sagen Sie? Ich verstehe nicht.
8. Ist es heute warm? Ja, heute ist schönes warmes Wetter.
9. Die deutsche Sprache ist schwer. Aber mein Nachbar spricht sehr gut deutsch.
10. Ich spreche noch schlecht englisch. Und Sie?

Übung 15
Suchen Sie 10 Adverbien der Art und Weise:

Е	Т	К	І	К	Г	Ч	П	Л	А	К
У	Е	Ф	Ц	І	К	А	В	О	У	А
Р	П	Д	И	Н	А	Р	Л	Г	П	Д
К	Л	У	Н	Е	Б	Н	В	А	Ж	О
Х	О	Л	О	Д	Н	О	В	Н	Е	С
Д	О	С	К	О	Н	А	Л	О	М	И
М	С	А	Р	Б	М	І	Ь	І	П	Т
І	Т	К	Т	Р	О	Х	И	К	С	Ь
Г	Р	Т	Б	Е	Т	П	І	О	К	Ж

„Му́дрий не все ка́же, що зна́є, а ду́рень не все зна́є, що ка́же."
„Чужи́й кожу́х не грі́є."
(Украї́нські наро́дні прислі́в'я)

Vokabeln

або́	*oder*	переклада́/ти, -ю, -єш	*übersetzen*
бага́то	*viel*	пи/са́ти, -шу́, -шеш	*schreiben*
в / у	*in, an, nach*	по-англі́йськи	*englisch*
важки́й / ва́жко	*schwer, schwierig*	пога́ний / пога́но	*schlecht*
вече́ря/ти, -ю, -єш	*zu Abend essen*	подорожу́/вати, -ю, -єш	*reisen*
відпочива́/ти, -ю, -єш	*sich erholen*	по-іспа́нськи	*spanisch*
влі́тку	*im Sommer*	по-італі́йськи	*italienisch*
все / усе́	*alles*	по-німе́цьки	*deutsch*
га́рний / га́рно	*schön*	по-но́вому	*neu, auf neue Art*
грі́/ти, -ю, -єш, -є	*wärmen*	по-роси́́йськи	*russisch*
дикта́нт *m*	*Diktat*	по-ста́рому	*alt, beim alten*
до́брий / до́бре	*gut*	пото́ім	*dann, danach*
доси́ть	*ziemlich*	по-туре́цьки	*türkisch*

доскона́ло	*perfekt*	по-украї́нськи	*ukrainisch*
ду́ма/ти, -ю, -єш	*denken*	працю́/ва́ти, -ю, -єш	*arbeiten*
дя́ку/вати, -ю, -єш	*danken*	прости́й / про́сто	*einfach*
ду́рень *m*	*Dummkopf, Narr*	розмовля́/ти, -ю, -єш	*sprechen*
за́раз, тепе́р	*jetzt, gleich*	розумі́/ти, -ю, -єш	*verstehen*
зна́/ти, -ю, -єш	*wissen*	слу́ха/ти, -ю, -єш	*hören*
ка/за́ти, -жу́, -жеш	*sagen*	сніда́/ти, -ю, -єш	*frühstücken*
кожу́х *m*	*Pelzmantel*	те́плий / те́пло	*warm*
лист *m*	*Brief*	тро́хи	*wenig, etwas*
лише́	*nur*	украї́н/ець *m*, -ка *f*	*Ukrainer/in*
ма́йже	*fast*	холо́дний / хо́лодно	*kalt*
малю́/ва́ти, -ю, -єш	*malen*	хоча́	*obwohl*
ма́/ти, -ю, -єш	*haben*	че́рез	*durch*
мо́жна	*man kann*	чита́/ти, -ю, -єш	*lesen*
молоде́ць *m*	*Prachtkerl (Lob)*	чужи́й	*fremd*
му́дрий / му́дро	*klug, weise*	ще	*noch*
нес/ти́, -у́, -е́ш	*tragen*	Як?	*Wie?*
обі́да/ти, -ю, -єш	*zu Mittag essen*	Як жаль! Яки́й жаль!	*Wie schade!*
пере́клад *m*	*Übersetzung*	якра́з	*jetzt, gerade*

LEKTION 6

Die Präsens-Konjugation der Verben (II)
Die Temporaladverbien
Das Genus der Substantive (Zusammenfassung)

Text 1

Ось моя́ кімна́та. Ліво́руч **стої́ть** кана́па, а по́руч – мале́нький сто́лик.
Там **виси́ть** календа́р, а тут дзерка́ло. Навпроти висить гарна картина.
Право́руч стої́ть вели́кий письмо́вий стіл. Посере́дині **лежи́ть** м'яки́й ки́лим.
Моя́ кімна́та ду́же зати́шна. Тут я **люблю́** працюва́ти і відпочива́ти: слу́хати ра́діо, чита́ти, телефонува́ти.

Die Präsens-Konjugation der Verben (II)

Zu der 2. Konjugation gehören:
– die meisten Verben auf -ити / -іти (говори́ти, сиді́ти)
– einige Verben auf -ати / -яти (лежа́ти, стоя́ти)

	сто-я́ти *	говор-и́ти **	леж-а́ти ***
я	сто-ю́	говор-ю́	леж-у́
ти	сто-ї́ш	говор-и́ш	леж-и́ш
він	сто-ї́ть	говор-и́ть	леж-и́ть
ми	сто-ї́мо	говор-имо́	леж-имо́
ви	сто-ї́те	говор-ите́	леж-ите́
вони	сто-я́ть	говор-я́ть	леж-а́ть

* *nach einem Vokal;* ** *nach einem Konsonanten;* *** *nach einem Zischlaut*

Unregelmäßige Fälle (2. Konjugation):
– Konsonantenwechsel с – ш, д – дж in der 1. Person Singular
– Einschub von -л- nach б, п, м, в, ф in der 1. Person Singular und 3. Person Plural

	про-с-и́ти	си-д-і́ти	роб-и́ти
я	прошу́	сиджу́	роблю́
ти	про́сиш	сиди́ш	ро́биш
він	про́сить	сиди́ть	ро́бить
ми	про́симо	сидимо́	ро́бимо
ви	про́сите	сидите́	ро́бите
вони	про́сять	сидя́ть	ро́блять

Übung 1
Konjugieren Sie diese Verben:

вари́ти, пали́ти, ба́чити, служи́ти, ходи́ти, люби́ти, спа́ти

Übung 2
Setzen Sie die passenden Personalpronomen ein:

... сиджу́, а ... стої́ть. ... спите́? Ні, ... роблю́ завда́ння. ... лю́биш ходи́ти в кіно́? Ні, ... люблю́ ходи́ти в теа́тр. ... ба́чить, що ... переклада́ємо текст. ... сиджу́ в кафе́ і відпочива́ю. Як ... гово́рять? ... не розумі́ю. Сього́дні ... ва́рить борщ. А ... що вари́ш?

Übung 3
Fügen Sie die richtigen Formen vom Verb стоя́ти *ein.*

Я .... ліво́руч. Він .... право́руч. Ми .... попе́реду. Ти .... посере́дині. Вони́ .... тут. Ви .... там.

Setzen Sie die Verben сиді́ти, лежа́ти *ein.*

Übung 4
Fügen Sie die Verben in der erforderlichen Form ein.

стоя́ти	Мій брат .... посере́дині. А ви де ....?
лежа́ти	Кили́м .... право́руч. Кни́жка і зо́шит .... тут.
висі́ти	Де .... ка́рта? Ка́рта і табли́ця .... там.
сиді́ти	Я .... і слу́хаю му́зику. Оле́г .... і телефону́є.
роби́ти	Що ви ....? Я .... завда́ння.
люби́ти	Ви .... писа́ти листи́? Ні, але ми .... чита́ти листи́.
вчи́ти	Я .... слова́. Тара́с .... пра́вило.

висі́ти *(hängen) wird wie* проси́ти *konjugiert, ist aber endbetont.*

Übung 5
Nennen Sie die richtige Verbform:

я (стоя́ти), ти (лежа́ти), він (сиді́ти), ми (спа́ти), вони́ (ходи́ти), вона́ (вари́ти), Ви (пали́ти), він (ба́чити), ми (служи́ти), я (проси́ти), ви (вчи́ти), вони́ (люби́ти)

Präsens-Konjugation (II) / Temporaladverbien / Genus der Substantive

Übung 6
Ergänzen Sie die Endungen und setzen Sie Betonungszeichen.

Що ти роб........? Я роб........ завда́ння. А що роб........ Рома́н? Він пал........ . Ти теж пал........?
Так, я пал........ . А ти? Ні, але́ мої́ коле́ги, на жаль, пал........ .
Що ти сього́дні вар........? Я вар........ варе́ники. А моя́ ма́ма вар........ борщ. Ти люб........ вари́ти?
Так, я ду́же люб........ вари́ти. А ми не люб........ вари́ти. Ми люб........ ходи́ти в рестора́н.
Ваш син вже сп........? Ні, він ще сид........ і вч........ слова́. А мій син і моя́ дочка́ вже сп........ .
А Ви що роб........? Я сид........ і чита...... журна́л.
Васи́ль ду́же до́бре говор........ по німе́цьки. Русла́на і Марі́чка говор........ по-англі́йськи.
А вдо́ма ми всі говор........ по-украї́нськи. А Ви говор........ по-украї́нськи? На жаль, ні.
Я говор........ по-росі́йськи.

Übung 7
Was tun diese Personen? Fragen Sie danach.
Muster: Іва́н – чита́ти і писа́ти   Що ро́бить Іва́н? Він чита́є і пи́ше.

Га́нна – лежа́ти і відпочива́ти	ма́ма та О́льга – вари́ти обі́д і розмовля́ти
Бори́с – сиді́ти і пали́ти	Мико́ла та Іри́на – сиді́ти і писа́ти дикта́нт
Ві́ра – стоя́ти і телефонува́ти	Тара́с і Петро́ – ходи́ти і слу́хати му́зику

Übung 8
Erzählen Sie, was Sie im Moment tun. Fragen Sie auch Ihre Kursnachbarn danach.

Übung 9
Bilden Sie Sätze nach dem Muster:
слу́хати ра́діо   Ви слу́хаєте ра́діо? Так, я слу́хаю ра́діо.
                     Ні, я не слу́хаю ра́діо, я ... (z. B. пишу́ лист).

| роби́ти завда́ння | писа́ти рефера́т | вари́ти обі́д | малюва́ти портре́т |

Übung 10
Bilden Sie Sätze und setzen Sie Betonungszeichen:

сиді́ти, розмовля́ти, Тара́с, Марі́йка, кафе́, і, і, у	роби́ти, переклада́ти, дочка́, текст, вона́, ва́ша, що
працюва́ти, лежа́ти, чита́ти, чолові́к, він, ваш, ні, і	роби́ти, стоя́ти, пали́ти, Мико́ла і Тетя́на, вони́, що, і
каза́ти, люби́ти, подорожува́ти, Ма́рко, що, ду́же	вчи́тися, працюва́ти, син, ваш, він, вже, ні, ще

Text 2

Коли́ Ви сніда́єте? Я сніда́ю **вра́нці**. Коли́ Ви працю́єте? Я працю́ю **вдень**.
Коли́ Ви відпочива́єте? Я відпочива́ю **вве́чері**. Коли́ Ви спите́? Я сплю **вночі́**.
Що Ви ро́бите **влі́тку**? Влі́тку я подорожу́ю. А що Ви лю́бите роби́ти у ві́льний час?
Я люблю́ чита́ти, малюва́ти, слу́хати му́зику, ходи́ти в кіно́ і в теа́тр.

Die Temporaladverbien

Die Temporaladverbien bezeichnen den Zeitraum des Vorgangs: **за́раз** *(jetzt)*, **ча́сом** *(manchmal)*. Die Frage nach Temporaldverbien lautet **Коли́?** *(Wann?)*
Viele von ihnen werden von den abstrakten Substantiven abgeleitet:

Що?	Was?	Коли́?	Wann?
ра́нок	*Morgen*	вра́нці	*morgens, am Morgen*
день	*Tag*	вдень	*tagsüber, am Tag*
ве́чір	*Abend*	вве́чері	*abends, am Abend*
ніч	*Nacht*	вночі́	*nachts, in der Nacht*
весна́	*Frühling*	навесні́	*im Frühling*
лі́то	*Sommer*	влі́тку	*im Sommer*
о́сінь	*Herbst*	восени́	*im Herbst*
зима́	*Winter*	взи́мку	*im Winter*

Neben den abgeleiteten gibt es auch selbständige Temporaladverbien:

Коли́?	Wann?	Коли́?	Wann?
сього́дні	*heute*	ча́сто	*oft*
за́втра	*morgen*	завжди́	*immer*
вчо́ра	*gestern*	тепе́р, за́раз	*jetzt, gleich*
де́коли, і́нколи	*manchmal*	ра́но	*früh*
рі́дко	*selten*	пі́зно	*spät*

Übung 11
Bilden Sie Fragen und beantworten Sie diese mit passenden Temporaladverbien.
Ма́рко / сніда́ти   Коли́ Ма́рко сніда́є? Він сніда́є вра́нці.

Па́вло / вече́ряти	Соломі́я / писа́ти лист	Катери́на / роби́ти завда́ння
Ната́лка / відпочива́ти	Сергі́й / подорожува́ти	Володи́мир / слу́хати ра́діо

Übung 12
Bilden Sie Wörter und setzen Sie Betonungszeichen:

вран-	рі	навес-	ку	сього́д-	ра	рід-	ди
вде-	чі	влі́т-	ни	за́вт-	ли	час-	пер
ввече́-	нь	восе-	ку	вчо́-	ні	завж-	то
вно-	ці	взим-	ні	де́ко-	ра	те-	ко

Das Genus der Substantive (Zusammenfassung)

Das grammatische Geschlecht erkennt man an der Endung des Substantivs.

Männlich sind die Substantive, die im Nominativ Singular endungslos sind *(auf harten oder weichen Konsonanten bzw. auf* -й *enden)*: парк, стілець, музей. Dazu gehören auch belebte Substantive auf -o: батько, Павло.

Weiblich sind die meisten Substantive, die im Nominativ Singular auf -а oder -я enden: школа, вулиця, станція. Außerdem können viele endungslose Substantive weibliches Geschlecht aufweisen: піч, ніч, осінь.

Sächlich sind die Substantive, die im Nominativ Singular auf -o, -e oder -я enden: вікно, море, завдання.

Einige Substantive, die Personen bezeichnen und im Nominativ Singular auf -а oder -я enden, können sowohl das männliche als auch das weibliche Geschlecht haben: колега *m f*, суддя *m f (natürliches Geschlecht)*.

Belebte Substantive mit deminutiver Bedeutung, die im Nominativ Singular auf -а oder -я enden, sind sächlich: дівча *(Mädchen)*, хлоп'я, хлопченя *(Junge)*, курча *(Kücken)*, щеня *(Welpe)*, левеня *(kleiner Löwe)*.

Übung 13
Welches Geschlecht haben die folgenden Substantive? Tragen Sie sie in die Tabelle ein und vergleichen Sie Ihre Ergebnisse mit der Vokabelliste am Ende der Lektion.

дядько, вікно, батько, правило, літо, зима, весна, дівча, ранок, таблиця, помешкання, котя, вулиця, ім'я, сім'я, кафе, море, прізвище, музей, мати, стілець, осінь, день, любов, викладач, ніч, Дмитро, тінь

m	f	n
дядько	зима	...

Übung 14
Verbinden Sie die Adjektive mit den passenden Substantiven.
Muster: велика сім'я, ...

Adjektiv	**велика**, старий, граматичне, довга, важке, маленьке, нове, жіночий, молодий, тепла, цікава, німецьке
Substantiv	день, тінь, осінь, викладач, річ, **сім'я**, ім'я, завдання, дзеркало, правило, батько, подвір'я

Übung 15
Lesen Sie die Dialoge vor. Beachten Sie die Intonation.

Dialog 1

Остап: **Що ти робиш?**
Руслана: Як бачиш, я працюю.
Остап: А саме?
Руслана: Читаю і перекладаю текст.
Остап: А що робить Василь?
Руслана: Я думаю, він вчить слова.
Остап: Коли ж ви відпочиваєте?
Руслана: Ввечері.

Dialog 2

Остап: Ти любиш подорожувати?
Руслана: Звичайно, люблю.
Остап: А коли?
Руслана: Влітку.
Остап: А що ти ще любиш робити?
Руслана: Лежати і читати.
Остап: І це цікаво?
Руслана: Дуже.

Übung 16
Bilden Sie ähnliche Dialoge zum Thema „Beschäftigung im Unterricht und in der Freizeit".

Übung 17
Übersetzen Sie ins Ukrainische und setzen Sie Betonungszeichen:

1. Was tun Sie jetzt? Ich sitze und schreibe die Aufgabe.
2. Was tun Sie in der Freizeit? Ich male gern.
3. Dort steht ein Computer. Sehen Sie?
4. Wo liegt der Teppich? In der Mitte.
5. Wie spricht sie? Wir verstehen nicht.
6. Abends gehen wir oft ins Theater. Und was tun Sie morgens?
7. Im Herbst und im Winter ist es kalt. Im Frühling ist es warm.
8. Im Sommer reisen sie gern. Wir natürlich auch.
9. Kochen Sie gern? Nein, aber meine Freundin kocht sehr gern.
10. Rauchen Sie? Nein. Und Sie?

Übung 18
Suchen Sie Temporaladverbien und schreiben Sie diese in Schreibschrift ab.

Е	**В**	Р	А	Н	Ц	І	Ч	З	А	Р	А	З
У	**В**	Ф	Ц	І	К	А	В	О	У	К	А	О
Р	**Е**	Д	С	Н	А	Р	З	А	В	Ж	Д	И
К	**Ч**	А	Ь	Т	О	Н	В	А	Л	К	О	П
Д	**Е**	К	О	Л	И	Й	В	Н	І	К	С	Л
Д	**Р**	С	Г	О	Н	Ч	А	С	Т	О	Й	К
М	**І**	Л	О	К	В	З	И	М	К	У	Т	Г
І	Т	К	Д	Р	О	Х	И	К	У	С	Ь	Г
В	Д	Е	Н	Ь	С	П	І	О	К	У	Ж	Д
В	Е	Т	І	П	Е	И	Ц	Б	Н	М	Г	К
З	У	І	О	Ь	Н	А	В	Е	С	Н	І	Й
Д	Ф	Г	К	Л	И	В	Р	Т	У	І	П	Ю

Vokabeln

ба́ч/ити, -у, -иш	sehen	лі́то *n*	Sommer
вар/и́ти, -ю́, -иш	kochen	люб/и́ти, -лю́, -иш	lieben, gern tun
вве́чері	abends	мо́ре *n*	Meer
вдень	tagsüber, am Tag	м'яки́й	weich
вдо́ма	zu Hause	навесні́	im Frühling
весна́ *f*	Frühling	ніч *f*	Nacht
ве́чір *m*	Abend	о́сінь *f*	Herbst
взи́мку	im Winter	пал/и́ти, -ю́, -иш кур/и́ти, -ю́, -иш	rauchen

ви/с/íти, -и́ть, -я́ть	hängen	пі́зно	spät
ві́льний час *m*	Freizeit	поме́шкання *n*	Wohnung
восени́	im Herbst	пра́вило *n*	Regel
вра́нці	morgens	про/си́ти, -шу́, -сиш	bitten
вч/и́ти, -у́, -иш	lernen	ра́нок *m*	Morgen
вчо́ра	gestern	рі́дко	selten
говор/и́ти, -ю́, -иш	sagen, sprechen	річ *f*	Sache
де́коли, і́нколи	manchmal	роб/и́ти, -лю́, -иш	machen, tun
дзе́ркало *n*	Spiegel	сид/і́ти, -жу́, -иш	sitzen
дівча́ *n*	kleines Mädchen	служ/и́ти, -у́, -иш	dienen
завда́ння *n*	Aufgabe	сп/а́ти, -лю́, -иш	schlafen
за́вжди	immer	ста́нція *f*	Station
за́втра	morgen	сто/я́ти, -ю́, -ї́ш	stehen
зима́ *f*	Winter	телефону/ва́ти, -ю, -єш	telefonieren
календа́р *m*	Kalender	тінь *f*	Schatten
кана́па *f*	Couch	хлоп'я́, хлопченя́ *n*	kleiner Junge
кили́м *m*	Teppich	ход/и́ти, -жу́, -иш	gehen
Коли́?	Wann?	ча́сом	manchmal
леж/а́ти, -у́, -и́ш	liegen	ча́сто	oft

LEKTION 7

Die Zahlwörter
Die Grundzahlen bis 30
Die Präsens-Konjugation der Reflexivverben

Text 1

Сього́дні Русла́на ма́є ві́льний день.
Споча́тку вона́ чита́є журна́л і ди́виться телеві́зор, а по́тім телефону́є.
Вона́ набира́є но́мер **1-2-0-5-3-6** (оди́н-два-нуль-п'ять-три-шість) і пита́є:
„Алло́, це Оле́на Білозі́р?"
На жаль, вона́ чу́є чужи́й го́лос: „Ні, це Гали́на Кравчу́к, її сусі́дка."
„Хіба́ це не но́мер 1-2-0-5-3-6?" – пита́є Русла́на.
„Ні, це но́мер 2-1-3-5-0-6," – відповіда́є па́ні Кравчу́к.
„Як неприє́мно!" – ду́має Русла́на. „Ви́бачте, будь ла́ска," – ка́же вона́.
„Нічо́го!" – відповіда́є па́ні Кравчу́к.

Die Zahlwörter

Die Zahlwörter *(oder Numeralien)* drücken Zahlbegriffe aus: **оди́н** *(eins)*, **два** *(zwei)*. Man unterscheidet zwei Gruppen von Zahlwörtern: die Grundzahlen und die Ordnungszahlen. Die Grundzahlen bezeichnen eine bestimme Anzahl von Gegenständen, Personen oder Begriffen. Die Frage nach den Grundzahlen lautet **Скі́льки?** *(Wie viel? Wie viele?)*

Übung 1
Lesen und üben Sie die ukrainischen Grundzahlen:

0	нуль		
1	оди́н, одна́, одне́	11	одина́дцять
2	два, дві	12	двана́дцять
3	три	13	трина́дцять
4	чоти́ри	14	чотирна́дцять
5	п'ять	15	п'ятна́дцять
6	шість	16	шістна́дцять
7	сім	17	сімна́дцять
8	ві́сім	18	вісімна́дцять
9	де́в'ять	19	дев'ятна́дцять
10	де́сять	20	два́дцять
		21	два́дцять оди́н, ...
		30	три́дцять

Zahlwörter / Grundzahlen bis 30 / Reflexivverben

Die Grundzahl **1** stimmt mit dem Substantiv im *Genus* überein und hat in ihrer Grundform drei Varianten: **оди́н** – für *Maskulina*, **одна́** – für *Feminina* und **одне́** – für *Neutra*: оди́н зо́шит *(ein Heft)*, одна́ ла́мпа *(eine Lampe)*, одне́ завда́ння *(eine Aufgabe)*. Das gleiche gilt für die zusammengesetzten Grundzahlen, die als letzte Zahl eine **1** enthalten: два́дцять оди́н зо́шит *(21 Hefte)*, два́дцять одна́ кни́жка *(21 Bücher)*, два́дцять одне́ завда́ння *(21 Aufgaben)*. Die Zahl **2** hat zwei Formen: **два** für *Maskulina* und *Neutra*, **дві** für *Feminina*. Die anderen Grundzahlen sind unabhängig vom Geschlecht.

Übung 2
оди́н, одна́, *oder* одне́? *Fügen Sie das richtige Wort ein und setzen Sie Betonungszeichen:*

.... учень, ... вчителька, ... радіо, ... день, ... хата, ... телевізор, ... вікно, ... сім'я, ... ім'я, ... ніч, ... лампа, ... дівча, ... стілець, ... осінь, ... таблиця, ... котя, ... станція, ... прізвище, ... вулиця

Übung 3
Schreiben Sie die fehlenden Grundzahlen und setzen Sie Betonungszeichen:

..............., один, два, ..., чотири, ..., ..., сім, вісім, ..., десять, ..., ..., ..., тринадцять, чотирнадцять, ..., ..., сімнадцять, вісімнадцять, ..., ..., ..., двадцять один, ..., ..., ..., двадцять чотири, ..., ..., ..., двадцять сім, двадцять вісім, ..., ..., ...

Text 2

Ле́ся ро́бить дома́шнє завда́ння: „Чоти́ри плюс шість бу́де де́сять. Сім мі́нус п'ять бу́де два." „Пра́вильно," – ка́же Васи́ль, її брат. Ле́ся продо́вжує: „Ві́сім плюс три бу́де одина́дцять. Де́в'ять мі́нус ві́сім бу́де оди́н." „Молоде́ць!" – хва́лить Васи́ль. „А **скі́льки** бу́де двана́дцять мі́нус сім?" „Чоти́ри!" – відповіда́є Ле́ся. „Непра́вильно, поду́май до́бре." „Не чоти́ри, а п'ять!" – ка́же Ле́ся. „От ба́чиш! Ти ж усе́ до́бре зна́єш. Не тре́ба ті́льки кваpи́тися, коли́ раху́єш."

Übung 4
Lesen Sie die folgenden Grundzahlen vor:

0, 1, 4, 5, 6, 9, 10, 11, 14, 17, 18, 20, 21, 22, 23, 24, 27, 29, 30

Übung 5
Ergänzen Sie die Aufgaben und lesen Sie sie vor: 1 + 2 = 3 (оди́н плюс два бу́де три *oder* дорівню́є три)

2 + ... = 5	20 - ... = 15	11 + ... = 18
... + 4 = 7	... - 6 = 12	... - 9 = 6
4 + ... = 9	16 - ... = 13	17 - ... = 14
... + 5 = 11	... - 10 = 4	15 + ... = 19
9 + ... = 21	20 - ... = 8	25 - ... = 10

Übung 6
Пра́вильно чи непра́вильно? *Richtig oder falsch? Korrigieren Sie die falschen Lösungen.*

три + п'ять = шість	чоти́ри – два = оди́н
двана́дцять – три = ві́сім	де́в'ять + чоти́ри = одина́дцять
шість + оди́н = п'ять	сімна́дцять – де́сять = ві́сім
вісімна́дцять – два = ві́сім	п'ятна́дцять + чоти́ри = де́в'ять

Übung 7
Bilden Sie Wörter und setzen Sie Betonungszeichen:

оиичтр, ііғсм, еядсть, оиаяндцть, іаясмндцть, иаятрндцть, аядвдцть, иятрдцть

Text 3

Що Ви ро́бите у ві́льний час? Я люблю́ **займа́тися** спо́ртом.
Ви щодня́ **займа́єтесь** спо́ртом? Так, я ма́йже щора́нку **займа́юсь** спо́ртом.
Але́ мій друг, на жаль, **займа́ється** спо́ртом ду́же рі́дко.
Він лю́бить **диви́тися** телеві́зор. А що він зара́з ро́бить? Він **купа́ється**.
Ви вже працю́єте чи ще **вчите́сь**? Я ще **вчу́сь**.
А Ваш друг? Він теж ще **вчи́ться**.

Die Präsens-Konjugation der Reflexivverben

Die Reflexivverben sind Verben, deren Infinitiv auf **-ся** bzw. **-сь** endet: займа́тися *oder* займа́тись *(sich beschäftigen),* вчи́тися *oder* вчи́тись *(lernen).* Die Endung **-сь** *kann* nach Vokalen statt **-ся** *gebraucht werden.*
Die Reflexivverben können sowohl der 1. als auch der 2. Konjugation angehören.

	займа́-тися (I)	вч-и́тися (II)
я	займа́-ю-сь	вч-у́-сь
ти	займа́-єш-ся	вч-и́ш-ся
він	займа́-єть-ся	вч-и́ть-ся
ми	займа́-ємо-сь	вч-имо́-сь
ви	займа́-єте-сь	вч-ите́-сь
вони́	займа́-ють-ся	вч-а́ть-ся

Übung 8
Konjugieren Sie die folgenden Reflexivverben. Setzen Sie Betonungszeichen.

купа́тися (I), назива́тися (I), одру́жуватися (I), диви́тися (II), ква́питися (II)

Übung 9
Setzen Sie die richtige Form von диви́тися *ein.*

Я .... телеві́зор. Він .... фільм. Ми .... бале́т. Ти .... на Рейн. Вони́ .... на нови́й дім. Ви .... на до́шку.

Übung 10
Ergänzen Sie die Endungen und setzen Sie Betonungszeichen.

Що ти роб..........? Я займа.......... спортом. А що роб.......... Роман? Він купа.......... . Ти теж займа.......... спортом? Ні, я не люб.......... займа.......... спортом. Ти люб.......... див.......... телевізор? Так, я завжди ввечері див.......... фільми і концерти по телевізору. Ти вч.......... в Берліні? Ні, я вч.......... у Кельні.

Übung 11
Nennen Sie die passende Verbform:

я (вчитися), ти (дивитися фільм), він (купатися), я (квапитися), вони (називатися), вона (вчитися), Ви (займатися спортом), він (одружуватися), вони (квапитися), ми (купатися)

Übung 12
Setzen Sie die Reflexivverben in der richtigen Form ein:

займатися	Віктор та Володимир .... спортом. А я .... музикою.
вчитися	Мій син добре .... А як ти ....?
купатися	Влітку ми часто .... Я .... вранці.
називатися	Наша столиця .... Київ. Як .... ваше селище?
одружуватися	Коли .... твій брат? Не знаю. А коли ти ....?

Übung 13
Lesen Sie die Dialoge vor. Beachten Sie die Intonation.

Dialog 1
Остап: **Який твій номер телефону?**
Руслана: 12-19-03-15.
Остап: **Хвилиночку!** Я записую.
Руслана: **А твій?**
Остап: 14-06-18-11.
Руслана: Це телефон гуртожитку?
Остап: Ні, домашній.
Руслана: Ага!

Dialog 2
Остап: Алло! Це Наталка?
Руслана: Ні, це Руслана.
Остап: Але ж це номер 11-17-21-04?
Руслана: На жаль, ні. Це інший номер.
Остап: **Як неприємно!**
Руслана: Буває!
Остап: **Прошу пробачення.**
Руслана: **Нічого.**

(домашній = приватний)

Übung 14
Bilden Sie ähnliche Dialoge zum Thema „Telefonieren".

Übung 15
Übersetzen Sie ins Ukrainische. Schreiben Sie die Zahlen aus.

1. Wie ist Ihre Telefonnummer? 14-18-06. Und Ihre?
2. Welche Nummer wählen Sie? 19-13. Ist das richtig?
3. Nein, das ist nicht richtig. Die richtige Nummer ist 17-11.
4. Hallo! Ist das Taras Lemak? Leider nicht. Es ist Ostap Lemak, sein Bruder.
5. Ich bitte um Entschuldigung. Keine Ursache.
6. Wie heißt eure Straße? Sie heißt „Weresnewa".
7. Was machen Sie in der Freizeit? Ich treibe Sport, bade und sehe fern.
8. Wie lernt Ihre Tochter? Sie lernt gut.

Übung 16
Suchen Sie die Grundzahlen:

Е	У	О	П	Т	Л	Т	Ч	Л	А	О	А
У	В	Ф	Ц	І	К	Р	В	К	У	Д	А
Р	Е	Д	С	О	Д	И	Н	Й	В	И	Д
К	Ч	Ш	Ь	Т	В	І	С	І	М	Н	О
Д	Е	І	О	Л	А	Й	В	Г	І	А	С
Д	Р	С	І	М	Н	Ч	К	П	Т	Д	Й
Ч	О	Т	И	Р	И	Р	У	О	Ю	Ц	Т
І	Т	Ь	Д	Р	О	К	И	К	У	Я	Ь
В	Д	Д	В	А	Н	А	Д	Ц	Я	Т	Ь
В	Е	Т	І	П	Д	Е	С	Я	Т	Ь	Г

„Ста́рість – не ра́дість, смерть – не весі́лля."
„Оди́н у по́лі не во́їн." (Украї́нські наро́дні прислі́в'я)
„Два брати́ че́рез доро́гу живу́ть і оди́н одно́го не ба́чать." (Зага́дка)

Vokabeln

Буває́!	*Es kann passieren!*	одру́жу/ватися, -юсь, -єшся	*heiraten*
будь ла́ска	*bitte*	пита́ти, -ю, -єш	*fragen*
весі́лля *n*	*Hochzeit*	плюс	*plus*
Ви́бачте.	*Entschuldigen Sie.*	Подума́й!	*Denk nach!*
відповіда́/ти, -ю, -єш	*antworten*	по́ле *n*	*Feld*
во́їн *m*	*Soldat*	по телеві́зору	*im Fernsehen*
вч/и́тися, -усь, -ишся	*lernen*	пра́вильно	*richtig*
го́лос *m*	*Stimme*	прива́тний	*privat*
див/и́тися, -лю́сь, -ишся	*schauen, sich etw. ansehen*	проба́чення *n*	*Verzeihung*

дивитися телевізор	fernsehen	продовжу/вати, -ю, -єш	fortsetzen
домашній	Haus- / privat	радість f	Freude
дорівню/вати, -є	gleich sein	раху/вати, -ю, -єш	rechnen
дорога f	Weg, Straße	селище n	Siedlung
загадка f	Rätsel	Скільки?	Wie viel? Wie viele?
займа/тися, -юсь, -єшся	sich beschäftigen	службовий	Dienst-, dienstlich
займатися спортом	Sport treiben	смерть f	Tod
запису/вати, -ю, -єш	aufschreiben	спочатку	zuerst
інший	anderer	старість f	Alter
квап/итися, -люсь, -ишся	sich beeilen	столиця f	Hauptstadt
купа/тися, -юсь, -єшся	baden	треба (не треба)	man muss (nicht) man soll (nicht)
мінус	minus	хвал/ити, -ю, -иш	loben
набира/ти, -ю, -єш	wählen	Хвилиночку!	Moment bitte!
назива/тися, -юсь, -єшся, -ється	heißen, sich nennen	хіба ... ?	etwa ... ?
неправильно	falsch	чу/ти, -ю, -єш	hören
неприємно	unangenehm	щовечора	jeden Abend
Нічого!	Keine Ursache!	щодня	täglich
номер m	Nummer	щоранку	jeden Morgen

LEKTION 8

Die Ordnungszahlen bis 30

Text 1

Ось мій нови́й календа́р. Сього́дні понеді́лок, **пе́рший** день ти́жня.
Дру́гий день назива́ється вівто́рок, а **тре́тій** день – середа́. Четве́р – **четве́ртий** день ти́жня, а п'я́тниця – **п'я́тий**. Субо́та – **шо́стий**, неді́ля – **сьо́мий** день.
Пото́му почина́ється нови́й **ти́ждень**.
Яки́й сього́дні день? Сього́дні понеді́лок. **Котри́й** це день ти́жня? Це пе́рший день ти́жня. А котри́й день вівто́рок? Вівто́рок – це дру́гий день ти́жня.
Як назива́ється тре́тій день ти́жня? Середа́. А четве́ртий? Четве́р.
Як назива́ється насту́пний день? П'я́тниця. А по́тім? Субо́та і неді́ля.
Це дні, коли́ ми мо́жемо, наре́шті, відпочива́ти.

Die Ordnungszahlen

Die Ordnungszahlen bezeichnen die Reihenfolge: **пе́рший** стіл *(der erste Tisch)*, **дру́гий** у́чень *(der zweite Schüler*. Die Frage nach den Ordnungszahlen lautet **Котри́й? Котра́? Котре́?** *(Der wievielte? Die wievielte? Das wievielte?)*

Übung 1
Lesen und üben Sie die Ordnungszahlen:

1	пе́рший, пе́рша, пе́рше	11	одина́дцятий
2	дру́гий, -а, -е	12	двана́дцятий
3	тре́тій, тре́тя, тре́тє	13	трина́дцятий
4	четве́ртий, -а, -е	14	чотирна́дцятий
5	п'я́тий, ...	15	п'ятна́дцятий
6	шо́стий	16	шістна́дцятий
7	сьо́мий	17	сімна́дцятий
8	во́сьмий	18	вісімна́дцятий
9	де́в'ятий	19	дев'ятна́дцятий
10	деся́тий	20	двадця́тий
		21	двадцять пе́рший
		30	тридця́тий

Die Ordnungszahlen beziehen sich stets auf Substantive und stimmen mit ihnen im Genus, Numerus und Kasus überein: пе́рш**ий** день *(der erste Tag – m)*, пе́рш**а** подру́га *(die erste Freundin – f)*, пе́рш**е** сло́во *(das erste Wort – n)*.
Die meisten Ordnungszahlen werden von den Grundzahlen durch das Anfügen von harten Adjektivendungen **-ий, -а, -е** gebildet.

Eine Ausnahme bilden die Wörter **пе́рший**, **дру́гий**, **тре́тій**, **четве́ртий**, **шо́стий**, **сьо́мий**, **сороко́вий** und **со́тий**. Demzufolge haben *fast* alle Ordnungszahlen die gleiche grammatische Form und Eigenschaften wie *harte* Adjektive. Eine Ausnahme bildet das Wort **тре́тій**: es hat einen *weichen* Stamm: тре́тій, тре́тя, тре́тє.

Übung 2
Verbinden Sie die Ordnungszahlen mit den passenden Substantiven.

пе́рший	кни́жка	четве́ртий	касе́та
пе́рша	ра́діо	четве́рта	ім'я́
пе́рше	комп'ю́тер	четве́рте	ве́чір
дру́гий	уро́к	сьо́мий	пра́вило
дру́га	завда́ння	сьо́ма	но́мер
дру́ге	впра́ва	сьо́ме	шко́ла
тре́тій	ніч	деся́тий	табли́ця
тре́тя	день	деся́та	текст
тре́тє	лі́то	деся́те	сло́во

Die Ordnungszahlen kann man schriftlich durch Zahlen wiedergeben, allerdings ohne Punkt *(im Gegensatz zum Deutschen)*: **1** день – пе́рший день *(der 1. Tag)*. Da man in diesem Fall auf den ersten Blick nie genau weiß, ob es sich um eine Grund- oder Ordnungszahl handelt, fügt man oft die entsprechende Adjektivendung hinzu: **1-ий** (пе́рший) день – *m*; **2-а** (дру́га) кни́жка – *f*, **5-е** (п'я́те) вікно́ – *n*.

Übung 3
Lesen Sie die folgenden Ordnungszahlen.
Muster: 1 – пе́рший, 2 – дру́гий, ...

3, 5, 6, 8, 9, 11, 13, 17, 19, 20, 2, 4, 10, 12, 14, 21, 23, 25, 30

Übung 4
Wie heißen diese historischen Persönlichkeiten? Lesen Sie die Namen vor:

Петро́ I, Катери́на II, Ри́чард III, О́тто IV, Лю́двіг XIV, Ві́льгельм II, Карл VII, Наполео́н III, Боніфа́цій V, Іва́н XXIII, Павло́ VI, Іва́н Павло́ II, Бенеди́кт (*od.* Венеди́кт) XVI

Übung 5
Lesen Sie die Wortverbindungen. Achten Sie auf das Geschlecht des Substantivs.
Muster: 1 вчи́телька – пе́рша вчи́телька, 2 сло́во – дру́ге сло́во, ...

2 сестра́	9 крі́сло	18 текст	6 мі́сце	7 ха́та
5 ону́к	11 ка́рта	20 завда́ння	16 стіле́ць	14 фо́то

Übung 6
Bilden Sie Wörter und setzen Sie Betonungszeichen:

тре-	тий	четвер-	ший	дев'я-	тя	шос-	ме
п'я-	мий	пер-	мий	тре-	га	вось-	тє
вось-	тій	сьо-	тий	дру-	та	тре-	те

Text 2

Зараз **січень**. Січень – це зимо́вий **мі́сяць** і пе́рший мі́сяць ро́ку, тобто це мі́сяць, коли́ почина́ється нови́й **рік**. Дру́гий мі́сяць назива́ється **лю́тий**, а тре́тій – **бе́резень**. Бе́резень – це весня́ний мі́сяць.
Мій улю́блений мі́сяць – **че́рвень**. Це лі́тній мі́сяць і шо́стий мі́сяць ро́ку.
Ще я ду́же люблю́ **ве́ресень**. Це пе́рший осі́нній мі́сяць і дев'я́тий мі́сяць ро́ку.
Крім того́, ве́ресень – це мі́сяць, коли́ я святку́ю день наро́дження.
Як назива́ється пе́рший мі́сяць ро́ку? Він назива́ється сі́чень. Яки́й це мі́сяць? Це зимо́вий мі́сяць. Котри́й мі́сяць ро́ку бе́резень? Це тре́тій мі́сяць ро́ку. А яки́й це мі́сяць? Це весня́ний мі́сяць. Яки́й мі́сяць че́рвень? Лі́тній. А котри́й це мі́сяць? Шо́стий. Як назива́ється дев'я́тий мі́сяць ро́ку? Ве́ресень. А яки́й це мі́сяць? Осі́нній.

Übung 7
Lesen und üben Sie die folgenden Wörter:

	День ти́жня *Der Wochentag*		Мі́сяць *Der Monat*		
1	понеді́лок	I	сі́чень	VII	ли́пень
2	вівто́рок	II	лю́тий	VIII	се́рпень
3	середа́	III	бе́резень	IX	ве́ресень
4	четве́р	IV	кві́тень	X	жо́втень
5	п'я́тниця	V	тра́вень	XI	листопа́д
6	субо́та	VI	че́рвень	XII	гру́день
7	неді́ля				

Пора́ ро́ку / *Die Jahreszeit*			
Substantiv		*Adjektiv*	
1. весна́	*Frühling*	весня́ний	*Frühlings-, frühlingshaft*
2. лі́то	*Sommer*	лі́тній	*Sommer-, sommerlich*
3. о́сінь	*Herbst*	осі́нній	*Herbst-, herbstlich*
4. зима́	*Winter*	зимо́вий	*Winter-, winterlich*

Übung 8
1. Fragen Sie einander nach den Wochentagen:
Як назива́ється **пе́рший** день ти́жня? Він назива́ється ...
2. Fragen Sie nach Monatsnamen:
Як назива́ється **пе́рший** мі́сяць ро́ку? Він назива́ється ...
А яки́й це мі́сяць? Це ... мі́сяць.

Ordnungszahlen bis 30

Übung 9
Fügen Sie die passenden Substantive ein und setzen Sie Betonungszeichen.

.... – це 3-ій мı́сяць ро́ку. .... – 9-ий мı́сяць. .... – 4-ий, ... – 5-ий, ... – 1-ий, ... – 8-ий мı́сяць ро́ку. 6-ий мı́сяць ро́ку назива́ється .... , а 10-ий назива́ється ....

Zeitangabe (volle Stunde)

	Котра́ зара́з годи́на?	*Wie spät ist es jetzt?*
1.00	Зара́з **пе́рша** годи́на.	*Es ist jetzt ein Uhr.*
3.00	... тре́тя ...	... *drei* ...
10.00	... деся́та ...	... *zehn* ...
20.00	... двадця́та ...	... *zwanzig* ...
21.00	... два́дцять пе́рша ...	... *einundzwanzig* ...

Übung 10
Котра́ годи́на? *Lesen Sie die Uhrzeit:*

4.00, 5.00, 6.00, 7.00, 8.00, 11.00, 12.00, 13.00, 15.00, 17.00, 22.00, 23.00

А котра́ зара́з годи́на?

Übung 11
Lesen Sie die Dialoge vor. Beachten Sie die Intonation.

Dialog 1

Васи́ль:	Проба́чте, будь ла́ска, Ви не зна́єте, котра́ зара́з годи́на?
Перехо́жий*:	Деся́та.
Васи́ль:	Так пı́зно? Невже́?
Перехо́жий:	Так.
Васи́ль:	А Ваш годи́нник іде́ пра́вильно?
Перехо́жий:	Звича́йно! Що за пита́ння?

Dialog 2

Васи́ль:	Ви́бачте, це шко́ла но́мер 3?
Перехо́жий:	Ні, це ліка́рня но́мер 5.
Васи́ль:	Не мо́же бу́ти!
Перехо́жий:	Шко́ла – тре́тій дім ліво́руч.
Васи́ль:	Це дале́ко?
Перехо́жий:	Ні. Ви тут пе́рший раз?
Васи́ль:	Так. Дя́кую за поясне́ння.
Перехо́жий:	Нема́ за що.

* перехо́ж-**ий** – *Fußgänger (substantiviertes Adjektiv)*

Übung 12
Bilden Sie ähnliche Dialoge zu den Themen „Uhrzeit", „Orientierung in der Stadt"

Zusatzlexik

суперма́ркет	*Supermarkt*	ри́нок	*Markt*
гастроно́м	*Feinkostladen*	апте́ка	*Apotheke*
книга́рня	*Buchhandlung*	по́шта	*Post*
кра́мниця	*Geschäft*	вокза́л	*Bahnhof*

Übung 13
Übersetzen Sie ins Ukrainische und setzen Sie Betonungszeichen.

1. Entschuldigen Sie bitte, ist das die Universität?
2. Nein, die Universität ist das fünfte Gebäude links.
3. Herzlichen Dank. Ich bin zum ersten Mal hier.
4. Ihr Hotel ist das dritte Gebäude rechts.
5. Danke für die Erklärung. Nichts zu danken.
6. Heute ist Mittwoch, der dritte Wochentag.
7. Juli ist der 7. Monat des Jahres. Das ist ein Sommermonat.
8. Wissen Sie, wie spät es jetzt ist? Ja, es ist jetzt 2 Uhr.
9. Geht Ihre Uhr richtig? Was für eine Frage? Natürlich geht sie richtig.

Übung 14
Suchen Sie die Monatsnamen.

а	н	м	в	о	п	к	я	в	е	р	т	з	у	і	о
с	**і**	**ч**	**е**	**н**	**ь**	в	р	т	з	у	і	о	й	г	б
ц	ш	б	р	б	н	і	ц	ш	б	ч	й	й	ж	р	к
ц	ш	б	е	к	і	т	р	а	в	е	н	ь	о	у	ь
ф	с	г	с	ь	й	е	ц	ш	б	р	і	і	в	д	і
б	е	р	е	з	е	н	ь	й	і	в	і	і	т	е	і
ф	с	г	н	і	і	ь	й	і	с	е	р	п	е	н	ь
ц	ш	б	ь	й	і	л	и	п	е	н	ь	й	н	ь	б
р	т	з	у	і	о	ю	ц	ш	б	ь	й	і	ь	й	к
ф	с	г	л	и	с	т	о	п	а	д	ц	ш	б	й	ь
ц	ш	б	ц	ш	б	и	ц	ш	б	р	т	з	у	і	о
р	т	з	у	і	о	й	р	т	з	у	і	о	ц	ш	б

— Ви ма́єте одното́нне зимо́ве пальто́? — Ні, ко́жне зимо́ве пальто́ тут ва́жить приблизно 4 – 5 кілогра́мів.
(Украї́нський гу́мор)

Vokabeln

апте́ка *f*	*Apotheke*	неді́ля *f*	*Sonntag*
банк *m*	*Bank*	Нема́ за що!	*Nichts zu danken!*
бе́резень *m*	*März*	одното́нний	*einfarbig*
буди́нок *m*	*Haus, Gebäude*	осі́нній	*Herbst-, herbstlich*
ва́ж/ити, -у, -иш	*wiegen*	пальто́ *n*	*Mantel*
ве́ресень *m*	*September*	перехо́жий *m*	*Fußgänger*
весня́ний	*Frühlings-, frühlingshaft*	пита́ння *n*	*Frage*
вівто́рок *m*	*Dienstag*	понеді́лок *m*	*Montag*

Ordnungszahlen bis 30

вокза́л *m*	*Bahnhof*	пора́ ро́ку *f*	*Jahreszeit*
впра́ва *f*	*Übung*	по́шта *f*	*Post*
гастроно́м *m*	*Feinkostladen*	поя́снення *n*	*Erklärung*
годи́на *f*	*Uhrzeit, Stunde*	приблизно	*etwa*
годи́нник *m*	*Uhr*	Проба́чте.	*Verzeihen Sie.*
гру́день *m*	*Dezember*	Про́шу!	*Bitte!*
день наро́дження *m*	*Geburtstag*	почина́/тися, -ється, -ються	*beginnen*
день ти́жня *m*	*Wochentag*	п'я́тниця *f*	*Freitag*
жо́втень *m*	*Oktober*	раз *m*	*Mal*
за	*für*	ри́нок *m*	*Markt*
зимо́вий	*Winter-, winterlich*	рік *m*	*Jahr*
кафе́ *n*	*Cafe*	святку/ва́ти, -ю, -єш	*feiern*
кві́тень *m*	*April*	середа́ *f*	*Mittwoch*
кілогра́м *m*	*Kilogramm*	се́рпень *m*	*August*
книга́рня *f*	*Buchhandlung*	сі́чень *m*	*Januar*
ко́жний	*jeder*	супермаркет *m*	*Supermarkt*
крамни́ця *f*	*Laden*	субо́та *f*	*Samstag*
Котри́й?	*Der wievielte?*	ти́ждень *m*	*Woche*
ли́пень *m*	*Juli*	тобто	*das heißt*
листопа́д *m*	*November*	то́нна *f*	*Tonne*
ліка́рня *f*	*Krankenhaus*	тра́вень *m*	*Mai*
лі́тній	*Sommer-, sommerlich*	улю́блений	*Lieblings-, beliebt*
лю́тий *m*	*Februar*	університе́т *m*	*Universität*
мі́сяць *m*	*Monat*	упе́рше / впе́рше	*zum ersten Mal*
наре́шті	*endlich*	че́рвень *m*	*Juni*
насту́пний	*nächster*	четве́р *m*	*Donnerstag*
Не мо́же бу́ти!	*Das kann nicht sein!*	Щи́ро дя́кую!	*Herzlichen Dank!*

LEKTION 9

Die Pluralbildung der Substantive, Adjektive und Possessivpronomen

Text 1

Ось на́ша аудито́рія. Тут стоя́ть **столи́**, **сті́льці**, **ша́фи**, вися́ть **полиці́**, **ка́рти**, **табли́ці**, **карти́ни**, **фотогра́фії**, лежа́ть **зо́шити**, **підру́чники**, **портфе́лі**, **олівці́**, **словники́**, **кни́жки**, **ру́чки** та і́нші **ре́чі**. Навпро́ти виси́ть вели́ка до́шка. Право́руч – кран і ко́шик для смі́ття. Ліво́руч – широ́кі **ві́кна** і телеві́зор. **Студе́нти** слу́хають, чита́ють і переклада́ють **те́ксти**, пи́шуть **дикта́нти** і граматичні **впра́ви**, ди́вляться **фі́льми**.

Die Pluralbildung der Substantive

Die meisten Substantive haben sowohl eine Singular- als auch eine Pluralform: студе́нт – студе́нти *(der Student – die Studenten)*, шко́ла – шко́ли *(die Schule – die Schulen)*, крі́сло – крі́сла *(der Sessel – die Sessel)*.

Geschlecht	Singular	Plural	Endung
m	теа́тр	теа́три	
	гара́ж	гаражі́	
	ба́тько	батьки́	
	готе́ль	готе́лі	
	лі́кар	лікарі́	
	музе́й	музе́ї	-и -і -ї
f	шко́ла	шко́ли	
	пло́ща	пло́щі	
	ву́лиця	ву́лиці	
	аудито́рія	аудито́рії	
	верф	верфі́	
	тінь	ті́ні	
n	сло́во	слова́	
	мо́ре	моря́	
	прі́звище	прі́звища	-а -я
	завда́ння	завда́ння	

Übung 1
Setzen Sie die folgenden Substantive in den Plural:

журна́л	моте́ль	студе́нт	ша́фа	неді́ля	свя́то
зо́шит	трамва́й	клас	коле́га	ста́нція	я́блуко
портфе́ль	уро́к	геро́й	табли́ця	по́дорож	пита́ння

Pluralbildung (Substantive, Adjektive, Possessivpronomen)

Unregelmäßige Fälle bei der Pluralbildung:
- Betonungswechsel: ба́тько – батьки́, учи́тель – учителі́ *(m)*; кни́жка – книжки́, сестра́ – се́стри *(f)*; вікно́ – ві́кна, о́зеро – озе́ра, по́ле – поля́ *(n)*
- Vokalwechsel **і – о, і – е**: стіл – столи́, ле́бідь – ле́беді, ніч – но́чі, річ – ре́чі
- Flüchtiges **е / о**: день – дні, ра́нок – ра́нки, стіле́ць – стільці́ *(Weichheitszeichen nach л)*
- Konsonantenwechsel **г – з**: друг – дру́зі
- Die Substantive **дити́на / дитя́** *(Kind)*, **люди́на** *(Mensch)* und **ма́ти** *(Mutter)* heißen im Plural: **ді́ти, лю́ди, матері́**

Übung 2
Bilden Sie die Pluralform:

Betonungswechsel						
дя́дько	учи́тель	лист	ті́тка	су́мка	ві́кно	
дід	лі́кар	словни́к	дочка́	кни́жка	село́	
син	секрета́р	но́мер	пора́	жі́нка	мі́сто	
брат	перекла́дач	профе́сор	стіна́	учи́телька	мо́ре	
чолові́к	това́риш	ключ	зима́	ма́ма	по́ле	
водій́	виклада́ч	календа́р	ру́чка	ха́та	мі́сце	
Vokalwechsel		flüchtiges **е / о**			Sonderfälle	
міст	піч	у́чень	кіне́ць	за́мок	дити́на	
сік	по́вінь	молоде́ць	ве́ресень	понеді́лок	люди́на	
ве́чір	о́сінь	олі́вець	га́нок	буди́нок	ма́ти	

Übung 3
Setzen Sie die Sätze in den Plural.
Muster: Тут лежи́ть словни́к. – Тут лежа́ть словники́.

Секрета́р працю́є щодня́. Посере́дині стої́ть стіл. По́руч стої́ть стіле́ць. Перекла́дач розмовля́є по-украї́нськи. Дити́на слу́хає ра́діо. Студе́нтка га́рно малю́є. Жі́нка займа́ється спо́ртом. У́чень чита́є текст. Де тут магази́н? Він навпро́ти. Уве́чері студе́нт відпочива́є.

Übung 4
Bilden Sie die Singularform der Substantive, die im Plural gebraucht werden (Lektion 9, Text 1): столи́ – стіл, ...

Text 2

Моє́ рі́дне мі́сто – не ду́же вели́ке, але ду́же га́рне. Тут є **чудо́ві зати́шні** па́рки, **зеле́ні** ву́лиці та бульва́ри. Посере́дині – невели́ка пло́ща, де розташо́вані **різні** крамни́ці та кав'я́рні, **старови́нні** буді́влі та **істори́чні** пам'ятники.
Головна́ ву́лиця назива́ється Тра́вневий проспе́кт.
Я ду́же люблю́ моє́ рі́дне мі́сто. Тут живу́ть **мої́** дру́зі, **мої́** рі́дні та **мої́** коле́ги.

Merken Sie sich: Das Adjektiv **рідний** hat folgende Bedeutungen:
рідне місто – *Heimatstadt*, рідна мова – *Muttersprache*, рідний брат – *leiblicher Bruder*, дворідний брат – *Cousin*, рідні – *Verwandte*

Die Pluralbildung der Adjektive

	Singular		*Plural*
Який стіл?	Новий / синій.		
Яка канапа?	Нова / синя.	**Які** меблі?	**Нові** / **сині**.
Яке крісло?	Нове / синє.		

Übung 5
Bilden Sie den Plural:

молодий викладач	гарне село	маленький син	велике вікно
добра медсестра	літній вечір	цікава книжка	осінній день
українське місто	синій олівець	довга зима	тепле місце

Die Pluralbildung der Possessivpronomen

	Singular		*Plural*
Чий стіл?	Мій / твій / наш / ваш / його / її / їхній / їх.		
Чия канапа?	Моя / твоя / наша / ваша / його / її / їхня / їх.	**Чиї** меблі?	**Мої** / **твої** / **наші** / **ваші** / його / її / **їхні** / їх.
Чиє крісло?	Моє / твоє / наше / ваше / його / її / їхнє / їх.		

Die Possessivpronomen der 3. Person **його**, **її**, **його**, **їх** sind auch in der Pluralform unveränderlich.

Übung 6
Bilden Sie den Plural:

мій комп'ютер	наш музей	їхній дядько	його завдання
моє слово	наша кімната	їхня тітка	її лікар
твій лист	ваше місто	їхнє місце	її подруга
твоя хата	ваш друг	його ключ	їх колега

Übung 7
Setzen Sie die Sätze in den Plural:

Яка гарна фотографія! – Які гарні фотографії!

– Яка чудова відеокасета! Чия вона? Твоя? Ні, їхня.
– Тут працює мій старий друг. А де працює Ваша сестра?
– Мій маленький син дивиться телевізор. А що робить твоя дитина?
– Де її новий словник? Тут лежить лише його стара таблиця.

Pluralbildung (Substantive, Adjektive, Possessivpronomen)

Übung 8
Übersetzen Sie ins Ukrainische und setzen Sie Betonungszeichen.

1. Wie heißt Ihre Heimatstadt? Meine Heimatstadt heißt Bonn.
2. Gibt es dort auch große Hotels und Restaurants? Natürlich.
3. Außerdem befinden sich dort auch wunderschöne Theater und Museen.
4. Sind das deine Eltern? Ja, das sind sie. Und dort sind meine Kinder.
5. Hier sind meine Freunde und Nachbarn und dort sind meine Schüler.

Übung 9
In jeder Spalte versteckt sich ein nicht passendes Wort. Welches?

дах	чай	ла́мпа	стіле́ць	о́зеро	неді́ля
го́род	музе́й	дівча́	день	фо́то	сім'я́
ніч	геро́й	ба́ба	тінь	село́	ім'я́
буке́т	нови́й	ша́фа	олі́вець	ба́тько	ву́лиця

мій	ми	си́ній	чудо́во	чита́ти	говори́ти
наш	ви	мій	га́рно	стоя́ти	роби́ти
ми	ти	лі́тній	вікно́	писа́ти	вари́ти
його́	її́	осі́нній	пога́но	переклада́ти	розумі́ти

Übung 10
Ergänzen Sie die Endungen und setzen Sie Betonungszeichen:

наш__ хата	чорн__ олівець	Іван чита___.
мо__ подруга	німецьк__ мова	Я розмовля___.
тво__ крісло	велик__ озеро	Картина вис___.
їхн__ комп'ютер	холодн__ осінь	Крісло сто___.
тво__ кімната	весня́н__ день	Ми дивим_____ фільм.
їхн__ авто	маленьк__ дзеркало	Ти слуха___ радіо?
ваш__ дружина	українськ__ поет	Вони займа_____ спортом.
тв__ син	помаранч__ революція	Ти дума___, сьогодні тепло?

Übung 11
Welche Wörter passen zu diesen Fragen?
Muster: Хто? – вчи́телька.

Хто? Що? Чий? Чия́? Чиє́? Чиї́? Яки́й? Яка́? Яке́? Які́? Як? Коли́? Де? Що ро́бить? Скі́льки? Котри́й? Котра́? Котре́? Котрі́?

> чоти́ри **вчи́телька** сьо́мий восени́ комп'ю́тер зеле́ний твій їхні лі́тні по-украї́нськи одина́дцята моє́ вели́ка п'я́те малю́є посере́дині пе́рші на́ша си́нє

Übung 12
Stellen Sie Fragen nach den hervorgehobenen Wörtern und beantworten Sie diese kurz.
Muster: Це **Іва́н**. – Хто це? Іва́н. Бонн – **га́рне** мі́сто. – **Яке́** мі́сто Бонн? Га́рне.

Це **Марі́я**. Ки́їв – **вели́ке** мі́сто. Фе́дір – **мій** коле́га. Тут стої́ть **комп'ю́тер**. **Ліво́руч** виси́ть ла́мпа. Це **бі́лий** дім. П'я́тниця – **п'я́тий** день ти́жня. Марі́йка – **на́ша** сусі́дка. **Рома́н** до́бре переклада́є. Гали́на **відпочива́є**.

„Кухарі з голоду не вмирають." (Українське народне прислів'я)

Vokabeln

будівля f	Bau, Bauwerk	людина f	Mensch
вмира/ти, -ю, -єш	sterben	майдан m	Platz
верф f	Werft	меблі Pl.	Möbel
відомий	bekannt	озеро n	See
ганок m	Außentreppe	пам'ятник m	Denkmal
герой m	Held	переговори Pl.	Verhandlungen
голод m	Hunger	піч f	Ofen
граматика f	Grammatik	площа f	Platz
граматичний	grammatisch	повінь f	Flut
гроші Pl.	Geld	ресторан m	Restaurant
двері Pl.	Tür	рідний	verwandt, vertraut
дитина f, дитя n	Kind, Baby	різний	verschieden
замок m	Schloss	розташований	gelegen
замок m	Türschloss	сміття n	Müll
знаход/итися, -жусь, -ишся	sich befinden	сік m	Saft
історичний	historisch	старовинний	altertümlich
кав'ярня f	Cafe	трамвай m	Straßenbahn
ключ m	Schlüssel	фільм m	Film
кошик m	Korb	чудовий	wunderschön
кран m	Wasserhahn	широкий	breit
лебідь m	Schwan	штани Pl.	Hose
люди Pl.	Menschen	яблуко n	Apfel

LEKTION 10

Die Deklination der Substantive / Der Vokativ
Das Präteritum der Verben

> – Доброго ранку, **Оксано Петрівно**! – Доброго ранку, **Богдане Івановичу**!

Dialog 1

Богдан Іванович	Доброго ранку, Оксано Петрівно! Як справи?
Оксана Петрівна	Дякую, Богдане Івановичу, добре. А як Ви?
Богдан Іванович	Теж усе гаразд, слава богу. Як Ваш чоловік, діти?
Оксана Петрівна	Як завжди. Чоловік працює, діти вчаться. А Ваша дружина?
Богдан Іванович	Вона відпочиває в Криму. Як Ваша сестра Віра Петрівна?
Оксана Петрівна	Дякую, теж добре.

Dialog 2

Василь	Руслано невже це ти? Яка несподіванка! Добрий день!
Руслана	Добрий день, Василю!
Василь	Що це ти тут, у парку, робиш?
Руслана	Як бачиш – бігаю, як і ти.

Dialog 3

Богдан Іванович	Алло! Добрий вечір! Це Ви, пане Тимошенко?
Степан Михайлович	Так, пане Луценко. Добрий вечір!
Богдан Іванович	Оксана Петрівна вже вдома?
Степан Михайлович	На жаль, ще ні.
Богдан Іванович	Прошу пробачення.
Степан Михайлович	Нічого.

Die Deklination der Substantive

Die Veränderung der Substantive nach Kasus heißt Deklination. Es gibt im Ukrainischen 7 Kasus. Sie heißen: Nominativ, Genitiv, Dativ, Akkusativ, Instrumental, Präpositiv, Vokativ. Die meisten Substantive werden dekliniert.
Nicht dekliniert werden:
– Fremdwörter und Namen, die auf einen Vokal *(außer -a und -я)* enden: кафе, кіно, аташе, Рене, Гайке, Мері
– Fremdwörter, die auf einen Konsonanten enden und weibliche Personen bezeichnen: мадам, Карін, Жанет.

Beispiele für die Deklination der Substantive:

Kasus	\multicolumn{2}{c}{m}	\multicolumn{2}{c}{f}	\multicolumn{2}{c}{n}
\multicolumn{7}{c}{*Singular*}
N	брат	готе́ль	сестра́	ву́лиця	вікно́	мо́ре
G	бра́та	готе́лю	сестри́	ву́лиці	вікна́	мо́ря
D	бра́тові	готе́лю	сестрі́	ву́лиці	вікну́	мо́рю
A	бра́та	готе́ль	сестру́	ву́лицю	вікно́	мо́ре
I	бра́том	готе́лем	сестро́ю	ву́лицею	вікно́м	мо́рем
P	бра́тові	готе́лі	сестрі́	ву́лиці	вікні́	мо́рі
V	бра́те	готе́ль /-ю	се́стро	ву́лице	вікно́	мо́ре
\multicolumn{7}{c}{*Plural*}
N	брати́	готе́лі	се́стри	ву́лиці	ві́кна	моря́
G	бра́тів	готе́лів	сесте́р	ву́лиць	ві́кон	морі́в
D	брата́м	готе́лям	се́страм	ву́лицям	ві́кнам	моря́м
A	бра́тів	готе́лі	сесте́р	ву́лиці	ві́кна	моря́
I	брата́ми	готе́лями	се́страми	ву́лицями	ві́кнами	моря́ми
P	брата́х	готе́лях	се́страх	ву́лицях	ві́кнах	моря́х
V	брати́	готе́лі	се́стри	ву́лиці	ві́кна	моря́

Der Vokativ

Der Vokativ wird nur bei der Anrede gebraucht. Dabei erhalten Maskulina und Feminina im Singular bestimmte Endungen.

Geschlecht	Nominativ	Vokativ	Endung
m	Тара́с	Тара́се	
	пан	па́не	
	Петро́	Пе́тре	
	Іва́нович	Іва́новичу	-е -у -ю
	Васи́ль	Васи́лю	
	Сергі́й	Сергі́ю	
	Іва́сик	Іва́сику	
	Андрі́йко	Андрі́йку	
f	Русла́на	Русла́но	
	учени́ця	учени́це	-о -е -ю
	Ле́ся	Ле́сю	-є
	Соломі́я	Соломі́є	
	па́ні	па́ні	

Unregelmäßige Fälle:
- Betonungswechsel: Петро́ – Пе́тре, сестра́ – се́стро
- Vokalwechsel і – о / е, ї – є: Фе́дір – Фе́доре, ле́бідь – ле́бедю, Ки́їв – Ки́єве
- Flüchtiges е / о: у́чень – у́чню, сино́к – си́нку
- Konsonantenwechsel г – ж, к – ч: друг – дру́же, коза́к – коза́че
- Die Substantive син, та́то, дід enden im Vokativ auf -у: си́ну, та́ту, ді́ду.

Deklination der Substantive / Vokativ / Präteritum der Verben

Übung 1
Bilden Sie den Vokativ:

Семе́н	Сергі́йко	Петро́	Левко́	Катери́на	Лі́дія	Марі́я	студе́нт
Оста́п	Іва́нко	Богда́н	Ма́рко	Русла́на	Софі́я	Ле́ся	това́риш
Павло́	Андрі́й	Оле́сь	Олексі́й	Ната́ля	Тетя́на	Ю́лія	друг
Дмитро́	Григо́рій	Гриць	Сергі́й	Миро́ся	Гали́на	Га́ля	робі́тниця

Bei Vor- und Vatersnamen werden beide Formen im Vokativ gebraucht: Богда́н**е** Іва́нович**у**! / Окса́н**о** Петрі́вн**о**! Bei zwei allgemeinen Substantiven werden entweder beide oder nur das erste im Vokativ gebraucht: Па́н**е** офіціа́нт**е**! / Па́н**е** офіціа́нт! / Па́ні стюарде́с**о**! / Па́ні стюарде́са! Besteht die Anrede aus einem allgemeinen Substantiv und einem Vornamen, so stehen beide Teile im Vokativ:
Па́н**е** Степа́н**е**! / Се́стр**о** Оле́н**о**! Dagegen bleibt bei der Verbindung allgemeiner Substantiv + Nachname der zweite Teil unverändert: Па́н**е** Луце́нко! / Па́ні Тимоше́нко!

Übung 2
Wie spricht man die folgenden Personen an?

Богда́н Іва́нович	пан Тара́с	Окса́на Петрі́вна	па́ні Оле́на
Степа́н Миха́йлович	пан Олексі́й	Марі́я Васи́лівна	па́ні Соломі́я
пан генера́л	пан Дмитро́	па́ні медсестра́	па́ні Лю́ся
пан інжене́р	пан Косте́нко	па́ні вчи́телька	па́ні Косте́нко

Übung 3
Lesen und üben Sie die folgenden Redewendungen:

Як спра́ви? / *Wie geht's?*

Як спра́ви?	Wie geht's?	Дя́кую, добре́.	Danke, gut.
Як Ва́ші спра́ви?	Wie geht es Ihnen?	Сла́ва бо́гу, добре́.	Gott sei Dank, gut.
Як твої́ спра́ви?	Wie geht es dir?	Усе́ гара́зд.	Alles in Ordnung.
А як Ви?	Und wie geht es Ihnen?	Та́к собі́. Нічо́го.	Es geht so.
А як Ва́ші спра́ви?		Не ду́же добре́.	Nicht sehr gut.
А як ти?	Und wie geht es dir?	Пога́но.	Schlecht.
А як твої́ спра́ви?		Гі́рше бу́ти не мо́же.	Schlimmer kann es nicht kommen.

Як Ва́ша дружи́на?	Wie geht es Ihrer Frau?	Як робо́та?	Was macht die Arbeit?
Як Ваш чолові́к?	Ihrem Mann?	Як навча́ння?	Was macht das Studium?
Як Ва́ша роди́на?	Ihrer Familie?	Як відпу́стка?	Wie war der Urlaub?
Як Ва́ші ді́ти?	Ihren Kindern?	Як Ва́ше здоро́в'я?	Wie geht es Ihnen gesundheitlich?
Як Ва́ші ро́дичі?	Ihren Eltern?		

Übung 4
Sprechen Sie Ihren Nachbarn an und erkundigen Sie sich, wie es ihm und seiner Familie geht. Fragen Sie ihn nach seiner Gesundheit, Arbeit usw.

> – Що ти **робила**, Руслано? – Багато **працювала**.

Dialog 4

Богдан Іванович	Що ти робила цілий день, Руслано?
Руслана	Багато працювала. Ти ж знаєш, завтра семінар.
Богдан Іванович	А потім?
Руслана	Потім трохи відпочивала.
Богдан Іванович	А після цього?
Руслана	Займалася спортом. Бігала в парку.
Богдан Іванович	Василь теж?
Руслана	Так, він теж там був. Ти дуже допитлива людина, тату!

Dialog 5

Василь	Руслано, що ти робила вчора ввечері?
Руслана	Читала, слухала музику і дивилася телевізор. А ти?
Василь	Я писав листи і перекладав тексти.
Руслана	Цілий вечір?
Василь	Звичайно, ні. Я ще ходив у кіно.
Руслана	І який фільм ти дивився?
Василь	„Гладіатор".

Das Präteritum der Verben

Das Präteritum *(die Vergangenheitsform)* der Verben richtet sich im Gegensatz zum Präsens nicht nach Personen, sondern nur nach dem Geschlecht und der Zahl: він читав, вона читала, вони читали *(er las – m, sie las – f, sie lasen – Pl.)*.
Das Präteritum wird durch Anfügen von **-в, -ла, -ло** und **-ли** an den Infinitivstamm gebildet: бути *(sein)*: він був *(er war)*, вона була *(sie war)*, воно було *(es war)*, вони були *(sie waren)*.

Übung 5
Nennen Sie die passende Form des Präteritums:

він (читати), вона (писати), вони (дякувати), він (сидіти), воно (бігати), вона (стояти), він (малювати), вони (казати), вона (відпочивати), він (подорожувати), я (бачити)

Endet der Infinitivstamm auf einen Konsonanten, fällt in der männlichen Singularform das **-в** aus: бігти *(laufen, rennen)* – він біг, вона бігла, воно бігло, вони бігли. Endet der Infinitiv auf **-нути,** fällt das Suffix **-ну-** sowie das **-в** der männlichen Singularform aus: мерзнути *(frieren)* – він мерз, вона мерзла, воно мерзло, вони мерзли. Die Reflexivverben bilden das Präteritum wie alle Verben: дивитися – він дивився, вона дивилась, воно дивилось, вони дивились.

Übung 6
Setzen Sie die Verben ins Präteritum.

Василь .... (ходити) у кіно, а Руслана .... (бути) вдома.
Учитель .... (читати) текст, а учні .... (слухати).
Увечері ми .... (дивитися) телевізор і .... (відпочивати).
Я не .... (розуміти), що вона .... (казати).
Посередині .... (лежати) великий килим, а на стіні .... (висіти) карта.
Влітку ми багато .... (займатися) спортом і .... (купатися).

Übung 7
Was haben Sie gestern gemacht? Bilden Sie Sätze nach dem Muster.

слухати радіо   Ви вчора слухали радіо? Так, я слухав (слухала) радіо.
                  oder: Ні, я не слухав радіо. Я ... (*z. B.* писав / -ла лист).

читати журнал	варити обід	писати лист
працювати	відпочивати	займатися спортом
перекладати текст	робити завдання	дивитися телевізор
купатися	малювати	ходити в театр

Übung 8
Was haben diese Personen am Vortag gemacht? Fragen Sie sie danach.
Muster: Іван   *arbeiten*   Іване, що ти вчора робив? Я працював.

Олена	*Film sehen*	Андрій	*schlafen*	Лідія Павлівна	*joggen*
Олесь	*spazieren gehen*	Марія і Тарас	*lesen*	Борис Іванович	*malen*
Галя	*Brief schreiben*	Ганна Петрівна	*feiern*	Василь Маркович	*telefonieren*

Übung 9
Beschreiben Sie Ihre Aktivitäten
- *in der letzten Unterrichtsstunde* (На уроці), *in der Pause* (На перерві), *am Vortag* (Вчора).

Text

1. Lesen Sie den Text und erzählen Sie, wie Oksana ihren Urlaub verbracht hat.
2. Beschreiben Sie in einem ähnlichen Brief Ihren letzten Urlaub.

Дорога Віро!

Вибач, що я так довго не писала. Ти, мабуть, питаєш – чому? Тому що ми були цілий місяць у Криму. Ми – це мої діти Василь і Леся, моя колега Христина Поліщак, її чоловік Іван, їхня дочка Марічка і я. Який чудовий це був відпочинок! Сонце, пальми, теплі, ласкаві хвилі! Погода була казкова і ми щодня були на пляжі: лежали, купалися в морі, грали у волейбол, бадмінтон, теніс, або просто читали газети, слухали радіо і багато розмовляли. Христина і її чоловік – дуже цікаві люди. Майже щовечора ми гуляли на березі моря, ходили в ресторан, в кіно, а Василь і Марічка на дискотеку.
Зараз я знову вдома і знову щодня працюю. Погода погана, холодна, часто падає дощ (добре, що не сніг!).
А як твої справи? Як Рольф, як діти? Привіт від Богдана Івановича. Пиши! Твоя сестра Оксана.

Vokabeln

бадмінто́н *m*	Federball	меню́ *n*	Speisekarte
бе́рег *m*	Ufer	ме́рзн/ути, -у, -еш	frieren
бі́га/ти, -ю, -єш	laufen, joggen	навча́ння *n*	Studium
бог *m*	Gott	нача́льник *m*	Vorgesetzter
бу́/ти, є	sein	незаба́ром	bald
від	von	несподі́ванка *f*	Überraschung
відпочи́нок *m*	Erholung	особли́во	besonders
відпу́стка *f*	Urlaub	па́да/ти, -ю, -єш, -є	fallen, hinfallen
волейбо́л *m*	Volleyball	Пиши́!	Schreib!
гра́/ти, -ю, -єш	spielen	пі́сля цього́	danach
гуля́/ти, -ю, -єш	spazieren gehen	приві́т *m*	Gruß
дискоте́ка *f*	Diskothek	приє́мний	angenehm
додатко́вий	zusätzlich	робо́та *f*	Arbeit
допи́тливий	neugierig	Сла́ва бо́гу!	Gott sei dank!
дороги́й	teurer, lieber	сніг *m* / па́дає сніг	Schnee / es schneit
дощ *m* / па́дає дощ	Regen / es regnet	спра́ва *f*	Angelegenheit
здоро́в'я *n*	Gesundheit	так собі́	es geht so
зно́ву	wieder	тому́ що, бо	weil
ка́зка *f*	Märchen	усе́ гара́зд	alles in Ordnung
казко́вий	märchenhaft	хви́ля *f*	Welle
кіно́ *n*	Kino	ці́лий	ganz
коза́к *m*	Kosak	чудо́во	wunderbar
ласка́вий	sanft, zart, zärtlich	шви́дко	schnell

LEKTION 11

Der Präpositiv der Substantive

> – Де живуть твої друзі, Василю?
> – Макс **у Бонні**, Гриць **у Львові**, а Галина **в Ризі**.

Dialog 1

Руслана	Василю, де живуть твої друзі?
Василь	Макс у Бонні, Гриць у Львові, а Галина в Ризі.
Руслана	А де живе твоя тітка Віра?
Василь	Вона зараз живе і працює в Кельні.
Руслана	Як її прізвище?
Василь	Бахманн. А дівоче прізвище – Ткач.

Dialog 2

Руслана	Кельн – це на сході чи на заході Німеччини?
Василь	Кельн розташований на заході.
Руслана	А Гамбург на півночі?
Василь	Так, Гамбург, Бремен і Росток лежать на півночі.
Руслана	А на півдні?
Василь	На півдні знаходиться чудове місто Мюнхен.

Dialog 3

Руслана	Василю, що ти робив на канікулах?
Василь	Ми були у відпустці в Криму.
Руслана	І як ти відпочивав?
Василь	Вдень купався і лежав на пляжі, ввечері був на дискотеці.
Руслана	А яка була погода?
Василь	В Криму влітку майже завжди гарна погода.
Руслана	Твої батьки теж там були?
Василь	Лише мама. І моя сестра Леся. Батько був у відрядженні в Гамбургу.

Der Präpositiv der Substantive (Singular)

Der Präpositiv wird mit verschiedenen Präpositionen zur Bezeichnung des Ortes oder der Zeit gebraucht: **Де?** – У класі, в музеї. *(Wo? – Im Klassenraum, im Museum.)* **Коли?** – В січні. *(Wann? – Im Januar.)*

Fragen: Nominativ – Хто?
Präpositiv – Де? На кому? На / у / в чому?

Geschlecht	Nominativ	Präposition	Präpositiv	Endung
m	клас портфе́ль гара́ж музе́й	у / в на	кла́сі портфе́лі гаражі́ музе́ї	-і -ї
f	шко́ла ву́лиця пло́ща аудито́рія верф по́дорож тінь		шко́лі ву́лиці пло́щі аудито́рії ве́рфі по́дорожі ті́ні	
n	вікно́ мо́ре завда́ння		вікні́ мо́рі завда́нні	

Der Gebrauch des Präpositivs zur Bezeichnung des Ortes

Der Präpositiv wird bei der Frage **Де?** zur Bezeichnung des Ortes gebraucht: Де? – **у** Ке́льні, **в** Оде́сі, **на** столі́ *(Wo? – in Köln, in Odessa, auf dem Tisch)*.
Die Präpositionen **в** und **у** *(in, an)* stellen zwei Formen eines Wortes dar: **у** wird zwischen zwei oder vor einem Konsonanten gebraucht, **в** steht zwischen zwei Vokalen oder vor einem Vokal.

Übung 1
Bilden Sie den Präpositiv Singular:
у / в, на ...

Жито́мир	Ка́ссель	Ві́нниця	Закарпа́ття	трамва́й	мі́сто
Чорно́биль	Шанха́й	Каза́нь	Запорі́жжя	ха́та	село́
Берлі́н	Сі́дней	Таврі́я	університе́т	ліка́рня	мо́ре
Кустана́й	Я́лта	Іспа́нія	готе́ль	тінь	по́ле

Unregelmäßige Fälle (Maskulina):
– Vokalwechsel **і – о, і – е, ї – є**: Львів – у Льво́ві, Ка́нів – у Ка́неві, Київ – у Ки́єві
– Endung **-у** nach **-г, -ґ, -к, -х**: Ма́рбурґ – у Ма́рбурґу, Луцьк – у Лу́цьку, Ра́йнбах – у Ра́йнбаху
– Betonte Endung **-у́ / -ю́** nach vielen einsilbigen Substantiven: сад – у саду́, Крим – у Криму́, гай – у гаю́
– Flüchtiges **е / о** *(Weichheitszeichen nach л)*: че́рвень – у че́рвні, стіле́ць – на стільці́, буди́нок – у буди́нку
Ausnahmen: бе́рег / на бере́зі, уро́к – на уро́ці, рік – у ро́ці, по́верх – на пове́рсі
(Konsonantenwechsel **г – з, к – ц, х – с***)*

Präpositiv der Substantive

Es sind auch parallele Endungen möglich: Петербу́рг – у Петербу́ргу – у Петербу́рзі, Кременчу́к – у Кременчуку́ – у Кременчуці́, Караба́х – у Караба́ху, у Караба́сі

Übung 2
Bilden Sie den Präpositiv Singular:

Терно́піль	стіл	Берди́чів	сто́лик	пі́вдень
Я́ворів	схід	Городо́к	дах	сі́чень
Биків	за́хід	Доне́цьк	парк	олі́вець
Микола́їв	Те́терів	Цю́рих	край	за́мок

Unregelmäßige Fälle (Feminina):
– Vokalwechsel **і – о**, **і – е**: пі́вніч – на пі́вночі, по́вінь – у по́вені
– Konsonantenwechsel **г – з**, **к – ц**, **х – с**: Ри́га – у Ри́зі, Жме́ринка – у Жме́ринці, Глева́ха – у Глева́сі

Übung 3
Bilden Sie den Präpositiv Singular:

на / кни́жка	у / Макі́ївка
ріка́	Го́рлівка
підло́га	Пра́га
стрі́ха	Балаши́ха

Unregelmäßige Fälle (Neutra):
– Endung **-у** bei **-ко**: лі́жко – у лі́жку
Aber: молоко́ – у молоці́ *(Konsonantenwechsel **к – ц**)*

жи́ти (I) – я живу́, ти живе́ш / **мешка́ти** (I) – я ме́шкаю, ти ме́шкаєш *(leben, wohnen)*

– Я живу́ в Полта́ві. (Ich lebe / wohne in Poltawa.)
– Тут мешка́є мій брат. (Hier wohnt mein Bruder.)

Übung 4
Wo wohnen diese Personen? Bilden Sie Fragen und beantworten Sie diese.
Muster: Рон – Е́ссен   Де живе́ Рон? Він живе́ в Е́ссені.

Га́нна – У́жгород	Ні́на – Неча́їв	Оле́на – Бердя́нськ	Ві́ллі – Нюрнбе́рг
Вере́на – Ма́гдебург	Окса́на – Васильків	Дон – Хано́й	Ганс – Ротерда́м
Фе́дір – Скни́лів	Рома́н – Микола́їв	Джон – Нью-Йо́рк	Теодо́р – Цю́рих
Ро́ланд – Ра́йнбах	Ле́ся – Доне́цьк	Пе́дро – Мадри́д	Лі – Шанха́й

Übung 5
Wo arbeiten diese Personen? Bilden Sie Sätze nach dem Muster:
Богда́н – університе́т   Де працю́є Богда́н? Він працю́є в університе́ті.

Степа́н – теа́тр	Марі́я – філармо́нія	Фе́дір – крамни́ця
Ма́рко – шко́ла	О́льга – кафе́	Мари́на – готе́ль
Євге́н – ліка́рня	Мо́ніка – книга́рня	Дмитро́ – порт
Семе́н – музе́й	Ян – міністе́рство	Ю́лія – бібліоте́ка
Ві́ктор – гара́ж	Ната́лка – рестора́н	Лю́ба – мілі́ція

Übung 6
Fragen Sie diese Personen nach ihrem Wohnort:
Ната́лка – Полта́ва – Ки́їв   Ната́лко, де ти живе́ш? У Полта́ві?
Ні, я живу́ не в Полта́ві, а в Ки́єві.

Христи́на – Луцьк – Ха́рків	Павло́ Іва́нович – Мінськ – Ри́га
Марі́я – Ві́нниця – Воро́ніж	Лі́дія Петрі́вна – Запорі́жжя – Кишині́в
Га́ля – Варша́ва – Дніпропетро́вськ	пан Федоре́нко – Я́ворів – Скни́лів
Тара́с – Пра́га – Микола́їв	па́ні Марі́йка – Ка́нів – Євпато́рія
Васи́ль – Я́лта – Сімферо́поль	пан лейтена́нт – Бори́спіль – Да́рниця
Андрі́й – Жме́ринка – Фа́стів	пан Рома́н – Труска́вець – Крим

Übung 7
Fragen Sie Ihre Kursnachbarn, wo sie und ihre Verwandten wohnen.

Übung 8
Lesen und üben Sie die Substantive zum Thema „Wohnung, Haushalt". Bestimmen Sie ihr Geschlecht.

поме́шкання, кварти́ра	*Wohnung*	дива́н	*Couch*
кімна́та	*Zimmer*	кана́па	*Sofa*
віта́льня	*Wohnzimmer*	та́хта	*Liege*
спа́льня	*Schlafzimmer*	лі́жко	*Bett*
ку́хня	*Küche*	ша́фа	*Schrank*
ва́нна (кімна́та)	*Badezimmer*	серва́нт	*Geschirrschrank*
дитя́ча (кімна́та)	*Kinderzimmer*	ві́шалка, віша́к	*Kleiderständer /-bügel*
кабіне́т	*Arbeitszimmer*	холоди́льник	*Kühlschrank*
передпо́кій, сі́ни	*Flur*	морози́льник	*Gefrierschrank*
коридо́р	*Korridor*	піч	*Ofen*
туале́т	*Toilette*	плита́	*Herd*
балко́н	*Balkon*	кавова́рка	*Kaffeemaschine*
тера́са	*Terrasse*	пилосо́с, порохотя́г	*Staubsauger*
підва́л	*Keller*	трі́лка	*Teller*
гори́ще	*Dachboden*	ча́шка	*Tasse*
схо́ди	*Treppe*	скля́нка	*Glas*
га́нок	*Außentreppe*	ло́жка	*Löffel*
підло́га	*Fußboden*	виде́лка	*Gabel*
двір, подві́р'я	*Hof*	ніж	*Messer*

Übung 9
Bilden Sie Fragen und beantworten Sie diese:
Іван – сидіти – кімната   Де сидить Іван? Він сидить у кімнаті.

Галина – працювати – бібліотека	Павло – займатися – кабінет
мій брат – вчитися – школа	стіл – стояти – клас
студенти – сидіти – аудиторія	полиця – висіти – коридор
діти – бігати – парк	килим – лежати – вітальня

Übung 10
Bilden Sie Sätze nach dem Muster:
син – балкон   Ви не знаєте, де мій син? Думаю, він на балконі.

брат – тераса	дружина – кухня	тітка – підвал	баба – передпокій
сестра – ґанок	чоловік – горище	дядько – коридор	дід – спальня
онук – канапа	онука – диван	племінник – кабінет	мама – вітальня

Übung 11
Ergänzen Sie die Endungen:

Ось моє помешкання. У помешканн..... є вітальня, спальня, кухня, ванна, великий передпокій, коридор і балкон. У вітальн..... – гарна паркетна підлога. На підло..... лежить великий килим. На килим..... стоять стіл, стільці і канапа. На ст..... лежить скатерка, на скатер..... стоїть тарілка, а поруч – склянка і чашка. На тарі..... – пиріг, у склян..... – сік, а у чаш..... – кава. Ліворуч висить полиця. На полиц..... стоять книжки та сувеніри. У спальн..... стоїть ліжко і шафа. На ліжк..... лежить ковдра, у шаф..... висить одяг. У кухн..... стоїть холодильник. У холодильник..... є різні продукти. У передпок..... висить гарне дзеркало. У коридор..... стоїть вішак. На вішак..... висить сумка. У сум..... лежить конверт. У конверт..... – лист і фотографія. На лист..... – моя адреса, на фотографі..... – мої друзі.

Übung 12
Fertigen Sie eine Zeichnung Ihrer Wohnung an und erzählen Sie darüber.

> – Ви були у **Чернівцях**? – Ні, я була в **Сумах**.

Dialog 4

Богдан Іванович	Ви ще ніколи не бували в Чернівцях, Оксано Петрівно?
Оксана Петрівна	На жаль, ні.
Богдан Іванович	В Карпатах теж ще не були?
Оксана Петрівна	Я ніколи ще не була в горах.
Богдан Іванович	А Ваша сестра?
Оксана Петрівна	Віра вже була і в Карпатах, і в Альпах, і в Піренеях.
Богдан Іванович	Цікаво.

Der Präpositiv der Substantive (Plural)

Geschlecht	Nominativ S.	Nominativ Pl.	Präposition	Präpositiv Pl.	Endung
m	клас гара́ж портфе́ль музе́й	кла́си гаражі́ портфе́лі музе́ї	у / в на	кла́сах гаража́х портфе́лях музе́ях	-ах -ях
f	шко́ла пло́ща ву́лиця аудито́рія верф по́дорож тінь	шко́ли пло́щі ву́лиці аудито́рії верфі́ по́дорожі тіні́		шко́лах пло́щах ву́лицях аудито́ріях верф'я́х по́дорожах тіня́х	
n	вікно́ мо́ре прі́звище завда́ння	ві́кна моря́ прі́звища завда́ння		ві́кнах моря́х прі́звищах завда́ннях	

Übung 13
Bilden Sie den Präpositiv Plural: у / в ...

А́льпи	Та́три	Гімала́ї	Су́ми	Чернівці́	Новосі́лки
Карпа́ти	Пірене́ї	Черка́си	Жуля́ни	Мори́нці	Шеги́ні

Achten Sie auf die Betonung im Präpositiv Plural: ша́фа – ша́фи – в ша́фах; *aber:* кни́жка – книжки́ – в книжка́х, вікно́ – ві́кна – на ві́кнах, ліс – ліси́ – в ліса́х.

Übung 14
Bilden Sie die erforderlichen Formen der Substantive und tragen Sie sie in die Tabelle ein:
журна́л, готе́ль, степ, гай, ліс, олівець, ша́фа, ріка́, табли́ця, істо́рія, верф, кри́сло, по́ле, відря́дження

Singular		Plural	
Nominativ	Präpositiv	Nominativ	Präpositiv
журна́л ...	журна́лі	...	

Übung 15
Setzen Sie die Sätze in den Plural.
Muster: Стіл стої́ть у кімна́ті. – Столи́ стоя́ть у кімна́тах.

Кни́жка лежи́ть на столі́.
Карти́на виси́ть на стіні́.
Кили́м лежи́ть на підло́зі.

У кімна́ті стої́ть стіле́ць.
В аудито́рії вчи́ться студе́нт.
У бібліоте́ці працю́є службо́вець.

Text

1. *Lesen Sie die Informationen über die Ukraine.*
2. *Zeigen Sie alles auf der Landkarte.*

Україна

Перед нами географічна карта. Ось Україна. Ми бачимо її моря – Чорне та Азовське, її гори Карпати. На території України є великі ріки – Дніпро, Дністер, Південний Буг та Сіверський Донець.

Ось столиця України Київ – її політичний, адміністративний і культурний центр. Це чудове старовинне і одночасно нове місто.

У центрі України розташовані такі міста як Черкаси, Вінниця, Житомир, Кіровоград, Дніпропетровськ. Чернігів та Суми лежать на півночі, Одеса, Миколаїв і Херсон – на півдні, Львів, Тернопіль, Ужгород, Івано-Франківськ і Чернівці – на заході, а Харків, Полтава, Луганськ і Донецьк – на сході України.

У Криму ми бачимо Кримські гори і різні міста. Ось Сімферополь, там Севастополь, а тут Ялта.

„Книжка вчить, як на світі жить." „Корова у дворі – харч на столі."
„В дорозі і батько брат." „В дорозі і голка важить."
„На городі бузина, а в Києві дядько."

(Українські народні прислів'я)

Vokabeln

адреса *f*	*Anschrift*	ніж *m*	*Messer*
балкон *m*	*Balkon*	ніколи	*niemals, nie*
бува́/ти, -ю, -єш	*sein, besuchen*	Німеччина *f*	*Deutschland*
бузина *f*	*Holunder*	одночасно	*gleichzeitig*
ванна *f*	*Badezimmer / Wanne*	одяг *m*	*Kleidung*
виделка *f*	*Gabel*	перед нами	*vor uns*
відрядження *n*	*Dienstreise*	передпокій *m*, сіни *Pl.*	*Flur*
вітальня *f*	*Wohnzimmer*	пилосос, порохотяг *m*	*Staubsauger*
вішак *m*, вішалка *f*	*Kleiderständer*	пиріг *m*	*Kuchen*
гай, ліс *m*	*Wald*	південь *m*	*Süden*
голка *f*	*Nadel*	північ *f*	*Norden*
гора *f*	*Berg*	підлога *f*	*Fußboden*
горище *n*	*Dachboden*	поверх *m*	*Etage*

дитя́ча (кімна́та) f	Kinderzimmer	по́дорож f	Reise
жи́/ти, -ву́, -ве́ш	leben	пра́льна маши́на f	Waschmaschine
за́хід m	Westen	проду́кти Pl.	Lebensmittel
ка́ва f	Kaffee	світ m	Welt
кавова́рка f	Kaffeemaschine	ска́терка f	Tischdecke
кані́кули Pl.	Ferien	скля́нка f	Glas
кіне́ць m	Ende	спа́льня f	Schlafzimmer
ко́вдра f	Decke	стрі́ха f	Strohdach
конве́рт m	Briefumschlag	схід m	Osten
коридо́р m	Korridor, Flur	схо́ди Pl.	Treppe
коро́ва f	Kuh	таки́й	solcher
край m	Region	трі́лка f	Teller
ку́хня f	Küche	терито́рія f	Territorium
лі́жко n	Bett	у / в гостя́х	zu Besuch
ло́жка f	Löffel	Украї́на f	Ukraine
ме́шка/ти, -ю, -єш	wohnen	харч m, харчі́ Pl.	Essen, Lebensmittel
молоко́ n	Milch	холоди́льник m	Kühlschrank
ніде́	nirgendwo	ча́шка f	Tasse

LEKTION 12

Das Futur der Verben
Die Deklination der Adjektive und Possessivpronomen (Präpositiv)

> – Що Ви **робитимете** завтра? – Я **буду працювати**, як завжди.

Dialog 1

Тимошенко	Пане Луценко, що Ви робитимете завтра?
Луценко	Я буду працювати.
Тимошенко	Цілий день?
Луценко	На жаль, так. Адже, як Ви знаєте, післязавтра буде конференція.
Тимошенко	І Ви завтра готуватимете реферат?
Луценко	Звичайно. І сьогодні, і завтра.

Dialog 2

Руслана	Мамо, де ми відпочиватимемо влітку?
Марія Василівна	Думаю, на Чорному морі, на узбережжі.
Руслана	Але ж там ми вже були!
Марія Василівна	Так, ми були в Одесі і жили в готелі. А зараз ми будемо подорожувати на велосипедах.
Руслана	Це твоя ідея?
Марія Василівна	Ні, це наш татко має такий план.

Das Futur der Verben

Das Futur hat im Ukrainischen zwei Formen: die *einfache* und die *zusammengesetzte*. Beide Formen werden vom Infinitiv gebildet:
– Я **чита́ти**му *(einfache Form)*. Я бу́ду **чита́ти** *(zusammengesetzte Form)*. / Ich werde lesen.

	читати (I)		дивитися (II)	
Person	*einfach*	*zusammeng.*	*einfach*	*zusammeng.*
я	читатиму	буду читати	дивитимусь	буду дивитися
ти	читатимеш	будеш ...	дивитимешся	будеш ...
він	читатиме	буде ...	дивитиметься	буде ...
ми	читатимемо	будемо ...	дивитимемось	будемо ...
ви	читатимете	будете ...	дивитиметесь	будете ...
вони	читатимуть	будуть ...	дивитимуться	будуть ...

Übung 1
Nennen Sie die passende Form des Futurs:

я (читати), ти (писати), ми (дякувати), він (сидіти), ви (купатися), вони (стояти), вона (малювати), вони (казати), ми (відпочивати), я (снідати), він (спати), ти (подорожувати), ми (вчитися), вона (вечеряти), вони (палити), я (розмовляти)

Übung 2
Setzen Sie die folgenden Verben im Futur ein:

писати
Василю, ти не знаєш, ми завтра .... диктант? Наша група ...., а ви .... не завтра, а післязавтра. А коли ти .... лист до брата? Я .... його зараз.

перекладати
Наталко, коли ти .... текст? Я .... його завтра А, може, ми разом .... наші тексти? Добра ідея! А де Руслана й Василь ....? Вони .... у бібліотеці. Там є різні словники. Тоді ми теж там ....

займатися
Завтра ми .... спортом. А де ви .... спортом? Наша група .... спортом на стадіоні. А ввечері я індивідуально .... спортом у спортзалі. Адже, як ти знаєш, я дуже люблю спорт.

Übung 3
Setzen Sie die Verben ins Futur:

1. Влітку ми (відпочивати) на морі.
2. Ми (подорожувати) на велосипедах.
3. Увечері я (дивитися) телевізор.
4. На уроці вони (відповідати) на питання.
5. В Німеччині ви (жити) в сучасному готелі.
6. Тепер я щодня (займатися) спортом.

Übung 4
Bilden Sie Sätze nach dem Muster:

слухати радіо — Ви сьогодні ввечері (od. завтра вранці, ...) слухатимете радіо?
Так, я слухатиму радіо. (od. Ні, я не слухатиму радіо. Я ...)

бути в університеті	варити обід	купатися в басейні
працювати в саду	бачити Івана	займатися спортом
перекладати текст	робити завдання	дивитися телевізор

Übung 5
Was haben diese Personen vor? Fragen Sie sie danach:

Іван / *arbeiten* — Іване, що ти завтра (od. післязавтра) робитимеш? Я працюватиму.

Оксана / *spazieren gehen*   Петро / *schlafen*   Ганна Михайлівна / *im Park joggen*
Василь / *telefonieren*   Сергій і Леся / *reisen*   пан Андрій / *malen*
Юлія / *Brief schreiben*   Марія та Федір / *feiern*   пані Христина / *Film sehen*

Übung 6
Erkundigen Sie sich bei Ihren Kursnachbarn, was sie morgen tun möchten.

Übung 7
Präsens, Präteritum oder Futur? Setzen Sie die Verben in die richtige Zeitform.

1) Сього́дні Окса́на (працюва́ти), а вчо́ра вона́ (відпочива́ти).
2) Я так давно́ Вас не (ба́чити). Де Ви (бу́ти)?
3) Я (бу́ти) споча́тку в Криму́, а пото́му (подорожува́ти) по Украї́ні.
4) За́раз Бори́с (дивитися) телеві́зор, а пото́му він (займа́тися) спо́ртом.
5) За́втра ми (писа́ти) на уро́ці дикта́нт і (слу́хати) нови́ни.

Übung 8
Erzählen Sie, was Sie nach dem Unterricht (Пі́сля уро́ків) *und am Wochenende* (В кінці́ ти́жня) *zu tun beabsichtigen.*

– Де Ви були́? – В **істори́чному** музе́ї і в **карти́нній** галере́ї.

Dialog 3

Луце́нко	Степа́не Миха́йловичу, я чув, Ви були́ в Га́мбургу?
Тимоше́нко	Так, у коро́ткому відря́дженні.
Луце́нко	І де Ви там жили́?
Тимоше́нко	У ду́же га́рному готе́лі. Назива́ється „Непту́н".
Луце́нко	Ви ма́ли бага́то робо́ти?
Тимоше́нко	Так, але́ я мав і ві́льний час.
Луце́нко	І що Ви роби́ли?
Тимоше́нко	Я був на о́пері, в істори́чному музе́ї і в карти́нній галере́ї.

Die Deklination der Adjektive (Präpositiv)

Fragen: Nominativ – **Яки́й? Яка́? Яке́? Які́?**
Präpositiv – **На яко́му? На які́й? На яко́му? На яки́х?**

Singular			
Geschlecht	Nominativ	Präpositiv	Endung
m	вели́кий си́ній	вели́кому си́ньому	-(ь)ому
f	вели́ка си́ня	вели́кій си́ній	-ій
n	вели́ке си́нє	вели́кому си́ньому	-(ь)ому
Plural			
m f n	вели́кі си́ні	вели́ких си́ніх	-их -іх

Die Adjektive werden im Ukrainischen wie die Substantive nach Genus, Numerus und Kasus verändert. Die Tabelle zur Deklination der Adjektive finden Sie im Anhang (Grammatik, S. 271 – 272).

Die gleichen Endungen wie Adjektive haben die Ordnungszahlwörter:
– Котрий? / **На** котр**ому** / на котр**ій** / на котр**их**?: На перш**ому** / на перш**ій** / на перш**их**.

Übung 9
Bilden Sie den Präpositiv:

великий театр	літній плащ	високе дерево	зелені вулиці
старий будинок	нова канапа	Чорне море	синє небо
вечірній концерт	книжкова полиця	гарні квіти	останні новини

Übung 10
Setzen Sie die in Klammern stehenden Wörter in den Präpositiv und bilden Sie Fragen nach dem Muster:
Ми обідаємо в (новий ресторан).
Ми обідаємо в новому ресторані. Де ми обідаємо? В якому ресторані?

1) Василь живе в (старовинне місто). 2) Богдан Іванович працює у (Львівський університет). 3) Ми були в (різні музеї). 4) Моя подруга вчиться в (політехнічний інститут). 5) Його сестра працює в (дитяча лікарня). 6) Комп'ютер стоїть на (письмовий стіл). 7) Мої друзі живуть у (нові райони).

Übung 11
Bilden Sie Fragen und beantworten Sie diese nach dem Muster:

2 – брат   На котрому поверсі живе Ваш брат? Він живе на другому поверсі.

3 – сестра	20 – друг	12 – батьки
10 – колега	21 – подруга	15 – діти

1 – Леся   У котрому класі вчиться Леся? Вона вчиться у першому класі.

5 – Мирон	7 – Юлія	8 – Юрко та Галя
6 – Тарас	1 – Василько	11 – Олесь і Віра

Übung 12
Lesen und üben Sie die folgenden Wörter:

Substantive		Adjektive	
північ *f*	Norden	північний	Nord-, nördlich
південь *m*	Süden	південний	Süd-, südlich
схід *m*	Osten	східний	Ost-, östlich
захід *m*	Westen	західний	West-, westlich

Де? – **на** півночі, на півдні, на сході, на заході

Futur der Verben / Präpositiv (Adjektive, Possessivpronomen)

– півні́чна Украї́на, схі́дна Німе́ччина
  Де? – **у** півні́чн**ій** Украї́ні, у схі́дній Німе́ччині

– півде́нний схід, півні́чний за́хід
  Де? – **на** півде́нн**ому** схо́ді Украї́ни, на півні́чному за́ході Німе́ччини

Übung 13
Erkundigen Sie sich bei Ihrem Kursnachbarn, wo die folgenden Städte liegen. Benutzen Sie die Landkarte der Ukraine.

Луцьк / Де розташо́ване **мі́сто** Луцьк? Воно́ розташо́ване на **півні́чному за́ході** Украї́ни.

– Оде́са, Черні́гів, Доне́цьк, Рі́вне, ...

Wo befinden sich diese deutschen Städte? Fragen Sie Ihre Kursnachbarn danach.

– Кіль, Дре́зден, Ба́ден-Ба́ден, Ню́рнберґ, Ко́ттбус, Ро́сток, ...

Übung 14
Lesen und üben Sie die folgenden Wörter und Wortverbindungen:

Федерати́вна Респу́бліка Німе́ччина	Ві́льна держа́ва
федера́льна земля́	- Баварія
- Бра́нденбурґ	- Саксо́нія
- Ба́ден-Вюртемберґ	- Тюрі́нгія
- Ге́ссен	Ві́льне ганзе́йське мі́сто
- Ме́кленбурґ-Пере́дня Помера́нія	- Бре́мен
- Ни́жня Саксо́нія	- Га́мбурґ
- Півні́чний Рейн-Вестфа́лія	столи́ця Німе́ччини
- Ра́йнланд-Пфальц	- Берлі́н
- Саар	
- Саксо́нія-А́нгальт	

Übung 15
Wo liegen verschiedene Bundesländer? Stellen Sie Fragen an Ihre Kursnachbarn:
– Де лежи́ть федера́льна земля́ ... ?

Übung 16
Sprechen Sie Ihre Kursnachbarn an und erkundigen Sie sich, wo sie wohnen:
– У яко́му мі́сті Ви живете́? Де розташо́ване це мі́сто? ...

Übung 17
Erzählen Sie, wo Ihre Verwandten und Freunde wohnen.

Präpositiv der Zeit

Der Präpositiv kann in Verbindung mit den Begriffen „Monat, Jahr, Uhrzeit" bei der Frage **Коли?** *(Wann?)* in temporaler Bedeutung gebraucht werden:
a) Monat: бе́резень *(März)*
   – Коли́? **У яко́му мі́сяці?** У / **в** бе́резні. (Im März.)
b) Jahr: мину́лий рік *(vergangenes, letztes Jahr)*, насту́пний рік *(nächstes Jahr)*
   – Коли́? **У яко́му ро́ці?** У / **в** мину́лому / насту́пному **ро́ці**. (Im vergangenen / nächsten Jahr.)
c) Uhrzeit *(Zeitangabe)*: пе́рша годи́на *(ein Uhr)*, тре́тя годи́на *(drei Uhr)*
   – Коли́? **О котрі́й годи́ні? О** пе́ршій / тре́тій годи́ні. (Um ein / drei Uhr.)

Übung 18
Bilden Sie den Präpositiv Singular: у / в ...

Nominativ	Präpositiv	Nominativ	Präpositiv	Nominativ	Präpositiv
сі́чень	у сі́чні	тра́вень		ве́ресень	
лю́тий*	лю́тому	че́рвень		жо́втень	
бе́резень	...	ли́пень		листопа́д	
кві́тень		се́рпень		гру́день	

* *Februar / substantiviertes Adjektiv*

Übung 19
Beantworten Sie die Fragen nach dem Muster:
Коли́ Іва́н був у Ке́льні? / 12 – Він був у Ке́льні в гру́дні.

... Оле́сь святку́є день наро́дження? / 4
... Русла́на була́ в Оде́сі? / 8
... Богда́н працюва́в у шко́лі? / 3, 9
... Марі́чка відпочива́ла на Чо́рному мо́рі? / 6, 7
... Оле́на диви́лася фільм „Тро́я"? / 5
... Степа́н жив у готе́лі „Інтер"? / 10, 11
... Окса́на лежа́ла в ліка́рні? / 1, 2
... Васи́ль був у гостя́х в Німе́ччині? / 12

А коли́ (в яко́му мі́сяці) Ваш день наро́дження?

Übung 20
Beantworten Sie auch diese Fragen:

Коли́ Ви були́ в Ки́єві? / *im vergangenen Jahr*
... Іва́н бу́де відпочива́ти в Карпа́тах? / *im nächsten Jahr*
... Окса́на була́ в Га́мбургу? / *im vergangenen Monat*
... вона́ здава́тиме і́спити? / *im nächsten Monat*

Futur der Verben / Präpositiv (Adjektive, Possessivpronomen)

починатися (I) – він / вона починається, вони починаються *(beginnen)*
закінчуватися (I) – він / вона закінчується, вони закінчуються *(enden, zu Ende sein)*

Übung 21
Bilden Sie Sätze nach dem Muster:
урок / 8.00   **О котрій годині** починається урок? Він починається **о восьмій годині**.

| концерт / 20.00 | лекція / 10.00 | сніданок / 9.00 | екскурсія / 15.00 |
| опера / 19.00 | семінар / 11.00 | обід / 12.00 | фільм / 17.00 |

урок / 13.00   О котрій годині закінчується урок? Він закінчується о тринадцятій годині.

Schreiben Sie andere Uhrzeiten und setzen Sie die Übung fort.

– У **чиїй** кімнаті ми робитимемо домашнє завдання? У **твоїй**, чи у **моїй**?

Dialog 4

Василь   Руслано, може, ми будемо сьогодні разом робити завдання?
Руслана   Я не заперечую.
Василь   У чиїй кімнаті – у твоїй, чи у моїй?
Руслана   У нашому читальному залі, Василю.
Василь   Але ж у читальному залі не дуже затишно.
Руслана   Яке це має значення?

Die Deklination der Possessivpronomen (Präpositiv)

Fragen: Nominativ – Чий? Чия? Чиє? Чиї?
                      Präpositiv – **На чийому? На чиїй? На чийому? На чиїх?**

	Singular		
Geschlecht	Nominativ	Präpositiv	Endung
m	мій / твій наш / ваш їхній	моєму / твоєму нашому / вашому їхньому	-єму -(ь)ому
f	моя / твоя наша / ваша їхня	моїй / твоїй нашій / вашій їхній	-їй -ій
n	моє / твоє наше / ваше їхнє	моєму / твоєму нашому / вашому їхньому	-єму -(ь)ому
	Plural		
m f n	мої / твої наші / ваші їхні	моїх / твоїх наших / ваших їхніх	-їх -их -іх

Die Possessivpronomen der 1. und 2. Person werden im Ukrainischen wie Substantive und Adjektive nach Genus, Numerus und Kasus verändert.

Von den Possessivpronomen der 3. Person wird nur **їхній, їхня, їхнє, їхні** dekliniert. Die Possessivpronomen **його, її, їх** sind undeklinierbar.
Die Tabelle zur Deklination der Possessivpronomen finden Sie im Anhang (Grammatik, S. 274).

Übung 22
Bilden Sie den Präpositiv: **на** ... / **у** ..., **в** ...

мій комп'ю́тер	наш музе́й	їхній стіл	його́ но́мер
моє́ сло́во	на́ша ха́та	їхня поли́ця	її кварти́ра
твоя́ кни́жка	ва́ше мі́сто	їхнє мі́сце	її вікно́
твої́ зо́шити	ва́ші кімна́ти	їхні стільці́	їх готе́ль

Übung 23
Bilden Sie die Possessivpronomen und beantworten Sie die Fragen nach dem Muster:
Де працю́є Іва́н? / ми, аудито́рія – Він працю́є в на́шій аудито́рії.

Де був Богда́н Іва́нович? / ви, університе́т
... сиди́ть Русла́на? / я, кімна́та
... стої́ть комп'ю́тер? / ми, нова́ бібліоте́ка
... живу́ть Іва́н і Ната́лка? / вони́, рі́дне село́
... стої́ть холоди́льник? / вона́, ку́хня
... виси́ть ка́рта Украї́ни? / ми, клас
... лежи́ть га́рний кили́м? / ти, віта́льня
... студе́нти ди́вляться фі́льми? / ми, кіноза́л
... Ви ба́чили Іва́на Петро́вича? / ви, кафе́

Text

1. Lesen und übersetzen Sie den Text.
2. Erzählen Sie über die ukrainische Hauptstadt aus der Sicht eines Touristen.

Ки́їв

Столи́ця Украї́ни Ки́їв розташо́вана на берега́х Дніпра́. На пра́вому бе́резі лежи́ть стара́, істори́чна части́на мі́ста, а на лі́вому – нова́.
У стари́й части́ні, у це́нтрі, знахо́дяться рі́зні устано́ви, посо́льства, теа́три, музе́ї, відо́мі собо́ри, пам'я́тники, широ́кі суча́сні проспе́кти і па́рки. „Ки́їв – це мі́сто-сад," – ка́жуть кия́ни. У його́ числе́нних па́рках щодня́ відпочива́ють ти́сячі жи́телів мі́ста і тури́стів. Наві́ть на Хреща́тику, головні́й магістра́лі мі́ста, росту́ть розкі́шні кашта́ни. А недале́ко, на Володи́мирській ву́лиці, знахо́дяться Націона́льний університе́т і́мені Шевче́нка і славнозві́сний Ки́ївський теа́тр о́пери і бале́ту.
У мальовни́чому па́рку розташо́ваний украї́нський рестора́н-хати́на. Тут у спра́вжній дерев'я́ній ха́тці посере́дині росте́ живе́ де́рево і співа́ють пташки́. У рестора́ні подаю́ть традиці́йні украї́нські стра́ви і напо́ї.

Vokabeln

бале́т *m*	Ballett	напі́й *m*	Getränk
велосипе́д *m*	Fahrrad	нови́на *f*	Nachricht
ві́льний	frei	о́пера *f*	Oper
ганзе́йське мі́сто *n*	Hansestadt	оста́нній	letzter
готу/ва́ти, -ю, -єш	zubereiten, vorbereiten	півде́нний	südlich, Süd-
де́рево *n*	Baum, Holz	півні́чний	nördlich, Nord-
дерев'я́ний	Holz-	післяза́втра	übermorgen
держа́ва *f*	Staat	пода/ва́ти, -ю, -єш	servieren, reichen
дитя́чий	Kinder-	посо́льство *n*	Botschaft
живи́й	lebendig	пра́вий	rechter
жи́тель *m*	Einwohner	птах *m*, пта́шка *f*	Vogel
закі́нчу/ватися, -ється, -ються	enden, zu Ende sein	рост/и́, -у́, -е́ш, -е́	wachsen
запере́чу/вати, -ю, -єш	widersprechen	славнозві́сний	berühmt
за́хідний	westlich, West-	собо́р *m*	Kathedrale, Dom
земля́ *f*	Land, Erde	спра́вжній	echt
зда/ва́ти, -ю, -єш	bestehen, abgeben	стра́ва *f*	Gericht, Essen
зна́чення *n*	Bedeutung	схі́дний	östlich, Ost-
і́мені	namens	ти́сяча *f*	Tausend
і́спит *m*	Prüfung	традиці́йний	traditionell
кашта́н *m*	Kastanienbaum	узбере́жжя *n*	Küste
кия́нин *m*	Einwohner v. Kyjiw	устано́ва *f*	Behörde
лі́вий	linker	федера́льна земля́ *f*	Bundesland
магістра́ль *f*	Hauptverkehrstraße	Федерати́вна респу́бліка *f*	Bundesrepublik
мальовни́чий	malerisch	хати́на, ха́тка *f*	Hütte, Häuschen
мину́лий	vergangener	части́на *f*	Teil
наві́ть	sogar	чита́льний зал *m*	Lesesaal

LEKTION 13

Der Präpositiv Singular belebter Maskulina
Die Präpositionen на, в / у, по

> – На **Василе́ві** сього́дні га́рна ви́шита соро́чка.

Dialog 1

Марі́я Васи́лівна	Яка́ га́рна соро́чка!
Русла́на	Де, ма́мо?
Марі́я Васи́лівна	На Василе́ві.
Русла́на	Ді́йсно га́рна. Спра́вжня украї́нська ви́шита соро́чка!

Dialog 2

Марі́чка	Що це на Василе́ві сього́дні?
Русла́на	Як ба́чиш – нова́ соро́чка.
Марі́чка	Яка́ нега́рна!
Русла́на	Чому́?
Марі́чка	Виши́вані соро́чки вже давно́ не мо́дні.
Русла́на	А я ду́маю – навпаки́! Націона́льні моти́ви ни́ні ду́же актуа́льні.

Der Präpositiv Singular belebter Maskulina

Maskulina, die Personen bezeichnen, enden im Präpositiv Singular auf -ови, -еви, -єви. Im Plural haben sie die gleiche Endung wie unbelebte Substantive.

Fragen: Nominativ – Хто?
                     Präpositiv – **На ко́му?**

Geschlecht	Nominativ	Präposition	Präpositiv	Endung
m	Тара́с	на	Тара́сові	-ови
	Павло́		Павло́ві	
	Оле́сь		Оле́севі	-еви
	лі́кар		лі́кареві	-єви
	Заха́р		Заха́рові	
	това́риш		това́ришеві	
	Андрі́й		Андрі́єві	

Übung 1
Bilden Sie den Präpositiv Singular: **на** ...

Іва́н	Сергі́й	Ві́ктор	Мака́р	брат	виклада́ч
Васи́ль	Олексі́й	Левко́	Петро́	ба́тько	геро́й

Unregelmäßige Fälle:
- Vokalwechsel **і – о**: Фе́дір – на Фе́дорові
- Flüchtiges **е**: у́чень – на у́чневі

In der Umgangssprache wird häufig statt „на студе́нт**ові**, на сусі́д**ові**" „на студе́нт**і**, на сусі́д**і**" gesagt. Einige Substantive können im Präpositiv Singular sogar mehrere Varianten haben: **вчи́тель** – на вчи́тел**еві**, на вчи́тел**і**, на вчи́тел**ю**.

Übung 2
Lesen und üben Sie die Substantive zum Thema „Kleidung". Bestimmen Sie ihr Geschlecht.

о́дяг	*Kleidung*	блу́зка	*Bluse*
соро́чка	*Hemd*	спідни́ця	*Rock*
штани́	*Hose*	ша́пка	*Mütze*
джи́нси	*Jeans*	капелю́х	*Hut*
костю́м	*Anzug, Kostüm*	карту́з, кашке́т	*Schirmmütze*
піджа́к	*Herrenjacke*	ху́стка, хусти́на	*Kopftuch*
крава́тка	*Krawatte*	взуття́	*Schuhe, Schuhwerk*
светр	*Pullover*	череви́ки	*Schnürschuhe*
футбо́лка	*T-Shirt*	чо́боти	*Stiefel*
кожу́х	*Pelzmantel*	ту́флі	*Schuhe, Damenschuhe*
ку́ртка	*Jacke*	босоні́жки	*Sandaletten*
пальто́	*Mantel*	кросі́вки	*Sportschuhe*
плащ	*Sommermantel*	санда́лії	*Sandalen*
су́кня	*Kleid*	по́яс	*Gürtel*

– Що **на Іва́нові**? (Was hat Iwan an? / Was trägt Iwan?)
– **На Іва́нові** бі́ла соро́чка. (Iwan hat ein weißes Hemd an. / Iwan trägt ein weißes Hemd.)

Übung 3
Was tragen diese Personen? Bilden Sie Sätze nach dem Muster:
Степа́н – си́ня соро́чка   Що на Степа́нові? На Степа́нові си́ня соро́чка.

Фе́дір – чо́рна соро́чка	Окса́на – га́рна блу́зка	воді́й – чо́рний костю́м
Дмитро́ – те́плий пуло́вер	Ната́лка – до́вга су́кня	у́чень – черво́ний светр
Григо́рій – нові́ джи́нси	Марі́я – зимо́ве пальто́	студе́нт – старі́ санда́лії

Übung 4
Welche Kleidung passt zu wem?
Ordnen Sie den folgenden Personen entsprechende Kleidung zu.
Beschreiben Sie diese Personen.

Оста́п *(20 J.)*   Гали́на *(45 J.)*   Васи́лько *(9 J.)*   Богда́н *(50 J.)*

1) си́ній костю́м, бі́ла соро́чка, черво́на крава́тка, чо́рні череви́ки, сі́рий капелю́х
2) жо́вта блу́зка, зеле́на спідни́ця, бі́лі босоні́жки, бі́лий плащ, кольоро́ва хусти́на
3) си́ні джи́нси, черво́на соро́чка, чо́рний по́яс, си́ня ку́ртка, чо́рні кросі́вки
4) чо́рні джи́нси, бі́ла футбо́лка, черво́ний светр, си́ній карту́з, бі́лі кросі́вки

Übung 5
Beschreiben Sie einen Kursteilnehmer ohne seinen richtigen Namen zu nennen.
Lassen Sie die anderen erraten, um wen es sich handelt.

Man kann auch statt „**На** Іван**ові** біл**а** сороч**ка**" (Iwan trägt ein weißes Hemd)
„Іва́н *(Nominativ)* **у** бі́л**ій** соро́ч**ці** *(Präpositiv)*" sagen.

Übung 6
Ergänzen Sie die Endungen:

Дорога́ Окса́но! Пишу́ на ле́кці....., тому́ ко́ротко.
Вчо́ра на́ша гру́па була́ в теа́тр..... . Русла́на була́ в довг..... блаки́тн..... су́кн....., Оле́на в
черво́н..... спідни́ц..... та бі́л..... блу́з....., Васи́ль у чо́рн..... костю́м....., Тара́с у сі́р..... штан..... і
си́н..... піджа́к....., а Оста́п у джи́нс.....! Арти́сти були́ в національ́н..... украї́нськ..... костю́м..... .
Була́ ду́же га́рна о́пера!
Як твоє́ здоро́в'я? Марі́чка.

Übung 7
Bilden Sie Wörter und setzen Sie Betonungszeichen:

оо́асрчк, аи́штн, ии́джнс, ою́кстм, іа́пджч, ааа́крвтк, есвтр, уоа́фтблк, оу́кжх, уакртк, ао́плт,
уяскн, іияспднц, аеюкплх, уі́тфл, ееии́чрвк, о́ікрсвк, уахстк, аукртз, о́япс, уа́блзк, ааї́сндл

> – Ми були́ **в** теа́трі **на** о́пері. Пото́му ми гуля́ли **по** мі́сту.

Dialog 3

Окса́на Петрі́вна	Васи́лю, ти був у теа́трі?
Васи́ль	Так, ма́мо, на о́пері.
Окса́на Петрі́вна	Ці́ла гру́па?
Васи́ль	Ма́йже.
Окса́на Петрі́вна	А що ви роби́ли по́тім?
Васи́ль	Гуля́ли по мі́сту. Було́ ду́же га́рно.

Die Präpositionen на, в / у

Präpositionen sind *unveränderliche* Hilfswörter, die Beziehungen zwischen einzelnen Satzgliedern ausdrücken. Im Ukrainischen hat jede Präposition eine eigene Rektion. Manche Präpositionen haben mehrere Bedeutungen und können dadurch mehrere Rektionen haben. Die Präposition **на** bedeutet *auf oder in / an*: на столі, на стіні *(auf dem Tisch, an der Wand)*, на стадіоні, на факультеті *(im Stadion, an der Fakultät)*. Die Präposition **в / у** verlangt in der Bedeutung **in / an** bei der Frage **Wo?** den Präpositiv: у Кельні, в Одесі, в університеті *(in Köln, in Odessa, an der Universität)*. Wann gebraucht man **в / у** und wann **на**? Dazu gibt es keine genauen Regeln, man muss sich einige Beispiele einfach merken:

в / у *(in, an)*	на *(in, an, auf)*
клас, школа, університет, кімната, ресторан, готель, театр, бібліотека, музей, парк, місто, гори, відпустка, відрядження, Україна, Німеччина, Берлін, Київ, Крим, земля *(Erde, Bundesland) u. a.*	урок, лекція, семінар, факультет, верф, стадіон, фабрика, море, озеро, канікули, екскурсія, концерт, балет, опера, дискотека, північ, південь, схід, захід, земля *(Erde, Boden) u. a.*

Übung 8
Setzen Sie die o. g. Substantive in den Präpositiv Singular.

Übung 9
в / у, oder **на**? *Wählen Sie die passenden Präpositionen und setzen Sie die Wörter in Klammern in die richtige Form:*

1. Руслана Луценко була ..... (канікули) ..... (Одеса), ... (Чорне море).
2. Її мати Марія Василівна працює ..... (архітектурне бюро), а її батько Богдан Іванович працює ..... (університет).
3. Василь Тимошенко був ...... (відпустка) ..... (Крим).
4. Його мати Оксана Петрівна була ..... (екскурсія) ..... (гори), а батько Степан Михайлович був ..... (відрядження) ..... (Гамбург).
5. Василева тітка Віра живе ..... (Кельн). Кельн знаходиться ..... (Німеччина), ... (федеральна земля) Північний Рейн – Вестфалія.
6. Руслана і Василь – студенти. Вони вчаться ..... (університет) ..... (історичний факультет).
7. Вчора вони були ..... (опера) ..... (театр).
8. ..... (Василь) був чорний костюм, Руслана була ..... (гарна сукня).
9. Сьогодні вони довго працювали ..... (бібліотека), а потім були ..... (дискотека).
10. Кримські гори лежать ..... (південь) України, а Карпати ..... (захід).

Die Präposition **по** *(durch, entlang)* wird zur Bezeichnung des Ortes mit dem Präpositiv gebraucht. Nach dieser Präposition *können* männliche und sächliche Substantive die Endung -у, -ю haben: по місті *oder* по місту, по полі *oder* по полю, по Львові *oder* по Львову.

Übung 10

в / у, *oder* **по**? *Setzen Sie die richtige Präposition ein:*

1) На́ша гру́па була́ вве́чері ..... це́нтрі мі́ста. 2) Ми ходи́ли ..... це́нтру і огляда́ли па́м'ятники. 3) ..... Льво́ві тури́сти до́вго ходи́ли ..... мі́сту. 4) Вони́ ходи́ли ..... Льво́ву і купува́ли украї́нські сувені́ри. 5) ..... на́шому селі́ є нова́ крамни́ця. 6) Ді́ти ходи́ли ..... селу́ і співа́ли.

Text

1. *Lesen und übersetzen Sie den Text.*
2. *Vergleichen Sie die ukrainische Nationaltracht mit einer deutschen Tracht.*

Украї́нське наро́дне вбрання́

Важли́вий елеме́нт украї́нського наро́дного вбрання́ – бі́ла ви́шита соро́чка або́ блу́зка. Візеру́нки та ко́льори ни́ток – рі́зні. На за́ході Украї́ни, напри́клад, за́вжди люби́ли черво́ний і чо́рний ко́лір, а в Центра́льній Украї́ні – чо́рний, жо́втий, черво́ний та зеле́ний ко́льори. До соро́чки чолові́ки носи́ли широ́кі штани́ – шарова́ри (черво́ні, зеле́ні або́ си́ні), по́яс, чо́боти, ша́пку і жупа́н, а жінки́ – кольоро́ві спідни́ці (пла́хти), керсе́тки, нами́ста, вінки́, стрі́чки, кві́ти та черво́ні чобі́тки. Традиці́йні наро́дні елеме́нти популя́рні й ни́ні, їх ча́сто мо́жна ба́чити в суча́сному чолові́чому та жіно́чому о́дязі.

„На злоді́єві ша́пка гори́ть." (Украї́нське наро́дне прислі́в'я)

Vokabeln

блу́зка *f*	*Bluse*	навпаки́	*im Gegenteil*
босоні́жки *Pl.*	*Sandaletten*	нами́сто *n*	*Perlenkette*
важли́вий	*wichtig*	напри́клад	*zum Beispiel*
вбрання́ *n*	*Kleidung, Tracht*	ни́ні	*heutzutage*
ви́шитий	*gestickt*	ни́тка *f*, ни́тки *Pl.*	*Faden, Garn*
взуття́ *n*	*Schuhe, Schuhwerk*	но́си/ти, -шу́, -сиш	*tragen*
візеру́нок *m*	*Muster*	піджа́к *m*	*Herrenjacke*
віно́к *m*	*Blumenkranz*	пла́хта *f*	*folkl. Wickelrock*
гор/і́ти, -и́ть, -я́ть	*brennen*	плащ *m*	*Sommermantel*
джи́нси *Pl.*	*Jeans*	по *P*	*durch, entlang*
екску́рсія *f*	*Ausflug*	популя́рний	*populär*
жаке́т *m*	*Damenjacke*	по́яс *m*	*Gürtel*
жупа́н *m*	*folkl. Herrenjacke*	пуло́вер *m*	*Pullover*

зло́дій *m*	*Dieb*	санда́лії *Pl.*	*Sandalen*
капелю́х *m*	*Hut*	светр *m*	*Pullover*
карту́з *m*	*Schirmmütze*	соро́чка *f*	*Hemd*
кашке́т *m*	*milit. Schirmmütze*	спідни́ця *f*	*Rock*
кві́тка *f*, кві́ти *Pl.*	*Blume, Blumen*	стрі́чка *f*	*Band, Schleife*
керсе́тка *f*	*folkl. Damenweste*	су́кня *f*	*Kleid*
ко́лір *m*	*Farbe, Ton*	тради́ція *f*	*Tradition*
кольоро́вий	*farbig, bunt*	ту́флі *Pl.*	*Schuhe, Damenschuhe*
конце́рт *m*	*Konzert*	фа́брика *f*	*Fabrik*
костю́м *m*	*Anzug, Kostüm*	факульте́т *m*	*Fakultät*
крава́тка *f*	*Krawatte*	футбо́лка *f*	*T-Shirt*
крім то́го	*außerdem*	ху́стка, хусти́на *f*	*Kopftuch*
кросі́вки *Pl.*	*Sportschuhe*	череви́ки *Pl.*	*Schnürschuhe*
ку́ртка *f*	*Jacke*	чо́боти *Pl.*	*Stiefel*
мо́дний	*modisch, modern*	ша́пка *f*	*Mütze*
моти́в *m*	*Motiv*	шарова́ри *Pl.*	*Pluderhose*

LEKTION 14

Der Genitiv der Substantive
Die Grund- und Ordnungszahlen bis 100
Die Rektion der Grundzahlen

> – Звідки твої батьки? – Мати зі Львова, а батько з Полтави.

Dialog 1

Руслана	Звідки твої батьки, Василю?
Василь	Моя мати зі Львова, а мій батько з Полтави. А твої батьки?
Руслана	Мама з Тернополя, тато з Вінниці. Але він з дитинства живе у Львові.
Василь	Тоді він майже львів'янин.
Руслана	Так, він дуже любить Львів. Справжній галичанин!

Галичина – *Galizien (Region in der Westukraine)*, галичанин – *Einwohner von Galizien*

Der Genitiv der Substantive (Singular)

Fragen: Nominativ – Хто? Що?
          Genitiv – **Кого? Чого?** / **Для кого? Для чого?**

Geschlecht	Nominativ	Genitiv	Endung
m	студент батько учитель герой	студента батька учителя героя	-а -я
f	лампа площа таблиця аудиторія верф тінь	лампи площі таблиці аудиторії верфі тіні	-и -і -ї
n	вікно море прізвище завдання	вікна моря прізвища завдання	-а -я

Achten Sie darauf, dass die Formen des Genitivs Singular und des Nominativs Plural der Feminina und Neutra sehr ähnlich sind. Der einzige Unterschied besteht manchmal *nur* in der Betonung:

Genitiv der Substantive / Grund- und Ordnungszahlen bis 100

Nominativ S.	Genitiv S.	Nominativ Pl.
ла́мпа	ла́мпи	ла́мпи
шко́ла	шко́ли	шко́ли
крі́сло	крі́сла	крі́сла
aber:		
гора́	гори́	го́ри
кни́жка	кни́жки	кни́жки
ріка́	ріки́	рі́ки
вікно́	вікна́	ві́кна
мо́ре	мо́ря	моря́
о́зеро	о́зера	озе́ра

Übung 1
Bilden Sie den Genitiv Singular:

підру́чник	трамва́й	Кустана́й	Сі́дней	Та́врія
портфе́ль	іде́я	Берлі́н	Я́лта	Іспа́нія
шко́ла	крі́сло	Ка́ссель	Ві́нниця	Закарпа́ття
ву́лиця	по́ле	Шанха́й	Чорно́биль	Запорі́жжя

Unregelmäßige Fälle (Maskulina):
– Vokalwechsel **i – o, i – e, ï – є**: Льві́в – Льво́ва, Ка́нів – Ка́нева, Ки́їв – Ки́єва
– Flüchtiges **e / o**: день – дня, стіле́ць – стільця́ *(Weichheitszeichen nach* л*)*, понеді́лок – понеді́лка

Unregelmäßige Fälle (Feminina):
– Vokalwechsel **i – o, i – e**: ніч – но́чі, о́сінь – о́сені

Übung 2
Bilden Sie den Genitiv Singular:

стіл	Чугу́їв	у́чень	за́мок	пі́вніч
Фа́стів	Микола́їв	кіне́ць	понеді́лок	річ
Василькі́в	Берди́чів	сі́чень	вівто́рок	по́вінь

Viele Maskulina haben im Genitiv Singular die Endung **-y / -ю**. Die Wahl der Endung hängt von der Bedeutung des Wortes ab. Hier sind einige Beispiele:
– abstrakte Begriffe: час – ча́су, рік – ро́ку
– Bezeichnungen für Einrichtungen, Bauten, Räume: університе́т – університе́ту, Бундесве́р – Бундесве́ру, коридо́р – коридо́ру usw. (*ausführlich im* Anhang, S. 267).

Genitiv nach der Präposition з, зі, із *(aus, von):*
– Мій брат живе́ в Берлі́ні. Він з Берлі́на. (Er kommt aus Berlin.)
– Га́ля живе́ в Я́лті. Вона́ з Я́лти. (Sie kommt aus Jalta.)
– Ле́ся зі Льво́ва, Бори́с із Алу́пки. (Lesja kommt aus Lwiw, Boris kommt aus Alupka.)

Übung 3
Bilden Sie Sätze nach dem Muster:
брат – Полта́ва – Оде́са   Твій брат живе́ в Полта́ві? Так. А мій брат з Оде́си.

| дя́дько – Ки́їв – Микола́їв | ті́тка – Луцьк – Доне́цьк | друг – Берди́чів – Воро́ніж |
| сестра́ – Ві́нниця – Воли́ця | племі́нник – Львів – Ха́рків | подру́га – Пра́га – Ри́га |

– **Зві́дки?** *oder* **Звідкіля́?** *(Woher?)* Зві́дки Оле́на? Звідкіля́ вона́? Вона з **Ки́єва**.

Übung 4
Woher kommen diese Personen? Sprechen Sie im Dialog darüber (Lektion 11 Übung 4).
Muster: Рон – Е́ссен / Зві́дки Рон? Він з Е́ссена.

Dialog 2

Марі́чка	Від ко́го цей лист?
Васи́ль	Від Оста́па Савчука́.
Марі́чка	Чий це словни́к тут лежи́ть?
Васи́ль	Ду́маю, Андрі́я Коваля́.
Марі́чка	А підру́чник?
Васи́ль	Оле́ни Білозі́р. Ба́чиш, тут її́ ім'я́ та прі́звище.
Марі́чка	А де мої́ ре́чі?
Васи́ль	Ти мене́ пита́єш?

Genitiv nach der Präposition **від** *(von)*
– Це лист **від** Оста́па. (Das ist der Brief von Ostap.)

Übung 5
Setzen Sie die in Klammern stehenden Substantive in den Genitiv.

Це листі́вка від (пан Козаче́нко). Тут лежи́ть подару́нок від (Ю́рій Шия́н). Приві́т від (Марі́я Іва́нівна)! Я чита́ю на лист від (Га́нна Костю́к).

Übung 6
Setzen Sie die Substantive in den Genitiv:

Мі́сто Стрий лежи́ть недале́ко від (Львів). Павло́ сиди́ть ліво́руч від (Софі́я). Теа́тр знахо́диться право́руч від (музе́й). Оле́г живе́ дале́ко від (Украї́на).

Bilden Sie 4 eigene Beispiele mit der Präposition **від**.

Genitiv der Substantive / Grund- und Ordnungszahlen bis 100

Genitiv nach den Präpositionen **до** *(bis, an, zu),* **для** *(für),* **біля** *(neben),* **у / в** *(bei),* **крім** *(außer),* **після** *(nach)*

Übung 7
Setzen Sie die Substantive in Klammern in die richtige Form.
1. Марічка пише лист **до** (подруга Оксана) ....
2. Мати готує обід **для** (син і дочка) .... і ....
3. Васильків лежить **біля** (Київ) ....
4. Вчора я був **у** (пан Шевчук) ....
5. На семінарі були всі **крім** (Василь Тимошенко) ....
6. **Після** (семінар) .... ми обідали в кафе.

Bilden Sie noch andere Sätze mit diesen Präpositionen.

Um eine Anhäufung von Konsonanten zu vermeiden, wird die Präposition **з** häufig mit **і** gebraucht:
– Вона **зі** Львова. Він **із** Дрогобича.

Genitiv nach den Präpositionen **від ... до ... , з ... до ...** *(von ... bis ...)*

Übung 8
Setzen Sie die Substantive in den Genitiv:

Від (Херсон) .... до (Харків) .... Борис їхав на машині.
З (понеділок) .... до (середа) .... група була на екскурсії.
Тарас щодня бігає від (центр) .... до (парк) ....
Богдан був у відрядженні з (квітень) .... до (липень) ....

Bilden Sie neue Sätze mit den Präpositionen **від ... до ... , з ... до ... .**

Die Präposition **до** kann *mehrere Bedeutungen* haben:
– Тарас їде **до** Львова. (Taras fährt **nach** Lwiw.)
– Спочатку він їде **до** школи. (Zuerst fährt er **in** die Schule.)
– Потім він їде **до** брата. (Danach fährt er **zu** seinem Bruder.)
– **До** Тернополя він їде на поїзді. (**Bis** Ternopil fährt er mit dem Zug.)

Genitiv nach der Präposition **у / в**
– **У** Тараса *(Genitiv)* **є** друг *(Nominativ)*. (Taras **hat** einen Freund.)
– **В** Оксани **є сестра**. (Oksana **hat** eine Schwester.)

Übung 9
Sagen Sie nach dem gleichen Muster, dass...
– Olena einen Bruder, Ostap eine Freundin, Ruslana ein Buch, Wassyl ein Lehrbuch, Bohdan Iwanowytsch ein Haus hat.

Dialog 3

Викладач	Кого сьогодні нема?
Тарас	Сьогодні нема Остапа Савчука та Оксани Семенюк.
Викладач	А кого не було вчора?
Тарас	Вчора не було Василя Тимошенка і Руслани Луценко.
Викладач	Де Ви були, пане Тимошенко і пані Луценко?
Василь	Ми були в бібліотеці. Там завжди така довга черга!
Руслана	Просимо пробачення.

Genitiv der Verneinung

Eine negative unveränderliche Form von є lautet **нема** *oder* **немає**:
– Сьогодні **нема** (немає) Остапа *(Genitiv)*. (Ostap ist heute **nicht** da.)
– У Тараса **немає** друга. (Taras hat **keinen** Freund.)
– В Оксани **нема** сестри. (Oksana hat **keine** Schwester.)

Übung 10
*Bilden Sie Sätze mit Verneinung (Übung 9): Olena hat **keinen** Bruder, ...*

Übung 11
Geben Sie verneinende Antworten auf folgende Fragen:
Muster: У Семена є телевізор? Ні, у Семена нема телевізора.

У Тараса є син?	У Катерини є холодильник?	У нашому класі є карта?
В Оксани є дочка?	В Остапа є машина?	У Вашому місті є театр?
В Олени є друг?	У бібліотеці є комп'ютер?	У Вашій кімнаті є диван?

Übung 12
Erzählen Sie, was es in Ihrem Klassenraum (od. Ihrem Zimmer) gibt und was es nicht gibt.

Präteritum der Verneinung:
– У Тараса **не було** друга / подруги. (Taras **hatte** keinen Freund / keine Freundin)
Futur der Verneinung:
– У Тараса **не буде** друга / подруги. (Taras **wird** keinen Freund / keine Freundin haben.)

Übung 13
Wiederholen Sie die Übung 11 im Präteritum und Futur:

У Семена був телевізор?   Ні, у Семена не було телевізора.
У Семена буде телевізор?   Ні, у Семена не буде телевізора.

Genitiv der Zugehörigkeit
– **Чий** це брат? Це брат **Тараса Бойка** *(Genitiv)*. (Wessen Bruder ist das? Das ist der Bruder **von** Taras Bojko.)

Genitiv der Substantive / Grund- und Ordnungszahlen bis 100   107

Übung 14
Bilden Sie Sätze nach dem Muster:
портфель / Остап Савчук   Чий це портфель? Це портфель Остапа Савчука.

зошит / Сергій Костенко	фото / Марія Денисівна	син / Сергій Хоменко
ручка / Галина Петренко	словники / Михайло і Леся	діти / Ганна Марчук
крісло / Іван Петрович	хата / Андрій і Софія	онука / пан Шевченко

Übung 15
Zeigen Sie auf Gegenstände im Klassenraum und fragen Sie nach ihrer Zugehörigkeit:
Чий це зошит? ...

Übung 16
Bilden Sie aus den Possessivadjektiven die Substantive im Genitiv.
Muster: Тарасова книжка – книжка Тараса

Іванове село, Галинина дочка, бабина спідниця, дідів капелюх, Васильків клас, Володимирова подруга, батькова машина, Петрове подвір'я, Оксанин брат, Андріїв друг, Марків комп'ютер

Übung 17
Setzen Sie die in Klammern stehenden Substantive in die richtige Form:

1. У центрі (Київ) .... знаходиться університет імені (Тарас Шевченко) ....
2. А у центрі (Львів) .... є університет імені (Іван Франко) ....
3. Ми були на проспекті (Леся Українка) .... і на площі (Адам Міцкевич) ....
4. Наталка живе на бульварі (Роман Шухевич) ...., а Христина на вулиці (Степан Бандера) ....
5. Ось проспект (В'ячеслав Чорновіл) ...., а там вулиця (Георгій Ґонґадзе) ....
6. Тернопіль – рідне місто (Сергій Павлович Білозір) ....

Übung 18
Lesen und üben Sie die folgenden Substantive:

Країна *f*	Національність *f*		
	m	*f*	*Pl.*
Австралія	австралієць	австралійка	австралійці
Австрія	австрієць	австрійка	австрійці
Англія	англієць	англійка	англійці
Білорусь	білорус	білоруска	білоруси
Грузія	грузин	грузинка	грузини
Іспанія	іспанець	іспанка	іспанці
Італія	італієць	італійка	італійці
Канада	канадець / канадієць	канадка / канадійка	канадці / канадійці
Молдова	молдованин	молдованка	молдовани
Німеччина	німець	німка / німкеня	німці

Польща	поляк	полька	поляки
Росія	росіянин	росіянка	росіяни
Румунія	румун	румунка	румуни
Словаччина	словак	словачка	словаки
США	американець	американка	американці
Туреччина	турок	туркиня	турки
Угорщина	угорець	угорка	угорці
Україна	українець	українка	українці
Франція	француз	француженка	французи
Чехія	чех	чешка	чехи
Швейцарія	швейцарець	швейцарка	швейцарці
Швеція	швед	шведка	шведи

Übung 19
Aus welchen Ländern kommen die folgenden Personen? Bilden Sie Sätze nach dem Muster:
Тарас   Це Тарас з України. Його національність – українець.
         Його дружина теж українка. Вони українці.

Ральф	Джон	Жак	Педро	Селін	К'яра
Карел	Сванте	Джесіка	Віктор	Назан	Курт

Übung 20
Sprechen Sie im Dialog über bekannte Persönlichkeiten:
Хто такий Володимир Кличко? – Він українець.

Übung 21
Sprechen Sie über die Hauptстädte:
Київ – столиця України. Берлін – ... / Москва, Лондон, Париж, Прага, Варшава, Відень, Стокгольм, Будапешт, Бухарест, Вишингтон, Мінськ, Рим, Тбілісі, Стамбул, ...

– У Києві багато **парків, пам'ятників, театрів, музеїв.**

Dialog 4

Олена	Руслано, ти вже була в Києві?
Руслана	Звичайно.
Олена	Ну, і як там?
Руслана	Дуже велике місто. Багато парків, пам'ятників, театрів, музеїв.
Олена	А в центрі міста?
Руслана	Кілька готелів, універмагів, ресторанів. І багато каштанів.
Олена	І, як я чула, там є дуже гарне метро.
Руслана	Звичайно. А чому ти питаєш?
Олена	Я на канікулах збираюсь до Києва.
Руслана	До брата?
Олена	До брата і до друзів. Вони живуть у Жулянах.

Der Genitiv der Substantive (Plural)

Geschlecht	Nominativ S.	Nominativ Pl.	Genitiv Pl.	Endung
m	студе́нт ба́тько учи́тель геро́й	студе́нти батьки́ учителі́ геро́ї	студе́нтів батькі́в учителі́в геро́їв	-ів -їв
f	ла́мпа табли́ця пло́ща аудито́рія ніч тінь	ла́мпи табли́ці пло́щі аудито́рії но́чі ті́ні	ламп табли́ць площ аудито́рій ноче́й ті́ней	- -ь -ій -ей
n	вікно́ мо́ре прі́звище завда́ння	ві́кна моря́ прі́звища завда́ння	ві́кон морі́в прі́звищ завда́нь	- -ів -ь

Die Feminina auf **-а / -я**, alle Neutra auf **-о** sowie die Neutra auf **-e** nach einem Zischlaut sind im Genitiv Plural endungslos.

Unregelmäßige Fälle (Feminina, Neutra):
– Einschub von **o / e**
– Vokalwechsel **o – i, e – i**

Nominativ Singular	Nominativ Plural	Genitiv Plural
кни́жка	книжки́	книжо́к
сестра́	се́стри	сесте́р
вікно́	ві́кна	ві́кон
крі́сло	крі́сла	крі́сел
шко́ла	шко́ли	шкіл
сло́во	слова́	слів
село́	се́ла	сіл

Übung 22
Bilden Sie die erforderlichen Formen der Substantive und tragen Sie sie in die Tabelle ein:
автобус, житель, стіл, німець, стілець, герой, кімната, кухня, ідея, ніч, річ, вікно, поле, завдання

Singular		Plural	
Nominativ	Genitiv	Nominativ	Genitiv
автобус	...		
...			

Genitiv Plural nach den unbestimmten Zahlwörtern **бага́то, ма́ло, чима́ло, кі́лька, де́кілька** *und nach dem Frageadverb* **Скі́льки?**
– **Скі́льки** тут **книжо́к**? Тут **бага́то** (кі́лька, де́кілька) **книжо́к**.

Übung 23
Setzen Sie die Substantive in Klammern in die richtige Form:

Скільки (карта) .... у нашому класі? У Києві багато (пам'ятник) ....
Декілька (учень) .... займалися спортом. У нашому селі мало (вчитель) .... У батька багато (ідея) .... У місті лише кілька (театр і музей) .... і .... Багато (турист) .... відпочиває на морі.

Die Grund- und Ordnungszahlen von 40 bis 100

Übung 24
Lesen und üben Sie die folgenden Grund- und Ordnungszahlen:

40	сорок	сороковий
50	п'ятдесят	п'ятдесятий
60	шістдесят	шістдесятий
70	сімдесят	сімдесятий
80	вісімдесят	вісімдесятий
90	дев'яносто	дев'яностий
100	сто	сотий
101	сто один	сто перший
111	сто одинадцять	сто одинадцятий
121	сто двадцять один	сто двадцять перший

Übung 25
Lesen Sie die folgenden Wortverbindungen:

1-ий урок, 57-ий день, 11-а година, 63-я сторінка, 22-е слово, 86-е правило, 33-ій трамвай, 94-ий рік, 45-а касета, 121-а вправа

Die Rektion der Grundzahlen

Grundzahlen	m	f	n
1	**один** стіл	**одна** лампа	**одне** місце
	Nominativ Singular		
2 – 4	**два** столи	**дві** лампи	**два** місця
	Nominativ Plural	*Genitiv Singular*	
5 – 20	**п'ять** столів	**п'ять** ламп	**п'ять** місць
		Genitiv Plural	

51 студе́нт, 52 студе́нти, 55 студе́нтів, 100 студе́нтів, …
(Aber: два вчител**я**, три киянин**а** – *Genitiv Singular)*

Übung 26
Verbinden Sie die Grundzahlen mit den Substantiven:

2 / місяць, 12 / рік, 3 / книжка, 20 / крісло, 5 / музей, 31 / таблиця, 8 / журнал, 42 / стілець, 56 / слово, 74 / метр

Genitiv der Substantive / Grund- und Ordnungszahlen bis 100

ко́штувати (I) – він, вона́, воно́ кошту́є, вони́ кошту́ють *(kosten)*
– **Скі́льки кошту́є ...?** (Wie viel kostet ...? Was kostet ...?)

Die ukrainische Währung: **гри́вня**, **копі́йка**

1 грн.	одна́ гри́вня	1 коп.	одна́ копі́йка
2 – 4 грн.	дві (чоти́ри) гри́вні	2 – 4 коп.	дві (чоти́ри) копі́йки
5 – 20 грн.	п'ять (два́дцять) гри́вень	5 – 20 коп.	п'ять (два́дцять) копі́йок

Übung 27
Bilden Sie Fragen und beantworten Sie diese nach dem Muster:

украї́нський сувені́р / 4 грн. 20 коп.   Скі́льки кошту́є украї́нський сувені́р?
                                        Він кошту́є **чоти́ри** гри́вні **два́дцять** копі́йок.

журна́л „Дніпро́" / 2 грн. 95 коп.   ви́шита соро́чка / 73 грн. 25 коп.
газе́та „Киянин" / 33 коп.   черво́не нами́сто / 22 грн. 12 коп.
ра́діо / 44 грн. 20 коп.   украї́нський словни́к / 11 грн. 90 коп.
портфе́ль / 35 грн. 62 коп.   Ваш підру́чник? / 15 грн. 59 коп.

Die Euro-Währung: **є́вро**, **цент** (**євроце́нт**)

1 є.	оди́н є́вро	1 ц.	оди́н цент
2 – 4 є.	два (чоти́ри) є́вро	2 – 4 ц.	два (чоти́ри) це́нти
5 – 20 є.	п'ять (два́дцять) є́вро	5 – 20 ц.	п'ять (два́дцять) це́нтів

Übung 28
Erkundigen Sie sich bei Ihrem Nachbarn nach dem Preis: Скі́льки кошту́є ...?

газе́та „Більд" / Ваш портфе́ль / Ва́ша ру́чка ... *usw.*

Übung 29
Bilden Sie Wortverbindungen mit dem Genitiv nach dem Muster:
кілогра́м (м'я́со) – кілогра́м м'я́с**а**

літр (молоко́)	кілогра́м (ковбаса́)	пли́тка (шокола́д)	скля́нка (пи́во)
па́чка (цу́кор)	буха́нець (хліб)	пля́шка (вода́)	скля́нка (чай)
па́чка (ма́сло)	ски́бка (сир)	пля́шка (вино́)	ча́шка (ка́ва)
кілогра́м (рис)	по́рція (ікра́)	ба́нка (лимона́д)	тарі́лка (борщ)

Übung 30
Und nun bilden Sie mit diesen Wortverbindungen Fragen und beantworten Sie sie.
Muster: Скі́льки кошту́є в Німе́ччині кілогра́м м'я́са? ...

Übung 31
Lesen Sie die beiden Dialoge.
Bilden Sie ähnliche Dialoge zum Thema „Einkaufen".

Dialog 1

Руслана	Добрий день! Газета „Час" є?
Продавець	На жаль, уже нема.
Руслана	А „Галичина"?
Продавець	„Галичина" ще є.
Руслана	Скільки коштує?
Продавець	50 копійок.
Руслана	Дайте, будь ласка!

Dialog 2

Василь	Мінеральна вода є?
Продавець	Нема.
Василь	А що є?
Продавець	Апельсиновий сік.
Василь	Яка ціна?
Продавець	90 копійок склянка.
Василь	Гаразд! Дві склянки, будь ласка!

Text

1. Lesen und übersetzen Sie den Text.
2. Suchen Sie Substantive, die im Genitiv stehen, und bilden Sie ihre Grundform.
3. Ihr Nachbar möchte seinen nächsten Urlaub auf der Krim verbringen. Er bittet Sie um einige Informationen. Was würden Sie ihm erzählen und empfehlen?

Крим

Крим – привітна, сонячна земля півдня України, чудове місце для відпочинку.
Краса моря, гір, лісів, степів, старовинних міст, замків та пам'ятників приваблює щороку мільйони туристів не лише з України, а й з інших країн світу.
Місто Ялта – перлина Криму. Воно розташоване на півдні півострова біля підніжжя Кримських гір. Це не лише відомий курорт, а й науковий і культурний центр регіону. Крім санаторіїв та будинків відпочинку тут є ряд різних інститутів та музеїв, філармонія, театр імені Антона Чехова, меморіал Слави і багато інших цікавих місць.
У Ботанічному саду Ялти ростуть екзотичні рослини з різних частин світу: з Кавказу та Гімалаїв, з Лівану та В'єтнаму, з Італії та Індії, з Південної Америки та Японії.

сонячний – *sonnig*, краса – *Schönheit*, приваблювати – *locken*, щороку – *jährlich*, перлина – *Perle*, півострів – *Halbinsel*, підніжжя – *Fuß*, науковий – *wissenschaftlich*, ряд – *Reihe*, слава – *Ruhm*, рослина – *Pflanze*

Vokabeln

банка *f*	*Büchse*	літр *m*	*Liter*
біля *G*	*neben, an*	львів'янин *m*	*Einwohner v. Lwiw*
буханець *m*	*Laib (Brot)*	макарони *Pl.*	*Nudeln*
в / у *G*	*bei*	мало *G. Pl.*	*wenig, wenige*
вино *n*	*Wein*	масло *n*	*Butter*

від G	von, seit	маши́на f	Auto, Maschine
вода́ f	Wasser	метр m	Meter
всі / усі́	alle	м'я́со n	Fleisch
гри́вня f	Hrywnja	націона́льність f	Nationalität
Да́йте, будь ла́ска, ...	Geben Sie bitte ...	па́чка f	Päckchen
дити́нство n	Kindheit	пи́во n	Bier
для G	für	пі́сля G	nach
до G	nach, zu, bis	плитка́ f	Tafel
є́вро m	Euro	пля́шка f	Flasche
з G	aus, von, seit	по́їзд, потя́г m	Eisenbahnzug
збира́/тися, -ю́сь, -єшся	beabsichtigen	по́рція f	Portion
Зві́дки? Звідкіля́?	Woher?	рис m	Reis
ікра́ f	Kaviar	сир m	Käse, Quark
кефі́р m	Kefir	ски́бка f	Scheibe
кі́лька, де́кілька G. Pl.	einige	хліб m	Brot
ковбаса́ f	Wurst	цент m	Cent
конфе́ти Pl.	Pralinen	ціна́ f	Preis
копі́йка f	Kopijka, Kopeke	цу́кор m	Zucker
коро́бка f	Schachtel	чай m	Tee
кошту́/вати, -є, -ють	kosten	час m	Zeit
краї́на f	Land	че́рга f	Schlange, Reihe
крім G	außer	шокола́д m	Schokolade

LEKTION 15

Die Verben der Fortbewegung
Der Genitiv der Adjektive und Possessivpronomen

> – Куди́ Ви і́дете? – До Ки́єва. – Ви ча́сто туди́ ї́здите.

Dialog 1

Тимоше́нко	Коли́ Ви і́дете до Ки́єва, па́не Луце́нко?
Луце́нко	У грудні́.
Тимоше́нко	Ви до́сить ча́сто туди́ ї́здите.
Луце́нко	Там живе́ мій науко́вий керівни́к.
Тимоше́нко	Ви пи́шете дисерта́цію?
Луце́нко	Так.

Dialog 2

Русла́на	Хто це там іде́?
Васи́ль	Я ду́маю, Оста́п.
Русла́на	Ціка́во, куди́ він іде́?
Васи́ль	Напе́вно, до спортза́лу. Він ма́йже щодня́ туди́ хо́дить.
Русла́на	Тому́ він таки́й атле́т!

Dialog 3

Окса́на Петрі́вна	Куди́ це Ви йдете́, Марі́є Васи́лівно?
Марі́я Васи́лівна	На роботу.
Окса́на Петрі́вна	Ви завжди́ хо́дите на робо́ту пі́шки?
Марі́я Васи́лівна	Ні, де́коли ї́жджу на велосипе́ді. Адже́ це недале́ко.
Окса́на Петрі́вна	А я му́шу щодня́ ї́здити на трамва́ї.

Die Verben der Fortbewegung

Unter den Verben der Fortbewegung versteht man eine Gruppe von Verbpaaren, die eine Fortbewegung ausdrücken. Man unterscheidet *unbestimmte* und *bestimmte* Verben. Die gebräuchlichsten von ihnen sind:

unbestimmt	*bestimmt*	
ходи́ти (II)	**іти́** (I)	*gehen*
ї́здити (II)	**ї́хати** (I)	*fahren*

Verben der Fortbewegung / Genitiv (Adjektive, Possessivpronomen)

Die unbestimmten Verben der Fortbewegung bezeichnen
- eine nicht zielgerichtete, zeitlich nicht festgelegte, sich wiederholende Handlung:
  Я ходжу́ по мі́сту. (Ich gehe durch die Stadt.) – *ohne konkretes Ziel, ohne zeitliche Begrenzung*
- eine zielgerichtete, zeitlich festgelegte gewohnheitsmäßige Handlung:
  Він щодня́ хо́дить до спортза́лу. (Er geht täglich in die Sporthalle.) Він лю́бить туди́ ходи́ти. (Er geht gern dorthin.)
- eine einmalige Fortbewegung in zwei Richtungen:
  Вчо́ра ми ходи́ли до теа́тру. (Gestern waren wir im Theater.) – *Wir sind dahingegangen und zurückgekehrt.*
- eine allgemeine Fähigkeit zum Fortbewegen:
  Русла́н ще мале́нький, а вже хо́дить. (Ruslan ist noch klein, kann aber schon gehen.)

Die bestimmten Verben der Fortbewegung drücken eine einmalige, zielgerichtete, zeitlich festgelegte Handlung aus:
– Ві́ктор іде́ в парк. (Viktor geht *jetzt* in den Park.)

Das bestimmte Verb **іти́** kann nach Vokalen in seiner Kurzform **йти** gebraucht werden: Він іде́. Вона́ йде́. Вони́ йду́ть.

	ходи́ти	іти́ / йти	і́здити	і́хати
я	ходжу́	іду́ / йду	ї́жджу	і́ду
ти	хо́диш	іде́ш / йдеш	ї́здиш	і́деш
він	хо́дить	іде́ / йде	ї́здить	і́де
ми	хо́димо	ідемо́ / йдемо́	ї́здимо	і́демо
ви	хо́дите	ідете́ / йдете́	ї́здите	і́дете
вони	хо́дять	іду́ть / йдуть	ї́здять	і́дуть

Merken Sie sich: Фільм іде́. (Der Film läuft.) Годи́нник іде́. (Die Uhr geht.) Трамва́й іде́. (Die Straßenbahn fährt / kommt.) Трамва́й хо́дить. (Die Straßenbahn fährt – *gewöhnlich, regelmäßig, zwischen Punkt A und Punkt B*).

Übung 1
Setzen Sie die Verben in der richtigen Form ein.

іти́ (йти)
Васи́лю, куди́ ти ....? Я .... в кафе́. А ви куди́ ....? Ми .... в бібліоте́ку. А куди́ .... Русла́на? Русла́на і Марі́чка .... на уро́к.

ходи́ти
Ти ча́сто .... в кіно́? Ні, я рі́дко .... в кіно́. А ми .... в кіно́ щосубо́ти. А коли́ ви .... на дискоте́ку? Я не люблю́ .... на дискоте́ку.

і́хати
До́брий день, па́ні Вовк! Куди́ це Ви ....? Я .... до Льво́ва. А Ви? Ми .... до Са́мбора. А це ва́ша до́чка? Так, вона́ .... до подру́ги в го́сті.

їздити

Ти щоліта .... до мо́ря? Так, я щоро́ку в се́рпні .... до мо́ря. Моя́ подру́га теж ча́сто туди .... А на чо́му ви ....? Ми .... на по́їзді. Де́які коле́ги .... на маши́ні, але я люблю́ .... на по́їзді. У по́їзді мо́жна до́бре спа́ти.

Übung 2
Unbestimmt oder bestimmt? Fügen Sie das passende Verb ein.

ходи́ти *oder* **іти́**?
1. Русла́на .... до музе́ю. Вона́ лю́бить туди́ ....
2. Ми ча́сто .... до теа́тру. Сього́дні там .... гарна опера.
3. Ось .... мій авто́бус. Він .... від ву́лиці Ми́ру до проспе́кту Перемо́ги.
4. Твій годи́нник .... непра́вильно.
5. О́ля ще мале́нька ді́вчинка, а вже га́рно .... Ось вона́ .... від стола́ до крі́сла.

їздити *oder* **їхати**?
1. Богда́н Іва́нович Луце́нко ча́сто .... до Ки́єва. Але́ за́раз він .... до Оде́си.
2. Ви .... на робо́ту на маши́ні чи на трамва́ї? Я .... на трамва́ї. Але сього́дні я .... на велосипе́ді.
3. Влі́тку ми лю́бимо .... в Карпа́ти. А куди́ Ви .... за́раз? За́раз ми .... до Полта́ви.
4. Па́ні Тимоше́нко .... до Ке́льна. Вона́ щоро́ку .... до Німе́ччини. Там живе́ її сестра́ Ві́ра.
5. Мій син лю́бить .... на маши́ні. Але сього́дні він му́сить .... на метро́.

– **На чо́му** ви ї́здите / ї́дете? (Womit fahren Sie?) – **На** авто́бусі. (Mit dem Bus.)

Übung 3
Womit fahren diese Personen gern? Bilden Sie Sätze nach dem Muster:
Іва́н / авто́бус   На чо́му лю́бить ї́здити Іва́н? Він лю́бить ї́здити на авто́бусі.

Васи́ль / по́їзд	Русла́на / велосипе́д	мій брат / автомобі́ль
Богда́н / пароплав	Оста́п / мотоци́кл	ї́хня сестра́ / моторо́лер
Семе́н / троле́йбус	Дмитро́ / вантажі́вка	Оме́лько / тра́ктор
студе́нт / метро́	Га́нна / таксі́	Катери́на / трамва́й

А на чо́му Ви лю́бите ї́здити?

Das Präteritum der Verben der Fortbewegung:
ходи́ти – він ходи́в, вона́ ходи́ла / ї́здити – він ї́здив, вона́ ї́здила / ї́хати – він ї́хав, вона́ ї́хала / іти́ – він **ішо́в**, вона́ **йшла**, воно́ **йшло́**, вони́ **йшли́**

Übung 4
Setzen Sie das passende Verb im Präteritum ein:

ходи́ти – іти́ / ї́здити – ї́хати
1. Учо́ра Васи́ль .... до теа́тру. Коли́ він туди́ ...., па́дав дощ.
2. У мину́лому ро́ці я .... до Ха́ркова. Коли́ я туди́ ...., я ба́чив Дніпро́.
3. Куди́ ти сього́дні вра́нці ....? Я .... до бібліоте́ки.
4. Коли́ я .... з бібліоте́ки додо́му, я ба́чив на ву́лиці ава́рію.

Verben der Fortbewegung / Genitiv (Adjektive, Possessivpronomen)

Wie bereits erwähnt, bezeichnen die unbestimmten Verben der Fortbewegung eine einmalige Fortbewegung in zwei Richtungen *(hin und zurück)*:
– Вчо́ра він **ходи́в** до теа́тру. (Gestern war er im Theater.)

Übung 5
Wo waren diese Personen? Bilden Sie Sätze nach dem Muster:
Тара́с – рестора́н   Де був Тара́с? У рестора́ні? Так, він ходи́в до рестора́ну.

| Окса́на – бібліоте́ка | Марі́чка і Русла́на – музе́й | Ві́ра Петрі́вна – теа́тр |
| Васи́ль – супермарке́т | Оле́на і Макси́м – крамни́ця | Богда́н Іва́нович – кафе́ |

Фе́дір – Ки́їв   Де був Фе́дір? У Ки́єві? Так, він ї́здив до Ки́єва.

| Ма́рко – Дрого́бич | Оста́п і Миро́ся – Ха́рків | Га́нна Іва́нівна – Львів |
| Христи́на – Терно́піль | Марі́йка і Ната́лка – Луцьк | Дмитро́ Степа́нович – Ка́нів |

Die anderen Verben der Fortbewegung:

unbestimmt	bestimmt	
бі́гати (I)	**бі́гти** (II)	*laufen*
літа́ти (I)	**летíти** (II)	*fliegen*
пла́вати (I)	**пливти́** (I)	*schwimmen*

Übung 6
Konjugieren Sie diese Verben. (Konsonantenwechsel bei бі́гти: г – ж *und* летíти: т – ч*)*

Übung 7
Nennen Sie die passende Verbform:

я (бі́гти), ти (пливти́), він (бі́гати), ми (летíти), вони́ (пла́вати), вона́ (літа́ти), Ви (бі́гти), я (летíти), вони́ (літа́ти), ти (бі́гти), ми (пливти́), ви (летíти), він (пливти́)

Übung 8
Setzen Sie das passende Verb in der richtigen Form ein:

бі́гати – бі́гти
Хто це там ....? Це мій сусі́д. Він спортсме́н і щодня́ .... А куди́ .... цей хло́пчик? Він .... до шко́ли. Чому́ він ....? Він лю́бить ....? Ні, він ...., бо він запі́знюється на уро́к.

літа́ти – летíти
Куди́ Ви ....? Я .... до Ха́ркова. Ви ча́сто туди́ ....? Ні, я .... туди́ впе́рше.
У па́рку .... пта́шки. Одна́ пта́шка .... до де́рева. Ба́чиш?

пла́вати – пливти́
Васи́ль лю́бить .... Він щодня́ .... в о́зері.
Хто це там ....? Ду́маю, це Марі́чка. Вона́ тут за́вжди ....?
Вона́ .... тут, коли́ .... Васи́ль. Зара́з вони́ .... до бе́рега.

Das Präteritum:
бігати – бігав, бігала / бігти – біг, бігла / літати – літав, літала / летіти – летів, летіла / плавати – плавав, плавала / пливти – плив, пливла

— Де тут зупинка трамвая? — Недалеко від **історичного** музею, навпроти **картинної** галереї.

Dialog 4

Турист	Перепрошую, де тут зупинка трамвая?
Василь	Недалеко від історичного музею.
Турист	А де історичний музей?
Василь	Навпроти картинної галереї.
Турист	Це далеко?
Василь	Ні, це тут ліворуч, біля книжкового магазину. Ви не львів'янин?
Турист	Ні, я вперше у Львові.
Василь	А звідки Ви, якщо не секрет?
Турист	З Закарпатської області, з маленького містечка Смереки.
Василь	І зараз гостюєте у Львові?
Турист	Так, у дворідної сестри.
Василь	Тоді, усього доброго!
Турист	Дякую.

Der Genitiv der Adjektive

Fragen: Nominativ – **Який? Яка? Яке? Які?**
          Genitiv – **Якого? Якої? Якого? Яких?**

Singular			
Geschlecht	*Nominativ*	*Genitiv*	*Endung*
m	великий синій	великого синього	**-(ь)ого**
f	велика синя	великої синьої	**-(ь)ої**
n	велике синє	великого синього	**-(ь)ого**
Plural			
m f n	великі сині	великих синіх	**-их** **-іх**

Übung 9
Bilden Sie die folgenden Formen: Genitiv Singular, Nominativ und Genitiv Plural.

історичний пам'ятник, кольорова спідниця, традиційне свято, осінній день, літня сукня, синє намисто

Verben der Fortbewegung / Genitiv (Adjektive, Possessivpronomen)

Dialog 5

Оксана	Ти не знаєш, де є магазини оригінальних українських сувенірів?
Руслана	Звичайно, знаю. По-перше, є один недалеко від головної вулиці.
Оксана	Де саме?
Руслана	Ліворуч від українського ресторану.
Оксана	Так-так, пригадую.
Руслана	По-друге, навпроти центрального парку.
Оксана	Це біля газетного кіоску?
Руслана	Вірно. По-третє, ...
Оксана	Досить, Руслано. Тепер я знаю. Дуже дякую.
Руслана	Ти шукаєш подарунок? Для кого?
Оксана	Для Торстена, нашого німецького практиканта. Наступного тижня його день народження.

Übung 10
Setzen Sie die Wortverbindungen in die richtige Form:

1. Мій батько з (Західна Україна) ...., а мати з (південний Крим) ....
2. Ліворуч від (велике дзеркало) .... і (географічна карта) .... висить календар.
3. Тут кімната (Олена Савицька) ...., а там кімната (Федір Левицький) ....
4. На уроці ми читали твори (Іван Котляревський) .... і (Ольга Кобилянська) ....
5. У місті багато (старовинні пам'ятники) .... та (історичні музеї) ....

Genitiv der Zeit

Im Ukrainischen kann die Wortverbindung „**в** мин**улому** / наст**упному** ро**ці**" *(Präpositiv mit der Präposition у / в)* durch „мин**улого** / наст**упного** року" *(Genitiv ohne Präposition)* ersetzt werden:
– **Коли?** Минулого тижня / наступного тижня, минулого понеділка / наступного понеділка, минулої зими / наступної зими.

Übung 11
Beantworten Sie die Fragen nach dem Muster:

Коли ви були в Криму? *(im vergangenen Jahr)* – Ми були в Криму мин**улого** року.
... ви будете в Кельні? *(im nächsten Monat)* – Ми будемо в Кельні наступн**ого** місяця.

Коли ...
- Ви відпочивали в Ялті? *(im vergangenen Sommer)*
- вони подорожуватимуть по Україні? *(im nächsten Jahr)*
- Остап дивився фільм „Матриця"? *(am vergangenen Freitag)*
- Оксана лежала в лікарні? *(im vergangenen Frühling)*
- Ви збираєтесь святкувати день народження? *(am nächsten Sonntag)*
- в Україні було національне свято? *(in der vergangenen Woche)*

Genitiv bei der Angabe des Datums

– **Яке́ сього́дні число́?** – Welches Datum (Der wievielte) ist heute?
  число́ *(n) – Datum / Zahl*
– **Сього́дні дру́ге** *(Nominativ)* **тра́вня** *(Genitiv).* – Heute ist der 2. Mai.

Übung 12
Яке́ число́ ...? – *Lesen Sie das Datum:*

01.03. 04.05. 13.08. 20.12. 23.01. 29.02. 02. 06. 30. 09.

Übung 13
Schreiben Sie die folgenden Daten in Worten:

12. 04. 25.07. 11.10. 19.11.

– **Коли́?** / **Яко́го числа́** Ваш день наро́дження? – Wann? (Am wievielten) ist Ihr Geburtstag? (... haben Sie Geburtstag?)
– Мій день наро́дження **дру́гого** *(Genitiv)* **тра́вня** *(Genitiv).* – Mein Geburtstag ist am 2. Mai.

Übung 14
Яко́го числа́ ...? – *Lesen Sie das Datum:*

05.06. 07.04. 10.07. 15.09. 26.10. 30.11. 08. 05. 01. 01.

Яке́ сього́дні число́? Яко́го числа́ Ваш день наро́дження?

Übung 15
Lesen und üben Sie die folgenden Wörter und Wortverbindungen:

Свя́та (святко́ві дні) в Украї́ні / Die Feiertage in der Ukraine

Нови́й рік	01.01.	Neujahr
Різдво́ / Різдвяні́ свя́та	07.01.	Weihnachten
Жіно́чий день	08.03.	Frauentag
Великдень / Великодні свя́та	März / April	Ostern
День Пра́ці	01.05.	Tag der Arbeit
День Перемо́ги	09.05.	Tag des Sieges
Трі́йця / Зеле́ні свя́та	Juni	Pfingsten
День Конститу́ції	28.06.	Tag der Verfassung
День Незале́жності	24.08.	Tag der Unabhängigkeit

святкува́ти (I) – *feiern*
святку́ють *(die 3. Person Plural – als unpersönliche Form)* – man feiert, es wird gefeiert

Übung 16
Bilden Sie einen Dialog zum Thema „Свя́та в Украї́ні":
Коли́ в Украї́ні святку́ють Різдво́? ...

Verben der Fortbewegung / Genitiv (Adjektive, Possessivpronomen)

Übung 17
Erzählen Sie über die Feiertage in Deutschland: „Свята в Німеччині".
Zusatzlexik: День Німецької єдності, Вознесіння, День святого Валентина, День Матері

— Що ти пишеш? — Листи: до **мого** друга і **моєї** тітки.

Dialog 6

Руслана	Що це ти пишеш, Василю?
Василь	Листи.
Руслана	До кого?
Василь	До мого друга Макса і моєї тітки Віри.
Руслана	До твого двоюрідного брата Макса?
Василь	Так, Макс – мій двоюрідний брат і одночасно друг.
Руслана	Він син твоєї тітки Віри з Кельна?
Василь	Так. Але Макс живе і вчиться в Бонні.
Руслана	Тому ти пишеш два листи.
Василь	Один до Кельна, другий до Бонна.

Der Genitiv der Possessivpronomen

Fragen: Nominativ – Чий? Чия? Чиє? Чиї?
          Genitiv – **Чийого? Чиєї? Чийого? Чиїх?**

		Singular	
Geschlecht	Nominativ	Genitiv	Endung
m	мій / твій наш / ваш їхній	мого / твого нашого / вашого їхнього	-(ь)ого
f	моя / твоя наша / ваша їхня	моєї / твоєї нашої / вашої їхньої	-єї -(ь)ої
n	моє / твоє наше / ваше їхнє	мого / твого нашого / вашого їхнього	-(ь)ого
		Plural	
m f n	мої / твої наші / ваші їхні	моїх / твоїх наших / ваших їхніх	-їх -их -іх

Übung 18
Setzen Sie die Wortverbindungen in Klammern in die richtige Form:

Я телефоную до ... (мій товариш, моя сусідка, мої батьки). На екскурсії не було ... (наш учитель, наша вчителька, наші колеги). Гараж стоїть навпроти ... (їхня вілла, їхній сад, їхні городи). На столі лежать підручники ... (твій друг, твоя подруга, твої друзі). Це речі ... (ваш учень, ваша учениця, ваші учні).

Übung 19

Präpositiv oder Genitiv? Bilden Sie Possessivpronomen und setzen Sie sie in der richtigen Form ein. Muster:

У .... місті є 2 університети. У центрі .... міста ростуть каштани. / **ми**
У **нашому** місті є 2 університети. У центрі **нашого** міста ростуть каштани.

1. Бібліотека знаходиться біля .... аудиторії. У .... аудиторії стоїть новий комп'ютер. / **ви**
2. На фото немає .... сестри. У .... сестри є гарна машина. На .... сестрі новий костюм. / **ти**
3. У .... родині святкують Різдво не в січні, а в грудні. У .... подруги сьогодні перший урок німецької мови. / **я**
4. Біля .... хати ростуть каштани. У .... саду є маленьке озеро. / **вони**
5. Минулого тижня я був у .... друзів. Як добре, що у .... листах мало помилок! / **я**

Text

1. *Lesen und übersetzen Sie den Text.*
2. *Bilden Sie einen Dialog zum Thema* „Як українці святкують Різдво?"
3. *Beschreiben Sie Weihnachten in Deutschland.*

Різдво в Україні

Різдво – одне з великих християнських свят в Україні. Ще задовго до Різдва ціла родина прибирає хату, білить стіни, миє вікна, ставить і прикрашає ялинку.
Вранці 6-го січня господиня починає готувати вечерю – 12 страв за старовинним рецептом: квас, рибу, гриби, капусту, вареники та голубці, солодкий узвар і, звичайно, кутю. 12 – це символічне число (12 апостолів, 12 місяців).
Увечері, з першою зіркою на небі починається Свята вечеря, на яку збирається ціла родина (батько та мати, дід та баба, діти, онуки та правнуки). У кутку стоїть „дідух", на підлозі лежить солома, на столі лежить вишита скатерка і стоїть свічка, на тарілці лежить часник – захист від „злого духу". Кожен член сім'ї мусить покуштувати кожну страву. Після вечері всі співають різдвяні пісні – колядки, потім старші члени сім'ї ідуть до церкви, а молоді ходять по вулицях, колядують, влаштовують веселі ігри. Адже Різдво в Україні – це також свято радості, веселощів та оптимізму.
Святкують Різдво три дні: 7-го, 8-го та 9-го січня. При зустрічі не кажуть „Добрий день", а „Христос рождається!" Відповідь на це вітання – „Славімо його!"

задовго – *lange vor*, прибирати – *aufräumen*, ставити – *stellen*, прикрашати – *schmücken*, ялинка – *Weihnachtsbaum*, риба – *Fisch*, гриби – *Pilze*, кутя – *traditionelles Weihnachtsgericht (süßer Brei aus Getreide, Nüssen, Honig und Mohn)*, збиратися – *zusammenkommen*, дідух – *festlich geschmückte Garbe*, солома – *Stroh*, свічка – *Kerze*, часник – *Knoblauch*, захист – *Schutz*, „злий дух" – „*böser Geist*", кожен (кожний) – *jeder*, член – *Mitglied*, куштувати – *probieren, kosten*, старший – *älterer*, церква – *Kirche*, колядувати – *Weihnachtslieder singen*, влаштовувати – *veranstalten*, гра (ігри) – *Spiel (Spiele)*, веселощі – *Fröhlichkeit*, зустріч – *Begegnung, Treffen*

Vokabeln

бі́га/ти, -ю, -єш / бі́/гти, -жу́, -жиш	laufen	пароплав m	Schiff
вантажі́вка f	LKW	перемо́га f	Sieg
Вели́кдень m, Великодні свята Pl.	Ostern	пі́шки	zu Fuß
ві́рно, пра́вильно	richtig	пла́ва/ти, -ю, -єш / плив/ти́, -у́, -е́ш	schwimmen
Вознесі́ння n	Chr. Himmelfahrt	пода́рунок m	Geschenk
гостю/ва́ти, -ю, -єш	zu Gast sein	по-пе́рше / по-дру́ге, по-тре́тє	erstens / zweitens, drittens
ді́вчинка f	Mädchen	поми́лка f	Fehler
є́дність f	Einheit	пра́ця f	Arbeit
запізню/ва́тися, -юсь, -єшся	sich verspäten	Різдво́ n, Різдвя́ні свята Pl.	Weihnachten
зупи́нка f	Haltestelle	святи́й	heilig
ї́здити, ї́жджу, ї́здиш / ї́хати, ї́ду, ї́деш	fahren	таксі́ n	Taxi
керівни́к m	Leiter, Betreuer	тому́	deshalb
конституція f	Verfassung	Трі́йця f, Зеле́ні свята Pl.	Pfingsten
літа́/ти, -ю, -єш / ле/ті́ти, -чу́, -ти́ш	fliegen	троле́йбус m	O-Bus
метро́ n	U-Bahn	туди́ / сюди́	dorthin / hierher
моторо́лер m	Motorroller	Усьо́го до́брого!	Alles Gute!
мотоци́кл m	Motorrad	хло́пчик m	Junge
на́зва f	Name, Titel	ход/и́ти, -жу́, -иш / іти́, іду́, іде́ш	gehen
незале́жність f	Unabhängigkeit	число́ n	Datum, Zahl
Нови́й рік m	Neujahrsfest	шука́/ти, -ю, -єш	suchen

LEKTION 16

Der Akkusativ der Substantive, Adjektive und Possessivpronomen
Die transitiven Verben der Fortbewegung

> – Чи знаєте Ви **Богдана Івановича**?
> – Ні, але я добре знаю **Марію Василівну**, його **дружину**.

Dialog 1

Оксана Петрівна	Пане Іване, Ви знаєте Богдана Івановича?
Іван Антонович	Ні, але я добре знаю його дружину.
Оксана Петрівна	Марію Василівну?
Іван Антонович	Так. Ми разом працюємо.
Оксана Петрівна	А Богдан Іванович – мій колега.
Іван Антонович	Тоді Ви також, напевно, знаєте Петра Андрійовича Шевчука.
Оксана Петрівна	Він також працює в університеті?
Іван Антонович	Так, він викладає математику.

Dialog 2

Марічка	Василю, ти пам'ятаєш, коли ми ходили в театр?
Василь	У середу, 12-го листопада.
Марічка	А на екскурсію?
Василь	У п'ятницю. Чому ти питаєш?
Марічка	Я пишу статтю в студентську газету.
Василь	Яку статтю?
Марічка	Про нашу групу.

Dialog 3

Торстен	Оксано, щиро дякую за квіти і поздоровлення.
Оксана	Нема за що.
Торстен	Дякую також за касету і книжку про історію і культуру Криму.
Оксана	Рада, що ти задоволений.
Торстен	Я дуже люблю музику та історичну літературу.
Оксана	Це все – на згадку про Україну.

Akkusativ (Substantive, Adjektive, Possessivpronomen)

Der Akkusativ der Substantive (Singular)

Fragen: Nominativ – Хто? Що?
Akkusativ – **Кого? Що?** / **За кого? За що?**

Geschlecht	Nominativ	Akkusativ	Endung
m	студе́нт ба́тько учи́тель геро́й стіл музе́й	студе́нта ба́тька учи́теля геро́я стіл музе́й	wie G oder N
f	сестра́ племі́нниця ла́мпа табли́ця аудито́рія верф тінь	сестру́ племі́нницю ла́мпу табли́цю аудито́рію верф тінь	-у -ю oder wie N
n	вікно́ мо́ре завда́ння	вікно́ мо́ре завда́ння	wie N

Im Akkusativ haben belebte Maskulina die Endung des Genitivs. Die unbelebten Maskulina, alle Neutra und die endungslosen Feminina haben im Akkusativ die Form des Nominativs.

Der Akkusativ wird als direktes Objekt nach den transitiven Verben wie **ма́ти** (I), **зна́ти** (I), **люби́ти** (II) *gebraucht:*
– Я ма́ю дру́г**а** (подру́г**у**). Я зна́ю Андрі́**я** (Марі́**ю**). Я люблю́ спорт (му́зик**у**).

Übung 1
Bilden Sie Sätze nach dem Muster:
Оле́г – брат   Оле́г ма́є бра́та.

| Володи́мир – сестра́
Оста́п – син
Ната́лка – друг | Наді́я – племі́нниця
Гнат – племі́нник
Тетя́на – вчи́тель | ба́тько – іде́я
ма́ти – пробле́ма
до́чка – комп'ю́тер | у́чень – завда́ння
студе́нт – час
учи́тель – програ́ма |

Іва́н Дани́лович – Ві́ра Петрі́вна   Ви зна́єте Іва́на Дани́ловича?
На жаль, ні. Але́ я добре́ зна́ю Ві́ру Петрі́вну.

| Андрі́й Іва́нович – Ні́на Бори́сівна
Васи́ль Фе́дорович – Га́нна Ілліві́на
Мико́ла Степа́нович – Любо́в Іва́нівна | пан учи́тель – па́ні вчи́телька
пан Сергі́й – па́ні Катери́на
Ві́ктор Тимоше́нко – Оле́на Бо́йко |

о́пера – бале́т   Ви лю́бите о́перу? Ду́же. А Ви? Я люблю́ бале́т.

| му́зика – літерату́ра
істо́рія – геогра́фія
Жито́мир – Львів | Ренуа́р – Ре́мбрандт
То́мас Манн – Сті́вен Кінг
Мо́царт – Бетхо́вен | весна́ – лі́то
зима́ – о́сінь
Крим – Карпа́ти |

Akkusativ als direktes Objekt nach dem transitiven Verb **бáчити** *(II):*
– Я бáчу Богдáн**а** (Сергíя, Василя́, О́льгу, Лéсю).

Übung 2
Ergänzen Sie die Endungen und setzen Sie Betonungszeichen.

Кого ти бач.....? Я бач...... пан...... Степан....... . А ще кого? Наталк......, Лес......, Христин...... та Марí...... . Що ви бач...... у клáсі? Ми бач...... дошк......, ламп......, таблиц...... та полиц...... .

Erzählen Sie, wen und was Sie in Ihrer Umgebung sehen.

Vergleichen Sie die Verben **дивúтися** (II) *(schauen, sich anschauen)* und **бáчити** (II) *(sehen)* sowie **слýхати** (I) *(zuhören, sich anhören)* und **чýти** (I) *(hören)*:
– Я дивлю́сь на вýлицю. (Ich schaue auf die Straße.) Я бáчу машúну. (Ich sehe ein Auto.) Я дивлю́сь на машúну. (Ich schaue mir das Auto an.)
– Я слýхаю касéту. (Ich höre mir die Kassette an.) Я чýю мýзику. (Ich höre Musik.)

Übung 3
Bilden Sie je 2 Sätze mit den Verben дивúтися / бáчити *und* слýхати / чýти.

Akkusativ als direktes Objekt nach den transitiven Verben **читáти** (I), **писáти** (I), **відвíдувати** (I), **оглядáти** (I), **зустрічáти** (I), **викладáти** (I), **подавáти** (I) *(відвíдувати – відвíдую, відвíдуєш / подавáти – подаю́, подаєш):*
– Я читáю газéт**у** (пишý лист, відвíдую шкóлу, оглядáю галерéю).

Übung 4
Vervollständigen Sie die Sätze und bilden Sie Fragen nach dem Muster:
Олéг знáє (Богдáн) .... / Олéг знáє Богдáна. **Когó** він знáє?
Остáп слýхає (мýзика) .... / Остáп слýхає мýзику. **Що** він слýхає?

1. Оксáна **читáє** (кнúжка) ....
2. Васúль **пúше** (лист) ....
3. Турúсти **відвíдують** (галерéя) ....
4. Грýпа **оглядáла** (плóща) ....
5. В украї́нському ресторáні **подаю́ть** (борщ і бáбка) .... і ....
6. В університéті ми чáсто **зустрічáли** (Тóрстен) ....
7. Андрíй Ромáнович **викладáє** в університéті (літератýра) ....

Bilden Sie eigene Beispiele mit diesen Verben.

Akkusativ als direktes Objekt nach den transitiven Verben **вчúти** (II) *(lernen) und* **вивчáти** (I) *(studieren):*
– Я вчу вірш. Я вивчáю філолóгію.

Akkusativ (Substantive, Adjektive, Possessivpronomen)

Übung 5
Beantworten Sie die Fragen:

1. Що вивчає Ваш син? (германістика і філософія)
2. Що вивчає Ваша дочка? (математика і хімія)
3. Що вчить Віктор? (фонетика і граматика)
4. Що ви вчите? (вірш і пісня)

Vergleichen Sie die transitiven Verben **вчи́ти** (II), **вивча́ти** (I) und das Reflexivverb **вчи́тися** (II) *(lernen, studieren – Wo? und Wie?)*:
– Оле́на **вчить** пра́вило / вірш, пі́сню, слова́. (Olena lernt eine Regel / ein Gedicht, ein Lied, Vokabeln.)
– Вона́ **вивча́є** германі́стику. (Sie studiert Germanistik.)
– Оле́на **вчи́ться** в університе́ті. (Olena studiert an der Universität.)
– Її сестра́ **вчи́ться** в шко́лі. (Ihre Schwester lernt in der Schule.)
– Вона́ до́бре **вчи́ться**. (Sie lernt gut.)

Übung 6
Konjugieren Sie die Verben вчи́ти, вчи́тися, вивча́ти.

Übung 7
вчи́ти, вивча́ти *oder* вчи́тися? *Setzen Sie das passende Verb in der richtigen Form ein:*

1. Де .... Ваш брат? Він .... в університе́ті. Що він там ....? Він .... медици́ну. А що він зара́з ро́бить? Він .... анато́мію.
2. Що ти, Ната́лю, ...? Я .... вірш. А де ти ....? У шко́лі. Ти до́бре ....? Так, я ду́же до́бре .... А де ти бу́деш .... пото́му? Пото́му я бу́ду .... в університе́ті. І що ти хо́чеш там ....? Матема́тику.

Synonyme: вчи́тися = навча́тися (I) / навча́/юсь, -єшся, -ється, ...

Der Akkusativ wird nach den Präpositionen **в / у**, **на** bei der Frage **Куди́?** *(Wohin?)* gebraucht: ї́хати **в** шко́лу (**в** університе́т, **на** стадіо́н, **на** мо́ре). Bei der Wahl der *richtigen* Präposition gelten die gleichen Regeln wie im Präpositiv.

Übung 8
в / у, *oder* **на**? *Wählen Sie die richtige Präposition und bilden Sie den Akkusativ.*
Muster: клас – у клас

шко́ла, уро́к, факульте́т, університе́т, верф, ле́кція, кімна́та, стадіо́н, готе́ль, фа́брика, рестора́н, мо́ре, музе́й, семіна́р, мі́сто, екску́рсія, о́пера, відпу́стка, відря́дження, парк, бале́т, теа́тр, бібліоте́ка, Украї́на, Німе́ччина, Берлі́н, за́хід, дискоте́ка, аудито́рія, о́зеро, Крим, пі́вніч, конце́рт, земля́ *(Erde)*, земля́ *(Bundesland)*.

Übung 9
Bilden Sie Sätze mit den Substantiven der Übung 8 und den Verben der Fortbewegung:
Muster: Тарас щодня **ходить у бібліотеку**.

Akkusativ nach den Präpositionen **за** *(für),* **про** *(an, über)*:
– Дякую за лист (газету, дискету). Я думаю про Тараса (Сергія, Ганну).

Übung 10
Bilden Sie Sätze nach dem Muster:
Роман – книжка   За що дякує Роман? Він дякує за книжку.

| Назар – словник | учень – касета | вчителька – букет |
| Лідія – таблиця | студентка – газета | сестра – намисто |

Тарас – Київ – Олена   Про що думає Тарас? Він думає про Київ.
                         А про кого він думає? Про Олену.

| Євген – Донецьк – брат | Дмитро – відпустка – син | Іван і Леся – свято – мама |
| Ганна – Одеса – сестра | Павло – опера – подруга | діти – диктант – учитель |

Die transitiven Verben der Fortbewegung

Zu dieser Gruppe gehören die Verben
носити (II) – **нести** (I) *(j-n / etw. tragen)*
возити (II) – **везти** (I) *(j-n / etw. fahren, transportieren, bringen – mit einem Fahrzeug)*
водити (II) – **вести** (I) *(j-n / etw. führen, begleiten, bringen – zu Fuß)*

	носити	нести	возити	везти	водити	вести
я	ношу	несу	вожу	везу	воджу	веду
ти	носиш	несеш	возиш	везеш	водиш	ведеш
він	носить	несе	возить	везе	водить	веде
ми	носимо	несемо	возимо	веземо	водимо	ведемо
ви	носите	несете	возите	везете	водите	ведете
вони	носять	несуть	возять	везуть	водять	ведуть

Beispiele für den Gebrauch der transitiven Verben der Fortbewegung:

носити / нести	
Галина несе портфель.	Halyna trägt eine Aktentasche. *(im Moment)*
Вона несе книжку в бібліотеку.	Sie trägt (bringt) ein Buch in die Bibliothek.
Вона завжди носить книжки в портфелі.	Sie trägt die Bücher *immer* in der Aktentasche.
возити / везти	
Назар везе дочку Оленку в садок.	Nazar bringt (fährt) die Tochter Olenka in den Kindergarten. *(im Moment)*
Деколи він возить Оленку туди на машині, а деколи на трамваї.	*Manchmal* bringt er sie dorthin mit dem Auto und manchmal mit der Straßenbahn.
водити / вести	
Наталка веде сина в парк.	Natalka führt den Sohn in den Park. *(im Moment)*
Вона часто водить сина на прогулянку в парк.	Sie führt (bringt) ihn *oft* zum Spaziergang in den Park.

Akkusativ (Substantive, Adjektive, Possessivpronomen)

Übung 11
Setzen Sie die folgenden Verben in der richtigen Form ein:

носи́ти
Я за́вжди .... докуме́нти в су́мці. Га́ля .... га́рне纳ми́сто. Взи́мку ми .... те́плі ре́чі. Ти .... окуля́ри? Так. Мої́ батьки́ теж .... окуля́ри. Що Ви .... влі́тку?

нести́
Ната́лка .... ка́ву. А що ви ....? Ми .... ма́сло і сир. Васи́ль .... хліб. Оста́п і Марі́чка .... чай. А ти що ....? Я .... молоко́. Зара́з ми бу́демо ра́зом сні́дати.

вози́ти
Туристи́чний авто́бус .... тури́стів по мі́сту. Що це ти .... щодня́ на маши́ні? Я .... мої́ ре́чі в нову́ кварти́ру. Кра́вченки щодня́ .... діте́й на маши́ні в садо́к. А на чо́му Ви .... Ва́шого си́на?

везти́
Мико́ла .... си́на в перука́рню. Ви .... дружи́ну в аеропо́рт? Ні, я .... її́ на вокза́л. А Дми́тро і Марі́йка .... ба́тька в санато́рій. А на чо́му вони́ його́ ....? На по́їзді.

води́ти
Я ча́сто .... діте́й в кіно́. А ми .... діте́й у музе́й. Ви .... діте́й до музе́ю? Хіба́ це ціка́во? Ду́маю, так. А мої́ сусі́ди і́нколи .... діте́й до ляльково́го теа́тру.

вести́
Я .... дочку́ до данти́ста. Павло́ .... подру́гу в рестора́н. Євге́н і Бори́с .... коле́гу в бібліоте́ку. Ми .... нови́х у́чнів до кла́су. А кого́ Ви .... на уро́к? Практика́нта.

Übung 12
Setzen Sie das passende Verb in der richtigen Form ein:

носи́ти – нести́
Васи́лю, зві́дки ти йдеш? З бібліоте́ки. Що це ти ....? Я .... підру́чники та словники́. А чому́ ти їх не .... у портфе́лі? У портфе́лі нема́ мі́сця, тому́ я .... де́які ре́чі в рука́х.

вози́ти – везти́
Куди́ ти йде́ш, Пе́тре? В шко́лу. Кого́ ти ....? Я .... си́на Оле́ся. Ти за́вжди .... си́на на маши́ні? Так, я му́шу .... Оле́ся до шко́ли, бо це ду́же дале́ко, а він ще мале́нький. Але́ де́коли моя́ дружи́на .... його́ туди́.

води́ти – вести́
Хто це там? Ду́маю, па́ні Мацько́. Кого́ це вона́ ....? Соба́ку. Вона́ за́вжди .... сама́ соба́ку в парк? Ні, і́нколи його́ .... туди́ її́ ді́ти.

Das Präteritum:
носи́ти – носи́в, носи́ла / вози́ти – вози́в, вози́ла / води́ти – води́в, води́ла
aber: нести́ – ніс, несла́ / везти́ – віз, везла́ / вести́ – вів, вела́.

Übung 13
Bilden Sie Sätze mit den neuen Verben der Fortbewegung im Präteritum.

Der Akkusativ wird in Verbindung mit den Begriffen „Tag, Wochentag" und „Zeit, Uhrzeit" in temporaler Bedeutung gebraucht:
- **Коли? В який день?** – У неділю. У вільний день. (Wann? Am welchen Tag? – Am Sonntag. An einem freien Tag.) У вільний час. (In der Freizeit.)

Übung 14
Schreiben Sie die Namen der Wochentage auf, bilden Sie den Akkusativ Singular und setzen Sie Betonungszeichen.

- **Коли** ми були в театрі? **У середу.** (Wann waren wir im Theater? Am Mittwoch.)

Übung 15
Beantworten Sie die folgenden Fragen:

Коли Ви були на екскурсії? / *Mo.*
... Віра Петрівна була в Києві? / *Do.*
... студенти оглядали місто? / *Fr.*
... учні писали диктант? / *Di.*
... Ваша дочка ходила в кіно? / *So.*
... Ваш колега їздив у Трускавець? / *Mi.*
... Ви водили сина до лікаря? / *Sa.*

Übung 16
Erzählen Sie über Ruslanas Freizeit-Aktivitäten:
У понеділок, 12-го листопада, Руслана була в кіно. Вона дивилася фільм ...

Календар / ЛИСТОПАД

12 понеділок	Кіно / „Титанік" Кафе „Пінгвін"	15 ...	Лікарня / Оксана Василь / Домашнє завдання
13 ...	Бібліотека Басейн	16 ...	Супермаркет Універмаг, парк
14 ...	Картинна галерея Прогулянка по місту	17 ...	Театр / Опера „Аїда" Кафе „Київ"
		18 ...	Школа №5 / Концерт Дискотека

Übung 17
Und was haben Sie die ganze Woche gemacht? Füllen Sie nach Ruslanas Vorbild einen Kalender aus und erzählen Sie über Ihre Aktivitäten.

– **Що** ви оглядали? – **Пам'ятники** та **музеї**. – А **кого** ви бачили? – **Туристів**.

Dialog 4

Руслана	Ну, як було на екскурсії?
Олена	Дуже гарно! Жаль, що тебе не було.
Руслана	Що ж Ви там оглядали?
Олена	Старовинні пам'ятники, музеї, галереї, ...
Руслана	А кого ви там бачили?
Олена	Різних студентів, туристів, ...

Akkusativ (Substantive, Adjektive, Possessivpronomen) 131

Руслана	Ви мали гіда?
Олена	Так, дуже симпатичного хлопця.
Руслана	Про що ж він розповідав?
Олена	Про місто, його засновників та жителів.
Руслана	І що він вам показував?
Олена	Цікаві історичні місця.

Der Akkusativ der Substantive (Plural)

Geschlecht	Nominativ S.	Nominativ Pl.	Akkusativ Pl.	Endung
m	студент учитель герой стіл музей	студенти учителі герої столи музеї	студентів учителів героїв столи музеї	*wie* G *oder* N
f	сестра племінниця лампа верф тінь	сестри племінниці лампи верфі тіні	сестер племінниць лампи верфі тіні	*wie* G *oder* N
n	місто море завдання	міста моря завдання	міста моря завдання	*wie* N

Im Akkusativ Plural haben alle belebten Substantive *(auch Feminina)* die Endung des Genitivs. Die unbelebten haben die Form des Nominativs.

Übung 18
Setzen Sie die in Klammern stehenden Substantive in die richtige Form:

Гід цікаво розповідав про (історія, музеї, театри, жителі міста). Дякую за (увага, квіти, подарунки, книжки). У ресторані ми розмовляли про (робота, колеги, сусіди, сусідки). Автобус їхав через (поля, ліси, гори, міста). На екскурсії ми бачили (пам'ятники, гіди, туристи, туристки). Андрій часто зустрічав у Німеччині (українці, поляки, італійці).

— Ми маємо **білий** хліб, **домашню** ковбасу та **українське** сало.

Dialog 5

Руслана	Ви маєте білий хліб?
Продавець	Ми маємо і білий, і чорний хліб.
Руслана	А українську ковбасу?
Продавець	Звичайно, маємо „Домашню", „Львівську", „Буковинську".
Руслана	Також сир і сало?
Продавець	Так, маємо голландський сир та українське сало.
Руслана	А що Ви маєте з напоїв?
Продавець	Яблучний сік, мінеральну воду, свіже молоко, ...
Руслана	Який великий вибір у такому маленькому кіоску!

Der Akkusativ der Adjektive

Fragen: Nominativ – Яки́й? Яка́? Яке́? Які́?
         Akkusativ – Яко́го? Яки́й? Яку́? Яке́? Яки́х? Які́?

Geschlecht	Nominativ	Akkusativ	Endung
Singular			
m	вели́кий си́ній	вели́кого / вели́кий си́нього / си́ній	*wie G oder N*
f	вели́ка си́ня	вели́ку си́ню	-у -ю
n	вели́ке си́нє	вели́ке си́нє	*wie N*
Plural			
m f n	вели́кі си́ні	вели́ких / вели́кі си́ніх / си́ні	*wie G oder N*

Akkusativ Singular: Adjektive, die zu belebten Maskulina gehören, haben die gleiche Endung wie im Genitiv. Adjektive, die zu unbelebten Maskulina sowie allen Neutra gehören, haben die Form des Nominativs. Die zu Feminina gehörenden Adjektive erhalten die Endung -у, -ю.
Akkusativ Plural: In Verbindung mit belebten Substantiven haben Adjektive die Endung des Genitivs, mit unbelebten – die des Nominativs.

Übung 19
Verbinden Sie die beiden Teile der Übung zu je einem Satz.
Muster: Я вивча́ю украї́нську мо́ву.

Я вивча́ю ...	ви́шита соро́чка
То́рстен дя́кує за ...	відо́мий німе́цький пое́т
У мі́сті ми ба́чили ...	насту́пна п'я́тниця
На семіна́рі вони́ розмовля́ли про ...	украї́нська наро́дна му́зика
Дени́с лю́бить слу́хати ...	**украї́нська мо́ва**
Марі́чка чита́є ...	украї́нські студе́нти і студе́нтки
Авто́бус ї́хав че́рез ...	німе́цька газе́та
Я ма́ю відпу́стку з понеді́лка по ...	німе́цькі тури́сти
Га́нна Іва́нівна виклада́є ...	англі́йська мо́ва
У Берлі́ні ми де́коли зустріча́ли ...	мальовни́чі украї́нські се́ла

Die Zeitangabe

– **Во́сьма годи́на п'ятна́дцять хвили́н** / *oder* П'ятна́дцять **на дев'я́ту** *(Akk.)*
  (8.15.Uhr / Viertel nach acht = Viertel neun)

1 хв.	одна́ хвили́на	*1 Minute*
2 – 4 хв.	дві (чоти́ри) хвили́ни	*2 – 4 Minuten*
5 – 20 хв.	п'ять (два́дцять) хвили́н	*5 – 20 Minuten*

Akkusativ (Substantive, Adjektive, Possessivpronomen)

Котра́ годи́на? (Wie spät ist es?)

Uhrzeit	offizielle Angabe	Umgangssprache
13.00	Трина́дцята годи́на.	Пе́рша годи́на.
13.05	Трина́дцята годи́на п'ять хвили́н.	П'ять (хвили́н) **на дру́гу**.
13.15	... п'ятна́дцять хвили́н.	П'ятна́дцять на дру́гу. / Чверть на дру́гу.
13.30	... три́дцять хвили́н.	Пів на дру́гу.
13.35	... три́дцять п'ять хвили́н.	**За** двадцять п'ять **дру́га**.
13.45	... со́рок п'ять хвили́н.	За п'ятна́дцять дру́га. / За чверть дру́га.
13.55	... п'ятдеся́т п'ять хвили́н.	За п'ять дру́га.

Übung 20
Котра годи́на? – *Lesen Sie die Uhrzeit (beide Varianten):*

14.10   15.15   16.20   17.30   18.40   20.45   21.50   23.55

Übung 21
Котра годи́на? – *Schreiben Sie die Uhrzeit in Ziffern:*

- два́дцять на сьо́му
- за чверть одина́дцята
- пів на четве́рту
- за де́сять двана́дцята
- два́дцять на шо́сту
- за чверть тре́тя
- де́сять на пе́ршу
- за п'ять дру́га
- пів на де́в'яту

Коли́? О котрі́й годи́ні? (Wann? Um wieviel Uhr?)

Uhrzeit	offizielle Angabe	Umgangssprache
14.00	О чотирна́дцятій годи́ні.	О дру́гій годи́ні.
14.05	О чотирна́дцятій годи́ні п'ять хвили́н.	П'ять (хвили́н) **на тре́тю**.
14.15	... п'ятна́дцять хвили́н.	П'ятна́дцять (чверть) на тре́тю.
14.30	... три́дцять хвили́н.	Пів на тре́тю.
14.35	... три́дцять п'ять хвили́н.	**За** двадцять п'ять **тре́тя**.
14.45	... со́рок п'ять хвили́н.	За п'ятна́дцять (за чверть) тре́тя.
14.55	... п'ятдеся́т п'ять хвили́н.	За п'ять тре́тя.

Übung 22
О котрі́й годи́ні? *Lesen Sie die Uhrzeit (beide Varianten):*

11.10   12.15   14.20   15.30   17.40   21.45   22.50   23.55

Der Ausdruck **п'ять на тре́тю**, де́сять **на** п'я́ту, ... kann durch **п'ять по дру́гій**, де́сять **по** четве́ртій, ... (**по** + *Präpositiv*) ersetzt werden. Diese Form ist vor allem in der Westukraine verbreitet.

Thema „Tagesablauf" *(Zusatzlexik)*:

встава́ти (I) (*aufstehen*), ми́тися (I) (*sich waschen*), голи́тися (II) (*sich rasieren*), чи́стити (II) зу́би (*Zähne putzen*), прийма́ти (I) душ (*duschen*), одяга́тися (I) (*sich anziehen*), іти́ (I) на робо́ту (в шко́лу, в університе́т, додо́му, спа́ти)

Übung 23
Konjugieren Sie diese Verben:
встава́ти, ми́тися, голи́тися, чи́стити (ст – щ), прийма́ти, одяга́тися

Übung 24
Ergänzen Sie die Endungen und setzen Sie Betonungszeichen:

Коли Ви вста......? Я вста...... дуже рано.
А Тарас довго спить, тому він вста...... досить пізно.
Ви щоранку прийма...... душ? Звичайно, я щоранку прийма...... душ.
А мій брат прийма...... душ ввечері.
Мій син ще маленький, а вже ми...... сам.
Ваші діти теж вже самі ми......? Так.
Мій син також уже сам одяга...... .

Übung 25
Erzählen Sie, was Iwan den ganzen Tag macht. Bilden Sie vollständige Sätze:
Іва́н встає́ о шо́стій годи́ні. ...

Мій день

aufstehen	6.00	*zu Mittag essen*	11.30
waschen, Zähne putzen, ...	6.05	*nach Hause gehen*	17.00
sich anziehen	6.25	*zu Abend essen*	18.00
frühstücken	6.30	*ausruhen, fernsehen*	19.00
zur Arbeit gehen	6.45	*schlafen gehen*	22.00

Übung 26
Beschreiben Sie Ihren Tagesablauf.

– Ти ба́чила **мій** зо́шит? – А ти **мою́** табли́цю?

Dialog 6

Васи́ль	Ти ба́чила мій зо́шит?
Русла́на	Ось він лежи́ть. А ти ба́чив мою́ табли́цю?
Васи́ль	Твою́ табли́цю? Яку́?
Русла́на	Хронологі́чну.
Васи́ль	Ти ма́ла хронологі́чну табли́цю?

Akkusativ (Substantive, Adjektive, Possessivpronomen)

Dialog 7

Ірина Павлівна	Шановні гості! Ласкаво просимо в нашу хату.
Андрій Макарович	Щиро дякуємо за Ваш чудовий подарунок.
Ірина Павлівна	Які троянди!
Оксана Петрівна	Дякуємо за Ваше запрошення.
Богдан Іванович	Пропоную тост за нашого дорогого колегу – іменинника!
Оксана Петрівна	І за його родину!
Андрій Макарович	За моїх дорогих гостей!
Оксана Петрівна	За Ваші успіхи, Андрію Макаровичу!
Богдан Іванович	За Ваше здоров'я!

Der Akkusativ der Possessivpronomen

Fragen: Nominativ – Чий? Чия? Чиє? Чиї?
          Akkusativ – **Чийого? Чий? Чию? Чиє? Чиїх? Чиї?**

Geschlecht	Nominativ	Akkusativ	Endung
Singular			
m	мій / твій наш / ваш їхній	мого, мій / твого, твій нашого, наш / вашого, ваш їхнього, їхній	wie G oder N
f	моя / твоя наша / ваша їхня	мою / твою нашу / вашу їхню	-ю -у
n	моє / твоє наше / ваше їхнє	моє / твоє наше / ваше їхнє	wie N
Plural			
m f n	мої / твої наші / ваші їхні	моїх, мої / твоїх, твої наших, наші / ваших, ваші їхніх, їхні	wie G oder N

Übung 27
Bilden Sie den Akkusativ:

мій син	наш викладач	їхній брат	твій комп'ютер
моя дочка	наша вчителька	їхня сестра	ваша квартира
мої друзі	наші колеги	їхні батьки	їхнє місто

Übung 28
Bilden Sie Trinksprüche:

Я пропоную тост за ... Вип'ємо за ...	Ваш син, Ваша дочка, Ваша дружина, Ваш чоловік, Ваше здоров'я, Ваше щастя, Ваша кар'єра, твій батько, твоя сестра, твій брат, твої діти, твої батьки, наш іменинник, наша іменинниця, наш господар, наша господиня, наші дорогі гості, наша дружба, наша зустріч

Übung 29
Setzen Sie die Wörter in Klammern in die richtige Form:

1. Ласкаво просимо в (наш дім, наша хата, наша вітальня).
2. Щиро дякую за (Ваш подарунок, Ваша допомога, Ваші чудові квіти).
3. Пропоную тост за (наш друг, наша вчителька, наші колеги).
4. Я дуже люблю (мій син, моя дочка, мої діти).
5. Через вікно ми бачили (наш сусід, наша сусідка, наші сусіди).
6. Вчителі розмовляли про (їхні проблеми, їхні учні, їхня робота).
7. Мій брат добре знає (твій чоловік, твоя сестра, твої батьки).
8. Я довго шукав у місті (Ваші студенти, Ваша студентка, Ваш колега).

Text

1. *Wira hat einen Artikel über Köln geschrieben. Lesen und übersetzen Sie ihn.*
2. *Was wissen Sie noch über Köln? Ergänzen Sie Wiras Beschreibung.*

Кельн

Чи знаєте ви Кельн, його величні старовинні будівлі та пам'ятники, численні театри та музеї, чарівні вулички й провулки?
Чи заходили ви в затишні кельнські кафе й ресторани, де подають традиційні рейнські страви та славнозвісне кельнське пиво?
Чи бачили ви Кельнський собор – символ міста, дивовижний витвір готичної архітектури, який щороку відвідують мільйони туристів з усього світу?
А п'ята пора року? Так жителі Кельна називають час гучних, веселих карнавалів, які починаються в листопаді і закінчуються навесні.
Якщо ви ще всього цього не знаєте й не бачили – час пакувати валізи і вирушати в подорож!

величний – *majestätisch*, будівля – *Bau*, чарівний – *bezaubernd*, провулок – *Gasse*, дивовижний – *wundervoll*, витвір – *Schöpfung, Werk*, гучний – *laut*, валіза – *Koffer*

„З чорного кота білого не зробиш." „З дощу та під ринву."
„На похиле дерево і кози скачуть." (Українські народні прислів'я)

Vokabeln

вез/ти́, -у́, -е́ш / во/зи́ти, -жу́, -зиш	*j-n fahren, etw. transportieren*	На здоро́в'я!	*Zum Wohl!*
весе́лий	*fröhlich, lustig*	нес/ти́, -у́, -е́ш / но/си́ти, -шу́, -сиш	*tragen*
ве/сти́, -ду́, -де́ш / вод/и́ти, -жу́, -иш	*j-n führen, begleiten*	огляда́/ти, -ю, -єш	*besichtigen*
ви́бір *m*	*Auswahl, Wahl*	одяга́/тися, -ю́сь, -єшся	*sich anziehen*
вивча́/ти, -ю, -єш	*etwas studieren*	окуля́ри *Pl.*	*Brille*

Akkusativ (Substantive, Adjektive, Possessivpronomen)

виклада́/ти, -ю, -єш	unterrichten	пам'ята́/ти, -ю, -єш	sich erinnern
відві́ду/вати, -ю, -єш	besuchen	поздоро́влення *n*	Gratulation
вірш *m*	Gedicht	пока́зу/вати, -ю, -єш	zeigen
вста/ва́ти, -ю́, -є́ш	aufstehen	похи́лий	gebeugt
гість *m*, го́сті *Pl.*	Gast, Gäste	прийма́/ти -ю, -єш	nehmen, einnehmen
гол/и́тися, -ю́сь, -ишся	sich rasieren	про *A*	über
господа́р *m*	Hausherr	пропону́/вати, -ю, -єш	vorschlagen
господи́ня *f*	Hausherrin	ра́дий	froh
допомо́га *f*	Hilfe	ра́зом	zusammen
дру́жба *f*	Freundschaft	ри́нва *f*	Traufe
за *A*	für, auf	сві́жий	frisch
задово́лений	zufrieden	ска/ка́ти, -чу, -чеш	springen, hüpfen
запро́шення *n*	Einladung	стаття́ *f*	Artikel
засно́вник *m*	Gründer	тост *m*	Trinkspruch
зга́дка *f*	Erinnerung	троя́нда *f*	Rose
зу́стріч *f*	Treffen	ува́га *f*	Aufmerksamkeit
зустріча́/ти, -ю, -єш	treffen, begegnen	у́спіх *m*	Erfolg
імени́нник *m*	Geburtstagskind	хло́пець *m*	Junge
кіт *m*	Kater	цей, ця, це	dies/er, -e, -es
коза́ *f*	Ziege	чи/стити, -щу, -стиш	putzen
Ласка́во про́симо!	Herzlich willkommen	шано́вний	sehr geehrter
ми/тися, -ю́сь, -єшся	sich waschen	ща́стя *n*	Glück

LEKTION 17

Die Deklination der Personalpronomen (Genitiv, Akkusativ)
Substantivierte Adjektive
Die Modalverben

— Як у **тебе** справи? — У **мене** все гаразд!

Dialog 1

Руслана	У Василя сьогодні поганий вигляд.
Марічка	У нього завжди такий вигляд.
Руслана	Ні, я думаю, у нього якісь проблеми.
Марічка	Як у тебе справи, Василю?
Василь	У мене все нормально. А що?
Марічка	У нас таке враження, що ти трохи нездоровий...
Руслана	Чи, може, маєш якісь проблеми...
Василь	Ви маєте рацію. Я погано спав сьогодні вночі.
Руслана	Чому? Ти хворий?
Василь	У мене болів зуб. І зараз ще трохи болить.
Руслана	У нього болить зуб!
Марічка	Треба йти до лікаря.

Dialog 2

Василь	Про кого це ви розмовляли сьогодні на перерві?
Марічка	Про Руслану.
Василь	Про неї? Чому?
Марічка	Її знову не було на екскурсії.
Василь	Ну і що?
Марічка	Вона казала, що у неї грип. Але її бачили в місті.
Василь	Напевно, вона ходила до лікаря.
Марічка	Ти завжди за неї заступаєшся!

Die Deklination der Personalpronomen

Die Personalpronomen gehören zu den *flektierten* Wortarten und werden dekliniert. Die Tabelle zur Deklination der Personalpronomen finden Sie im Anhang (Grammatik, S. 273).

Der Genitiv der Personalpronomen

N	я	ти	ми	ви	він	вона́	воно́	вони́
G	мене́	тебе́	нас	вас	його́	її́	його́	їх

Übung 1
Setzen Sie die Personalpronomen in der passenden Form ein. Muster:
Русла́на була́ хво́ра. Тому́ ..... не було́ на екску́рсії. / Тому́ **її́** не було́ на екску́рсії.

1. Степа́н Миха́йлович був у відря́дженні. Тому́ ..... не було́ вдо́ма.
2. Марі́чка працю́є в чита́льному за́лі. Тому́ ..... нема́є в аудито́рії.
3. Васи́ль і Русла́на були́ в бібліоте́ці. Тому́ ..... не було́ на семіна́рі.
4. Я був у відпу́стці. Тому́ ..... нема́ на фо́то.
5. Ти займа́вся спо́ртом. Тому́ ..... не було́ в кафе́.
6. Ми були́ на екску́рсії. Тому́ ..... не було́ на конце́рті.
7. Ви були́ в Криму́. Тому́ ..... не було́ на прийо́мі в Ки́єві.

Der Akkusativ der Personalpronomen

N	я	ти	ми	ви	він	вона́	воно́	вони́
G	мене́	тебе́	нас	вас	його́	її́	його́	їх
A	мене́	тебе́	нас	вас	його́	її́	його́	їх

Wie man sieht, hat der Akkusativ der Personalpronomen die gleiche Form wie der Genitiv.

– Як **Вас** зву́ть? **Мене́** зву́ть Ві́ра. *oder:* Як **Вас** зва́ти? **Мене́** зва́ти Ві́ра.
(Wie heißen Sie? – Ich heiße Wira. – *wörtlich:* Mich ruft man Wira.)
зва́ти (І) – зву, звеш, зве, зве́мо, зве́те, **зву́ть** *(nennen, rufen)*

Übung 2
Bilden Sie Sätze nach dem Muster:
він – Васи́ль   Як його́ зву́ть? Його́ зву́ть Васи́ль.

| вона́ – Русла́на | я – Тара́с | вони́ – Оле́г і Га́нна | ви – Васи́ль і Ле́ся |
| він – Олекса́ндр | ти – Андрі́й | Ви – Богда́н Іва́нович | вона́ – Ві́ра Ткач |

Übung 3
Bilden Sie Fragen und Antworten nach dem Muster:
Ваш брат – Наза́р   Як зву́ть Ва́шого бра́та? Його́ зву́ть Наза́р.

ваш сусі́д – Степа́н Миха́йлович	твоя́ дружи́на – Христи́на
Ва́ша сусі́дка – Марі́я Васи́лівна	наш виклада́ч – Мико́ла Костянти́нович
твій син – Оле́сь	їхній вихова́тель – Яросла́в Андрі́йович

Vergleichen Sie die 2 Verben:
зва́ти – heißen *(nennen, rufen)* und **назива́тися** (І) – heißen *(genannt werden)*
– Мого́ бра́та **зву́ть** Макс. (Mein Bruder heißt Max.)
– Моє́ рі́дне мі́сто **назива́ється** Бонн. (Meine Heimatstadt heißt Bonn.)

Übung 4
Bilden Sie je 3 Sätze mit den Verben **зва́ти** *und* **назива́тися**.

Übung 5
Lesen und üben Sie die folgenden Sätze:

– Дозво́льте відрекондува́тися. (Gestatten Sie, dass ich mich vorstelle.)
Мене́ звуть Юрій Ма́рченко. Я ваш нови́й коле́га. А це мій това́риш. Його́ звуть Оле́г Кравчу́к.
– Ду́же приє́мно. (Sehr angenehm.)
– Ду́же ра́дий / ду́же ра́да. (Sehr erfreut. / Es freut mich.)

Stellen Sie sich und Ihre Freunde vor.

Die Personalpronomen nach Präpositionen

N	я	ти	ми	ви	він	вона́	воно́	вони́
G	у ме́не	у те́бе	у нас	у вас	у ньо́го	у не́ї	у ньо́го	у них
A	про ме́не	про те́бе	про нас	про вас	про ньо́го	про не́ї	про ньо́го	про них

Man sieht, dass die Betonung bei den Personalpronomen der 1. und 2. Person Singular nach einer Präposition wechselt: мене́ – **у ме́не** (*bei mir*), **про ме́не** (*über mich*). Den Formen der 3. Person (*Singular und Plural*) wird ein **н**- vorgesetzt: його́ – **у ньо́го** (*bei ihm*), **про ньо́го** (*über ihn*).

Übung 6
Setzen Sie die Personalpronomen in die richtige Form:

Це подару́нок для (ти) ………… . У листі́ Ві́ра писа́ла про (він) ………… .
Бі́ля (вона́) ………… стоя́в Павло́. Це для (я) ………… чи для (Ви) …………?
Ви ду́мали про (вони́) …………? Крім (ми) ………… там були́ ще й і́нші у́чні.

Übung 7
Ersetzen Sie die Substantive im Genitiv und Akkusativ durch Personalpronomen.
Muster: Марі́йка живе́ недале́ко від **Оле́га**. – Марі́йка живе́ недале́ко від **ньо́го**.

1. Христи́на працю́є недале́ко від Окса́ни.
2. Володи́мир стої́ть бі́ля Гали́ни та Оле́ни.
3. Студе́нти розмовля́ли про виклада́ча.
4. Навпро́ти вчи́тельки сидя́ть у́чні.
5. На́стя пи́ше про гру́пу.
6. На уро́ці були́ всі крім Ма́рка і Га́лі.

– У ме́не є сестра́. (Ich habe eine Schwester.)
– У ме́не (є) вели́ка роди́на. (Ich habe eine große Familie.)

Übung 8
Übersetzen Sie ins Ukrainische:

Ich habe eine Freundin.   Er hat eine schöne Ehefrau.
Sie hat ein schönes Haus.   Sie hat eine große Familie.
Wir haben einen Garten.   Wir haben eine neue Lehrerin.
Ich habe eine kleine Nichte.   Ihr habt eine gemütliche Wohnung.
Du hast einen guten Lehrer.   Sie *(3. Person Pl.)* haben Ferien.

Die Formulierung „У ме́не *(Genitiv)* є сестра́ *(Nominativ)*" kann durch „Я *(Nominativ)* ма́ю сестру́ *(Akkusativ)*" ersetzt werden.

Übung 9
Ersetzen Sie „У ме́не є …" durch „Я ма́ю …" (Übung 8).

Übung 10
Lesen und üben Sie die Substantive zum Thema „Der menschliche Körper / Gesundheit".
Bestimmen Sie das Geschlecht der Substantive.

ті́ло, органі́зм	*Körper*	хворо́ба	*Krankheit*
о́рган	*Organ*	захво́рювання	*Erkrankung*
голова́	*Kopf*	ангі́на	*Angina*
го́рло	*Hals (Rachen)*	грип	*Grippe*
ши́я	*Hals*	засту́да	*Erkältung*
ву́хо	*Ohr*	ка́шель	*Husten*
о́ко, о́чі	*Auge, Augen*	не́жить	*Schnupfen*
рот	*Mund*	температу́ра	*Temperatur*
зуб	*Zahn*	гаря́чка	*Fieber*
рука́	*Arm, Hand*	біль	*Schmerz*
нога́	*Bein, Fuß*	запа́лення	*Entzündung*
па́лець	*Finger, Zeh*	прийо́м	*Sprechstunde*
спина́	*Rücken*	за́пис на прийо́м	*Anmeldung*
живі́т	*Bauch*	обсте́ження	*Untersuchung*
се́рце	*Herz*	медикаме́нти, лі́ки	*Medizin*
шлу́нок	*Magen*	табле́тки	*Tabletten*
ни́рка	*Niere*	хворі́ти (I)	*krank sein*
печі́нка	*Leber*	лікува́ти (I)	*heilen, behandeln*
леге́ні	*Lunge*	виду́жувати (I)	*gesund werden*

– У ме́не грип. (Ich habe Grippe.)

Übung 11
Sagen Sie, dass …
- *Sie hohe Temperatur haben, und*
- *Taras Grippe, Oksana Angina, Natalka Husten, Andrij Schnupfen, Wassyl Erkältung, Marijka Fieber hat.*

– У ме́не боли́ть голова́. (Ich habe Kopfschmerzen. / Mir tut der Kopf weh.)

болі́ти (II) *(weh tun, schmerzen)* – боли́ть го́рло *(der Hals tut weh)*, боля́ть зу́би *(die Zähne tun weh)*

Übung 12
Wem tut was weh? Bilden Sie Sätze nach dem Muster:
Тара́с – спина́   Що боли́ть у Тара́са? У ньо́го боли́ть спина́.

Васи́ль – зуб	Оме́лько – рука́	Оле́сь – живі́т
Гали́на – го́рло	Фе́дір – нога́	Богда́н Іва́нович – се́рце
Степа́н – шлу́нок	Марі́я – па́лець	Ві́ра Петрі́вна – голова́

In der Umgangssprache wird die Wortverbindung „**У ме́не** боли́ть ...'" häufig durch „**Мене́** боли́ть ...'" *(Akkusativ ohne Präposition)* ersetzt.

Substantivierte Adjektive

Adjektive können als Substantive gebraucht werden. So kann das Adjektiv **хво́рий** „krank" und „der Kranke" bedeuten:
– Лі́кар огляда́є хво́рого чолові́ка. (Der Arzt untersucht den kranken Mann.)
– Він огляда́є і ліку́є хво́рого. (Der Arzt untersucht und behandelt den Kranken.)

Übung 13
Übersetzen Sie ins Deutsche:
1. Службо́вець прийма́є безробі́тного інжене́ра. Він контролю́є безробі́тного.
2. Оле́сь – мале́нький хло́пчик. Всі диви́лись на мале́нького.
3. Я ходи́в до знайо́мого лі́каря. Оле́г пи́ше лист до знайо́мого.
4. Яке́ соло́дке я́блуко! На соло́дке подава́ли са́ло в шокола́ді.
5. Тара́сівка – моє́ рі́дне село́. Васи́ль – мій рі́дний брат. У селі́ я ба́чила рі́дних.

Welche substantivierten Adjektive kennen Sie noch?

– **У Вас** чудо́вий ви́гляд! (Sie sehen blendend aus!)

ви́гляд *m – Aussehen*
Яки́й ви́гляд? – чудо́вий, га́рний, щасли́вий, до́брий, здоро́вий, пога́ний, нездоро́вий, хво́рий, жахли́вий

Übung 14
Wer sieht gut oder schlecht aus und warum? Ergänzen Sie die Sätze nach dem Muster:
У Васи́ля боли́ть зуб, **тому́** *(deshalb)* у ньо́го жахли́вий ви́гляд.

У Русла́ни за́втра екза́мени, тому́ ...	У Тара́са боли́ть шлу́нок, тому́ ...
Ві́ра була́ у відпу́стці, тому́ ...	Окса́на до́вго лежа́ла в ліка́рні, тому́ ...
У Рома́на за́втра весі́лля, тому́ ...	У То́рстена сього́дні день наро́дження, тому́ ...

А яки́й ви́гляд у Ва́шого сусі́да? / у Ва́шої сусі́дки? Чому́?

Personalpronomen (Genitiv, Akkusativ) / Modalverben

– У ме́не сього́дні чудо́вий на́стрій. (Ich habe heute sehr gute Laune.)

Übung 15
Warum haben diese Menschen gute oder schlechte Laune? Ergänzen Sie die Sätze nach dem Muster: У Василя́ пога́ний на́стрій, **тому́ що** *(weil)* у ньо́го боли́ть зуб.

У Русла́ни жахли́вий на́стрій, тому́ що ... У Ві́ри чудо́вий на́стрій, тому́ що ...
У Рома́на га́рний на́стрій, тому́ що ... У Дени́са непога́ний на́стрій, тому́ що ...

А яки́й у Вас сього́дні на́стрій? Чому́? Яки́й на́стрій у Ва́шого сусі́да?

Synonyme: тому́ що = бо = оскі́льки

– Я вже **мо́жу** йти додо́му? – Ні, Ви ще **му́сите** на рентге́н.

Dialog 3

Васи́ль	Я вже можу́ йти додо́му?
Медсестра́	Ні, Ви ще му́сите на рентге́н.
Васи́ль	Я му́шу сиді́ти у почека́льні?
Медсестра́	Як хо́чете. Ви мо́жете чека́ти й тут. Там ду́же бага́то паціє́нтів.
Васи́ль	Вони́ всі му́сять на рентге́н?
Медсестра́	Де́хто му́сить на лікува́ння.
Васи́ль	Тоді́ я чекатиму тут.
Медсестра́	Якщо́ хо́чете, мо́жете чита́ти на́ші газе́ти. Вони́ тут, по́руч.

Die Modalverben

Die Modalverben fügen dem Verb eine zusätzliche Information über *die Möglichkeit*, *die Erlaubnis*, *die Notwendigkeit* oder *den Wunsch* zu einer Handlung hinzu:

1. *Möglichkeit / Erlaubnis:* **могти́** (I)
   Він мо́же йти додо́му. (Er **kann** / **darf** nach Hause gehen.)
2. *Notwendigkeit:* **му́сити** (II)
   Він му́сить іти́ додо́му. (Er **muss** / **soll** nach Hause gehen.)
3. *Wunsch:* **хоті́ти** (I)
   Він хо́че йти додо́му. (Er **will** / **möchte** nach Hause gehen.)

	могти́	му́сити	хоті́ти
я	мо́жу	му́шу	хо́чу
ти	мо́жеш	му́сиш	хо́чеш
він	мо́же	му́сить	хо́че
ми	мо́жемо	му́симо	хо́чемо
ви	мо́жете	му́сите	хо́чете
вони́	мо́жуть	му́сять	хо́чуть

In der Bedeutung **sollen**, **müssen** wird häufig auch das Verb **мати** (I) (*haben*) gebraucht:
– Я ма́ю йти додо́му. (Ich soll / muss nach Hause gehen.)

Übung 16
Setzen Sie die Modalverben in die richtige Form.

У понеді́лок Оле́сь (хоті́ти) ї́хати в Я́лту. Тара́с (му́сити) ще роби́ти дома́шнє завда́ння. Ната́лка (могти́) до́бре розмовля́ти по-францу́зьки. Га́ля ще (ма́ти) писа́ти 2 листи́. Ми (хоті́ти) насту́пного ро́ку відпочива́ти в Карпа́тах. Сього́дні вона́ (му́сити) готува́ти для нас обі́д. Сергі́й та О́льга вже (могти́) до́сить до́бре ї́здити на маши́ні. Що я (ма́ти) роби́ти? Ви (хоті́ти) за́втра огляда́ти мі́сто? Я (му́сити) за́раз везти́ си́на до шко́ли.

Das Präteritum:
могти́ – міг, могла́ / му́сити – му́сив, му́сила / хоті́ти – хоті́в, хоті́ла

Text

1. *Lesen Sie den Text und erzählen Sie ihn in der 3. Person nach.*
2. *Was geschah am nächsten Tag? Setzen Sie die Geschichte fort.*

Грип

Сього́дні я себе́ пога́но почува́ю. З са́мого ра́нку у ме́не все боли́ть: голова́, го́рло, суглоби́. Напе́вно, я ма́ю підви́щену температу́ру. Не зна́ю, не мі́ряв.
Я не мо́жу ні норма́льно ї́сти, ні пи́ти, ні сиді́ти, ні ду́мати, ні працюва́ти.
Коле́ги ка́жуть: „Ти му́сиш іти́ до лі́каря." А я не хо́чу. Не люблю́ я хворі́ти, не люблю́ лі́карів, полі́клінік, обсте́жень. Але́ що роби́ти? Сиді́ти ці́лий день за пи́сьмовим столо́м і ду́мати лише́ одне́: „Де моє́ лі́жко?"
Пі́сля обі́дньої пере́рви я, наре́шті, дзвоню́ до лі́каря і запи́суюсь на прийо́м – ще на сього́дні, на дру́гу годи́ну. На ща́стя, полі́клініка недале́ко, тому́ я мо́жу йти пі́шки. Тре́тій буди́нок ліво́руч. Дру́гий по́верх. Медсестра́. Почека́льня. Прийма́льня. „До́брий день, Богда́не Іва́новичу! Заходьте, сіда́йте," – ка́же Мико́ла Петро́вич, лі́кар і мій стари́й знайо́мий. „Що з Ва́ми? У Вас не ду́же до́брий ви́гляд." Він ува́жно обслі́дує мене́, мі́ряє температу́ру, тиск, огляда́є го́рло.
„У Вас грип. Ви му́сите па́ру днів лежа́ти, прийма́ти медикаме́нти, пи́ти гаря́чий чай." Він дає́ мені́ реце́пт і ми проща́ємось. По доро́зі додо́му я захо́джу до апте́ки. „Прийма́ти по одні́й табле́тці три ра́зи в день," – ка́же апте́кар.
Вдо́ма я роздяга́юсь і ляга́ю в лі́жко. Вкрива́юсь ковдро́ю. Спа́ти... Наре́шті... Те́пла хви́ля сну поглина́є мене́.

почува́ти себе́ (почува́тися) – *sich fühlen*, сугло́б – *Gelenk*, мі́ряти – *messen*, ні, ... ні – *weder ... noch*, запи́суватися на ... – *sich anmelden*, прийма́льня – *Sprechzimmer*, захо́дити – *hineinkommen*, „Що з Ва́ми?" – *Was fehlt Ihnen?*, обслі́дувати – *untersuchen*, тиск – *Druck, Blutdruck*, проща́тися – *sich verabschieden*, роздяга́тися – *sich ausziehen*, ляга́ти – *sich hinlegen*, вкрива́тися – *sich zudecken*, сон – *Schlaf, Traum*, поглина́ти – *verschlingen, überwältigen*

– Чому́ я не ба́чив тебе́ на семіна́рі? – Тому́ що мене́ там не було́. (Украї́нський гу́мор)

Vokabeln

ангі́на *f*	*Angina*	навпро́ти *G*	*gegenüber*
безробі́тний	*arbeitslos*	напе́вно	*wahrscheinlich*
бол/і́ти, -и́ть, -я́ть	*weh tun, schmerzen*	на́стрій *m*	*Laune, Stimmung*
ви́гляд *m*	*Aussehen*	не́жить *m*	*Schnupfen*
виду́жу/вати, -ю, -єш	*gesund werden*	нездоро́вий	*ungesund, krank*
вра́ження *n*	*Eindruck*	нога́ *f*	*Bein, Fuß*
гаря́чка *f*	*Fieber*	норма́льно	*normal, gut*
голова́ *f*	*Kopf*	па́лець *m*	*Finger, Zeh*
го́рло *n*	*Hals (Rachen)*	паціє́нт *m*	*Patient*
грип *m*	*Grippe*	почека́льня *f*	*Warteraum*
жахли́вий	*furchtbar*	прийо́м *m*	*Sprechstunde, Empfang*
живі́т *m*	*Bauch*	рука́ *f*	*Arm, Hand*
запа́лення *n*	*Entzündung*	рентге́н *m*	*Röntgen*
засту́да *f*	*Erkältung*	се́рце *n*	*Herz*
заступа́/тися, -ю́сь, -єшся	*sich einsetzen*	соло́дкий	*süß*
здоро́вий	*gesund*	спина́ *f*	*Rücken*
зв/а́ти, -у, -еш	*rufen, nennen*	температу́ра *f*	*Temperatur*
знайо́мий	*bekannt, vertraut*	ті́ло *n*	*Körper*
зуб *m*	*Zahn*	у / в *G*	*bei*
лі́ки *Pl.*	*Medikamente*	хво́рий	*krank, der Kranke*
ліку/ва́ти, -ю, -єш	*behandeln, heilen*	хворі́/ти, -ю, -єш	*krank sein*
ма́ти ра́цію	*Recht haben*	хо/ті́ти, -чу, -чеш	*wollen, möchten*
Мене́ зву́ть ... Мене́ зва́ти ...	*Ich heiße ...*	хворо́ба *f*	*Krankheit*
мо/гти́, -жу́, -жеш	*können, dürfen*	чека́/ти, -ю, -єш	*warten*
му́/сити, -шу, -сиш	*müssen, sollen*	щасли́вий	*glücklich*

LEKTION 18

Der Dativ der Substantive, Adjektive und Possessivpronomen

> – **Кому́** ти пока́зувала фотогра́фії? – **Тара́сові**, **Окса́ні** та **Соломі́ї**.

Dialog 1

Русла́на	Ой, які́ га́рні фотогра́фії! Ти вже гру́пі пока́зувала?
Оле́на	Я пока́зувала їх Тара́сові, Окса́ні та Соломі́ї.
Русла́на	А Васи́леві?
Оле́на	Васи́леві ще ні, але Марі́чці та Андрі́єві.
Русла́на	І що вони́ каза́ли?
Оле́на	Тара́сові та Соломі́ї фотогра́фії подо́баються.
Русла́на	А кому́ не подо́баються?
Оле́на	Наприклад, Марі́чці.

Dialog 2

Русла́на	Ось ду́же га́рна фотогра́фія.
Оле́на	Яка́?
Русла́на	Марі́чка бі́ля па́м'ятника Шевче́нкові.
Оле́на	А тут гід пока́зує гру́пі нови́й стадіо́н.
Русла́на	Там були́ які́сь спорти́вні змага́ння?
Оле́на	Так, і завдяки́ гі́дові ми тако́ж були́ на них.
Русла́на	А ось ще одне́ ціка́ве фо́то: Оста́п розповіда́є щось О́льзі...
Оле́на	Оме́лько дає́ Богда́нові Івано́вичу мікрофо́н...
Русла́на	Васи́ль дару́є Га́нні кві́ти...
Оле́на	Мико́ла пока́зує па́нові Грице́нку яки́йсь план...
Русла́на	А тут ти щось чита́єш Тара́сові.
Оле́на	Чудо́ві фотогра́фії!
Русла́на	Чудо́ва екску́рсія! Жаль, що мене́ там не було́.

Хто**сь**, що**сь**, яки́й**сь** *(jemand, etwas, irgendwelcher – unbestimmte Pronomen)*

Der Dativ der Substantive (Singular)

Der Dativ Singular hat viele Gemeinsamkeiten mit dem Präpositiv:
– die Endungen belebter Maskulina und aller Feminina,
– die Unregelmäßigkeiten.

Dativ (Substantive, Adjektive, Possessivpronomen)

Fragen: Nominativ – Хто? Що?
Dativ – Кому́? Чому́?

Geschlecht	Nominativ	Dativ	Endung
m	клас	кла́су	*unbelebt*
	готе́ль	готе́лю	-у -ю
	музе́й	музе́ю	*belebt*
	студе́нт	студе́нтові	-ові -еві
	виклада́ч	виклада́чеві	-єві
	лі́кар	лі́кареві	
	ба́тько	ба́тькові	
	учи́тель	учи́телеві	
	геро́й	геро́єві	
f	шко́ла	шко́лі	
	ву́лиця	ву́лиці	
	аудито́рія	аудито́рії	
	верф	ве́рфі	-і -ї
	по́дорож	по́дорожі	
	тінь	ті́ні	
	сестра́	сестрі́	
	племі́нниця	племі́нниці	
n	вікно́	вікну́	
	мо́ре	мо́рю	-у -ю
	прі́звище	прі́звищу	
	завда́ння	завда́нню	

Wie man sieht, enden die belebten Maskulina im Dativ Sing. auf -ові, -еві, -єві. Die unbelebten erhalten die Endung -у, -ю. Bei mehreren belebten Maskulina nimmt man die beiden Endungen: пан Стеце́нко – па́нові Стеце́нку, Іва́н Петро́вич – Іва́нові Петро́вичу. In der Sprachpraxis ist die Endung -у auch bei belebten Maskulina sehr verbreitet: па́ну Стеце́нку, Іва́ну Петро́вичу.

Unregelmäßige Fälle (Maskulina):
– Vokalwechsel **і – о, і – е, ї – є**: Фе́дір – Фе́дорові, папі́р – папе́ру, Ки́їв – Ки́єву
– Flüchtiges **о / е**: за́мок – за́мку, молоде́ць – молодцю́

Unregelmäßige Fälle (Feminina):
– Vokalwechsel **і – о, і – е**: ра́дість – ра́дості, о́сінь – о́сені
– Konsonantenwechsel **г – з, к – ц, х – с**: подру́га – подру́зі, ті́тка – ті́тці, свекру́ха – свекру́сі

Übung 1
Bilden Sie den Genitiv, Dativ, Akkusativ und Präpositiv Singular der folgenden Substantive. Vergleichen Sie die Endungen.

тра́ктор, стіл, інжене́р, готе́ль, учи́тель, музе́й, геро́й, шко́ла, стюарде́са, табли́ця, істо́рія, по́дорож, село́, по́ле, прі́звище, завда́ння

Dativ als Objekt nach den Verben **дава́ти** (I), **дарува́ти** (I) bei der Frage „**Кому́?**" *(Wem?)*
(дава́ти – даю́, дає́ш, ... / дарува́ти – дару́ю, дару́єш, ...)

Übung 2
Bilden Sie Sätze nach dem Muster:

Па́вло – газе́та – друг   Кому́ Па́вло дає́ газе́ту? Він дає́ її дру́гові.

Мико́ла – кни́жка – син	учні – зо́шити – учи́тель	Іва́н – словни́к – Васи́ль
Тетя́на – су́мка – дочка́	секрета́р – план – коле́га	Оле́на – хусти́на – Марі́я
Гали́на – ка́ва – ті́тка	медсестра́ – ру́чка – лі́кар	ді́ти – листи́ – вчи́телька

ба́тько – кни́жка – Ната́лка   Кому́ ба́тько дару́є кни́жку? Ната́лці?
Ні, він дару́є кни́жку не Ната́лці, а ... (z. B. Рома́нові)

переклада́ч – фотоальбо́м – Лі́дія	Іва́н Семе́нович – ра́діо – Петро́ Іва́нович
пані Софі́я – карти́на – пан Оста́п	Га́нна Іва́нівна – сувені́р – То́мас Мю́ллер
Богда́н – портфе́ль – Юрко́ Марчу́к	пан Полі́щак – кві́ти – Юліа́на Шта́йнер

Dativ als Objekt nach den Verben **чита́ти** (I), **писа́ти** (I), **бажа́ти** (I), **купува́ти** (I), **пока́зувати** (I), **допомага́ти** (I), **дя́кувати** (I)
(купува́ти – купу́ю, купу́єш / пока́зувати – пока́зую, пока́зуєш / допомага́ти – допомага́ю, допомага́єш / дя́кувати – дя́кую, дя́куєш)

Übung 3
Setzen Sie die in Klammern stehenden Wörter in die richtige Form und bilden Sie Fragen nach dem Muster:

Христи́на чита́є (син) .... кни́жку. / Христи́на чита́є **си́нові** кни́жку. – **Кому́** вона́ чита́є кни́жку?

Васи́ль пи́ше (брат) .... лист. Ба́тько бажа́є (дочка́) .... приє́мної по́дорожі. Тури́ст купу́є (дружи́на) .... нами́сто. Оле́на пока́зує (Русла́на) .... фотогра́фії. Русла́на допомага́є (Васи́ль) .... переклада́ти текст. То́рстен дя́кує (Окса́на) .... за подару́нок.

Bilden Sie andere Beispiele mit diesen Verben.

Dativ in unpersönlichen Sätzen mit den Adverbien **тре́ба** *(man muss, man soll)*, **мо́жна** *(man kann, man darf)*:
– **Тара́сові тре́ба** вчи́ти грама́тику. (Taras muss / soll Grammatik lernen.)
– **Окса́ні мо́жна** йти додо́му. (Oksana kann / darf nach Hause gehen.)

Übung 4
Wer muss / soll was tun? Bilden Sie Sätze nach dem Muster:

Окса́на пи́ше лист. – Окса́ні **тре́ба** писа́ти лист.

1. Богда́н готу́ється до семіна́ру. 2. Марі́йка купу́є різдвя́ні подару́нки. 3. Сергі́й займа́ється спо́ртом. 4. Ната́лія одяга́ється. 5. Га́ля везе́ си́на до шко́ли. 6. Григо́рій го́литься.

Dativ (Substantive, Adjektive, Possessivpronomen) 149

Präteritum: тре́ба було́, мо́жна було́ / *Futur:* тре́ба бу́де, мо́жна бу́де

Übung 5
Präsens, Präteritum oder Futur? Setzen Sie тре́ба, тре́ба було́ *oder* тре́ба бу́де *ein:*

Василе́ві за́раз .... їхати до лі́каря. Учо́ра Ні́ні .... вари́ти обі́д. Насту́пного ро́ку Степа́нові .... йти до а́рмії. Мину́лої середи́ Гали́ні .... допомага́ти батька́м. Сього́дні Марі́ччі .... купува́ти підру́чники. Навесні́ Наза́рові .... знову їхати до Ха́ркова.

Übung 6
Was dürfen diese Personen tun? Bilden Sie Sätze nach dem Muster:
Марі́йка йде додо́му.   Марі́йці мо́жна йти додо́му.

| Тара́с ї́де у відпу́стку. | Васи́ль відпочива́є. | Катру́ся гуля́є в па́рку. |
| У́чень іде́ на пере́рву. | Іва́нка ди́виться телеві́зор. | Андрі́й ї́сть усе́. |

Merken Sie sich:
– Мо́жна ...? (Darf ich ...?) Мо́жна увійти́ / ви́йти? (Darf ich herein / hinausgehen?)
– Мо́жна кури́ти? (Darf man hier rauchen?) /
– Мо́жна відчини́ти / зачини́ти вікно́? (Darf man das Fenster öffnen / schließen?)
– Мо́жна. (Man darf. / Sie dürfen.)
– Не мо́жна. (Man darf nicht. / Sie dürfen nicht.)

Übung 7
Fragen Sie, ob man hier

- sitzen, arbeiten, baden, telefonieren, fotografieren, sprechen, fernsehen, Radio hören darf.

Übung 8
Ersetzen Sie die Modalverben **могти́, му́сити, ма́ти** *durch die Adverbien* **мо́жна** *und* **тре́ба**.
Muster: Васи́ль му́сить іти́ до лі́каря. – Василе́ві тре́ба йти до лі́каря.

1. Оле́на му́сить їхати на екску́рсію.
2. Тара́с мо́же фотографува́ти експона́ти музе́ю.
3. Русла́на ма́є сього́дні готува́тися до і́спитів.
4. Андрі́й му́сить чека́ти на результа́ти ана́лізу.
5. Васи́ль мо́же чека́ти на прийо́м в кімна́ті медсестри́.
6. Марі́чка ма́є вчи́ти вірш.
7. Ната́лка му́сить іти́ в бібліоте́ку.
8. Іва́н вже мо́же йти до книга́рні.
9. Степа́н му́сить телефонува́ти.
10. Марі́я ма́є бу́ти тут о восьмі́й годи́ні.

Dativ nach einigen Substantiven zum Ausdruck des Bestimmungszwecks:
– па́м'ятник Шевче́нк**ові** (das Schewtschenko-Denkmal)
– подару́нок Гали́н**і** (ein Geschenk für Halyna)

Übung 9
Setzen Sie die in Klammern stehenden Substantive in den Dativ:

Це квіти (Ольга, Марійка та Софія) на Жіночий день. На столі лежать різдвяні подарунки (Борис, Павло, Ганна, Наталка). У місті стоять пам'ятники (Тарас Шевченко, Іван Франко, В'ячеслав Чорновіл, Степан Бандера, Леся Українка, Іван Федоров, Адам Міцкевич).

> – **Німцям** і **чехам** подобається футбол.

Dialog 3

Василь	Що це ти читаєш?
Руслана	Статтю про національні види спорту.
Василь	І що там цікавого?
Руслана	Автор пише, що футбол найбільше подобається англійцям.
Василь	І українцям. Німцям і чехам, я гадаю, теж.
Руслана	Австрійцям та швейцарцям подобається зимовий спорт.
Василь	Американцям – баскетбол. Так?
Руслана	Про американців автор не пише.

Der Dativ der Substantive (Plural)

Geschlecht	Nominativ S.	Nominativ Pl.	Dativ Pl.	Endung
m	клас	класи	класам	
	готель	готелі	готелям	
	музей	музеї	музеям	
	студент	студенти	студентам	
	викладач	викладачі	викладачам	
	лікар	лікарі	лікарям	
	герой	герої	героям	
f	школа	школи	школам	-ам -ям
	вулиця	вулиці	вулицям	
	аудиторія	аудиторії	аудиторіям	
	верф	верфі	верф'ям	
	подорож	подорожі	подорожам	
	тінь	тіні	тіням	
n	вікно	вікна	вікнам	
	море	моря	морям	
	прізвище	прізвища	прізвищам	
	завдання	завдання	завданням	

Übung 10
Bilden Sie die Pluralformen (Nominativ, Genitiv, Dativ, Akkusativ und Präpositiv) von den Substantiven der Übung 1.

Dativ (Substantive, Adjektive, Possessivpronomen)

Übung 11
Ersetzen Sie den Dativ Singular durch den Dativ Plural:
Василь пише вчителеві поздоровлення. / Василь пише вчителям поздоровлення.

1. Дід бажає онукові приємної відпустки. 2. Данило дає вчительці дискети. 3. Оксана дарує практикантові українські сувеніри. 4. Дмитро купує колезі словники. 5. Віра показує службовцеві документи. 6. Таксист допомагає туристові нести валізи та інші речі.

> – **Англійській футбольній** команді цього року не щастить.

Dialog 4

Василь	Ти дивився вчора футбол по телевізору?
Остап	Ти маєш на увазі чемпіонат Європи з футболу?
Василь	Так. Англійській команді цього року не щастить.
Остап	Німецьким футболістам теж.
Василь	Цікаво, якому тренерові сьогодні треба буде пакувати валізи.
Остап	Думаю, грецькому.
Василь	А я гадаю, французькому. Греки мать дуже доброго тренера!

Команді *(Dativ)* щастить. (Die Mannschaft hat Glück.)
Команді не щастить. (Die Mannschaft hat Pech.)

Der Dativ der Adjektive

Fragen: Nominativ – Який? Яка? Яке? Які?
          Dativ – Якому? Якій? Якому? Яким?

Singular			
Geschlecht	Nominativ	Dativ	Endung
m	великий синій	великому синьому	-(ь)ому
f	велика синя	великій синій	-ій
n	велике синє	великому синьому	-(ь)ому
Plural			
m f n	великі сині	великим синім	-им -ім

Im Dativ Singular haben Adjektive die gleichen Endungen wie im Präpositiv.
Im Dativ Plural erhalten sie die Endung **-им** / **-ім**.

Übung 12
Setzen Sie die in Klammern stehenden Wortverbindungen in die richtige Form:

(Чеська команда) сьогодні щастить. (Німецькі футболісти) не щастило на чемпіонаті Європи. (Французькі спортсмени) треба їхати додому. Василь пише (двоюрідний брат) лист. Дмитро купує (маленька дочка) дитячу книжку. Віра дає (українські службовці) паспорт. Гід показував (іноземні туристи) центр міста. Оксана читала (німецький друг) вірші Шевченка. Остап допомагав (стара сусідка) у господарстві. Ми довго аплодували (молоді артисти).

подобатися (I) – подобаюсь, подобаєшся, подобається *(gefallen, mögen)*
– Оксані *(Dativ)* подобається футбол. (Oksana gefällt Fußball. / Oksana mag Fußball.)

Übung 13
Wem gefällt was? Bilden Sie Sätze nach dem Muster:
український турист – пам'ятник   Українському туристові подобається пам'ятник.

німецький студент – Київ	український професор – наш університет
німецька студентка – Одеса	українська вчителька – екскурсія по місту
німецькі туристи – місто	українські лікарі – нова лікарня

Der Dativ der Possessivpronomen

Fragen: Nominativ – Чий? Чия? Чиє? Чиї?
          Dativ – **Чийому? Чиїй? Чийому? Чиїм?**

Singular			
Geschlecht	Nominativ	Dativ	Endung
m	мій / твій наш / ваш їхній	моєму / твоєму нашому / вашому їхньому	-єму -(ь)ому
f	моя / твоя наша / ваша їхня	моїй / твоїй нашій / вашій їхній	**-їй -ій**
n	моє / твоє наше / ваше їхнє	моєму / твоєму нашому / вашому їхньому	-єму -(ь)ому
Plural			
m f n	мої / твої наші / ваші їхні	моїм / твоїм нашим / вашим їхнім	-їм -им -ім

Übung 14
Setzen Sie die in Klammern stehenden Wortverbindungen in den Dativ:

(Мій батько) подобається футбол. (Моя сестра) подобаються спортивні передачі. (Мій друг) завжди щастить на іспитах. Я йду назустріч (мій син і моя дочка). Ваш син Віктор їде всупереч (Ваші плани) не до Німеччини, а до Італії. Завдяки (твоя допомога) я можу вчитися в спортивній школі.
(Твій друг) подобається класична музика? (Ваші студенти) вже можна їхати додому? (Їхні викладачі) треба готуватися до конференції. Я бажаю (мої колеги) успіху.

Übung 15
Deklinieren Sie die folgenden Wortverbindungen im Singular und im Plural (ohne Instrumental) und vergleichen Sie die Endungen: мій стіл, моя кімната, моє крісло

> – **Твоїм** батькам подобається спорт?
> – **Моєму** татові подобається, а **моїй** мамі не дуже.

Dialog 5

Василь	Твоїм батькам подобається спорт?
Руслана	Моєму татові подобається, моїй мамі не дуже.
Василь	А моїм дуже подобається футбол.
Руслана	Це повністю відповідає твоїм інтересам.
Василь	Так, ніколи не треба сперечатися біля телевізора.

Übung 16
Wem gefällt was? Bilden Sie Sätze nach dem Muster:
брат – футбол   Який вид спорту подобається тво**єму** брат**ові**?
              Моєму братові подобається футбол.

сестра – волейбол	дочка – гімнастика	дядько – хокей	друзі – автоперегони
син – теніс	батько – бокс	тітка – плавання	сусіди – велоспорт

Übung 17
Lesen und üben Sie die Wörter und Wortverbindungen zum Thema „Sport".
Bestimmen Sie ihr Geschlecht.

вид спорту	*Sportart*	біг	*Lauf, Laufen*
футбол	*Fußball*	біг на лижих	*Schilaufen*
волейбол	*Volleyball*	біг на ковзанах	*Schlittschuhlaufen*
баскетбол	*Basketball*	фігурне катання	*Eiskunstlaufen*
теніс	*Tennis*	команда	*Mannschaft*
хокей	*Hockey*	спортсмен	*Sportler*
легка атлетика	*Leichtathletik*	змагання	*Wettkampf*
важка атлетика	*Schwerathletik*	чемпіонат	*Meisterschaft*
гімнастика	*Turnen*	… країни	*LM*
бокс	*Boxen*	… Європи	*EM*
плавання	*Schwimmen*	… світу	*WM*
автогонки	*Autorennen*	Олімпійські ігри	*Olympische Spiele*
автоперегони		кубок	*Pokal*
велоспорт	*Radsport (-rennen)*	медаль	*Medaille*
серфінг	*Surfen*	нагорода	*Auszeichnung*

Merken Sie sich: грати **у** футбол, **у** волейбол *(Akkusativ)* – Fußball / Volleyball spielen
aber: грати **на** гітарі *(Präpositiv)* – Gitarre spielen

Übung 18
Beantworten Sie die Fragen:

1. Ви любите займатися спортом чи дивитися спортивні передачі по телевізору? 2. Який вид спорту Вас цікавить? 3. Які види спорту поширені в Німеччині? 4. Як звуть Ваших улюблених спортсменів? 5. Як називається Ваша улюблена команда? 6. Чи знаєте Ви, які види спорту поширені в Україні?

Übung 19
Was bedeuten diese Schilder?

Кімната відпочинку	*До залізничного вокзалу*	ЗАЛ для пасажирів з дітьми	*До зупинки автобуса*
Реєстрація відвідувачів	Місця для інвалідів	У НАС НЕ КУРЯТЬ	До історичного музею
Прийом пацієнтів з 8 до 16 год. Обідня перерва з 12 до 13 год.	*Буфет працює з 9 до 18 год.* Перерва *з 10 до 12 год.*	**Перукарня** *сьогодні не працює*	*Ресторан «Темп» сніданки, обіди, вечері Тел.: 224 311*
СТАДІОН *на ремонті*	Легка атлетика (біг на 100 метрів)	**Футбольний матч** починається о 18 год.	КАБІНА коментатора

Übung 20
Worum handelt es sich in diesen Annoncen?

Шукаю 2-кімнатну квартиру в центрі міста. Тел. 288 412 Дзвонити після 19 год. Питати Лідію.	**Хто** *бачив 1 червня в районі річкового вокзалу собаку (дворнягу) чорного кольору (біла голова) прошу подзвонити. Тел. 243 616*	Молода вродлива жінка 38/160/90 шукає цікавого знайомства. Дзвонити вранці *до 12 год.* **Тел. 299 034**
Продаю чорний «Мерседес» 1989 р. у доброму стані. **Або міняю** на іншу (імпортну) машину. Тел. 202 615	**Міняю** 3-кімнатну квартиру в новому будинку (5-й поверх) **на** 2 квартири (1- і 2-кімнатну) в центрі міста. Тел. 250 331 до 16 год.	*Водій*, 45 р., стаж роботи 20 р., шукає роботу в Києві та області. Дзвонити ввечері. Тел. 271 305 Питати Кравця Івана.
Жінка шукає легкої роботи (допомога в домашньому господарстві, догляд за дітьми та хворими) Тел. 243 218	**Переклади** (українсько-німецькі, німецько-українські). Документи, дисертації, офіційні листи. Тел. 221 910	**Продаю** недорого диван, 2 крісла, обідній стіл, 4 стільці, холодильник, морозильник, велике дзеркало, люстру. Усе майже нове. Тел. 231 007

Dativ (Substantive, Adjektive, Possessivpronomen) 155

Text

1. *Lesen und übersetzen Sie den Text.*
2. *Bilden Sie einen Dialog zum Thema „Відомі українські спортсмени".*
3. *Erzählen Sie über die erfolgreichsten deutschen Sportler.*

Спорт в Україні

Українці здавна відомі як вправні лучники, вершники та борці.
З кінця 19-го століття в Україні поширюються також європейські види спорту – гімнастика, футбол, класична боротьба. На всю Європу прославився борець греко-римського стилю Іван Піддубний. А гімнастка Лариса Латиніна завоювала 18 олімпійських медалей – 9 золотих, 5 срібних та 4 бронзові. Це найбільше досягнення в історії Олімпійських ігор.
Футбольна команда „Динамо" (Київ) – двічі завойовувала Кубок володарів кубку європейських країн, а також Суперкубок Європи. Гравці „Динамо" Олег Блохін та Ігор Біланов мали титул кращих футболістів Європи, а гандболістки київського „Спартака" 13 разів завойовували Кубок Європейських чемпіонів.
Багаторазовий чемпіон світу у стрибках з жердиною, олімпійський чемпіон Сергій Бубка встановив 35 світових рекордів і заслужив почесне звання „кращого спортсмена світу".
На 17-их Олімпійських іграх у Ліліхаммері українські спортсмени вперше виступали як самостійна команда. Першу золоту олімпійську медаль незалежній Україні принесла фігуристка Оксана Баюл.
А на літніх Олімпійських іграх в Атланті вперше стало відоме ім'я молодого українського боксера Володимира Кличка. На Олімпійських іграх у столиці Греції Афінах українська команда завоювала 23 медалі – 9 золотих, 5 срібних та 9 бронзових і посіла в результаті 12-е місце. 2 золоті медалі з плавання принесла Україні чемпіонка світу Яна Клочкова.

здавна – *von alters her*, вправний – *geschickt*, лучник – *Bogenschütze*, вершник – *Reiter*, борець – *Ringer, Kämpfer*, поширюватися – *sich verbreiten*, боротьба – *Ringen, Kampf*, прославитися – *berühmt werden*, завоювати – *erkämpfen*, золотий – *golden*, срібний – *silbern*, бронзовий – *bronzen*, найбільший – *größter*, досягнення – *Errungenschaft*, володар – *Besitzer, Gewinner*, гравець – *Spieler*, кращий – *besserer, bester*, стрибки з жердиною – *Stabhochsprung*, встановити – *aufstellen*, заслужити – *verdienen*, звання – *Titel*, виступити – *auftreten*, самостійний – *selbständig*, незалежний – *unabhängig*, фігуристка – *Eiskunstläuferin*

„Кому весілля, а курці смерть." „Як собаку годують так він і гавкає."
„Кота в мішку не купують." (Українські народні прислів'я)

Vokabeln

аплоду/вати, -ю, -єш	*applaudieren*	купу/вати, -ю, -єш	*kaufen*
бажа/ти, -ю, -єш	*wünschen*	курка *f*	*Huhn*
валіза *f*	*Koffer*	матч *m*	*Spiel*
вид *m*	*Art*	медаль *f*	*Medaille*

відві́дувач *m*	Besucher	міня́/ти, -ю, -єш	tauschen
відповіда́/ти, -ю, -єш	entsprechen, antworten	мішо́к *m*	Sack
вродли́вий	hübsch	назу́стріч *D*	entgegen
всу́переч *D*	entgegen	найбі́льше	am meisten
га́вка/ти, -є, -ють	bellen	наперекі́р *D*	trotz
гада́/ти, -ю, -єш	glauben	паку́/вати, -ю, -єш	packen
гіта́ра *f*	Gitarre	переда́ча *f*	Sendung
году́/вати, -ю, -єш	füttern	пере́рва *f*	Pause
готу́/ватися, -юсь, -єшся	sich vorbereiten	перука́рня *f*	Friseursalon
гра *f*, і́гри *Pl.*	Spiel, Spiele	по́вністю	völlig
да/ва́ти, -ю, -єш	geben	подо́ба/тися, -юсь, -єшся, -ється	gefallen
дару́/вати, -ю, -єш	schenken	поши́рений	verbreitet
дзвон/и́ти, -ю́, -иш	anrufen	прода́/вати, -ю, -єш	verkaufen
до́гляд *m*	Pflege	розповіда́/ти, -ю, -єш	erzählen
дома́шнє господа́рство *n*	Haushalt	спереча́/тися, -юсь, -єшся	sich streiten
допомага́/ти, -ю, -єш	helfen	стаж робо́ти *m*	Dienstalter
завдяки́ *D*	dank	стан *m*	Zustand
залізни́ця *f*	Eisenbahn	тре́нер *m*	Trainer
змага́ння *n*	Wettkampf	футболі́ст *m*	Fußballspieler
знайо́мство *n*	Bekanntschaft	ціка́в/ити, -лю, -иш	interessieren
інтере́с *m*	Interesse	чемпіона́т *m*	Meisterschaft
кома́нда *f*	Mannschaft	щаст/и́ти, -и́ть	Glück haben

LEKTION 19

Die Verbalaspekte
Der Dativ und Präpositiv der Personalpronomen

> – Ти **робиш** домашні завдання? – Ні, я вже їх **зробила**.

Dialog 1

Віра Петрівна	Ти робиш домашні завдання, Юліє?
Юлія	Ні, мамо, я вже їх зробила. Зараз я читаю книжку „Диво".
Віра Петрівна	Я думала, ти її вже прочитала.
Юлія	Як бачиш, ще ні. А ти пишеш лист до тітки Оксани?
Віра Петрівна	Ні, я його вже написала.

Dialog 2

Юлія	Мамо, де ти вчора так довго була?
Віра Петрівна	Я їздила в місто. І знаєш, кого я там зустріла?
Юлія	Поняття не маю.
Віра Петрівна	Пані Шнайдер.
Юлія	Я часто її зустрічаю в школі.
Віра Петрівна	Вона купувала дочці подарунок.
Юлія	Ти теж щось купила?
Віра Петрівна	Звичайно.
Юлія	Можна подивитися?
Віра Петрівна	Дивитися будеш на Різдво.

Die Verbalaspekte

Die Aspekte *(aus dem Lateinischen „aspectus" – Anblick, Betrachtung)* stellen eine typische Besonderheit des Ukrainischen *(wie aller slawischen Sprachen)* dar. Sie bezeichnen *die Betrachtungsweise* des Sprechers in einer konkreten Situation. Es gibt 2 Aspekte – den unvollendeten und vollendeten, die ein Verbpaar bilden. So stehen fast jedem deutschen Verb zwei ukrainische Verben gegenüber, die die gleiche Bedeutung aber unterschiedliche Betrachtungsweise des Sprechers beinhalten: робити – зробити *(machen, tun)*, читати – прочитати *(lesen)*, писати – написати *(schreiben)*.

Der unvollendete Aspekt *(uv)*

Bei dem unvollendeten Aspekt betrachtet der Sprecher die Handlung in ihrem *Verlauf* oder als *Wiederholung* und *gewohnheitsmäßiges Geschehen* – meistens ohne zeitliche Begrenzung. Diese Betrachtungsweise ist für alle Zeitformen möglich:
- Борис **читає** книжку. (Boris liest das Buch.) – *Verlauf einer Handlung (Präsens)*
- Борис **читав** книжку. (Boris las das Buch.) *Verlauf einer Handlung (Präteritum)*
- Борис **читатиме** книжку. (Boris wird das Buch lesen.) *Verlauf einer Handlung (Futur)*
- Олена **часто читає** газети. (Olena liest oft Zeitungen.) – *Wiederholung der Handlung*
- Оксана **любить читати**. (Oksana liest gern.) – *gewohnheitsmäßiges Geschehen*

Der vollendete Aspekt *(v)*

Der vollendete Aspekt gibt dem Sprecher die Möglichkeit, die Handlung als *ein Ganzes*, als *ein abgeschlossenes Ereignis* zu betrachten. Dabei wird *die Vollendung, das Resultat* oder *die zeitliche Begrenzung* einer Handlung mit einbezogen. Diese Betrachtungsweise ist nur im Präteritum und Futur möglich und niemals im Präsens:
- Тарас **прочитав** книжку. (Taras hat *das ganze* Buch gelesen.) – *Abschluss und Ergebnis einer Handlung (Präteritum)*
- Він **прочитав** книжку **за два дні**. (Er hat das Buch *innerhalb von zwei Tagen* gelesen.) – *zeitliche Begrenzung (Präteritum)*
- Він **прочитає** книжку **за два дні**. (Er wird das Buch *innerhalb von zwei Tagen* lesen / gelesen haben.) – *zeitliche Begrenzung (Futur)*

Übersetzung ins Deutsche

Das unvollendete Präteritum entspricht im Deutschen im Allgemeinen dem Imperfekt. Das vollendete Präteritum wird mit dem Perfekt oder Plusquamperfekt wiedergegeben. Das unvollendete Futur entspricht dem deutschen Futur I. Das vollendete Futur entspricht etwa dem Futur II *(häufig aber auch dem Futur I)*.

Merken Sie sich diese Verbpaare:

uv	v		uv	v	
читати	прочитати	*lesen*	вчити	вивчити	*lernen*
слухати	прослухати	*hören*	обідати	пообідати	*Mittag essen*
писати	написати	*schreiben*	подобатися	сподобатися	*gefallen*
робити	зробити	*machen*	дивитися	подивитися	*schauen*

Verbalaspekte / Personalpronomen (Dativ, Präpositiv) 159

Übung 1
Übersetzen Sie ins Deutsche. Vergleichen Sie die Aspekte und erklären Sie ihren Gebrauch.

Präsens uv	Präteritum uv	Präteritum v	Futur uv	Futur v
Іван **читає** текст.	Вчора Іван **читав** текст.	Іван **прочитав** текст.	Завтра Іван **читатиме** текст.	Завта Іван **прочитає** текст.
Оксана **робить** завдання.	Оксана дві години **робила** завдання.	Оксана **зробила** завдання за дві години.	Ввечері Оксана **робитиме** завдання.	Оксана **зробить** завдання за годину.

Übung 2
Lesen und übersetzen Sie die folgenden Sätze.
Bestimmen Sie die Aspekte und erklären Sie ihren Gebrauch.

1. Віктор вчора читав газету. Він прочитав її за одну годину.
   Сьогодні він читає журнал.
   Завтра він читатиме роман. Думаю, він прочитає його за три дні.
2. Вранці Оксана вчила слова уроку 18. Вона вивчила їх за 20 хвилин.
   Зараз вона вчить граматику.
   Завтра вона вчитиме слова уроку 19. Думаю, вона вивчить їх за 10 – 15 хвилин.

Übung 3
Setzen Sie die Übung fort: Bilden Sie ähnliche Sätze mit den beiden Aspekten.

3. У понеділок Тарас слухав касету „Українська народна музика". ...
4. Увечері Олег писав лист до брата. ...
5. Учора на уроці Олена робила завдання № 2. ...
6. У неділю Віра та Юлія дивилися фільм „Троя". ...

Übung 4
Setzen Sie das passende Verb in der richtigen Form des Präteritums ein:

дивитися / подивитися	Вчора ми цілий вечір .... телевізор.
	Ми .... два фільми.
вчити / вивчити	Мій друг .... українську мову за два роки.
	Він .... її в Києві.
робити / зробити	Ти дві години .... домашнє завдання?
	Ні, я .... його за 25 хвилин.
обідати / пообідати	Віра .... сьогодні в кафе „Метро".
	Вона .... і почала писати лист.
слухати / прослухати	Увечері Сергій .... музику.
	Він .... п'яту симфонію Бетховена.
подобатися / сподобатися	Богданові .... класична музика.
	Балет „Лускунчик" йому дуже ....

Übung 5
Setzen Sie das passende Verb in der richtigen Form des Futurs ein:

читати / прочитати	Що ти робитимеш після уроків? – Я .... статтю про футбол. А коли я ...., її, я піду на стадіон.
робити / зробити	Коли ти .... домашнє завдання? Завтра. Я .... домашнє завдання і буду відпочивати.
снідати / поснідати	Ти .... на перерві? Так. Я .... і буду перекладати текст.
бачити / побачити	Завтра Василь їде до Києва. Думаю, Ви часто .... його там. Ви ...., що він дуже здібний учень.
малювати / намалювати	Ти .... карту чи схему? Я .... спочатку карту, а потім схему.

Die Bildung der Aspekte

1. Die Bildung der Aspekte durch Präfixe (Präfigierung)

uv	v	uv	v
читати	**про**читати	бачити	**по**бачити
писати	**на**писати	вчити	**ви**вчити
робити	**з**робити	казати	**с**казати

Eine besondere Rolle spielt die Präfigierung bei den Verben der Fortbewegung, die in ihrer Grundform *alle* unvollendet sind. Durch das Zufügen von Präfixen bilden sie ein Aspektpaar: aus unbestimmten Verben wird der unvollendete und aus bestimmten der vollendete Aspekt gebildet. Dabei ändert sich aber auch der Inhalt der Verben:

unbestimmt	*bestimmt*		*unvollendet*	*vollendet*	
ходити	іти	*gehen*	**при**ходити	**прий**ти	*kommen*
їздити	їхати	*fahren*	**при**їздити	**при**їхати	*ankommen*
носити	нести	*tragen*	**при**носити	**при**нести	*bringen*

In der Sprachpraxis wird meistens statt **приїздити** (приїжджу, приїздиш) das Verb **приїжджати** gebraucht.

Übung 6
Konjugieren Sie diese Verben:
приходити (II), прийти (I), приїздити (II), приїжджати (I), приїхати (I), приносити (II), принести (I)

Präteritum:
приходити - приходив, приходила / прийти - прийшов, прийшла / приїздити - приїздив, приїздила / приїжджати - приїжджав, приїжджала / приїхати - приїхав, приїхала / приносити - приносив, приносила / принести - приніс, принесла

Verbalaspekte / Personalpronomen (Dativ, Präpositiv) 161

Übung 7
Setzen Sie das passende Verb in der richtigen Form ein:

приходити / прийти
Віктор завжди .... додому о 14-ій годині. Але вчора він .... о 13-ій годині. А завтра він .... о 15-ій годині.

приїжджати / приїхати
Олег щодня .... в інститут на тролейбусі. Але минулого понеділка він .... на метро. А наступного вівторка він .... на машині.

приносити / принести
Оксана часто .... на урок німецько-український словник. Але сьогодні вона .... українсько-німецький словник. А завтра вона .... український орфографічний словник.

Ein Aspektpaar kann auch durch die Präfigierung nur *eines bestimmten* Verbs der Fortbewegung entstehen. Dabei ändert sich die *Bedeutung* des vollendeten Verbs – je nach dem Inhalt der Präfixe:

uv	*v*	
іти	**по**йти	*gehen – losgehen*
їхати	**по**їхати	*fahren – losfahren*
бігти	**по**бігти	*laufen – loslaufen*
нести	**по**нести	*tragen – hintragen*

Konjugation: піти – піду, підеш / поїхати – поїду, поїдеш / побігти – побіжу, побіжиш / понести – понесу, понесеш / повезти – повезу, повезеш / повести – поведу, поведеш / полетіти – полечу, полетиш / попливти – попливу, попливеш

Übung 8
Setzen Sie das passende Verb in der richtigen Form ein:

іти / піти	Ти .... на концерт? Ні, на концерт я .... наступної неділі. А де Дмитро? Він .... у студентську бібліотеку.
їхати / поїхати	Ви .... до Львова? Ні, до Львова я .... в кінці тижня. А мій чоловік вже .... туди минулої суботи.
бігти / побігти	Семене, куди це ти ....? Я .... в кафе. Адже перша перерва дуже коротка. Федір теж уже ....
нести / понести	Марійко, куди ти .... стілець? Я .... його в нашу аудиторію. Але я бачила, що Тарас .... два стільці у читальний зал. Зараз він .... їх назад!

Übung 9
Bilden Sie ähnliche Beispiele mit den Verben der Fortbewegung летіти / полетіти *und* пливти / попливти.

Die Verben der Fortbewegung **ходи́ти** *(uv)* – **іти́** *(uv)* / **піти́** *(v)*, bzw. **і́зити** *(uv)* – **і́хати** *(uv)* / **пої́хати** *(v)* werden oft in *einem* Kontext gebraucht.

Übung 10
Übersetzen Sie die Sätze und erklären Sie den Gebrauch der Verben und ihrer Aspekte:

Оста́пе, де ти був? Я ходи́в у басе́йн. А куди́ ти за́раз іде́ш? Я іду́ додо́му. А де Ната́лка? Вона́ пішла́ в гуртожи́ток. Я теж за́раз туди́ піду́.
У се́реду Євге́н і́здив у Терно́піль. Він ду́же лю́бить туди́ і́здити, бо там живе́ його́ подру́га. А Марі́йка пої́де в Терно́піль у п'я́тницю. За́раз вона́ і́де до Льво́ва. Її́ чоловік пої́хав туди́ ще вчо́ра. Львів – і́хнє рі́дне мі́сто, тому́ вони́ ча́сто туди́ і́здять.

Übung 11
Setzen Sie das passende Verb in der richtigen Form ein:

ходи́ти – іти́ / піти́
Куди́ це ти ....? Я .... на стадіо́н. Я чув, там сього́дні змага́ння з легко́ї атле́тики. Ти лю́биш .... на спорти́вні змага́ння? Ду́же. Твій друг теж хо́че туди́ ...., я щойно зустрі́в його́. Так, моє́му дру́гові подо́бається .... на рі́зні змага́ння. А я за́втра .... у Пала́ц спо́рту, на чемпіона́т Украї́ни з фігу́рного ката́ння.

і́здити – і́хати / пої́хати
Сергі́ю, ти вже .... у Крим? Ні, у Криму́ я ще не бува́в. Але́ насту́пного лі́та я обов'язко́во туди́ .... А куди́ ти тепе́р ....? Я .... в село́, до ті́тки. А де твоя́ дружи́на? Вона́ ще вчо́ра туди́ .... Ми щомі́сяця .... в село́. А я, на жаль, ду́же рі́дко .... до рі́дних у село́. Ти ж зна́єш, я не ма́ю маши́ни, а авто́бусом .... туди́ ду́же до́вго.

Bilden Sie eigene Beispiele mit diesen Verben.

2. Die Bildung der Aspekte durch Suffixe

Vergleichen Sie die für jeden Aspekt typischen Suffixe:

uv	*v*	
куп**ува́**ти (I)	куп**и́**ти (II)	*kaufen*
поясн**ю́ва**ти (I)	поясн**и́**ти (II)	*erklären*
вст**ава́**ти (I)	вст**а́**ти (I)	*aufstehen*
використ**о́вува**ти (I)	ви́корист**а**ти (I)	*benutzen*
почин**а́**ти (I)	поч**а́**ти (I)	*beginnen*
наб**ира́**ти (I)	набр**а́**ти (I)	*wählen*
відпоч**ива́**ти (I)	відпоч**и́**ти (I)	*sich erholen*
зустр**іча́**ти (I)	зустрі́ти (I)	*treffen*
переклад**а́**ти (I)	перекла́сти (I)	*übersetzen*
огляд**а́**ти (I)	огля́**ну**ти (I)	*besichtigen*
прий**ма́**ти (I)	прий**ня́**ти (I)	*einnehmen*
допом**ага́**ти (I)	допом**огти́** (I)	*helfen*
вивч**а́**ти (I)	вивч**и́**ти (II)	*studieren*

Verbalaspekte / Personalpronomen (Dativ, Präpositiv)

Übung 12
Unvollendet oder vollendet? Ordnen Sie die folgenden Verben nach Aspekten und tragen Sie sie passend zu einander in die Tabelle ein:

uv	v
пода**ва**ти	под**а**ти
...	

продо́вжити, перемогти́, пока́зувати, сіда́ти, пригада́ти, перемага́ти, заступи́тися, розпові́сти, запере́чувати, **подава́ти**, запи́сувати, закі́нчити, запере́чити, запи́тувати, записа́ти, розповіда́ти, пригаду́вати, показа́ти, запита́ти, одяга́тися, закі́нчувати, сі́сти, продо́вжувати, **пода́ти**, одягну́тися, заступа́тися

Übung 13
Suchen Sie 3 Verbpaare aus der Übung 12 und bilden Sie damit Sätze.

Die vollendeten Verben (Konjugation)
зустрі́ти – зустрі́ну, зустрі́неш, ... / **відпочи́ти** – відпочи́ну, відпочи́неш, ... / **поча́ти** – почну́, почне́ш, ... / **огля́нути** – огля́ну, огля́неш, ... / **купи́ти** – куплю́, ку́пиш, ... / **перекла́сти** – перекладу́, перекладе́ш, ... *(Prät.* перекла́в, перекла́ла*)* / **сі́сти** – ся́ду, ся́деш, ... *(Prät.* сів, сі́ла*)*

Übung 14
Setzen Sie das passende Verb in der richtigen Form ein.

зустріча́ти / зустрі́ти
У шко́лі я ча́сто .... па́на Бо́йка. Учо́ра я .... його́ в кафе́. Ду́маю, за́втра я .... його́ там пі́сля пе́ршого уро́ку.

відпочива́ти / відпочи́ти
Мину́лого лі́та ми .... в Карпа́тах. Ми ду́же до́бре .... Насту́пного ро́ку ми .... в Криму́. Сподіва́юсь, там ми теж до́бре ....

почина́ти / поча́ти
Андрі́й – гід туристи́чного бюро́. Він за́вжди .... екску́рсію в це́нтрі мі́ста. Але́ сього́дні він .... її́ бі́ля готе́лю „Тури́ст". А за́втра він .... її́ бі́ля па́м'ятника Шевче́нкові.

огляда́ти / огля́нути
Гру́па тури́стів з Німе́ччини сього́дні вра́нці .... рі́зні па́м'ятники Ки́єва. Вона́ вже .... па́м'ятник Хмельни́цькому і Софі́йський собо́р. Зара́з вона́ .... Золоті́ воро́та. А за́втра вона́ .... Пече́рську ла́вру.

купува́ти / купи́ти
Що ти тут ро́биш? Я .... хліб і молоко́. Я ду́мав, ти вже все ....! Коли́ ж ти .... фру́кти, о́вочі та м'я́со? Я .... їх за́втра, пі́сля робо́ти.

переклада́ти / перекла́сти
Що це ти ....? Я .... німе́цький текст. Хіба́ ти його́ ще не ....? Як ба́чиш, ні. Учо́ра я .... його́ три годи́ни і не .... Але́ сього́дні я обов'язко́во .... його́. Сло́во че́сті!

сідати / сісти

Сьогодні у нас гості. Остап і Марічка .... на диван, а Тарас .... на стілець. Василь спочатку .... на крісло, але там йому не сподобалось. Тому він .... до Остапа та Марічки на диван. А я, напевно, ... на тахту біля вікна. Там дуже затишно!

Übung 15
Erklären Sie den Gebrauch der Aspekte:

1. Що ти робитимеш у суботу? Я читатиму книжку.
2. Що ти робитимеш, коли прочитаєш книжку? Коли я прочитаю її, я піду в парк.
3. Завтра на уроці ми будемо писати диктант і дивитися мультфільм.
4. Спочатку ми напишемо диктант, а потім подивимося фільм.
5. Після обіду Галина відпочиватиме на терасі і слухатиме музику.
6. Вона відпочине трохи на терасі і послухає музику.
7. Вдома я буду перекладати текст і вчити граматичні правила.
8. Я перекладу текст і вивчу правила.

3. Die Bildung der Aspekte durch verschiedene Stämme

uv	*v*	
брати	взяти	*nehmen*
говорити	сказати	*sagen*

4. Die Bildung der Aspekte durch Betonungswechsel

uv	*v*	
відрізати	відрізати	*abschneiden*
засипати	засипати	*zuschütten*
викликати	викликати	*rufen, aufrufen, herausrufen*

Übung 16
Konjugieren Sie die Verben брати (I), взяти (I), говорити (II), сказати (I)

Übung 17
Setzen Sie das passende Verb in der richtigen Form ein.

брати / взяти

Що ти сьогодні .... на обід? Я .... борщ. А ти? Я вчора .... борщ, але він був несмачний. Тоді я краще .... овочевий суп. Ми часто тут .... суп, бо він дуже добрий і недорогий.

говорити / сказати

По-якому він ....? Він .... по-німецькому. І що він ....? Я німецької мови не розумію. Ви можете перекласти? Він ...., що семінару завтра не буде. Чудово!

Verbalaspekte / Personalpronomen (Dativ, Präpositiv) 165

Bei der Wahl der Aspekte können einige Signalwörter behilflich sein:

Der unvollendete Aspekt wird gebraucht:
– nach **ча́сто** *(oft)*, **де́коли** *(manchmal)*, **за́вжди** *(immer)*, **до́вго** *(lange)*, **щодня́**, **щоро́ку**, ... *(jeden Tag, jedes Jahr)*, **2, 3, ... годи́ни, дні, ро́ки** ... *(2, 3, ... Stunden, Tage, Jahre lang)*, **люби́ти** *(etwas gern tun)*, **подо́батися** *(gefallen)*.

Der vollendete Aspekt wird gebraucht:
– nach **вже** *(schon)*, **наре́шті** *(endlich)*, **ра́птом** *(plötzlich)*, **щойно** *(eben jetzt, gerade)*, **відра́зу** *(sofort)*, **за 2, 3, ... годи́ни, дні, ро́ки** ... *(in 2, 3, ... Stunden, Tagen, Jahren, innerhalb von ...)*, **о дру́гій (тре́тій ...) годи́ні**, ... *(um 2, 3 Uhr – genaue Zeitangabe)*.

Übung 18
Setzen Sie das passende Verb in der richtigen Form ein:

огляда́ти / огля́нути
Ми до́вго .... мі́сто. Ми .... істори́чний музе́й і собо́р.

відві́дувати / відві́дати
Деся́того гру́дня ми впе́рше .... Окса́ну в ліка́рні. Пото́му ми ча́сто .... її вдо́ма.

зустріча́ти / зустрі́ти
У па́рку Іва́н .... Тере́зу. Ра́ніше він де́коли .... її в о́фісі.

ба́чити / поба́чити
Ра́птом Оле́на .... Анто́на. Вона́ ще ніко́ли не .... його́ тут, в університе́ті.

дя́кувати / подя́кувати
Іва́н Степа́нович за́вжди .... коле́гам за допомо́гу. Він .... за чудо́вий подару́нок і запроси́в коле́г на ка́ву.

почина́ти / поча́ти
Учи́тель щодня́ .... уро́к о 8-ій годи́ні. Але́ сього́дні він .... його́ о 9-й годи́ні.

відпочива́ти / відпочи́ти
Оста́п .... мину́лого мі́сяця в Карпа́тах. Він до́бре ....

купува́ти / купи́ти
Марі́йка лю́бить .... сувені́ри. За́втра вона́ хо́че .... для сестри́ га́рну керамі́чну ча́шку.

фотографува́ти / сфотографува́ти
Тара́сові ду́же подо́бається .... старови́нні пам'я́тники. Насту́пного ро́ку він мрі́є .... у Ки́єві відо́мий пам'я́тник 14-го столі́ття.

переклада́ти / переклас́ти
Що ти роби́тимеш за́втра? Я .... Споча́тку я .... текст про Німе́ччину, а пото́му .... статтю́ з журна́лу „Штерн".

> – Скільки років тітці Оксані? – **Їй** сорок два роки.
> – А дядькові Степану? – **Йому** вже сорок сім років.

Dialog 3

Юлія	Мамо, скільки років тітці Оксані?
Віра Петрівна	Їй сорок два роки.
Юлія	А дядькові Степану?
Віра Петрівна	Йому вже сорок сім років.
Юлія	А Василеві?
Віра Петрівна	Ти ж знаєш, йому двадцять один рік.
Юлія	Так-так, пригадую. А Лесі та Павлові?
Віра Петрівна	Їй сім, йому двадцять п'ять років. А ти ще пригадуєш, скільки мені років?
Юлія	Звичайно, мамо. Тобі сорок років.
Віра Петрівна	А татові та Максові?
Юлія	Їм разом шістдесят років: сорок один і дев'ятнадцять!

Der Dativ der Personalpronomen

N	я	ти	ми	ви	він	вона	воно	вони
G	мене	тебе	нас	вас	його	її	його	їх
D	мені	тобі	нам	вам	йому	їй	йому	їм
A	мене	тебе	нас	вас	його	її	його	їх

Der Gebrauch des Dativs bei der Altersangabe

– Скільки **Вам** років? (Wie alt sind Sie?) **Мені** 27 років. (Ich bin 27 Jahre alt.)
 (1 рік, 2 – 4 роки, 5 – 20 років)

Übung 19
Bilden Sie Sätze nach dem Muster:
Олег – 19   Скільки років Олегові? Йому 19 років.

Денис – 20	Ніна – 35	твій батько – 56	його діти – 2, 4
Роман – 22	Марія – 41	ваш дід – 80	її онуки – 5, 8
Сергій – 12	Наталка – 17	наша тітка – 63	їхні колеги – 30, 35

Übung 20
Beantworten Sie die Fragen. Benutzen Sie bei der Antwort Personalpronomen.

Скільки Вам років?
Скільки років Вашому другові (Вашій подрузі)? / Вашому батькові (Вашій матері?)
/ Вашим братам (Вашим сестрам)?

Fragen Sie Ihren Kursnachbarn nach seinem Alter.
Erkundigen Sie sich ebenfalls nach dem Alter seiner Familienangehörigen.

Verbalaspekte / Personalpronomen (Dativ, Präpositiv)

Übung 21
Setzen Sie die Personalpronomen in die richtige Form:

1. На день народження вони подарували (він) .... німецький одеколон. 2. А (я) .... вони хочуть подарувати книжку. 3. Щиро дякую (Ви) .... за поздоровлення. 4. Віктор показав (вона) .... нашу бібліотеку. 5. Мама часто читала (вони) .... казки. 6. Що (ти) .... тут подобається? 7. Ірина написала (ми) .... кілька листів з Харкова. 8. (Ви) .... треба вже їхати додому?

Übung 22
Setzen Sie die in Klammern stehenden Wörter in die richtige Form:

Незабаром Різдво і (Віра Петрівна) треба купувати (рідні та друзі) подарунки. Тому (вона) треба їхати після роботи в універмаг. У відділі „Готовий одяг" вона купує (дочка Юлія) теплий светр і джинси. (Син Макс) Віра Петрівна хоче подарувати нову піжаму та спортивний костюм. Він грає у волейбол, тому (він) треба майже щодня ходити на тренування. (Вірина сестра Оксана) подобаються французькі парфуми та креми, які можна купити у відділі „Косметика". (Племінник Василь) можна купити фотоапарат, (Павло) плеєр, а (племінниця Леся) ляльку Барбі. (Батьки) можна подарувати гроші, адже вони живуть лише на невелику пенсію. (Колишня сусідка і подруга Іванна) Віра Петрівна хоче купити у відділі „Прикраси" золотий ланцюжок або браслет. Тут же вона купує (Юлія) срібні сережки і набір перстенів а (Макс) новий годинник. (Старий приятель Богдан Іванович) було б непогано купити кілька романів сучасних німецьких письменників. (Він) подобається німецька література. І, звичайно, треба (він) купити пляшку його улюбленого кельнського одеколону. Тому Віра Петрівна йде спочатку до відділу „Книжки", а потім до відділу парфумерії. Тут вона пригадує, що ще нічого не купила (чоловік). Що подобається (Рольф)? Раніше (він) подобалися вироби з дерева та кераміки, а зараз? І що (він) потрібне? Сорочка? Светр? Одеколон? Лосьйон? Новий портфель? Електробритва? Халат? Треба подумати.

Übung 23
Erzählen Sie, was Sie Ihren Verwandten und Freunden zu Feier- und Geburtstagen schenken. Wo kaufen Sie diese Geschenke?

Der Gebrauch von **потрібно** *und* **потрібний, потрібна, потрібне**

Das Adverb **потрібно** hat die gleiche Bedeutung und Anwendung wie **треба**:
– Мені **потрібно** купити новий словник. = Мені **треба** купити новий словник. (Ich muss ein neues Wörterbuch kaufen.)

Das Adjektiv **потрібний** (*Kurzform* **потрібен**), **потрібна**, **потрібне**, **потрібні** wird in der Bedeutung „brauchen" gebraucht:
– **Мені** (*Dativ*) потрібен новий **словник** (*Nominativ*). (Ich brauche ein neues Wörterbuch.)
– **Іванові** потрібна нова **ручка**. (Iwan braucht einen neuen Stift.)
– **Йому** потрібне також **радіо**. (Er braucht auch ein Radio.)
– А **Олені** потрібні **зошити**. (Und Olena braucht Hefte.)

Synonyme: треба, потрібно = слід *(Als Ratschlag oder Empfehlung)*:
– Вам слід займатися спортом. (Sie müssten Sport treiben.)

Übung 24
Sagen Sie, dass ...

- *Sie ein neues Lehrbuch, einen neuen PC, einen großen Fernseher, einen Wintermantel, eine warme Jacke, neue Sportschuhe, eine schöne Hose brauchen;*
- *Ihre Freundin ein neues Kleid, Ihre Kollegin einen kleinen Kühlschrank, Ihr Nachbar ein großes Auto braucht.*

Übung 25
потрібно *oder* **потрібний (потрібен), потрібна, потрібне, потрібні?**
Setzen Sie das richtige Wort ein.

1. Тарасові .... нова сорочка.
2. Галині .... відвідати батьків.
3. Дітям .... речі для школи.
4. Батькові .... новий телевізор.
5. Марійці .... приготувати обід.
6. Богданові .... чорні черевики.
7. Студентам .... час для підготовки.
8. Спортсменам .... перемога на чемпіонаті.
9. Колегам .... закінчувати обідню перерву.
10. Мені .... купити подарунки на Різдво.

— Що це **на тобі** сьогодні? — **На мені** український костюм.

Dialog 4

Віра Петрівна	Юлю, що це на тобі сьогодні?
Юлія	Сама бачиш – на мені український костюм.
Віра Петрівна	Як гарно!
Юлія	Так, у нашій школі – день України. Буде також невеликий концерт.
Віра Петрівна	Ви всі мусите брати у ньому участь?
Юлія	Всі, хто хоче.
Віра Петрівна	І на вас мусить бути українське вбрання?
Юлія	Хто має щось українське – той одягає. Інші принесуть сувеніри та книжки.

Der Präpositiv der Personalpronomen

N	я	ти	ми	ви	він	вона	воно	вони
G	мене	тебе	нас	вас	його	її	його	їх
D	мені	тобі	нам	вам	йому	їй	йому	їм
A	мене	тебе	нас	вас	його	її	його	їх
I								
P	(на) мені	(на) тобі	(на) нас	(на) вас	(на) ньому	(на) ній	(на) ньому	(на) них

Verbalaspekte / Personalpronomen (Dativ, Präpositiv)

Übung 26
Wer hat was an? Bilden Sie Sätze nach dem Muster:
він – нова сорочка   Що на ньому? На ньому нова сорочка.

| ти – український костюм | ми – теплі речі | вона – довга спідниця |
| я – військова форма | Ви – гарна сукня | вони – святкові костюми |

Dialog 5

Юлія	Це не дуже добрий словник. У ньому нема слова „плахта".
Віра Петрівна	На письмовому столі лежить новий словник.
Юлія	Нічого на ньому не лежить.
Віра Петрівна	А на полиці?
Юлія	На ній лежать лише твої підручники.
Віра Петрівна	Тоді у книжковій шафі?
Юлія	У ній я вже шукала. О, що це тут лежить? Можна подивитися?
Віра Петрівна	Ні, не можна. Це різдвяні подарунки.

Übung 27
Ersetzen Sie die Substantive durch Personalpronomen nach dem Muster:
Ось моя **полиця**. На **ній** стоїть ваза.

1. Біля канапи стоїть маленький столик. На .... лежать газети.
2. Василь заходить до кімнати. У .... живе його друг Тарас.
3. Навпроти нашого саду Ви бачите великий будинок. У .... зараз бібліотека.
4. На вулиці Шевченка знаходиться нова школа. У .... працює Христина.
5. В аудиторії багато столів. На .... лежать наші підручники та зошити.
6. На другому поверсі Ви бачите вікно. На .... стоять квіти. Там наш клас.
7. Мої двері – треті ліворуч. На .... висить табличка, а на .... моє прізвище.

брати – взяти участь у ... *(Präpositiv) – teilnehmen an ... / sich beteiligen an ...*
беру, береш, бере / візьму, візьмеш, візьме *(Prät.* брав, брала / взяв, взяла*)*

Übung 28
Bilden Sie Fragen und beantworten Sie diese nach dem Muster:
семінар / Богдан Іванович   Хто брав участь у семінарі?
                                    У ньому брав участь Богдан Іванович.

конференція / пан Кравченко	чемпіонат / футбольні команди Європи
демонстрація / Василь і Тарас	Олімпійські ігри / українські гімнастки
змагання / українські боксери	автогонки / відомий німецький спортсмен

семінар / Богдан Іванович   Хто візьме участь у семінарі?
                                    У ньому візьме участь Богдан Іванович.

Wiederholen Sie die Übung mit dem Verb **взяти**.

Text

1. *Lesen und übersetzen Sie den Text.*
2. *Ihr ukrainischer Bekannter hat eine Flasche „Kölnisch Wasser" als Geschenk erhalten. Er kennt die Marke nicht. Was würden Sie ihm darüber erzählen?*

„Ке́льнська вода́"

Францу́зьке сло́во „*Eau de Cologne*" означа́є в перекла́ді на украї́нську мо́ву „вода́ Ке́льна". Са́ме це мі́сто є батьківщи́ною рідини́ з приє́мним за́пахом.
Реце́пт одеколо́ну винайшов на поча́тку 18-го столі́ття італі́єць Джова́нні Марі́я Фарі́на. Споча́тку це був алкого́льний напі́й, який назива́ли „еліксиром мо́лодості". Його́ розво́дили у воді́ і пи́ли. Поступо́во завдяки́ приє́мному за́паху одеколо́н поча́в завойо́вувати популя́рність у Євро́пі.
У 18-му столі́тті аромати́чну во́ду з Ке́льна замовля́ли вже аристокра́ти всіє́ї Євро́пи. Пру́сський коро́ль Фрі́дріх дру́гий люби́в дарува́ти одеколо́н росі́йській цари́ці Катери́ні дру́гій, а брита́нська короле́ва Вікто́рія пості́йно замовля́ла і купува́ла його́ у Джзе́ппе Фарі́ни. Про одеколо́н писа́ли Вольте́р, і Ґе́те, а сам Фарі́на писа́в бра́тові в листі́: „Мій арома́т нага́дує італі́йський весня́ний ра́нок пі́сля дощу́, апельси́ни, лимо́ни, грейпфру́т і берга́мот ..."
Тепе́р на ве́жі Ке́льнської ра́туші стої́ть па́м'ятник італі́йському парфуме́рові, який просла́вив на весь світ німе́цьке мі́сто Кельн.
А у до́мі-музе́ї Джузе́ппе Фарі́ни мо́жна поба́чити пе́рші пляше́чки, в яки́х продава́вся одеколо́н, почу́ти ціка́ві істо́рії про винахі́дника чудо́вого еліксиру та його́ послідо́вників, поню́хати рі́зні сорти́ запашно́ї води́.

означа́ти – *bedeuten*, батьківщи́на – *Heimat*, рідина́ – *Flüssigkeit*, за́пах – *Duft*, винахо́дити / ви́найти – *erfinden*, мо́лодість – *Jugend*, розво́дити / розвести́ – *verdünnen*, поступо́во – *allmählich*, замовля́ти / замо́вити – *bestellen*, нага́дувати / нагада́ти – *erinnern*, ве́жа – *Turm*, ра́туша – *Rathaus*, прославля́ти / просла́вити – *berühmt machen*, послідо́вник – *Nachfolger*, ню́хати / поню́хати – *riechen*, запашни́й – *duftend, aromatisch*

„Ра́нок пока́же." „Поживемо́ – поба́чимо."
„Умі́ла приготува́ти, але не вмі́ла пода́ти." (Украї́нські наро́дні прислі́в'я)

Vokabeln

брасле́т *m*	*Armband*	письме́нник *m*	*Schriftsteller*
бра́ти, беру́, бере́ш / взя́ти, ві́зьму, ві́зьмеш	*nehmen*	піжа́ма *f*	*Pyjama*
бри́тва *f*	*Rasierapparat*	пода/ва́ти, -ю, -єш / пода/ти, -м, -си	*servieren*
ви́ріб *m*	*Erzeugnis*	показу/вати, -ю, -єш / пока/зати, -жу, -жеш	*zeigen*
відві́ду/вати, -ю, -єш / відві́да/ти, -ю, -єш	*besuchen*	поки що	*vorläufig*

ві́дділ *m*	*Abteilung*	поня́ття *n*	*Begriff, Ahnung*
відра́зу	*sofort*	потрі́бний	*notwendig*
вмі́/ти, -ю, -єш *uv* (умі́/ти, -ю, -єш)	*können*	потрі́бно	*es ist notwendig*
гото́вий о́дяг *m*	*Konfektion*	поясню́/вати,-ю, -єш / поясн/и́ти, -ю, -иш	*erklären*
готу́/вати, -ю, -єш / приготу́/вати	*zubereiten, vorbereiten*	пригаду́/вати, -ю, -єш / пригада́/ти, -ю, -єш	*sich erinnern*
за *A (Zeit)*	*in, innerhalb*	приїжджа́/ти, -ю, -єш / приї́/хати, -ду, -деш	*kommen (mit einem Fahrzeug)*
закі́нчу/вати, -ю, -єш / закі́нч/ити, -у, -иш	*beenden*	прихо́д/ити, -жу, -иш / прий/ти́, -ду, -деш	*kommen (zu Fuß)*
запи́су/вати, -ю, -єш / запи/са́ти, шу, -шеш	*aufschreiben*	прикра́са *f*	*Schmuck*
запи́ту/вати, -ю, -єш / запита́/ти, -ю, -єш	*fragen*	прино́/сити, -шу, -сиш / принес/ти́, -у, -еш	*bringen*
зді́бний	*begabt*	при́ятель *m*	*Kamerad*
кера́міка *f*	*Keramik*	продо́вжу/вати, -ю, єш / продо́вж/ити, -у, -иш	*fortsetzen*
коли́шній	*ehemalig*	сам, сама́	*selbst*
косме́тика *f*	*Kosmetik*	сере́жки *Pl.*	*Ohrringe*
крем *m*	*Creme*	сіда́/ти, -ю, -єш / сі́сти, ся́ду, ся́деш	*sich setzen*
ланцюжо́к *m*	*Kettchen*	Скі́льки Вам ро́ків?	*Wie alt sind Sie?*
лосьйо́н *m*	*Lotion*	сподіва́/тися, -юсь, -єшся *uv*	*hoffen*
луску́нчик *m*	*Nussknacker*	табли́чка *f*	*Schild*
ля́лька *f*	*Puppe*	тренува́ння *n*	*Training*
мрі́/яти, -ю, -єш *uv*	*träumen*	універма́г *m*	*Kaufhaus*
набі́р *m*	*Satz*	у́часть *f*	*Anteil, Teil*
парфу́ми *Pl.*	*Parfüm*	фо́рма *f*	*Uniform, Form*
пе́рстень *m*	*Ring*	хала́т *m*	*Bademantel*

LEKTION 20

Der Instrumental der Substantive, Adjektive und Possessivpronomen
Die archaische Konjugation der Verben

> – **Чим** ма́ма пої́де до Ки́єва? – Вона́ полети́ть **літако́м**.

Dialog 1

Ю́лія	Ти не зна́єш, чим ма́ма пої́де до Ки́єва?
Макс	Вона́ полети́ть літако́м.
Ю́лія	Мо́жна тако́ж ї́хати потя́гом.
Макс	Так, але́ по́дорож до Ки́єва потя́гом трива́є ду́же до́вго.
Ю́лія	Крім то́го, мо́жна пої́хати авто́бусом. Є пряме́ сполу́чення Кельн – Ки́їв.
Макс	Ти уявля́єш, як до́вго тре́ба ї́хати авто́бусом?
Ю́лія	Два дні?
Макс	Ма́йже. А літако́м леті́ти дві годи́ни.

Dialog 2

Ю́лія	Ти зна́єш, ким працю́є ті́тка Окса́на?
Макс	Вона́ працю́є виклада́чем.
Ю́лія	Ра́зом з Богда́ном Іва́новичем?
Макс	Ти його́ зна́єш?
Ю́лія	Так. Він і́нколи дзво́нить і розмовля́є з ма́мою по телефо́ну.
Макс	Ціка́во.
Ю́лія	А ким працю́є дя́дько Степа́н?
Макс	Інжене́ром.
Ю́лія	Але́ коли́сь він був слю́сарем?
Макс	Так, він був слю́сарем, а став інжене́ром.

Dialog 3

Макс	Чим це ти так захопи́лася?
Ю́лія	Фі́льмом про змага́ння украї́нських і росі́йських гімна́сток.
Макс	Ти все ще ціка́вишся спо́ртом?
Ю́лія	Я не лише́ ціка́влюсь, а й сама́ займа́юсь гімна́стикою.
Макс	У спорти́вній се́кції?
Ю́лія	Так. Я хо́чу ста́ти спра́вжньою спортсме́нкою.
Макс	А я ду́мав, твоє́ захо́плення гімна́стикою – тимчасо́ве я́вище.

Der Instrumental der Substantive (Singular)

Fragen: Nominativ – Хто? Що?
Instrumental – **Ким? Чим? З ким? З чим?**

Geschlecht	Nominativ	Instrumental	Endung
m	інженер батько викладач лікар учитель герой	інженером батьком викладачем лікарем учителем героєм	-ом -м -ем -єм
f	сестра площа племінниця аудиторія верф ніч тінь	сестрою площею племінницею аудиторією верф'ю ніччю тінню	-ою -ею -єю -ю
n	село море прізвище завдання	селом морем прізвищем завданням	-ом -ем -м

Unregelmäßige Fälle (Maskulina):
– Vokalwechsel **і – о, і – е, ї – є**: Львів – Львовом, Канів – Каневом, Київ – Києвом
– Flüchtiges **е / о**: день – днем, серпень – серпнем, стілець – стільцем *(Weichheitszeichen nach* **л***)*, замок – замком, понеділок – понеділком

Unregelmäßige Fälle (Feminina):
– Apostroph nach den Konsonanten **б, п, м, в, ф**: верф – верф'ю, любов – любов'ю

Übung 1
Bilden Sie den Instrumental Singular:

адвокат	грудень	Марія Петрівна	вежа
Василь	пекар	кухня	вулиця
Андрій	українець	піч	місто
перекладач	борщ	медаль	поле
Іван Петрович	подруга	осінь	життя
учень	бабуся	подорож	весілля

Instrumental als Mittel oder Instrument einer Handlung:
– **Чим** ви їдете? Ми їдемо автобус**ом**. (Womit fahrt ihr? Wir fahren mit dem Bus.) – Eine alternative Variante zu „**На чому** ви їдете? Ми їдемо **на** автобусі."

Übung 2
Bilden Sie Fragen und beantworten Sie diese nach dem Muster:
Петро́ – авто́бус   Чим Петро́ ї́здить на робо́ту?
                                 Він ї́здить авто́бусом.

| Оле́на – трамва́й | Іва́н – троле́йбус | Гали́на – мотоци́кл |
| Оле́г – метро́ | Ні́на – велосипе́д | Ма́рко – тра́ктор |

А чим Ви ї́здите на робо́ту / у відпу́стку / у відря́дження, …?

Instrumental nach den Verben **працюва́ти, бу́ти, ста́ти**:
– **Ким** ви **працю́єте**? (**Als** was arbeiten Sie?)
– Я працю́ю **вчи́телем**. (Ich arbeite **als** Lehrer.)

Übung 3
Bilden Sie Fragen und Antworten nach dem Muster:
Тара́с / інжене́р   Ким працю́є Тара́с?
                           Він працю́є інжене́ром.

| Бори́с / журналі́ст | Мирослава / лі́кар | Богда́н / воді́й |
| Степа́н / слю́сар | Вікто́рія / адвока́т | О́льга / медсестра́ |

става́ти (I) – **ста́ти** (I) *(werden)*
става́ти *uv* – стаю́, стає́ш, стає́, … *Prät.* става́в, става́ла, …
ста́ти *v* – ста́ну, ста́неш, ста́не, … *Prät.* став, ста́ла, …

– **Ким** був Іва́н? Він був студе́нтом. (**Was** war Iwan? Er war Student.)
– **Ким** він став? Він став архіте́ктором. (**Was** ist er geworden? Er ist Architekt geworden.)

Übung 4
Beantworten Sie die folgenden Fragen:

– Ким дя́дько Степа́н був ра́ніше? *(Dialog 2)*
– А ким він став?
– Ким Ви були́ ра́ніше?
– Ким Ви по́тім ста́ли?
– Ким і де Ви за́раз працю́єте?
– Ким працю́є Ваш ба́тько / Ва́ша ма́ти / Ваш друг / … ?
– Ким вони́ були́ ра́ніше?

Stellen Sie ähnliche Fragen an Ihren Kursnachbarn.

Instrumental nach „**є**" *(Präsensform von* **бу́ти** *– sein)*:
– Ки́їв – столи́ця Украї́ни. = Ки́їв **є** столи́цею Украї́ни. (Kyjiw *ist* die Hauptstadt der Ukraine.)

Instrumental (Substantive, Adjektive, Possessivpronomen)

Übung 5
Ändern Sie die Sätze nach dem Muster:
Берлі́н – столи́ця Німе́ччини.   Берлі́н є столи́цею Німе́ччини.

1) Ма́ґдебурґ – центр федера́льної землі́. 2) Андрі́й – вчи́тель музи́чної шко́ли. 3) Оле́на – реда́ктор газе́ти „Час". 4) Павло́ – брат Миха́йла Петро́вича. 5) Іри́на Іва́нівна та Фе́дір Бори́сович – батьки́ мого́ коле́ги. 6) Ні́на та Леоні́д – дру́зі мої́х сусі́дів.

Instrumental nach den Verben **займа́тися** (I), **ціка́витися** (II), **захо́плюватися** (I)
займа́/тися *uv*, -юсь, -єшся, ... – *sich beschäftigen*
ціка́в/итися *uv*, -люсь, -ишся, ... – *sich interessieren*
захо́плю/ватися *uv*, -юсь, -єшся, ... – *sich begeistern*

Übung 6
Bilden Sie Fragen und Antworten nach dem Muster:
Бори́с / спорт   Чим займа́ється Бори́с? Він займа́ється спо́ртом.

Фе́дір – пла́вання	Ната́лка – аеробі́ка
Ю́лія – гімна́стика	Ні́на та Оле́на – волейбо́л
О́лівер – футбо́л	Володи́мир і Віта́лій – бокс

Ю́лія / гімна́стика   Чим ціка́виться Ю́лія? Вона́ ціка́виться гімна́стикою.

Рольф – те́хніка	Теодо́р і Костянти́н – теоло́гія
Ма́рко – істо́рія	Семе́н і Оста́п – бале́т
Софі́я – архітекту́ра	у́чні – геогра́фія

Bilden Sie ähnliche Sätze mit dem Verb **захо́плюватися**.

Übung 7
Erzählen Sie über Ihre Interessen und Hobbys.
Wofür interessieren sich Ihre Freunde und Verwandte?
Wofür begeistert sich Ihr Nachbar? Fragen Sie ihn danach.

Es gibt noch andere Verben, die den Instrumental verlangen, z. B.:
– **керу/ва́ти** (I) *uv*, -ю, -єш *(leiten)*: Богда́н керу́є робо́тою студе́нтів. (Bohdan leitet die Arbeit der Studenten.)
– **кори́сту/ватися** (I) *uv*, -юсь, -єшся *(nutzen, benutzen)*: Ви мо́жете кори́стува́тися словнико́м. (Sie dürfen das Wörterbuch benutzen.)
– **ба́в/итися** (II) *uv*, -люсь, -ишся *(spielen)*: Ді́вчинка ба́виться ля́лькою. (Das Mädchen spielt mit der Puppe.)
– **пригоща́/ти** (I) *uv*, -ю, -єш / приго/сти́ти (II) *v*, -щу́, -сти́ш *(anbieten, bewirten)*: Ната́лка пригоща́є госте́й борще́м. (Natalka bietet den Gästen Borschtsch an.)
– **пиша́/тися** (I) *uv*, -юсь, -єшся *(stolz sein auf ...)*: Ма́ти пиша́ється си́ном. (Die Mutter ist stolz auf ihren Sohn.)

Bilden Sie eigene Beispiele mit diesen Verben.

Der Gebrauch des Instrumentals zur Bezeichnung des Ortes nach den Präpositionen: **за** *(hinter),* **перед** *(vor),* **під** *(unter, bei),* **над** *(über),* **між** *(zwischen):*
– **Де? За** театр**ом**, **перед** аптек**ою**. (Wo? Hinter dem Theater, vor der Apotheke.)

Übung 8
Wo? Beantworten Sie die Fragen nach dem Muster:
Де стоїть пам'ятник Шевченкові? (перед, університет) Він стоїть перед університетом.

1. Де висить карта України? (над, стіл) 2. Де зупинка автобуса номер три? (за, музей) 3. Де знаходиться оперний театр? (між, стадіон і філармонія) 4. Де лежить словник? (під, портфель) 5. Де розташована Україна (між, Польща і Росія) 6. Де студенти зустріли викладача? (перед, аудиторія) 7. Де знаходиться місто Самбір? (за, Львів) 8. Де працює Семен? (під, Київ) 9. Де живе Софія? (за, Вінниця)

Zur Bezeichnung des Ortes wird der Instrumental auch *ohne* Präposition gebraucht: їхати ліс**ом** *(durch den Wald fahren),* подорожувати Україн**ою** *(durch die Ukraine reisen).*

Der Instrumental in temporaler Bedeutung – nach den Präpositionen **перед** *und* **між** *bei der Frage* **Коли?**:
– **Коли?**   **Перед** урок**ом**. (Wann? Vor dem Unterricht.)
              Між обід**ом** і вечер**ею**. (Zwischen Mittag- und Abendessen.)

Übung 9
Wann? Beantworten Sie die Fragen nach dem Muster:
Коли Віра Петрівна була у відрядженні? (Різдво) – Вона була у відрядженні **перед Різдвом**.

1. Коли Іван був в гостях у Віктора? (відпустка) 2. Коли Олена зустріла Степана? (день народження) 3. Коли Денис бачив Макса? (обід) 4. Коли Ви сьогодні снідали (семінар) 5. Коли нам треба бути в посольстві? (прийом) 6. Коли Вам можна працювати вдома (вівторок і п'ятниця) 7. Коли Дмитро буде проходити практику? (вересень і січень)

In temporaler Bedeutung kann der Instrumental auch *ohne* Präposition gebraucht werden: годин**ами** *(stundenlang),* вечор**ами** *(abends).*

Instrumental nach der Präposition **з** *(in der Bedeutung* **mit***):*
– **З ким? З Оленою.** (Mit wem? Mit Olena.)

Übung 10
Bilden Sie Sätze nach dem Muster:
Віра / працювати / Олена   З ким працює Віра? Вона працює з Оленою.

Рольф / працювати / Марія	Борис / вечеряти в ресторані / Оксана
Катерина / жити / сестра	Мирослава / готувати сніданок / син
Віктор / іти в кіно / Андрій	Марко / вчитися / Василь
Галина / їхати в Крим / чоловік	Юлія / їздити у відпустку / Клавдія
Іванка / ходити в театр / друг	батько / дивитися телевізор / дочка

– Оста́п з Марі́йкою *(Instrumental)* тут. (Marijka und Ostap sind hier.)
– Ми з сестро́ю були́ в теа́трі. (Meine Schwester und ich waren im Theater.)

Übung 11
Übersetzen Sie ins Ukrainische nach dem gleichen Muster:

1. Meine Ehefrau und ich waren im Sommer in den Karpaten.
2. Mein Ehemann und ich werden uns im nächsten Jahr auf der Krim erholen.
3. Mein Vater und ich waren gestern im Kino.
4. Ostap und Olena sind Studenten.
5. Oksana und ich haben uns lange nicht gesehen.
6. Andrij und Wassyl sind gute Freunde.
7. Maria und ich treiben täglich Sport.

– **З чим? З хлі́бом**. (Womit? Mit Brot.)

Übung 12
Bilden Sie Fragen und beantworten Sie diese nach dem Muster:
Окса́на п'є ка́ву з (молоко́). – З чим Окса́на п'є ка́ву? – З молоко́м.

Тара́с їсть хліб з (ма́сло).	Я п'ю чай з (цу́кор і лимо́н).
Ма́ма готу́є варе́ники з (сир).	Ми їмо́ борщ з (хліб і часни́к).
Га́ля лю́бить кана́пки з (ши́нка).	Юрко́ взяв карто́плю з (м'я́со і сала́т).

– Віта́ю **Вас** *(Akkusativ)* **з днем** *(Instrumental)* наро́дження! *oder:*
– Поздоровля́ю Вас з днем наро́дження! (Ich gratuliere Ihnen **zum** Geburtstag!)

віта́/ти / привіта́/ти (II), -ю, -єш **з** ... *(grüßen, begrüßen, gratulieren zu ...)*
поздоровля́/ти (I), -ю, -єш / **поздоро́в/ити** (II), -лю, -иш **з** ... *(gratulieren, beglückwünschen zu ...)*

Übung 13
Worum handelt es sich in diesen Glückwunschkarten?

Шано́вна па́ні Луце́нко! Поздоровля́ю Вас і Ва́ших коле́г з ювіле́єм фі́рми „Житлобу́д". Бажа́ю Вам пода́льших у́спіхів. Ваш І. Полі́щак фі́рма „Дністер"	Дороги́й Андрі́ю Мака́ровичу! Віта́ю Вас і Ва́шу дружи́ну з наро́дженням си́на. Бажа́ю Вам вели́кого роди́нного ща́стя, а си́нові мі́цного здоро́в'я. Ва́ша коле́га О. П. Тимоше́нко	Лю́ба Ві́рочко! Віта́ю тебе́ з днем наро́дження. Бажа́ю тобі́ ща́стя та вели́ких у́спіхів у робо́ті та особи́стому житті́. До зу́стрічі у Льво́ві! Твій друг Богда́н Луце́нко

Übung 14
a) *Wozu kann man gratulieren? Bilden Sie Sätze:*
 Поздоровля́ю Вас / тебе́ ... Віта́ю Вас / тебе́ ...

 зі (свя́то) з (Вели́кдень) з (хрести́ни) з (день наро́дження)
 з (Різдво́) з (весі́лля) з (новосі́лля) з (День Незале́жності)

b) Schreiben Sie 2 Karten. Gratulieren Sie Ihrem ukrainischen Freund zum Geburtstag und Ihrem Lehrer zum ukrainischen Nationalfeiertag (Tag der Unabhängigkeit).

– З ким ти святкуватимеш день народження? – З **друзями** та **сусідами**.

Dialog 4

Оксана Петрівна	Алло! Віро, це ти? Добрий день!
Віра Петрівна	Добрий день, Оксано! Яка приємна несподіванка!
Оксана Петрівна	Вітаю тебе з днем народження! Бажаю щастя, здоров'я, успіхів!
Віра Петрівна	Дякую, сестричко.
Оксана Петрівна	З ким ти будеш святкувати?
Віра Петрівна	З друзями, з сусідами, з дітьми...
Оксана Петрівна	І з колегами?
Віра Петрівна	Звичайно. Вони зустріли мене з подарунками та квітами.

Der Instrumental der Substantive (Plural)

Geschlecht	Nominativ S.	Nominativ Pl.	Instrumental Pl.	Endung
m	інженер	інженери	інженерами	
	батько	батьки	батьками	
	викладач	викладачі	викладачами	
	лікар	лікарі	лікарями	
	учитель	учителі	учителями	
	герой	герої	героями	
f	сестра	сестри	сестрами	
	площа	площі	площами	-ами -ями
	племінниця	племінниці	племінницями	
	аудиторія	аудиторії	аудиторіями	
	верф	верфі	верф'ями	
	ніч	ночі	ночами	
	тінь	тіні	тінями	
m	село	села	селами	
	море	моря	морями	
	прізвище	прізвища	прізвищами	
	завдання	завдання	завданнями	

Übung 15
Bilden Sie den Instrumental Singular sowie den Nominativ und Instrumental Plural der folgenden Substantive:

юрист, вихователь, товариш, музей, школа, вулиця, теща, лекція, піч, медаль, озеро, поле

Übung 16
Bilden Sie Sätze nach dem Muster:
діти – учні – студенти   Мої діти були учнями, а стали студентами.

друзі – студенти – вчителі   Степан і Наталка – перекладачі – викладачі
брати – асистенти – лікарі   Ніна та Галя – прибиральниці – співачки
сусіди – солдати – офіцери   Леся і Настя – домогосподарки – стюардеси

Instrumental (Substantive, Adjektive, Possessivpronomen)

Übung 17
Setzen Sie die in Klammern stehenden Substantive in den Instrumental:
1) Літа́к леті́в над (го́ри та озе́ра). 2) Туристи́чний авто́бус і́хав (поля́ та лі́си). 3) Пароплав пливе́ (моря́ та рі́ки). 4) Гру́па німе́цьких студе́нтів подорожува́ла (міста́ і се́ла) Украї́ни.

– Ле́ся розмовля́є **німе́цькою** мо́вою?

Dialog 5

Ю́лія	Ле́ся розмовля́є німе́цькою мо́вою?
Макс	Ду́маю, ще ні.
Ю́лія	А Васи́ль і Павло́?
Макс	Васи́ль до́бре розмовля́є німе́цькою, а Павло́ францу́зькою мо́вою.
Ю́лія	Ма́ма каза́ла, що у Льво́ві всі розмовля́ють ще й по́льською мо́вою.
Макс	Жи́телі Льво́ва до́бре розумі́ють по́льську мо́ву.
Ю́лія	Чому́?
Макс	Тому́ що це мо́ва і́хніх до́брих сусі́дів.

Dialog 6

Макс	Ой, що це так сма́чно па́хне?
Ю́лія	Ма́ма ва́рить украї́нський борщ. А я їй допомага́ю.
Макс	Борщ з черво́ним буряко́м?
Ю́лія	Звича́йно. І з сві́жою капу́стою, молодо́ю карто́плею.
Макс	І як я зна́ю, з і́ншими овоча́ми. З м'я́сом чи з копче́ним са́лом?
Ю́лія	Сього́дні з м'я́сом і рі́зними смачни́ми припра́вами. І з пампу́шками.
Макс	А варе́ники з си́ром вже гото́ві?
Ю́лія	Ма́йже. Сього́дні ма́ма хо́че почастува́ти нас украї́нським обі́дом.
Макс	Це тобі́ не студе́нтські харчі́! І не які́сь ра́влики!

Der Instrumental der Adjektive

Fragen: Nominativ – Яки́й? Яка́? Яке́? Які́?
Instrumental – **Яки́м? Яко́ю? Яки́м? Яки́ми?**

Singular			
Geschlecht	Nominativ	Instrumental	Endung
m	вели́кий си́ній	вели́ким си́нім	-им -ім
f	вели́ка си́ня	вели́кою си́ньою	-(ь)ою
n	вели́ке си́нє	вели́ким си́нім	-им -ім
Plural			
m f n	вели́кі си́ні	вели́кими си́німи	-ими -іми

– Я розмовляю **українською мовою** *(Instrumental)*. = Я розмовляю по-українськи.
– Олег добре (дуже добре, чудово, вільно, досконало, трохи, погано) розмовляє англійською мовою.

Übung 18
Welche Sprachen sprechen diese Personen? Bilden Sie Sätze nach dem Muster:
Юлія / по-українськи   Юлія добре (досконало, вільно, погано, трохи, ...) розмовляє українською мовою.

Макс / по-англійськи	Оксана / по-французьки	Рамон / по-іспанськи
Василь / по-німецьки	Віталій / по-російськи	Марія / по-чеськи
Руслана / по-польськи	Ніколь / по-італійськи	Нур / по-турецьки

володі́/ти (I) *uv*, -ю, -єш *(herrschen, beherrschen, sprechen)* + Instrumental

– **Якими іноземними мовами** Ви **володієте**? Я (добре) володію англійською мовою.

Übung 19
Beantworten Sie die Fragen:

Якими іноземними мовами Ви володієте?
... володіють Ваші друзі / колеги / родичі, ... ?

Erkundigen Sie sich bei Ihren Kursnachbarn nach ihren Sprachkenntnissen.

Übung 20
Setzen Sie die Wörter in Klammern in die richtige Form:

Сьогодні неділя, і мама пригощає нас (український обід). На перше вона приготувала борщ із (свіжі овочі): з (молода капуста і картопля, морква та буряк, зелена петрушка та цибуля). На стіл мама завжди подає борщ із (свіжий часник, сметана та пампушки). На друге мама зварила вареники з (товчена картопля) і (свіжий сир). Інколи вона робить вареники з (яблука або вишні). Вареники можна подавати зі (сметана, мед, цукор, підливка). На третє мама приготувала солодкий узвар і спекла бабку з (рис, мак і родзинки). „Смачного!" – каже вона і ми починаємо з (задоволення) їсти і пити.

Die Verben **їсти** und **пити** *(Präsens-Konjugation):*

	їсти *uv* / *arch.*	**пити** *uv* / (I)
я	їм	п'ю
ти	їси	п'єш
він	їсть	п'є
ми	їмо́	п'ємо́
ви	їсте́	п'єте́
вони	їдя́ть	п'ють

Präteritum: їсти – їв, їла, їли / пити – пив, пила, пили

Aspekte: Der vollendete Aspekt dieser Verben hat verschiedene Varianten – allerdings mit verschiedenen Bedeutungen:

uv	v		uv	v	
їсти	по́їсти	etwas (ein wenig) essen	пи́ти	попи́ти	etwas (ein wenig) trinken
	з'ї́сти	aufessen		ви́пити	austrinken
	наї́стися	sich satt essen		напи́тися	genug trinken

Merken Sie sich:
– Я хо́чу ї́сти. = Я голо́дний / голо́дна. (Ich habe Hunger.)
– Я наї́вся / наї́лась. = Я си́тий / си́та. (Ich bin satt.)
– Я хо́чу пи́ти. (Ich habe Durst.)
– Я напи́вся / напила́сь. (Ich habe genug getrunken.)

Übung 21
Fügen Sie passende Personalpronomen ein und setzen Sie Betonungszeichen:

Що ... їсте? ... їм канапку, а ... їсть салат. А ... що їдять? ... їсть сало, а ... їсть шинку. Що ... їси на сніданок? Булку або рогалик. А ... їмо на сніданок канапки.
Що ... п'єш на сніданок? ... п'ю каву. А ... п'ємо чай. ... п'ють сік, а ... п'єте воду? Так, ... завжди п'ю воду, коли хочу пити.

> сніда́нок *m (Frühstück)*, обі́д *m (Mittagessen)*,
> підвечі́рок *m (Vesper)*, вече́ря *f (Abendessen)*

ї́сти / пи́ти **на сніда́нок** *(Akkusativ)* – zum Frühstück essen / trinken
... на обі́д, на підвечі́рок, на вече́рю

Übung 22
Ergänzen Sie die Endungen und setzen Sie Betonungszeichen.

- На сніданок я ї..... канапки з масло..... і ковбас..... і п..... чай з лимон..... .
- Іван ї..... на сніданок булку з сир..... або рогалик і п..... каву з молоко..... .
- А мої діти ї..... на сніданок білий хліб з мед..... або з повидло..... .
- Що ви ї..... на обід? На обід ми ї..... картоплю з м'ясо..... і підлив..... .
- А що ви п..... на обід? Ми п..... кисіль.
- Я люблю ї..... на перше борщ з пампушк..... .
- На друге я часто ї..... вареники з сир..... і сметан..... .
- На десерт ми ї..... солодку бабку з яблук..... і п..... узвар.
- На підвечірок вони п..... каву з цукр..... і ї..... солодкий пиріг з вершк..... .
- На вечерю Остап ї..... чорний хліб з шинк..... або сало..... і п..... пиво.

Übung 23
Beantworten Sie die Fragen:

Що Ви їсте́ (п'єте́) на сніда́нок? ... на обі́д? ... на підвечі́рок? ... на вече́рю?

Stellen Sie ähnliche Fragen an Ihre Kursnachbarn.

Die archaische Konjugation der Verben

Nach der archaischen Konjugation werden nur wenige Verben konjugiert:
- **їсти** *uv* und die davon abgeleiteten Verben (по́їсти *v*, з'ї́сти *v*, наї́стися *v*, ...)
- **да́ти** *v* und die davon abgeleiteten Verben (переда́ти *v*, прода́ти *v*, ...)
- **відпові́сти** *v* sowie die anderen Verben auf -**ві́сти** (розпові́сти *v*, ...)

uv	*v*	
ї́сти	з'ї́сти	essen / aufessen
	пої́сти	etwas essen
	наї́стися	sich satt essen
дава́ти	да́ти	geben
передава́ти	переда́ти	übergeben, übertragen
продава́ти	прода́ти	verkaufen
здава́ти	зда́ти	abgeben, ablegen
відповіда́ти	відпові́сти	antworten
розповіда́ти	розпові́сти	erzählen

Die Konjugation:

	да́ти *v*	відпові́сти *v*
я	дам	відповім́
ти	даси́	відпові́си
він	дасть	відпові́сть
ми	дамо́	відповімо́
ви	дасте́	відповісте́
вони́	даду́ть	відповідя́ть

Präteritum: да́ти – дав, дала́, дали́ / відпові́сти – відпові́в, відповіла́, відповіли́

Übung 24
Setzen Sie die Verben in der richtigen Form ein:

ї́сти *uv*
Що це ти ....? Я .... варе́ники. А що .... твій сусі́д? Він теж .... варе́ники. Ви лю́бите .... украї́нські стра́ви? Так, ми ма́йже щодня́ .... борщ, варе́ники або голубці́.

да́ти *v*
Зара́з ми бу́демо обі́дати. А коли́ ти .... ді́тям моро́зиво? Я .... їм моро́зиво пі́сля обі́ду. Коли́ ж ти хо́чеш .... їм подару́нки? Дмитро́ і Оле́на .... ді́тям подару́нки ще вчо́ра, а ми, я ду́маю, ... їм подару́нки насту́пного вівто́рка.

відпові́сти *v*
За́втра ввече́рі я .... на його́ пита́ння. І що ж ти йому́ ....? Я ще не зна́ю. Мо́же, ми ра́зом .... йому́? Як ти ду́маєш? До́бра іде́я!

Übung 25
Setzen Sie das passende Verb in der entsprechenden Form ein:

їсти / з'їсти
Мамо, я хочу .... ! Я з ранку нічого не .... А хто .... усі канапки? Не знаю. Напевно, Василь. Василю, це ти .... Лесин сніданок? Нічого я не .... Вона сама все .... Я лише чаю напився.

давати / дати
Мій син Микола їде завтра на екскурсію. Скільки грошей йому ....? Я, наприклад, завжди .... моїй дочці 10 – 15 гривень. Тоді я .... також Миколі 15 гривень.

продавати / продати
Ярино, що це ти тут на базарі ....? Я .... яблука, як бачиш. Які гарні яблука! Не лише гарні, а й смачні. Тому я й .... вже 30 кілограмів. А до вечора, думаю, я .... усі яблука. Може, ти й мені .... 2 кілограми?

відповідати / відповісти
На уроці учні читають текст і .... на питання. Дмитро вже .... майже на всі питання. Коли він .... на останнє питання, він зможе піти на перерву.

розповідати / розповісти
Що це ти .... групі учора після семінару? Я .... про мою поїздку до Німеччини. Спочатку я ...., як важко було одержати візу і квиток на літак. А про перебування в Німеччині ти теж ....? Ні, про це я .... завтра.

Übung 26
Konjugieren Sie die Verben поїсти v, наїстися v, продати v, розповісти v.

Übung 27
Nennen Sie die passende Verbform:

я (відповісти), ти (розповісти), він (дати), ми (продати), ви (наїстися), вони (відповісти), я (розповісти), ти (дати), він (продати), ми (наїстися), ви (відповісти), вони (дати)

– Карта висить над **моїм** письмовим столом.

Dialog 7

Віра Петрівна	Де наша географічна карта?
Макс	Вона висить над моїм письмовим столом.
Віра Петрівна	Над твоїм письмовим столом? Не бачу.
Юлія	Це колись вона висіла над його столом.
Віра Петрівна	А зараз?
Юлія	Зараз вона висить між твоєю полицею і моїм дзеркалом!
Віра Петрівна	Між моєю полицею і твоїм дзеркалом?
Юлія	Так, як бачиш.

Der Instrumental der Possessivpronomen

Fragen: Nominativ – Чий? Чия? Чиє? Чиї?
Instrumental – **Чиїм? Чиєю? Чиїм? Чиїми?**

Singular			
Geschlecht	Nominativ	Instrumental	Endung
m	мій / твій наш / ваш їхній	моїм / твоїм нашим / вашим їхнім	-їм -им -ім
f	моя / твоя наша / ваша їхня	моєю / твоєю нашою / вашою їхньою	-єю -(ь)ою
n	моє / твоє наше / ваше їхнє	моїм / твоїм нашим / вашим їхнім	-їм -им -ім
Plural			
m f n	мої / твої наші / ваші їхні	моїми / твоїми нашими / вашими їхніми	-їми -ими -іми

Übung 28
Geben Sie kurze Antworten auf die folgenden Fragen:
Де висить картина? (над, я, ліжко) Над моїм ліжком.

– Де починається екскурсія? (перед, ми, університет)
– Де зупинка тролейбуса? (за, ви, будинок)
– Де тут можна припаркувати машину? (між, вони, гараж, ви, город)
– Де тут студентське кафе? (за, вони, аудиторія)
– Де моя валіза? (під, ти, ліжко)
– Де тут можна побачити пароплави? (за, ми, верф)
– Коли Борис купив Галі перстень? (перед, вони, весілля)

Text

1. *Lesen und übersetzen Sie den Text.*
2. *Bilden Sie Dialoge zum Thema „Українська кухня".*
3. *Erzählen Sie über die deutsche Nationalküche.*

Українська кухня

Національна кухня – це своєрідна «візитна картка» народу, менш офіційна, ніж герб або прапор, але більш демократична, більш зрозуміла всім і кожному. Український борщ, вареники і голубці посідають значне місце в інтернаціональному меню поруч із французькими підливами, російськими млинцями, італійськими макаронами, англійським пудингом і пекінською качкою.
Привітність і гостинність українського народу відомі з давніх часів. Гостей частували найкращими стравами, напоями і домашніми ласощами: закусками, першими та другими стравами, солодким печивом та бабками, узварами та традиційними домашніми винами. Найпопулярнішою українською стравою є борщ. Існує три різновиди традиційних борщів. Перший – червоний борщ, найулюбленіша з усіх національних українських страв.

Його готують із м'ясом або салом, капустою, буряком, картоплею, цибулею, часником, зеленню петрушки та кропу і деколи квасолею. Заправляють цей борщ свіжими помідорами або томатним соусом і подають зі сметаною.
Другий різновид борщу – зелений борщ, який варять навесні, коли з'являється молода зелень. Готують його з картоплею і свіжим щавлем, додають варені яйця і сметану.
Третій різновид борщу – холодний борщ, який подають тільки влітку. Готують його з квасу, до якого додають варену картоплю, горох, буряк, цибулю, варені яйця, зелений кріп, петрушку і сметану. Смачного!

(З «Енциклопедії української кухні»)

своєрідний – *eine Art* ..., менш – *weniger*, герб – *Wappen*, прапор – *Fahne*, більш – *mehr*, кожний – *jeder*, значний – *bedeutend*, млинець – *Pfannkuchen*, качка – *Ente*, привітність – *Freundlichkeit*, гостинність – *Gastfreundschaft*, найкращий – *der beste*, ласощі – *Leckerbissen*, закуска – *Imbiss, Vorspeise*, печиво – *Gebäck*, найпопулярніший – *der populärste*, різновид – *Art*, найулюбленіший – *der beliebteste*, зелень – *Grün, Grüngemüse*, кріп – *Dill*, заправляти / заправити – *abschmecken*, з'являтися / з'явитися – *erscheinen*, щавель – *Sauerampfer*, додавати / додати – *hinzufügen*, яйце – *Ei*, квас – *Kwas*

– Куди це Ви поспішаєте? – Несу обід чоловікові. – Так він же працює кухарем дієтичної їдальні! – Так-то воно так! Але у нього хворий шлунок! (Український гумор)

„Восени і курчата курми будуть." „Двічі молодим не бути." „Пирогом і батогом!" „Купили хрін – треба їсти." (Українські народні прислів'я)

Vokabeln

бабка *f*	*Auflauf*	пампушка *f*	*Hefepfannkuchen*
батіг *m*	*Peitsche*	пахн/ути, -е, -уть *uv*	*riechen, duften*
булка *f*	*Brötchen*	пе/кти, -чу, -чеш / спе/кти	*backen*
буряк *m*	*rote Beete*	перед *I*	*vor*
вареник *m*	*ukr. Teigtasche*	петрушка *f*	*Petersilie*
вершки *Pl.*	*Sahne*	пити, п'ю, п'єш, п'є / випити	*trinken*
вишня *f*	*Sauerkirsche*	під *I*	*unter*
віта/ти, -ю, -єш / привіта/ти	*grüßen, gratulieren*	підлива *f*	*Sauce*
володі/ти, -ю, -єш *uv*	*(be)herrschen*	повидло *n*	*Marmelade*
голубець *m*	*Kohlroulade*	поздоровля/ти, -ю, -єш / поздоров/ити, -лю, -иш	*gratulieren*
горох *m*	*Erbse(n), Bohne(n)*		
готовий	*fertig, bereit*	поспіша/ти, -ю, -єш *uv*	*sich beeilen*

двічі	zweimal	прода/ва́ти, -ю́, -є́ш / прода́ти, -м, -си	verkaufen
з, зі, із *I*	mit		
за *I*	hinter	припра́ва *f*	Gewürz
за́хоплення *n*	Begeisterung	прями́й	direkt, gerade
захо́плю/ватися, -юсь, -єшся / захоп/и́тися, -лю́сь, -ишся	sich begeistern	ра́влик *m*	Schnecke
		рога́лик *m*	Hörnchen
		роди́зинка *f*	Rosine
		са́ло *n*	Speck
інозе́мний	Fremd-, ausländisch	смачни́й, сма́чно	schmackhaft
їда́льня *f*	Gaststätte, Kantine	Смачно́го!	Guten Appetit!
ї́сти, їм, їси́, їсть / з'ї́сти	essen	смета́на *f*	saure Sahne
кана́пка *f*	belegtes Brot	сполу́чення *n*	Verbindung
капу́ста *f*	Weißkohl	ста/ва́ти, -ю́, -є́ш / ста/ти, -ну, -неш	werden
карто́пля *f*	Kartoffel(n)	те́ща *f*	Schwiegermutter
кисі́ль *m*	Kaltschale	тимчасо́вий	zeitweilig
ко́пчений	geräuchert	товче́ний	gestampft
кріп *m*	Dill	трива́/ти, -є, -ють *uv*	dauern
курча́ *n*	Kücken	узва́р *m*	Kompott
лимо́н *m*	Zitrone	уявля́/ти, -ю, -є́ш / уяв/и́ти, -лю́, -иш (собі́)	sich etw. vorstellen
мак *m*	Mohn		
мед *m*	Honig	фру́кти *Pl.*	Obst
між *I*	zwischen	хрести́ни *Pl.*	Tauffeier
мо́рква *f*	Möhre(n)	хрін *m*	Meerrettich
моро́зиво *n*	Speiseeis	цибу́ля *f*	Zwiebel(n)
на пе́рше, на дру́ге	als 1. (2.) Gang	часни́к *m*	Knoblauch
над *I*	über	часту/ва́ти -ю, -є́ш / почасту/ва́ти	bewirten, anbieten
новосі́лля *n*	Einzugsfeier	ю́шка *f*, суп *m*	Suppe
о́вочі *Pl.*	Gemüse	я́вище *n*	Erscheinung

LEKTION 21

Die Präfixbildungen der Verben
Der Gebrauch des Apostrophs
Der Instrumental der Personalpronomen

> – О котрій годині **відлітає** літак із Франкфурта? – О дев'ятій.
> – А коли він **прилітає** до Києва? – Об одинадцятій.

Dialog 1

Юлія	Мамо, ти вже знаєш, коли ти полетиш до Києва?
Віра Петрівна	Наступної п'ятниці. Я полечу з Франкфурта.
Юлія	О котрій годині відлітає літак?
Віра Петрівна	О дев'ятій ранку.
Юлія	А коли він прилітає до Києва?
Віра Петрівна	Об одинадцятій – за середньоєвропейським часом.
Юлія	А за київським часом?
Віра Петрівна	О дванадцятій.
Юлія	Над якими містами ти будеш пролітати?
Віра Петрівна	Думаю, над Дрезденом, Краковом та Львовом.

Dialog 2

Віра Петрівна	Де Макс?
Юлія	Він вже поїхав у Бонн.
Віра Петрівна	Він сказав, коли приїде наступного разу додому?
Юлія	Ні, але він обіцяв подзвонити, як тільки приїде до Бонна.
Віра Петрівна	А ось і дзвінок. Напевно, це він. Алло!
Макс	Алло, мамо, це я, Макс. Я щойно приїхав і дзвоню, як обіцяв.
Віра Петрівна	І як ти доїхав?
Макс	Без проблем. Дуже швидко, як бачиш.
Віра Петрівна	Сподіваюсь, ми ще зустрінемось до мого від'їзду.
Макс	Звичайно, мамо. Я приїду в середу або четвер.
Віра Петрівна	Ти можеш по дорозі заїхати до пані Шнайдер? Вона просила.
Макс	Вона щось хоче тобі передати?
Віра Петрівна	Так, подарунок братові, який живе у Львові.

Die Präfixbildungen der Verben

Die Präfigierung des Verbalstammes dient, wie bereits erwähnt, der Bildung des vollendeten Aspekts: роби́ти *uv* – зроби́ти *v*, чита́ти *uv* – **про**чита́ти *v*. Außerdem dient sie der Bildung neuer Verben, wie z. B. писа́ти (*schreiben*) – **о**писа́ти (*beschreiben*), **під**писа́ти (*unterschreiben*) usw.

Aufgabe: *Arbeiten Sie das Thema „Die Präfixbildungen der Verben" (Anhang, Grammatik, S. 281) selbständig durch.*

Übung 1
Übersetzen Sie ins Deutsche:

- У вівто́рок Іри́на поїхала в Карпа́ти.
- Споча́тку Юлія почита́ла кни́жку, по́тім послу́хала му́зику.
- Оле́г прийшо́в додо́му о деся́тій годи́ні ве́чора.
- Він приніс по́друзі кві́ти.
- Ми пройшли́ через парк, перейшли́ через ву́лицю і дійшли́ до па́м'ятника.
- По доро́зі на вокза́л ми зайшли́ до кав'я́рні і ви́пили ча́шку ка́ви.
- З рестора́ну ми ви́йшли пів на одина́дцяту.
- Пі́сля уро́ків ми віднесли́ книжки́ в бібліоте́ку.
- Маши́на з'ї́хала з автостра́ди і під'ї́хала до запра́вки.
- Го́сті розійшли́ся пі́зно.

Übung 2
Fügen Sie anstelle der Punkte passende Präfixe ein und setzen Sie Betonungszeichen:

Пі́сля прес-конфере́нції Тара́с .....шов додо́му. Додо́му він .....йшов о 9-ій годи́ні.
У́чень .....йшов до кла́су. Він .....йшов до стола́, взяв підру́чник і .....йшов від стола́. Потім він .....йшов з кла́су.
По доро́зі дру́зі .....йшли у рестора́н. Там вони́ повече́ряли. Пі́сля вече́рі вони́ .....йшли з рестора́ну, ...йшли через доро́гу і .....йшли через парк. О 10-ій годи́ні вони́ .....йшлися.

Übung 3
Setzen Sie die folgenden Verben im Präteritum ein. Jedes Verb darf nur einmal verwendet werden.

ви́їхати	в'ї́хати	від'ї́хати
з'ї́хати	об'ї́хати	під'ї́хати
доїхати	проїхати	приїхати
заїхати	переїхати	роз'ї́хатися

Вра́нці ми поїхали маши́нами до мі́ста. У мі́сто ми .... о 9-ій годи́ні.
Споча́тку ми .... на центра́льну пло́щу і .... до па́м'ятника.
Там ми сфотографува́лись. По́тім ми .... до універма́гу і .... в підзе́мний гара́ж. В універма́зі ми купи́ли подару́нки ді́тям. Пі́сля цього́ ми .... через головну́ ву́лицю, ... парк і .... до Дніпра́. Там ми постоя́ли, подиви́лися на річкови́й вокза́л і на пароплави. По́тім ми .... від ріки́, ... через міст і .... По доро́зі додо́му я ще .... до супермаркету.

Übung 4
Übersetzen Sie ins Deutsche:

– Ма́ркові тре́ба було́ переписа́ти впра́ву ще раз.
– Ді́ти побі́гли в дитя́чий садо́к.
– Григо́рій пові́в соба́ку в парк.
– Гали́на вписа́ла ще одне́ сло́во в текст.
– Цей афори́зм я вичита́ла в старо́му рома́ні.
– Оста́п ви́ніс стільці́ на балко́н.
– Коли́ я дочита́ю кни́жку до кінця́, я віднесу́ її́ Христи́ні.
– Наре́шті ми допливли́ до бе́рега.
– Сергі́йко підбі́г до двере́й і запита́в: „Хто там?"
– Степа́н підні́с мені́ скля́нку вина́ і сказа́в: „Ви́п'ємо за зу́стріч!"
– По доро́зі в кіно́ ми заї́хали до дру́га.
– Офіціа́нтка розно́сила напо́ї.
– Ці слова́ припи́сують Шевче́нкові.
– Пташки́ поба́чили на доро́зі соба́ку і розлеті́лися.

Auch bei *Substantiven* und *Adjektiven* behalten die Präfixe ihren Inhalt:

хід – *Gang*, вхід – *Eingang*, ви́хід – *Ausgang*, перехі́д – *Übergang*, прохі́д – *Durchgang*, обхі́д – *Rundgang, Umleitung*, підхі́д – *Herangehen*, схо́ди – *Treppe*, вхідни́й квито́к – *Eintrittskarte*, вихідни́й день – *arbeitsfreier Tag (Tag, an dem man ausgeht)*, перехідни́й пері́од – *Übergangsperiode*, прохідни́й двір – *Durchgangshof*, обхідни́й лист – *Laufzettel*

Übung 5
Was bedeuten diese Wörter?

в'їзд, ви́їзд, об'ї́зд, переї́зд, прої́зд, з'їзд, в'їзна́ ві́за, ви́їзна ві́за, проїзни́й квито́к, о́пис, пі́дпис, на́дпис, на́пис, до́пис, пере́пис насе́лення, полі́т, переліт, ви́літ, приліт, обліт, перелі́тний птах

Der Gebrauch des Apostrophs

Das Zeichen ' *(Apostroph)*, ein Gegenzeichen zu ь *(Weichheitszeichen)*, signalisiert, dass der vorangehende Konsonant **hart** ausgesprochen wird: п'ять, де́в'ять.

Der Apostroph wird gebraucht:
1) vor den jotierten Vokalen я, ю, є, ї:
– nach den labialen Konsonanten б, п, в, м, ф: В'ячесла́в, сім'я́
– nach einem harten р am Silbenende: вале́р'я́нка, інтер'є́р
– nach Präfixen und anderen wortbildenden Teilen, die auf einen harten Konsonanten enden: в'ї́зд, з'їзд, **мін'ю́ст, транс'євро́пейський**
2) vor я nach к: Лук'я́н, К'я́ра
3) in fremdsprachigen Eigennamen wie Д'Артанья́н, Жа́нна д'Арк, О'Ге́нрі
4) in vielen Fremdwörtern vor я, ю, є nach Präfixen und anderen wortbildenden Teilen, die auf harte Konsonanten enden: ад'юта́нт, Рейк'я́вік, кон'юнкту́ра.

Der Apostroph wird nicht gebraucht:
1) vor den jotierten Vokalen **я, ю, є** nach den labialen Konsonanten **б, п, в, м, ф** falls vor diesen Konsonanten ein *zweiter* beliebiger Konsonant außer **р** steht, der auch zum Wortstamm gehört: **свя́**то, рі́здвя́ний
2) nach einem weichen **р**: мо**ря́**к, **рю**кза́к
3) in Fremdwörtern nach den labialen Konsonanten falls sie *weich* ausgesprochen werden: **Мю́**нхен, **пю**ре́, **бю**ро́.

Übung 6
Setzen Sie dort, wo es notwendig ist, den Apostroph ein:

об...є́кт, об...ї́зд, о́б...мін, об...серваторія, комп...ю́тер, В...єтна́м, св...яти́й, прем...є́ра, рі́здв...я́ний, кон...юнкту́ра, бур...я́к, пан...європе́йський, суб...є́кт, В...юртембе́рг, ін...є́кція, м...ю́зикл, б...рокра́т, п...я́тниця, дев...я́тнадцять

— Він вчи́вся **з тобо́ю** в університе́ті? — Ні, він вчи́вся **зі мно́ю** ще в шко́лі.

Dialog 3

Ю́лія	Ма́мо, зві́дки ти зна́єш Богда́на Іва́новича?
Ві́ра Петрі́вна	Ми з ним ра́зом вчи́лись.
Ю́лія	Він вчи́вся з тобо́ю в університе́ті?
Ві́ра Петрі́вна	Ні, він вчи́вся зі мно́ю ще в шко́лі, ми коли́шні однокла́сники.
Ю́лія	Тепе́р я розумі́ю, чому́ між ва́ми такі́ до́брі відно́сини.
Ві́ра Петрі́вна	Мо́жна сказа́ти, між на́ми старі́ товари́ські стосу́нки.
Ю́лія	А за́раз він працю́є з ті́ткою Окса́ною?
Ві́ра Петрі́вна	Так, він вже кі́лька ро́ків працю́є з не́ю в університе́ті.
Ю́лія	Мо́же, ті́тка Окса́на і Богда́н Іва́нович – коли́шні одноку́рсники?
Ві́ра Петрі́вна	Ні, вона́ познайо́милася з ним на робо́ті.

Der Instrumental der Personalpronomen

N	я	ти	ми	ви	він	вона́	воно́	вони́
G	мене́	тебе́	нас	вас	його́	її́	його́	їх
D	мені́	тобі́	нам	вам	йому́	їй	йому́	їм
A	мене́	тебе́	нас	вас	його́	її́	його́	їх
I	мно́ю	тобо́ю	на́ми	ва́ми	ним	не́ю	ним	ни́ми
P	(на) мені́	(на) тобі́	(на) нас	(на) вас	(на) ньо́му	(на) ній	(на) ньо́му	(на) них

Übung 7
Bilden Sie den Instrumental:

Ва́ша дружи́на працю́є зі (я). Рома́н сиди́ть ра́зом з (ти). Ми ї́здили з (вона́) у відпу́стку. Миро́н переклада́є з (він) текст. Вони́ були́ з (ми) на конце́рті. Олекса́ндр ходи́в з (вони́) в рестора́н. Він уже́ з (Ви) познайо́мився?

Übung 8
Ersetzen Sie die Substantive im Instrumental durch Personalpronomen.
Muster: Іван зустрівся з Оксаною. – Іван зустрівся з нею.

1. Перед студентами – цікаве завдання.
2. Перед Лідією лежали різні документи і матеріали.
3. Олег сидів за Василем.
4. Там озеро, а за озером починається ліс.
5. Між колегами була конструктивна атмосфера.
6. Богдан вчився разом з Вірою в школі.
7. Зараз Оксана працює з Богданом в університеті.
8. Галя слухає класичну музику. Вона захоплюється музикою вже давно.
9. А Юлія любить спорт. Вона займається спортом щодня.
10. Андрій Макарович святкує з друзями день народження.

– Радий / рада з **Вами** познайомитися. (Es freut mich, Sie kennen zu lernen.)

знайом/итися / познайом/итися II, -люся, -ишся – **з ким**? *(Instrumental) / sich bekannt machen mit ..., j-n kennen lernen*

Übung 9
Bilden Sie Sätze nach dem Muster:
Василь знайомиться з (Руслана).
Василь знайомиться з Русланою. З ким він знайомиться? З нею.

1) Студенти знайомляться з (викладач). 2) Богдан Іванович знайомиться з (група). 3) У відрядженні Віра Петрівна позайомилась з (берлінські колеги). 4) Пан Мюллер був радий познайомитися з (Віра Петрівна). 5) У відпустці Галина познайомилася з (Андрій та Марійка).

Übung 10
Setzen Sie die Wörter in Klammern in die richtige Form:

Віра Петрівна збирається з (колега) на кілька днів у відрядження до Києва. Вона вже була там з (вона) минулого року. Обидві працюють в Німеччині (викладачі) і мають постійний контакт з (Київський університет) та (різні київські школи). З (вони) їде також один російський колега, який працює в Кельні.
До Києва вони полетять (літак). Віра Петрівна дзвонить у Київ і розмовляє з (працівник) готелю „Темп". Вона замовляє на чотири дні, з 10-го по 13-е грудня, два номери з (ванна, туалет, телефон і телевізор). Віра Петрівна добре знає і любить цей готель з (великі затишні номери), з (чудовий ресторан і бар), (приємний персонал). Готель розташований недалеко від центру міста, перед (старовинний парк), між (станція метро) і (міський драматичний театр).
У Києві Віра Петрівна та її колеги будуть мати семінар і кілька зустрічей з (українські вчителі, доценти та професори), (старі знайомі та друзі). Потім вони планують разом відвідати деякі музеї, бо дуже цікавляться (українська історія та культура). Крім того, вони захоплюються (українська класична опера) і хочуть подивитися й послухати оперу „Запорожець за (Дунай)".
Після Києва Віра Петрівна хоче на кілька днів заїхати до рідного міста Львова, щоб зустрітися з (батьки, сестра Оксана, її чоловік Степан, племінник Василь, племінниця Леся, подруга Іванна, старий приятель Богдан Іванович, колишні однокласники). Вона так давно не бачилася з (вони)! Але спочатку треба подзвонити сестрі і домовитися з (вона) про все.

Dialog 4

Петренко	Алло! Готель „Темп". Черговий адміністратор Петренко.
Віра Петрівна	Добрий день! Моє прізвище Бахманн. Я дзвоню з Кельна.
Петренко	Добрий день, пані Бахманн! Чим можу служити?
Віра Петрівна	Я хочу замовити номери у Вашому готелі.
Петренко	На скільки днів і на коли?
Віра Петрівна	На чотири дні, з 10-го по 13-е грудня.
Петренко	Скільки номерів?
Віра Петрівна	Два.
Петренко	Які номери Ви бажаєте? Ми маємо одномісні, двомісні та „люкси".
Віра Петрівна	Один одномісний і один двомісний.
Петренко	Двомісні номери ще є, а одномісних, як я бачу, вже немає.
Віра Петрівна	Як прикро!
Петренко	Можу запропонувати Вам „люкс".
Віра Петрівна	Гаразд. Один „люкс", будь ласка. Я ще маю одне питання.
Петренко	Слухаю Вас.
Віра Петрівна	У Вашому готелі тепер можна розраховуватися карткою?
Петренко	Ви можете розраховуватися і пластиковою карткою, і готівкою, і чеком.

Dialog 5

Руденко	Міжнародний Авіасервіс України, Франкфурт.
Віра Петрівна	Алло!
Руденко	Вас вітає Наталія Руденко. Добрий день.
Віра Петрівна	Добрий день. Моє прізвище Бахманн.
Руденко	Чим можу служити, пані Бахманн?
Віра Петрівна	Я хочу замовити у Вас квитки на літак.
Руденко	Скільки квитків, на який рейс і на коли?
Віра Петрівна	Три квитки на рейс Франкфурт – Київ, на 10-е грудня.
Руденко	Який клас Ви бажаєте – туристичний чи бізнес-клас?
Віра Петрівна	Бізнес-клас.
Руденко	Біля вікна, посередині чи біля проходу?
Віра Петрівна	Це не має значення.
Руденко	Чи бажаєте Ви також зворотні квитки?
Віра Петрівна	Так, але лише два.
Петренко	На яке число?
Віра Петрівна	На 13-е грудня.
Руденко	Гаразд. Реєстрація пасажирів та багажа у Франкфурті починається за дві години до відльоту літака.
Віра Петрівна	Де саме?
Руденко	У терміналі Е. Квитки та рахунок ми відправимо Вам поштою. Тому прошу назвати ще Ваше ім'я та адресу.
Віра Петрівна	Віра. Віра Бахманн. Цюльпіхер Штрассе 45, 50025 Кельн.
Руденко	Дякую, пані Бахманн.

Übung 11
Bilden Sie Dialoge zum Thema „Я замовляю по телефону номер у готелі та авіаквиток".

Text

1. *Lesen und übersetzen Sie den Text.*
2. *Sie wohnen im Hotel „Lybid". Schreiben Sie eine Karte an Ihnen Freund und beschreiben Sie Ihre Eindrücke.*

Готель «Либідь»

Готель «Либідь» розташований у центрі Києва на площі Перемоги перед будинком цирку і універсамом «Україна». Назва «Либідь» пов'язана з історією Києва. Так звали сестру засновників міста – Кия, Щека та Хорива.
Готель має 17 поверхів, на кожен з яких можна дістатися швидкісними ліфтами. Тут є 280 комфортабельних одно- та двомісних номерів, «люксів» та апартаментів з прямим міжнародним зв'язком, кондиціонерами, холодильниками та фенами. Усі номери мають ванні кімнати з ваннами або душовими кабінами. Для гостей, які не курять, є спеціальний поверх. У готелі існує розвинена інфраструктура: пункти обміну валюти, кіоски з сувенірами та газетами, хімчистка і магазин. Тут можна без проблем одержати різну інформацію, замовити легковий автомобіль або квитки до театру чи на концерт, користуватись комп'ютерною технікою та інтернетом. За допомогою спеціального сервісу можна взяти участь у цікавих екскурсіях по історичних місцях української столиці та численних музеях.
Особливою популярністю користується кухня готелю з великим вибором європейських та українських національних страв, різноманітних вин та інших напоїв. Працівники сервісу та кухарі можуть організувати за бажанням гостей банкети і різні види сніданків.
Розраховуватися в готелі можна кредитною карткою або готівкою.
За високоякісний сервіс готель «Либідь» був нагороджений премією «Оскар».

(З рекламного проспекту)

універсам – *Selbstbedienungswarenhaus*, пов'язаний – *verbunden*, діставатися / дістатися – *gelangen*, зв'язок – *Verbindung, Kommunikation*, кондиціонер – *Klimaanlage*, пункт обміну валюти – *Geldwechselstelle*, хімчистка – *chemische Reinigung*, легковий автомобіль – *PKW*, за допомогою – *mit Hilfe*, бажання – *Wunsch*, висока якість – *hohe Qualität*, нагороджений – *ausgezeichnet*, премія – *Preis (Auszeichnung)*

Vokabeln

адміністратор *m f*	*Verwalter*	населення *n*	*Bevölkerung*
аеропорт *m*	*Flughafen*	номер *m*	*Hotelzimmer*
виїзд, в'їзд *m*	*Ausfahrt, Einfahrt*	обидва, обидві	*beide*
від'їзд, приїзд *m*	*Abfahrt, Ankunft*	обіця/ти, -ю, -єш *uv, v*	*versprechen*
відліт, приліт *m*	*Abflug, Landung*	однокласник *m*	*Klassenkamerad*

відліта́/ти, -ю, -єш / відле/ті́ти, -чу́, -ти́ш	abfliegen	одноку́рсник *m*	Kommilitone
відно́сини *Pl.*	Beziehung(en)	одномі́сний / двомі́сний но́мер	Einzel- / Doppelzimmer
відправля́/ти, -ю, -єш / відпра́в/ити, -лю, -иш	schicken, abschicken	переда/ва́ти, -ю́, -єш / переда́/ти, -м, -си́	übergeben, übertragen
готі́вка *f*	Bargeld	підзе́мний	unterirdisch
домовля́/тися, -ю́сь, -є́шся / домо́в/итися, -люсь, -ишся	sich verabreden, etw. vereinbaren	полі́т *m*	Flug
		пості́йний	ständig
дзвіно́к *m*	Anruf	при́кро	bedauerlich
замовля́/ти, -ю, -єш / замо́в/ити, -лю, -иш	bestellen	приліта́/ти, -ю, -єш / приле/ті́ти, -чу́, -ти́ш	kommen, ankommen (mit dem Flugzeug)
зворо́тний	Rück-	раху́нок *m*	Rechnung
знайо́м/итися, -люсь, -ишся / познайо́м/итися	kennen lernen	реєстра́ція *f*	Einchecken
		рейс *m*	Route, Flug
зустріча́/тися, -ю́сь, -є́шся / зустрі́/тися, -ну́сь, -не́шся	sich treffen	розрахо́ву/ватися, -юсь, -єшся / розраху́/ватися, -юсь, -єшся	zahlen, Rechnung begleichen
квито́к, біле́т *m*	Fahrkarte, Ticket Eintrittskarte	стосу́нки *Pl.*	Beziehung(en) Verhältnis(se)
люкс	Luxus-	терміна́л *m*	Terminal
міжнаро́дний	international	товари́ський	kameradschaftlich
місь́кий	städtisch	туристи́чний	Touristen-
На коли́?	Für wann?	черго́вий	diensthabender

LEKTION 22

Der Konjunktiv
Die Deklination der Substantive (Zusammenfassung)

> – **Бу́ло б** непога́но, **якби́** вона́ мене́ **зустрі́ла** на вокза́лі.

Dialog 1

Секрета́р	Науко́вий ві́дділ, секрета́р Світли́цька.
Ві́ра Петрі́вна	До́брий день! З Ва́ми гово́рить Ві́ра Ба́хманн з Ке́льна.
Секрета́р	До́брий день... Перепро́шую, я не зрозумі́ла. Як Ва́ше прі́звище?
Ві́ра Петрі́вна	Бе-а-ха-ем-а-ен-ен, Ба́хманн.
Секрета́р	Дя́кую, па́ні Ба́хманн, тепе́р я зрозумі́ла. Слу́хаю Вас.
Ві́ра Петрі́вна	Чи не могли́ б Ви попроси́ти до телефо́ну па́ні Тимоше́нко?
Секрета́р	Я зроби́ла б це з задово́ленням, але́ вона́ якра́з на нара́ді.
Ві́ра Петрі́вна	Жаль. Чи не могли́ б Ви їй де́що переказа́ти?
Секрета́р	З приє́мністю.
Ві́ра Петрі́вна	Я попроси́ла б Вас сказа́ти па́ні Тимоше́нко, що дзвони́ла її́ сестра́ з Німе́ччини, ...
Секрета́р	Так, слу́хаю...
Ві́ра Петрі́вна	... яка́ хоті́ла б на кі́лька днів приї́хати до Льво́ва.
Секрета́р	Коли́ са́ме?
Ві́ра Петрі́вна	13-го гру́дня. І що було́ б непога́но, якби́ вона́ мене́ зустрі́ла на залізни́чному вокза́лі.
Секрета́р	Ви прийде́те варша́вським по́тягом?
Ві́ра Петрі́вна	Ні, ки́ївським.
Секрета́р	То Ви дзво́ните з Ки́єва, чи з Німе́ччини?
Ві́ра Петрі́вна	Дзвоню́ з Німе́ччини, а приї́ду з Ки́єва.
Секрета́р	Хіба́ не було́ б кра́ще ї́хати че́рез Варша́ву, а не че́рез Ки́їв?
Ві́ра Петрі́вна	Можли́во, так. Але́ мені́ потрі́бно споча́тку з'ї́здити на кі́лька днів до Ки́єва.
Секрета́р	Розумі́ю. Я скажу́ па́ні Тимоше́нко, щоб вона́ вам подзвони́ла.
Ві́ра Петрі́вна	До́бра іде́я. Ду́же дя́кую.

Der Konjunktiv

Der Konjunktiv *(die Möglichkeitsform)* gehört zu den drei Modi – Aussageweisen (neben Indikativ und Imperativ). Er wird vom Präteritum unvollendeter und vollendeter Verben und der Partikel **би** *(nach Konsonanten)* und **б** *(nach Vokalen)* gebildet.

Je nach Kontext kann diese Wortverbindung verschiedene Zeitformen wiedergeben:
- Я зроби́ла б це ще вчо́ра. (Ich hätte das noch gestern gemacht / getan.) *Präteritum*
- Я зроби́ла б це за́раз. (Ich hätte das jetzt gemacht. / Ich würde das jetzt tun.) *Präsens*
- Я зроби́ла б це за́втра. (Ich würde das morgen tun.) *Futur*

Die Partikel **би / б** steht im Satz in der Regel nach dem Verb. Aber es kann nach jedem Wort, welches hervorgehoben werden soll, stehen:

Іва́н ніко́ли туди́ не **пішо́в би**. **Іва́н би** ніко́ли туди́ не пішо́в. Іва́н **туди́ б** ніко́ли не пішо́в. Іва́н туди́ **ніко́ли б** не пішо́в.	- Iwan würde niemals dorthin gehen. *oder:* - Iwan wäre niemals dorthin gegangen.

Der Konjunktiv bedeutet:

a) eine Möglichkeit, eine mögliche Handlung:
   Він прийшо́в би, але він не ма́є ча́су. (Er würde kommen, aber er hat keine Zeit.)
b) einen Wunsch, eine erwünschte Handlung:
   Я хоті́в би Вас поба́чити. (Ich möchte Sie gern sehen. / Ich würde Sie gern sehen.)
c) eine höfliche Aussage, Aufforderung oder verbindliche Frage:
   Я б це кра́ще зроби́ла. (Ich hätte das besser gemacht. / Ich würde das besser machen.)
   Чи не могли́ б Ви це для ме́не зроби́ти? (Könnten Sie das für mich tun? / Würden Sie das für mich tun?)

Dialog 2

Рольф	Ба́хманн.
Іва́нна	Рольф, це ти? До́брий день! Це Іва́нна тебе́ турбу́є.
Рольф	А, Іва́нна! До́брий день! Як спра́ви?
Іва́нна	Дя́кую, до́бре. А як ти?
Рольф	Теж непога́но.
Іва́нна	Я ба́чу, ти ще не забу́в украї́нської мо́ви. Гово́риш без акце́нту.
Рольф	О, дя́кую за компліме́нт.
Іва́нна	Я чу́ла, Ві́ра ї́де до Ки́єва.
Рольф	Так. Через три дні.
Іва́нна	Чи не могла́ б вона́ заї́хати хоча́ б на па́ру днів до Льво́ва?
Рольф	А ти б ду́же хоті́ла її́ поба́чити?
Іва́нна	Звича́йно. Я була́ б ду́же ра́да зустрі́тися з не́ю.
Рольф	Здає́ться, вона́ ма́ла таки́й план.
Іва́нна	Приї́хати до Льво́ва?
Рольф	Так. Я скажу́ їй, щоб вона́ тобі́ передзвони́ла.
Іва́нна	Це було́ б непога́но. Дя́кую.

Zum Ausdruck eines *unerfüllbaren* oder *unerfüllten Wunsches* bzw. einer *Bedingung* wird der Konjunktiv in Konditionalsätzen mit **якщо́**, **коли́** oder **якби́** gebraucht. In **якби́** ist die Partikel **би** bereits integriert, deshalb wird sie nicht noch mal im Satz verwendet. Das Verb im Nebensatz steht ebenfalls im Konjunktiv:

Коли́ б я мав час,		Wenn ich Zeit hätte,	würde ich ins Kino gehen.
Якщо́ б я мав час,	я пішо́в би в кіно́.	Hätte ich Zeit,	wäre ich ins Kino
Якби́ я мав час,		Hätte ich Zeit gehabt,	gegangen.

Der Konjunktiv wird oft als mildere, *höfliche* Frage oder Aussage gebraucht:
– Чи не могли́ б Ви мені́ сказа́ти, ...? (Könnten Sie mir bitte sagen, ...?)
– Я б Вас попроси́в ... / Я попроси́ла б Вас ... (Ich würde Sie bitten ...)
– Чи не хоті́ли б Ви ...? (Würden Sie ...? Möchten Sie ...?)

Eine *höfliche* Antwort lautet:
– Будь ла́ска. З задово́ленням. З приє́мністю.

Auch zum Ausdruck eines Zweifels, einer Einschränkung oder Verneinung wird manchmal der Konjunktiv benutzt:
– Хто б міг поду́мати! (Wer hätte das gedacht!)
– Ніко́ли б не сказа́ла, що ... (Ich hätte nie gesagt, dass ...)

Übung 1
Bilden Sie den Konjunktiv:

Якби́ я мав час, я (пої́хати) на пляж.
Якщо́ б я мав можли́вість, я (відві́дати) старо́го дру́га в Га́мбургу.
Коли́ б я мав гро́ші, я (купи́ти) по́друзі га́рний браслет.

Und nun ergänzen Sie selbständig die Sätze:

– Якби́ я мав час, ...
– Якби́ я мав можли́вість, ...
– Коли́ б я мав бага́то гроше́й, ...
– Якщо́ б я знав іспа́нську мо́ву, ...
– Якщо́ б я жив у Криму́, ...
– Якби́ я був украї́нцем, ...
– Якби́ я був федера́льним ка́нцлером, ...
– Коли́ б я знав украї́нського президе́нта, ...

Übung 2
Setzen Sie das passende Verb im Konjunktiv ein:

розмовля́ти	зна́ти	слу́хати	чита́ти
диви́тися	працюва́ти	вчи́тися	ходи́ти

Якби́ ми жили́ у Льво́ві, ми .... з украї́нськими коле́гами, щодня́ .... украї́нські телепереда́чі, ... украї́нське ра́діо, ... украї́нські газе́ти і журна́ли, ... украї́нською мо́вою, ... в украї́нські теа́три та .... на украї́нських мо́вних ку́рсах. Через рік – два ми чудо́во .... мо́ву Украї́ни.

Der Konjunktiv wird auch in Objektsätzen, die Wünsche, Forderungen, Befehle oder Mitteilungen enthalten, mit **щоб, щоби, аби** in der Bedeutung **dass, damit** verwendet. In diesem Fall steht das Verb unabhängig von der Zeitform auch immer im *Präteritum*:
– Я хочу, **щоб** він мені **подзвонив**. (Ich will, **dass** er mich anruft.)
– Бажаю Вам, **щоб** Ви завжди **були** здорові. (Ich wünsche Ihnen, **dass** Sie immer gesund bleiben.)
– Петро сказав, **щоб** ми **вийшли** з аудиторії. (Petro sagte, **dass** wir den Klassenraum verlassen sollen /…wir sollten den Klassenraum verlassen.)

Übung 3
Bilden Sie Sätze mit dem Konjunktiv nach dem Muster:

Вчитель хоче / учні пишуть диктант. – Вчитель хоче, **щоб** учні **писали** диктант.

1) Василь хоче / Руслана сидить біля нього. 2) Рольф сказав Вірі / вона подзвонить Іванні. 3) Богдан Іванович сказав студентам / вони перекладають текст. 4) Юлія хоче / Макс допомагає їй робити домашнє завдання. 5) Стюардеса каже пасажирам / вони займають місця. 6) Працівник аеропорту сказав туристам / вони ідуть до виходу. 7) Іванна хоче / Віра приїде до Львова. 8) Директор бажає / його працівники візьмуть участь у конференції. 9) Тарас сказав однокурсникам / вони чекають на нього біля входу.

Die Partikel **щоб / щоби / аби** hat noch eine andere Bedeutung:
– Віра поїде до Львова, **щоб** відвідати рідних. (Wira wird nach Lwiw fahren, um Verwandte zu besuchen.) In diesem Fall steht das Verb im *Infinitiv*.

Die Deklination der Substantive (Zusammenfassung)

Deklination der Substantive ist deren Veränderung nach Genus *(Geschlecht)*, Numerus *(Zahl)* und Kasus *(Fall)*. Bei der Deklination der Substantive unterscheidet man im Ukrainischen 4 Haupttypen:

Die 1. Deklination
Dazu gehören Feminina und Substantive mit dem doppelten Geschlecht *(Maskulina und Feminina wie* колега*)* mit der Endung -**а**, -**я**. Die zu dieser Deklination gehörenden Substantive werden in drei Gruppen eingeteilt:
– *harte* / Endung -**а**: школа, сестра
– *weiche* / Endung -**я**: вулиця, племінниця
– *gemischte* / Endung Zischlaut-**а**: вежа, теща.

Die 2. Deklination
Dazu gehören Maskulina und die meisten Neutra. Die zu dieser Deklination gehörenden Substantive werden in drei Gruppen eingeteilt:
– *harte* / Maskulina, die auf einen harten Konsonanten oder -**о** enden, sowie Neutra auf -**о**: стіл, студент, батько, вікно

- *weiche* / Maskulina auf **-ь, -й, -ир, -ар** *(stammbetont im Singular oder endbetont beim Deklinieren)*, sowie Neutra auf **-е** und **-я** *(unbelebt)*: стілець, учитель, музей, герой, монастир, календар, лікар, море, помешкання
- *gemischte* / Maskulina auf einen Zischlaut oder auf **-яр**, die einen *Beruf* oder eine *Beschäftigung* nennen, sowie Neutra auf Zischlaut-е: ніж, школяр, прізвище.

Die 3. Deklination
Dazu gehören Feminina, die auf einen Konsonanten enden *(hart oder weich)* sowie das Substantiv **мати**: подорож, любов, тінь.

Die 4. Deklination
Dazu gehören belebte Neutra auf **-а**, **-я** sowie unbelebte Neutra auf **-м'я**: дівча, котя, ім'я.

Tabellen zur jeder Deklination finden Sie im Anhang (Grammatik, ab S. 263).

Übung 4
Deklinieren Sie folgende Substantive:

1. Deklination: країна, подруга, гора, сусідка, таблиця, вежа, традиція
2. Deklination: балкон, дядько, понеділок, міст, готель, трамвай, борщ, село, поле, весілля
3. Deklination: медаль, ніч, любов, можливість
4. Deklination: курча, дитя, плем'я

Übung 5
Setzen Sie die Substantive in die richtige Form:

1. Тут стоїть диван / стіл, стілець, шафа, полиця і крісло. *(Nominativ)*
2. Там немає дивана / ...
3. У кімнаті ми бачили диван / ...
4. Лампи висять над диваном / ...
5. Газети лежать на дивані / ...

Und nun setzen Sie die Sätze in den Plural:

1. Тут стоять дивани / столи, ...
2. Там немає диванів, ... *usw.*

Übung 6
Ergänzen Sie die Sätze nach dem gleichen Muster:

1. З столом сидять Іван, Оксана, Василь, Галя, Андрій і Марія. *(Nominativ)*
2. На жаль, на фото я не бачу Івана, ...
3. Олег написав листи Іванові, ...
4. У місті Люба зустріла ...
5. Ми були в парку з ...
6. Нові святкові костюми були на ...
7. Дорогий ... ! / Дорога ... !

Übung 7
Genitiv bis Vokativ. *Setzen Sie die Substantive in Klammern in die richtige Form:*

- Ми дивилися на фотографії (Іван Степанович і Олена Максимівна).
- Студенти купили пам'ятні подарунки для (пан Гнатюк і пані Тарасюк).
- У (дядько Семен і тітка Соломія) є гарний собака.
- (Василь Савчук і Марійка Галик) треба ще раз писати контрольну роботу.
- (Захар Петрович і Оксана Миколаївна) сподобались наші подарунки.
- Богдан запропонував (пан Шевченко і пані Левченко) поїхати в гори.
- В Луганську ми відвідали (друг Микола і його подруга Галя).
- Ви вже зустріли (Анатолій Борисович і Катерина Григорівна)?
- Ти знаєш (пан Олексій і пані Лідія)?
- На фото мій батько сидить поруч з (дід Остап і баба Горпина).
- Володимир працює разом з (Григорій Лавриненко і Мирослава Білик).
- Наш сусід цікавиться (Моніка Лімбас і Жаннет Краузе).
- На (Віктор, Марко, Сергій та Василь) модні костюми.
- На (Ганна, Леся, Марійка і Дарія) гарні сукні.
- Добрий день, (брат, друг, колега, юнак, хлопчик)!
- Добрий вечір, дорога (мама, сестра, бабуся, племінниця)!
- Як справи, (Семен, Федір, Сергій, Марко, Павло, Микола)?
- Це ти, (Наталка, Уляна, Настя, Галя, Соломія)?

Übung 8
Genitiv. *Öffnen Sie die Klammer:*

1) Скільки (день і ніч) ви їхали поїздом? 2) У нашому місті багато (музей, пам'ятник, міст). 3) В аудиторії є декілька (карта, таблиця і фотографія). 4) Я знаю ще мало (слово і правило). 5) У групі було кілька (українець, німець, француз і поляк).

Übung 9
Instrumental. *Setzen Sie die Substantive in die richtige Form.*

Центральна площа лежить між (театр і філармонія). Станція метро знаходиться між (завод і верф). Я зроблю це для тебе з (приємність). Віктор цікавився (подорож) в Карпати. Дмитро ходив до ресторану з (товариш). На закуску ми їли салат із (зелень). Пам'ятник стоїть перед (консерваторія). Мій друг захоплюється (полювання). Мати з (любов) дивилася на дітей. Його рідне село розташоване під (Тернопіль). Літак пролітав над (Україна, Польща і Чехія).

Übung 10
Akkusativ – Präpositiv. *Bilden Sie Sätze nach dem Muster:*

іти – працювати / школа   Я іду **в** школу. Я працюю **в** школі.

театр	офіс	книгарня	верф	станція
готель	фабрика	бібліотека	універмаг	банк
крамниця	філармонія	музей	міністерство	супермаркет

їхати – жити / Одеса   Я їду **в** Одесу. Я живу **в** Одесі.

Житомир	Вінниця	Макіївка	Київ	Німеччина
Ковель	Рига	Львів	Кишинів	Австрія
Луцьк	Каховка	Яворів	Воронiж	Польща

Übung 11

Genitiv – Akkusativ – Präpositiv. *Bilden Sie Sätze nach dem Muster:*
поїхати – їздити – бути / Іван – Ялта   Іван поїхав **до** Ялти. Він їздив **у** Ялту.
Іван був **у** Ялті.

Федір – Полтава	Роман – Горлівка	Віктор – Бердичів	Рольф – Гамбург
Данило – Гаага	Настя – Фастів	Тамара – Луганськ	Григорій – Франція
Ольга – Нюрнберг	Наталка – Миколаїв	Семен – Чернівці	Марко – Німеччина

Übung 12

Genitiv – Präpositiv. *Bilden Sie Sätze nach dem Muster:*
бути / Борис – друг – Бонн   Борис був **у** друга **в** Бонні.

Петро – дядько – Дрезден	Дмитро – подруга – Прага	Ірина – колега – Наумбург
Тарас – тітка – Дмитрівка	Тіна – бабуся – Васильків	Рафаель – батько – Нью-Йорк
Леся – сестра – Суми	Галя – брат – Чернігів	Христина – син – Черкаси

Übung 13

Akkusativ – Instrumental. *Bilden Sie Sätze nach dem Muster:*
словник – зошит   Дякую **за** словник. **За** словником лежить зошит.

| журнал – лист | таблиця – книжка | фолія – касета | зошити – журнали |
| газета – карта | портфель – ручка | стілець – сумка | квіти – листи |

Dialog 3

Андрій Макарович	Алло! Це Богдан Іванович?
Богдан Іванович	Так.
Андрій Макарович	Добрий день, Богдане Івановичу! Це Левчук Вас турбує.
Богдан Іванович	А, добрий день, Андрію Макаровичу! Що у Вас нового?
Андрій Макарович	Нічого, усе по-старому. А як Ви?
Богдан Іванович	У мене теж нічого нового.
Андрій Макарович	Богдане Івановичу, маю до Вас справу.
Богдан Іванович	Слухаю Вас, Андрію Макаровичу.

Dialog 4

Андрій Макарович	Алло! Це квартира Кравченків?
Наливайко	На жаль, ні. Ви помилилися.
Андрій Макарович	А який це номер?
Наливайко	Який номер Ви набирали?
Андрій Макарович	25–44–36.
Наливайко	Ні, тут інший номер. Ви не туди потрапили.
Андрій Макарович	О, перепрошую....
Наливайко	Нічого.

Dialog 5

Андрі́й Мака́рович	Алло́! Це рестора́н „Метро́"?
Гонча́р	Ні, це прива́тна кварти́ра.
Андрі́й Мака́рович	Я не туди́ потра́пив?
Гонча́р	Напе́вно.
Андрі́й Мака́рович	Про́шу проба́чення.
Гонча́р	Нічо́го, бува́є.

Dialog 6

Андрі́й Мака́рович	Алло́! Це рестора́н „Метро́"?
Адміністра́тор	Так, але́ вас пога́но чу́ти.
Андрі́й Мака́рович	Я Вас до́бре чу́ю.
Адміністра́тор	А я Вас чую ду́же пога́но.
Андрі́й Мака́рович	Тре́ба передзвони́ти ще раз. Не щасти́ть мені́ сього́дні.

Übung 14
Bilden Sie ähnliche Dialoge zum Thema „Telefonieren": „Я дзвоню́ до коле́ги", „Я не туди́ потра́пив", „Мене́ пога́но чу́ти".

Dialog 7

Білоу́с	Рестора́н „Метро́". Адміністра́тор Білоу́с. Слу́хаю Вас.
Андрі́й Мака́рович	Я б хоті́в замо́вити у Вас сто́лик.
Білоу́с	На коли́?
Андрі́й Мака́рович	На за́втра.
Білоу́с	На котру́ годи́ну?
Андрі́й Мака́рович	На шо́сту ве́чора.
Білоу́с	Скі́льки осі́б?
Андрі́й Мака́рович	Дві.
Білоу́с	Ви ку́рите?
Андрі́й Мака́рович	Ні.
Білоу́с	Як Ва́ше прі́звище?
Андрі́й Мака́рович	Левчу́к.
Білоу́с	Гара́зд, па́не Левчу́к. Я зарезервува́в для Вас сто́лик на за́втра, на шо́сту годи́ну ве́чора, на дві осо́би.
Андрі́й Мака́рович	Дя́кую.
Білоу́с	Дя́кую Вам. До поба́чення.

Dialog 8

Попович	Драматичний театр імені Карпенка-Карого. Слухаю Вас.
Андрій Макарович	Скажіть, будь ласка, що у вас завтра іде?
Попович	Хвилиночку... „Наталка-Полтавка" Івана Котляревського.
Андрій Макарович	О, я вже давно хотів подивитися цю виставу!
Попович	Її дійсно варто подивитися.
Андрій Макарович	Тим більше, у моєї дружини завтра день народження.
Попович	Який чудовий подарунок!
Андрій Макарович	„Наталку-Полтавку" я читав у школі, але на сцені ще не бачив.
Попович	Це справжній шедевр театрального мистецтва.
Андрій Макарович	Хто грає головну роль?
Попович	Роксана Савицька. Думаю, це ім'я Вам знайоме.
Андрій Макарович	Звичайно. Хто не знає Савицької! А режисер?
Попович	Богдан Макарчук. Молодий, талановитий митець.
Андрій Макарович	Це денна чи вечірня вистава?
Попович	Вечірня.
Андрій Макарович	Коли вона починається?
Попович	Починається о восьмій, а закінчується об одинадцятій годині.
Андрій Макарович	Скільки дій вона має?
Попович	Чотири.
Андрій Макарович	Сподіваюсь, Ви ще маєте вільні місця.
Попович	Так, маємо ще квитки у ложу, бельетаж і на балкон.
Андрій Макарович	Я хотів би у партер, ближче до сцени або в амфітеатр.
Попович	Хвилиночку. У партері ми ще маємо два вільних місця.
Андрій Макарович	Який ряд?
Попович	Третій ряд, сьоме і восьме місця.
Андрій Макарович	Чи можна їх ще замовити?
Попович	Звичайно. Як Ваше прізвище?
Андрій Макарович	Левчук. Де можна одержати квитки?
Попович	Ви можете одержати їх у вечірній касі.
Андрій Макарович	Коли?
Попович	За годину до початку вистави.
Андрій Макарович	Дуже Вам дякую. До побачення.
Попович	На все добре.

Übung 15
Bilden Sie Dialoge zum Thema „Я замовляю столик у ресторані і квитки до театру".

Text

1. *Lesen und übersetzen Sie den Brief.*
2. *Sie möchten Ihren nächsten Urlaub in der Ukraine verbringen, wissen aber noch nicht genau wo. Lassen Sie sich von Marijka beraten. Bilden Sie einen Dialog.*

Добрий день, Віро!

Вчора ввечері я повернулася з Трускавця, де відпочивала майже три тижні. Ти собі не уявляєш, яка там краса! Яка природа, яке повітря! Цілий регіон – екологічно чиста зона. Курорт Трускавець лежить у долині, а навколо – гори Карпати і стрімкі річки. Як бачиш, я зробила чудові фотографії. На одній з них – готель, у якому я жила. Суперсучасна будівля з чудовим басейном, рестораном, кафе та баром, номери – з усіма вигодами: з ванною, телефоном, телевізором. А мінеральна вода! Ти вже колись пила „Нафтусю"? Мусиш покуштувати. Вона має неповторний смак. І дуже корисна для здоров'я.
Я чула, ти збираєшся на пару днів до Львова. Яка радість! Обов'язково подзвони мені перед від'їздом. Або я тобі подзвоню, бо ти ніколи не маєш часу. Сподіваюсь, ти приїдеш ще раз влітку (і на цей раз не на пару днів, і не одна, а з Рольфом і з дітьми). Ви щороку їздите в Крим, а тут такий казковий курорт, і зовсім недалеко, 100 кілометрів від Львова. Щирі вітання твоїй родині. Пиши! Дзвони! Твоя подруга Марійка.
PS: Привіт від Іванки та Богдана.

краса – *Schönheit*, повітря n – *Luft*, долина – *Tal*, навколо – *rings herum*, стрімкий – *stürmisch*, вигода – *Komfort*, корисний – *nützlich*

На роботі: – Якби не було нашого шефа, можна було б і поспати. – Він так стежить за нами?
– Ні, але дуже голосно хропе! (Український гумор)
„Якби кожен був на своєму місці – ніде не було б черги."
„Світ великий – було б здоров'я." (Українські народні прислів'я)

Vokabeln

акцент *m*	*Akzent*	партер *m*	*Parkett*
бельєтаж *m*	*Hochparterre*	переказу/вати, -ю, -єш / перека/зати, -жу, -жеш	*ausrichten, überweisen*
ближче	*näher*		
варто	*es lohnt sich*	перепрошу/вати, -ю, -єш / перепро/сити, -шу, -сиш	*sich entschuldigen*
вечірній	*Abend-*		
вистава *f*	*Theaterstück*	повторю/вати, -ю, -єш / повтор/ити, -ю, -иш	*wiederholen*
вихід, вхід *m*	*Ausgang, Eingang*		
головна роль *f*	*Hauptrolle*	полювання *n*	*Jagd*
голосно	*laut*	помиля/тися, -юсь, -єшся / помил/итися, -юсь, -ишся	*sich irren*
дія *f*	*Akt*		

забува́/ти, -ю, -єш / забу́/ти, -ду, -деш	vergessen	потрапля́/ти, -ю, -єш / потра́п/ити, -лю, -иш	gelangen, geraten
займа́/ти, -ю, -єш / зай/ня́ти, -му́, -ме́ш	einnehmen	поча́ток *m*	Anfang
здає́ться	es scheint	приро́да *f*	Natur
з задово́ленням	mit Vergnügen	режисе́р *m*	Regisseur
з приє́мністю	gern	резерву́/вати, -ю, -єш / зарезерву́/вати	reservieren
з ра́дістю	mit Freude	ряд *m*	Reihe
кра́ще	besser	свій	mein, dein, sein, ...
ло́жа *f*	Loge	смак *m*	Geschmack
мите́ць *m*	Künstler	стеж/ити *uv*, -у, -иш	beobachten
мисте́цтво *n*	Kunst	сце́на *f*	Bühne
можли́вість *f*	Möglichkeit	талантови́тий	talentiert
можли́во	möglich	терміно́вий	dringend
на па́ру днів	für ein paar Tage	турбу́/вати, -ю, -єш / потурбу́/вати	stören
нара́да *f*	Beratung	Усе́ по-ста́рому.	Alles beim Alten.
неповто́рний	einmalig	фо́лія, плі́вка *f*	Folie
нічо́го ново́го	nichts Neues	хроп/і́ти *uv*, -лю́, -и́ш	schnarchen
обли́ччя *n*	Gesicht	шеде́вр *m*	Kunstwerk
одержу́/вати, -ю, -єш / оде́рж/ати, -у, -иш	erhalten	щоб, щоби, аби́	dass, um zu ...
окре́мий	separat	Що ново́го?	Was gibt es Neues?
осо́ба *f*	Person	якби́, якщо́ (б)	wenn

LEKTION 23

Der Imperativ
Die Deklination der Adjektive (Zusammenfassung)

> – **Проходьте**, будь ласка, в салон літака і **займайте** Ваші місця.

Dialog 1

Стюардеса	Доброго ранку, шановні пасажири!
Пасажир 1	Доброго ранку.
Стюардеса	Проходьте, будь ласка, в салон літака ...
Пасажир 2	Як тут тісно!
Стюардеса	... і займайте Ваші місця.
Віра Петрівна	Скажіть, будь ласка, де моє місце?
Стюардеса	Будьте ласкаві, покажіть Ваш квиток.
Віра Петрівна	Ось, прошу.
Стюардеса	Ваше місце – у наступному ряду, праворуч, біля вікна.
Віра Петрівна	Дякую.
Стюардеса	Шановні пасажири, не стійте, будь ласка, у проході.

Dialog 2

Пасажир 1	Скажіть, будь ласка, куди можна покласти портфель?
Стюардеса	У сейф над Вашою головою.
Пасажир 2	Дайте мені інформаційний матеріал про вашу авіакомпанію.
Стюардеса	Усі інформаційні матеріали знаходяться у кишенях на спинках сидінь.
Пасажир 2	Так, бачу, дякую.
Стюардеса	Хтось іще має питання?
Пасажир 2	Будьте ласкаві, принесіть мені склянку води.
Стюардеса	Страви і напої ми пропонуємо нашим пасажирам під час польоту.
Пасажир 2	Пробачте, я не зрозумів. Повторіть, будь ласка.
Стюардеса	Обід і напої Ви одержите під час польоту.
Пасажир 2	Ага. Прив'язні ремені треба застібати?
Стюардеса	Так. Обов'язково застібніть їх під час зльоту.

Der Imperativ

Der Imperativ *(die Befehlsform)* gehört neben Indikativ und Konjunktiv zu den drei Modi. Er drückt im Allgemeinen einen *Befehl*, ein *Kommando* oder eine *Aufforderung* zum Ausüben einer Handlung aus.

Man unterscheidet im Ukrainischen 4 Formen des Imperativs:
– *den Imperativ der 2. Person,*
– *den Imperativ der gemeinsamen Handlung,*
– *den Imperativ der 3. Person,*
– *den Imperativ des Infinitivs.*
Der Imperativ kann sowohl von unvollendeten als auch von vollendeten Verben gebildet werden.

Der Imperativ der 2. Person
wird vom Präsensstamm *(3. Person Plural)* durch das Anfügen der Endungen **-й**, **-и**, **-ь** im Singular und **-йте**, **-іть**, **-ьте** im Plural gebildet.

1) Die Endung **-й** / **-йте** wird gebraucht, wenn der Stamm auf einen Vokal endet:
   – чита́-й / чита́-йте (lies! / lest! lesen Sie!)

Infinitiv	*3. Person Pl.*	*Imperativ Sing.*	*Imperativ Pl.*
чита́ти	чита́-ють	чита́й!	чита́йте!
працюва́ти	працю́-ють	працю́й!	працю́йте!

   стоя́ти – сто-я́ть / стій! стій-те! *(Vokalwechsel* **о** *–* **і***)*

2) Die Endung **-и́** und **-іть** wird gebraucht, wenn der Stamm auf einen Konsonanten endet und die Endung der 1. Person Singular des Verbs betont ist:
   – пиш-и́! / пиш-і́ть! (schreib! / schreibt! schreiben Sie!)

Infinitiv	*3. Person Pl.*	*1. Person Sing.*	*Imperativ Sing.*	*Imperativ Pl.*
писа́ти	пи́ш-уть	пиш-у́	пиши́!	пиші́ть!
іти́	ід-у́ть	ід-у́	іди́!	іді́ть!

3) Die Endung **-ь** / **-ьте** steht, wenn der Stamm auf einen Konsonanten endet und die Endung der 1. Person Singular unbetont ist:
   – бу́д-ь! / бу́д-ьте! (sei! / seid! seien Sie!)

Infinitiv	*3. Person Pl.*	*1. Person Sing.*	*Imperativ Sing.*	*Imperativ Pl.*
бу́ти	бу́д-уть	бу́д-у	будь!	бу́дьте!
ї́хати	ї́д-уть	ї́д-у	їдь!	ї́дьте!

Die Reflexivverben bilden den Imperativ durch Anfügen von **-ся** / **-сь** an die Imperativendungen:
   – див-и́-сь! / див-і́ть-ся! (schau! / schaut! schauen Sie!)

Infinitiv	*3. Person Pl.*	*Imperativ Sing.*	*Imperativ Pl.*
займа́тися	займа́-ють-ся	займа́йся	займа́йтесь
диви́тися	ди́в-лять-ся	диви́сь	диві́ться

Übung 1
Bilden Sie den Imperativ der 2. Person (Singular und Plural):
слу́хати, готува́тися, почина́ти, вари́ти, іти́, бра́ти, взя́ти, показа́ти, сі́сти, ста́ти

Der Imperativ der gemeinsamen Handlung

Der Imperativ der gemeinsamen Handlung wird durch das Anfügen von -**ймо** nach einem Vokal und -**і́мо** / -**ьмо** nach einem Konsonanten gebildet:
– чита́ймо! (lesen wir! lass/t uns lesen! wollen wir lesen!), пиші́мо! (schreiben wir! lass/t uns schreiben! wollen wir schreiben!), їдьмо! (fahren wir! lass/t uns fahren! wollen wir fahren!)

Infinitiv	3. Person Pl.	Imperativ
чита́ти	чита́-ють	чита́ймо
ходи́ти	хо́д-ять	ході́мо
ї́хати	ї́д-уть	ї́дьмо
диви́тися	див-ля́ть-ся	диві́мось

Übung 2
Bilden Sie den Imperativ der gemeinsamen Handlung:
слу́хати, послу́хати, готува́тися, почина́ти, сіда́ти, сі́сти, встава́ти, вста́ти, купа́тися

Der Imperativ der gemeinsamen Handlung kann auch von einem *unvollendeten* Verb im Infinitiv *mit Hilfe* von **дава́й** / **дава́йте** oder von einem *vollendeten* Verb in der Form der 1. Person Plural *mit* oder *ohne* **дава́й** / **дава́йте** gebildet werden:
– Дава́й (Дава́йте) **пи́ти** ка́ву! Дава́й (Дава́йте) **ви́п'ємо** ка́ви! **Ви́п'ємо** ка́ви! (Wollen wir Kaffe trinken! Lass/t uns Kaffee trinken!)

Übung 3
Bilden Sie Sätze mit verschiedenen Formen des Imperativs der gemeinsamen Handlung nach dem Muster:

слу́хати / послу́хати пісні́   Слу́хаймо пісні́! Дава́й слу́хати пісні́!
                                   Послу́хаємо пісні́! Дава́й послу́хаємо пісні́!

сні́дати / посні́дати ра́зом	диви́тися / подиви́тися фільм	чита́ти / почита́ти газе́ту
огляда́ти / огля́нути мі́сто	сіда́ти / сі́сти за стіл	пи́ти / ви́пити за дру́жбу

In der Umgangssprache kann die Aufforderung zur gemeinsamen Handlung durch die Präteritumform des vollendeten Verbs ausgedrückt werden:
– **Пішли́!** (Gehen wir!) **Поїха́ли!** (Fahren wir!)

Der Imperativ der 3. Person
Diese Form des Imperativs wird durch die 3. Person Singular oder Plural unvollendeter und vollendeter Verben mit Hilfe der Partikel **хай** / **неха́й** ausgedrückt:
– **Хай** Рома́н **чита́є**! *oder* Неха́й Рома́н чита́є! (Roman soll lesen!)
– Хай чита́є! (Er soll lesen! Lesen soll er!)
– Хай він **прочита́є** цей лист! (Soll er diesen Brief lesen!)

Der Imperativ der 3. Person ist auch im gehobenen Stil gebräuchlich:
– **Хай живе́** Помара́нчева револю́ція! (Es lebe die Orangene Revolution!)

Übung 4
Übersetzen Sie ins Ukrainische:

Iwan soll nach Hause gehen! Olena soll ein Geschenk kaufen! Wira soll nach Kyjiw fliegen! Sie soll ihre Schwester in Lwiw besuchen! Die Schüler sollen ein Diktat schreiben! Sie sollen den Text übersetzen!

(Bilden Sie 5 ähnliche Beispiele).

Der Infinitiv als Imperativ
Bei einer strengen Anweisung oder allgemeinen Aufforderung wird oft der Infinitiv unvollendeter und vollendeter Verben gebraucht:
– **Вста́ти!** (Aufstehen!) **Мовча́ти!** (Schweigen!)

Übung 5
Was bedeuten diese Anweisungen?

Не кури́ти!	Не турбува́ти!	Не користува́тися
Не палити́!	Здати контро́льні робо́ти!	мобі́льним телефо́ном!
Не розмовля́ти!	Працюва́ти!	Не сміти́ти!
Не телефонува́ти!	Не спа́ти!	Не стоя́ти у прохо́ді!

Übung 6
Übersetzen Sie ins Deutsche und erklären Sie den Gebrauch des Imperativs.

– Неха́й вони́ летя́ть в Іспа́нію! Ми поїдемо в А́льпи.
– Дава́й поїдемо влі́тку на Чо́рне мо́ре! На Балті́йському я вже ча́сто бува́в.
– Ви вже гото́ві? Тоді́ поїхали на пляж!
– Всім вста́ти! – сказа́в коменда́нт.
– Хай переклада́є статтю́ без словника́! Там ма́йже всі слова́ знайо́мі.
– Ході́мо додо́му! Вже пі́зно.
– Вже пообі́дали? Пішли́!
– Не кури́ти! – прочита́в Оле́г.
– Дава́йте купи́мо ма́мі на день наро́дження га́рне нами́сто!
– Хай Іва́н купу́є! Він ма́є гро́ші.

Die Deklination der Adjektive (Zusammenfassung)

Die Adjektive werden zusammen mit den Substantiven dekliniert – nach Genus (*m, f, n*), Numerus *(Sing., Pl.)* und Kasus *(N, G, D, A, I, P)* verändert.
(Die Tabelle zur Deklination der Adjektive finden Sie im Anhang (Grammatik, S. 271 – 272)

Übung 7
Deklinieren Sie:
ціка́вий підру́чник, стара́ ву́лиця, осі́нній день, вечі́рня су́кня, широ́ке вікно́, си́нє мо́ре

Übung 8
Setzen Sie die Wortverbindungen in Klammern in die richtige Form:

1. Від (Чорне море) до (Карпатські гори) ми їхали (туристичний автобус).
2. Вчителі допомагали (іноземні студенти) і (німецькі переселенці).
3. У (польська столиця) ми відвідали (старий приятель) і (колишні колеги).
4. Літак пролітав над (Атлантичний океан), (Середземне море) і (різні острови).
5. Універмаг знаходиться між (вулиця Львівська) і (Галицький проспект).
6. Церква стоїть на (високий лісистий берег) Дніпра.
7. Джон живе в (маленьке затишне містечко) в (північна Англія).

Übung 9
Setzen Sie die Adjektive in die richtige Form und bilden Sie Fragen nach dem Muster:
Віктор живе біля (німецьке) посольства.
Віктор живе біля німецького посольства. **Де** живе Віктор? Біля **якого** посольства?

- У суботу ми були на (родинний) святі.
- Це свято було в (старовинний) замку.
- Замок знаходиться недалеко від (маленький) села.
- Мій брат цікавиться (історичний) літературою.
- Ми розмовляли (український) мовою.
- (Іноземний) туристам сподобався Хрещатик.
- Федір працює на (кондитерський) фабриці.
- Тарас подякував за (актуальний) інформацію.
- Віра полетіла до Києва (український) літаком.
- Студенти познайомилися з (харківський) артистами.
- Ми відпочивали недалеко від (Кримський) гір.

Der Gebrauch der Adjektive

Die Adjektive können im Satz sowohl attributiv als auch prädikativ gebraucht werden. In *attributiver Funktion* stimmt das Adjektiv mit dem Substantiv im Genus, Numerus und Kasus überein:
– Це дуже ціка́ва кни́жка. Ми розмовляли про ціка́ву кни́жку.

In *prädikativer Funktion* kann die Kasusform des Adjektivs von der des Substantivs abweichen:
– Кни́жка *(Nominativ)* ду́же ціка́ва *(Nominativ)*. Кни́жка *(Nominativ)* **була́** ду́же ціка́в**ою** *(Instrumental) aber auch:* Кни́жк**а** **була́** ду́же ціка́ва.

Übung 10
Übersetzen Sie ins Ukrainische:

1. Kyjiw ist eine sehr alte Stadt.
2. Das kleine Denkmal im Stadtzentrum war ziemlich alt.
3. Die ukrainischen Gerichte waren sehr schmackhaft.
4. Das neue Gebäude links war sehr hoch.
5. In der Mitte stand ein großer Tisch.
6. Der Tisch war weiß.
7. Der Bücherschrank war sehr schön.

Grundzahlen und Adjektive

Nach Grundzahlen stimmt die grammatische Form der Adjektive nicht immer mit der der Substantive überein:

Zahlen	m	f	n
1	оди́н украї́нський текст	одна́ украї́нська газе́та	одне́ украї́нське сло́во
	Substantiv und Adjektiv: Nom. Sing.		
2 – 4	два украї́нські / -их те́ксти *Substantiv: Nom. Pl.*	дві украї́нські / -их газе́ти *Substantiv: Gen. Sing.*	два украї́нські / -их сло́ва *Substantiv: Gen. Sing.*
	Adjektiv: Nom. Pl. oder Gen. Pl.		
5 – 20	п'ять украї́нських текстів	п'ять украї́нських газе́т	п'ять украї́нських слів
	Substantiv und Adjektiv: Gen. Pl.		

Übung 11
Verbinden Sie die Grundzahlen mit Substantiven und Adjektiven:

2 – німе́цький підру́чник, 12 – старе́ мі́сто, 6 – америка́нський фільм, 3 – ціка́ва кни́жка, 20 – м'яки́й стіле́ць, 7 – учора́шня газе́та, 5 – широ́ке вікно́, 4 – мобі́льний телефо́н, 2 – ви́шита соро́чка, 10 – лі́тній день, 11 – нове́ сло́во, 2 – висо́кий буди́нок

Dialog 3

Пасажи́р 1	Ва́шу су́мку теж покла́сти до се́йфу?
Пасажи́р 2	Ні, що Ви!
Пасажи́р 1	Як хо́чете.
Пасажи́р 2	Ви чу́ли, як зва́ти команди́ра літака́?
Пасажи́р 1	Здає́ться, Ковале́нко.
Пасажи́р 2	А штурмана́?
Пасажи́р 1	Не пам'ята́ю. Наві́що Ви пита́єте?
Пасажи́р 2	Я вже коли́сь летів цим ре́йсом. Тоді́ мені́ не сподо́балось.
Пасажи́р 1	Що са́ме Вам не сподо́балось?
Пасажи́р 2	Ка́ва була́ холо́дна, а обі́д несмачни́й.
Пасажи́р 1	Але́ ж це не зале́жить від екіпа́жу літака́.
Пасажи́р 2	Від ко́го ж тоді́?
Пасажи́р 1	Від зага́льного се́рвісу аеропо́рту.
Пасажи́р 2	Всі вони́ одна́кові!
Пасажи́р 1	Я б не сказа́в.
Пасажи́р 2	А бортпровідни́ця до́сить симпати́чна! Як її́ зва́ти?
Пасажи́р 1	Ду́маю, Ната́лія.
Пасажи́р 2	Па́ні стюарде́со, мо́жна Вас на хвили́ночку?
Стюарде́са	Слу́хаю Вас.
Пасажи́р 2	Скі́льки тут кошту́є пля́шка мінера́льної води́?
Стюарде́са	Напо́ї Ви змо́жете замо́вити безкошто́вно під час обі́ду.
Пасажи́р 2	Алкого́льні чи безалкого́льні?
Стюарде́са	І алкого́льні, і прохоло́джувальні.
Пасажи́р 2	То се́рвіс тут все ж таки́ непога́ний.

Dialog 4

Стюардеса	Ви будете пити чай чи каву?
Віра Петрівна	Каву, будь ласка.
Стюардеса	Ви ще маєте якесь бажання?
Віра Петрівна	Так. Принесіть мені, будь ласка, якусь газету.
Стюардеса	Українську чи німецьку?
Віра Петрівна	Українську, звичайно.
Стюардеса	Ось „Час" і „Українські новини".
Віра Петрівна	Дуже дякую.

Dialog 5

Лідія Іванівна	Віро Петрівно, нас будуть зустрічати в Києві?
Віра Петрівна	Думаю, ні.
Лідія Іванівна	Але Ви добре орієнтуєтесь у місті?
Віра Петрівна	Звичайно. Я колись там жила 5 років.
Лідія Іванівна	А родом Ви зі Львова?
Віра Петрівна	Так. Я народилась і жила у Львові, потім вчилась у Києві.
Лідія Іванівна	І з чоловіком Ви теж познайомились у Києві?
Віра Петрівна	Так, він закінчив київський технічний вуз.
Лідія Іванівна	Колись у Києві вчилося багато іноземців.
Віра Петрівна	Особливо німців з колишньої НДР. Рольф із Дрездена.
Лідія Іванівна	А Ви не хотіли жити в Дрездені?
Віра Петрівна	Чому ж ні? Спочатку ми там жили.
Лідія Іванівна	А потім?
Віра Петрівна	Після об'єднання Німеччини ми з Рольфом втратили роботу.
Лідія Іванівна	І переїхали на захід?
Віра Петрівна	Так. На жаль. Адже ми дуже любимо Дрезден.
Лідія Іванівна	Але ж Кельн теж гарне місто.
Віра Петрівна	Навіть дуже гарне. Але Рольф сумує за Дрезденом.
Лідія Іванівна	А Ви?
Віра Петрівна	Теж.
Лідія Іванівна	А ось і Ваш колега!

Dialog 6

Віктор Іванович	Ось Ви де! Доброго ранку!
Віра Петрівна	Доброго ранку, Вікторе Івановичу! Знайомтесь: Лідія Іванівна Шуляк – Віктор Іванович Валуєв.
Віктор Іванович	Дуже приємно.
Лідія Іванівна	Рада з Вами познайомитись. Я багато про Вас чула.
Віктор Іванович	Сподіваюсь, нічого поганого!
Лідія Іванівна	Що Ви! Лише гарні речі. Наприклад, що Ви чудово розмовляєте українською...

Imperativ / Deklination der Adjektive (Zusammenfassung) 213

Dialog 7

Стюардеса	Прошу пасажирів своєчасно заповнити митну декларацію.
Віра Петрівна	Дайте нам, будь ласка, українські бланки.
Віктор Іванович	А мені, якщо є, російський.
Стюардеса	Ось, будь ласка, заповнюйте.
Лідія Іванівна	Писати друкованими літерами?
Стюардеса	Пишіть, як хочете, аби розбірливо.

Übung 12
Sie sind im Flugzeug einer ukrainischen Fluggesellschaft.
Was bedeuten diese Hinweise und Schilder?

ВХІД	Аварійний вихід	Гігієнічний пакет	Серветки
ВИХІД	Кабіна пілота	ГАРДЕРОБ	Рятувальний жилет
Бізнес-клас	До туалету	НЕ ПАЛИТИ	Туалетний папір
Для пасажирів з дітьми	Місця для інвалідів	Книга скарг і побажань	Пакет швидкої допомоги
Лампочка для читання	Сейф для ручного багажа	Не стояти у проході	Кнопка виклику стюардеси

Übung 13
Bilden Sie Dialoge zum Thema „В літаку".

Text

1. Lesen und übersetzen Sie den Text.
2. Beschreiben Sie Ihre Eindrücke nach dem Flug mit einer ukrainischen Fluggesellschaft.

На борту літака

Шановні пасажири!
Вітаємо Вас на борту літака Боїнг 737-500, який прямує рейсом PS 204 за маршрутом Франкфурт – Київ. Політ виконує екіпаж у такому складі: командир корабля – старший пілот Віталій Павлович Коваленко, штурман – Микола Степанович Покровський, другий пілот – Юрій Тарасович Мельник, ведучий інженер Володимир Петрович Бойко, бортрадист Костянтин Іванович Гацюк, бортпровідники Наталія Лавриненко та Олександр Коваль.
З метою уникнення додаткових перешкод на радіохвилях літака та його навігаційних системах забороняється користуватися радіоприймачами, комп'ютерами, іграшками з дистанційним управлінням, відеокамерами, плеєрами, електробритвами та диктофонами. Не забудьте також вимкнути Ваш мобільний телефон. Екіпаж літака дякує Вам за дотримання правил безпеки.
Впродовж польоту пропонуємо Вам широкий вибір алкогольних, прохолоджувальних та гарячих напоїв, а також обід зі страв європейської кухні. Крім того, пропонуємо Вашій увазі широкий вибір газет і журналів українською, російською, німецькою та англійською мовами. Над кожним кріслом є лампочка для читання і кнопка для виклику стюардеси.
Впродовж польоту Ви матимете можливість придбати високоякісні товари системи Duty-free – алкогольні напої, тютюнові, парфумерні та косметичні вироби.

Просимо всіх під час зльоту та посадки залишатися на своїх місцях і застібнути прив'язні ремені!
Екіпаж літака бажає Вам приємного польоту.
(Оголошення в салоні літака)

виконувати / виконати – *ausführen*, склад – *Zusammensetzung*, другий пілот – *Copilot*, ведучий інженер – *Bordingenieur*, бортрадист – *Bordfunker*, мета – *Ziel*, уникнення – *Vermeiden*, перешкода – *Störung*, забороняти / заборонити – *verbieten*, дистанційне управління – *Fernbedienung*, забувати / забути – *vergessen*, вимикати / вимкнути – *ausschalten*, дотримання – *Einhaltung*, придбати – *kaufen, erwerben*, тютюн – *Tabak*, виріб – *Erzeugnis, Produkt*, оголошення – *Erklärung, Ansage*

– Дайте, тітонько, води напитися, бо так їсти хочу, аж нема де переночувати!
(Український гумор)
„Роби, роби, то й матимеш." „Бачили очі, що купували, їжте, хоч повилазьте!"
„Людей питай, а сам розум май!" „Вік живи, вік учись!"
(Українські народні прислів'я)

Vokabeln

авіакомпанія *f*	*Fluggesellschaft*	ночу/вати, -ю, -єш / переночу/вати	*übernachten*
безкоштовно	*kostenlos*	об'єднання *n*	*Vereinigung*
безпека *f*	*Sicherheit*	однаковий	*gleich*
бланк *m*	*Formular*	орієнту/ватися, -юсь, -єшся *uv*	*sich orientieren*
бортпровідни/к *m*, -ця *f*	*Steward/ess*	пакет *m*	*Päckchen*
вила/зити, -жу, -зиш / повила/зити	*hervortreten, ausfallen*	переселенець *m*	*Aussiedler*
вік *m*	*Lebenszeit*	під час / впродовж	*während*
все-таки / все ж таки	*immerhin*	прив'язний ремінь *m*	*Gurt*
втрача/ти, -ю, -єш / втра/тити, -чу, -тиш	*verlieren*	прохолоджувальний	*Erfrischungs-*
вуз, ВНЗ *m*	*Hochschule*	розбірливо	*lesbar, deutlich*
друкована літера *f*	*Druckbuchstabe*	розум *m*	*Verstand*
екіпаж *m*	*Besatzung*	розумний	*klug, vernünftig*
загальний	*allgemein*	ручний багаж *m*	*Handgepäck*
зайнятий	*besetzt*	рятувальний жилет *m*	*Rettungsweste*

залéж/ати, -у, -иш *uv*	abhängen	своєчáсно	rechtzeitig
запíзню/ватися, -юсь, -єшся / запізн/и́тися, -ю́сь, -и́шся	sich verspäten	сéрвіс *m*	Service
		скáрга *f*	Beschwerde
запóвню/вати, -ю, -єш / заповн/и́ти, -ю́, -и́ш	ausfüllen	смі/ти́ти, -чу́, -ти́ш / насмі/ти́ти	Müll wegwerfen
застіба́/ти, -ю, -єш / застібн/у́ти, -у́, -еш	anschnallen	сиді́ння *n*	Sitz
зліт *m*, посáдка *f*	Start, Landung	спи́нка *f*	Rückenlehne
інозéмець *m*	Ausländer	суму́/вати, -ю, -єш *uv*	sich sehnen
кабíна пілóта *f*	Cockpit	тíсно	eng
клá/сти, -ду́, -дéш / поклá/сти	legen, hinlegen	товáр *m*	Ware
кнóпка *f*	Knopf	тоді́	dann, damals
команди́р літáка *m*	Flugzeugführer	управлíння *n*	Steuerung
ми́тна деклара́ція *f*	Zollerklärung	усе необхí́дне	alles Notwendige
Навíщо?	Weshalb? Wozu?	штурмáн *m*	Navigationsoffizier

LEKTION 24

Die Steigerung der Adjektive
Die Reflexivverben / Das Genus der Verben
Unpersönliche Reflexivverben

> Літа́к – набага́то **шви́дший** вид тра́нспорту ніж по́тяг чи авто́бус.

Dialog 1

Ві́ктор Іва́нович	Ще дві з полови́ною годи́ни тому́ ми були́ у Фра́нкфурті.
Ві́ра Петрі́вна	Яки́й все ж таки́ швидки́й вид тра́нспорту – літа́к!
Лі́дія Іва́нівна	Набага́то шви́дший, ніж по́тяг чи авто́бус.
Ві́ктор Іва́нович	Найшви́дший!
Лі́дія Іва́нівна	І набага́то приє́мніший та комфорта́бельніший ніж усі́ і́нші ви́ди тра́нспорту.
Ві́ктор Іва́нович	Набага́то зручні́ший!
Ві́ра Петрі́вна	І найдоро́жчий.
Ві́ктор Іва́нович	Але́ ж час – це теж гро́ші.

Dialog 2

Ві́ктор Іва́нович	Оце́ і є славнозві́сний ки́ївський аеропо́рт?
Ві́ра Петрі́вна	Як ба́чите.
Ві́ктор Іва́нович	Я ду́мав, він бі́льший.
Ві́ра Петрі́вна	Він до́сить вели́кий, хоча́, звича́йно, ме́нший ніж...
Ві́ктор Іва́нович	Найме́нший від усі́х аеропо́ртів, у яки́х я бува́в!
Лі́дія Іва́нівна	Не мо́же бу́ти! Напри́клад, ке́льнський значно́ ме́нший.
Ві́ра Петрі́вна	Не спере́чайтеся! Нам тре́ба до па́спортного контро́лю.

Die Steigerung der Adjektive

Von den meisten Qualitätsadjektiven können 2 Steigerungsstufen – *Komparativ* und *Superlativ* gebildet werden. Man unterscheidet *einfache* und *zusammengesetzte* Steigerungsformen:
- нови́й, **нові́ший, найнові́ший** *(einfache Form)* – der neue, der neuere, der neueste / neu, neuer, am neuesten
- ціка́вий, **більш ціка́вий** / менш ціка́вий, **найбі́льш ціка́вий** / найме́нш цікавий *(zusammengesetzte Form)* – interessant, interessanter, am interessantesten (mehr, am meisten interessant / weniger, am wenigsten interessant).

Die Bildung der Steigerungsstufen:

Positiv	einfache Form		zusammengesetzte Form	
	Komparativ	Superlativ	Komparativ	Superlativ
нови́й	нові́ший	**най**нові́ший	бі́льш / менш нови́й (нова́, нове́, нові́)	найбі́льш / найменш нови́й (нова́, нове́, нові́)
нова́	нові́ша	**най**нові́ша		
нове́	нові́ше	**най**нові́ше		
нові́	нові́ші	**най**нові́ші		

Der einfache Superlativ kann durch die Präfixe **якнай-, щонай-** verstärkt werden: – якнайнові́ший, щонайнові́ший (der allerneueste, am allerneuesten).
Der zusammengesetzte Superlativ kann noch eine andere Form haben:
– ціка́віший **від усі́х / за всіх / над усе́** (am allerinteressantesten).
Die Steigerungsformen mit dem Suffix -ш- sind immer stammbetont:
– деше́вий, деше́вший, найдеше́вший.

Übung 1
Bilden Sie die einfachen Steigerungsformen.

a) betontes -і́ш- га́рний, те́пла, холо́дне, зеле́ні, черво́ний, гаря́ча, ве́селе, сумні́
b) unbetontes -іш- акти́вний, паси́вна, розу́мне, відо́мі, мо́дна, улю́блені, докла́дний
c) -ш- бага́тий, деше́ва, старе́, молоді́

Bei einigen Adjektiven ist die Bildung des Komparativs mit beiden Suffixen möglich. Die entscheidende Rolle spielt dabei die Bedeutung des Wortes:

Positiv	Komparativ
рідки́й – *dünn, selten*	рідкі́ший – *dünner*
	рі́дший – *seltener*
груби́й – *grob, dick*	грубі́ший – *grober*
	гру́бший – *dicker*
молоди́й – *jung*	молоді́ший – *jünger (aussehend)*
	моло́дший – *jünger (altersmäßig)*
стари́й – *alt*	старі́ший – *älter (aussehend)*
	ста́рший – *älter (altersmäßig)*

Unregelmäßige Fälle:
a) Ausfall der Suffixe -к-, -ок-, -г- *(Komparativ mit -ш-)*:
коро́ткий – коро́тший, широ́кий – ши́рший, довги́й – до́вший
(Ausnahmen: гірки́й – гіркі́ший, різки́й – різкі́ший, м'яки́й – м'які́ший, м'я́кший*)*
b) Konsonantenwechsel г, ж, з (зь) – жч; с – щ:
дороги́й – доро́жчий, важки́й – ва́жчий, низьки́й – ни́жчий, висо́кий – ви́щий
c) Neuer Stamm:
до́брий – **кра́щий** *oder* лі́пший, пога́ний – **гі́рший**, вели́кий – **бі́льший**, мали́й – **ме́нший**

Die Formen des Komparativs und des Superlativs können sowohl *attributiv* als auch *prädikativ* gebraucht werden:
- Га́ля – розу́мніша ді́вчинка ніж Ні́на. (Halja ist ein klügeres Mädchen als Nina.) *Attribut, Komparativ*
- Га́ля – розу́мніша ніж Ні́на. (Halja ist klüger als Nina.) *Prädikat, Komparativ*
- На́ша Га́ля – найрозумніша ді́вчинка в кла́сі. (Unsere Halja ist das klügste Mädchen in der Klasse.) *Attribut, Superlativ*
- На́ша Га́ля – найрозу́мніша в кла́сі / розу́мніша від усі́х. (Unsere Halja ist die klügste in der Klasse / die klügste von allen.) *Prädikat, Superlativ*

Der Gebrauch des Komparativs in einem Vergleich:
- Га́ля розу́мн**іша ніж Ні́на** *(Nominativ).*
- Га́ля розу́мн**іша за Ні́ну** *(Akkusativ).* (Halja ist klüger als Nina.)
- Га́ля розу́мн**іша від Ні́ни** *(Genitiv).*

Zur Verstärkung der Aussage wird der einfache Komparativ mit folgenden Adverbien oder Partikeln verbunden: **значно** *(wesentlich, bedeutend),* **набага́то** *(viel),* **тро́хи** *(etwas),* **куди́** *(bei weitem)*:
- Га́ля **набага́то** розу́мніша ніж Ні́на. (Halja ist **viel** klüger als Nina.)

Übung 2
Bilden Sie Sätze mit dem Komparativ nach dem Muster:
Ки́їв – вели́кий – Львів   Ки́їв значно бі́льший ніж Львів / за Львів / від Льво́ва

Львів – га́рний – Доне́цьк	че́рвень – те́плий – жо́втень	стіл – дороги́й – стіле́ць
молоко́ – холо́дний – чай	Оле́на – молода́ – Катери́на	ша́фа – висо́кий – поли́ця
Петро́ – ува́жний – Іва́н	Бонн – мали́й – Берлі́н	Дніпро́ – до́вгий – Е́льба

- Я **на оди́н рік ста́рший** / моло́дший ніж ти. (Ich bin 1 Jahr älter / jünger als du.)
- ... на два ро́ки ...   2 Jahre
- ... на п'ять ро́ків ...   5 Jahre

Übung 3
Wer ist älter oder jünger? Bilden Sie Sätze nach dem Muster:
Дмитро́ / 28 – Семе́н / 25   Дмитро́ві 28 ро́ків, Семе́нові 23 ро́ки.
   Дмитро́ на три ро́ки ста́рший ніж Семе́н.

| Тара́с / 30 – Андрі́й / 24 | Оста́п / 50 – Тетя́на / 40 | Наді́я / 25 – Окса́на / 22 |
| Марі́йка / 20 – Гали́на / 27 | Лі́дія / 21 – О́льга / 23 | На́стя / 20 – па́ні Софі́я / 60 |

Übung 4
Beantworten Sie die Fragen:
Хто ста́рший – Ваш ба́тько чи Ва́ша ма́ти / Ваш брат чи Ва́ша сестра́? ... На скі́льки ро́ків?
Хто моло́дший – Ваш друг чи Ви? ...

Stellen Sie ähnliche Fragen an Ihren Kursnachbarn.

– **ще кра́щий** (noch besser), **ще бі́льший** (noch größer)

Übung 5
Vervollständigen Sie die Sätze nach dem Muster:
Цей міст нови́й, а той **ще нові́ший**.

1. Ва́ша кни́жка ціка́ва, а на́ша ...
2. Мій дім висо́кий, а твій ...
3. Його́ вино́ до́бре, а моє́ ...
4. Їхнє пи́во пога́не, а Ва́ше ...
5. Берлі́нська телеве́жа низька́, а ке́льнська ...
6. Її́ су́кня га́рна, а твоя́ ...
7. Мій портфе́ль мали́й, а твій ...
8. На́ше нами́сто дороге́, а Ва́ше ...
9. Нова́ ву́лиця вузька́, а стара́ ...

Der Komparativ wird manchmal als Superlativ übersetzt:
– Там були́ **кра́щі** украї́нські спортсме́ни. (Dort waren *die besten* ukrainischen Sportler.)

– „Ма́ма **почина́є** уро́к", або́ „уро́к **почина́ється**".

Dialog 3

Ю́лія	Ти мо́жеш поясни́ти різни́цю між слова́ми „почина́ти" і „почина́тися"?
Макс	Гм... Це мо́жна поясни́ти на прикла́ді.
Ю́лія	Ціка́во. На яко́му прикла́ді?
Макс	Так от. На́ша ма́ма – вчи́телька. Вона́ почина́є уро́к.
Ю́лія	О во́сьмій годи́ні.
Макс	Пра́вильно. Або́ мо́жна сказа́ти: уро́к почина́ється о во́сьмій годи́ні.
Ю́лія	Розумі́ю. Я ми́ю ру́ки і обли́ччя.
Макс	Або́: ти миє́шся. Я не ма́ю ча́су і закі́нчу поя́снення.
Ю́лія	Поя́снення закі́нчується. А жаль.
Макс	Чому́ жаль?
Ю́лія	Ма́ма поїхала до Ки́єва, та́то на робо́ті. Мені́ ну́дно і тро́хи су́мно.
Макс	Але́ ж я вдо́ма.
Ю́лія	Ти приї́хав, як за́вжди, на годи́ну. Сиди́ш і ди́вишся на годи́нник.
Макс	Це лише́ сього́дні. Сло́во че́сті. Післяза́втра я ма́тиму бі́льше ча́су.
Ю́лія	Тоді́ ми продо́вжимо наш уро́к.
Макс	Або́: уро́к продо́виться.

Die Reflexivverben

Die Reflexivverben unterscheiden sich durch die Partikel **-ся** / **-сь**: ми́тися / ми́тись, диви́тися / диви́тись, займа́тися / займа́тись. Der Bedeutung nach unterscheidet man folgende Gruppen von Reflexivverben:

a) direkte Reflexivverben, die eine direkt auf das Subjekt bezogene Handlung ausdrücken:
 – ми́тися / Я мию́сь. (Ich wasche **mich**.)
b) wechselseitige Reflexivverben, die eine wechselseitig-rückbezügliche Handlung zum Ausdruck bringen:
 – зустріча́тися / Ми зустріча́ємось щодня́. (Wir treffen **uns** täglich.)
c) allgemeine Reflexivverben, die eine allgemeine, vom Subjekt unabhängige Handlung beinhalten:
 – подо́батися / Це нам не подо́бається. (Das gefällt uns nicht.)
d) neutrale Reflexivverben:
 – почина́тися / Уро́к почина́ється. (Der Unterricht beginnt.)

Übung 6
Übersetzen Sie ins Ukrainische:

1. Mein Nachbar interessiert sich für Geschichte. *2.* Meine Freunde begeistern sich für klassische Musik. *3.* Treiben Sie täglich Sport? Nicht täglich, aber oft. *4.* Was tun Sie jetzt? Ich sehe fern. *5.* Das Konzert beginnt um 20 Uhr. *6.* Was macht ihr Sohn? Er badet. *7.* Taras wäscht sich, rasiert sich und zieht sich an. *8.* Um 18 Uhr treffen wir uns mit Oksana.

Das Genus der Verben

Unter dem Genus versteht man das durch das Verb ausgedrückte Verhältnis zwischen Subjekt und direktem Objekt. Es gibt zwei Genera: *Aktiv* und *Passiv*. Im *Aktiv* ist das Subjekt im Satz Träger und das Objekt Gegenstand der Handlung:
 – Тури́сти відві́дують музе́й. (**Die Touristen** besuchen das Museum.)
Im *Passiv* ist das Subjekt im Satz Gegenstand und das Objekt Träger der Handlung *(steht im Instrumental)*:
 – Музе́й відві́дується тури́стами. (Das Museum wird **von den Touristen** besucht.)
Das Passiv lässt sich *nur* von unvollendeten transitiven Verben bilden und wird durch *Reflexivverben* ausgedrückt.

Übung 7
Bilden Sie das Passiv nach dem Muster:
Іва́н пи́ше лист.   Лист пи́шеться Іва́ном.

Марі́йка готу́є сніда́нок. Студе́нти вивча́ють украї́нську мо́ву.
Тури́сти часто купу́ють тут сувені́ри. Ми ро́бимо дома́шнє завда́ння.

Unpersönliche Reflexivverben

Die unpersönlichen Reflexivverben werden **nur** in der 3. Person Singular *(sächliche Form)* gebraucht und bezeichnen einen physischen oder psychischen Vorgang, der unabhängig vom Willen des Trägers der Handlung stattfindet:
 – Мені́ не спи́ться. (**Ich** kann nicht schlafen.)
 – Йому́ хо́четься спа́ти. (**Er** möchte schlafen.)

Das logische Subjekt steht in solchen Konstruktionen im *Dativ*:
– **Нам** не читається. (Wir können nicht lesen. / Uns ist nicht nach Lesen.)
– Нам не читалось. (Wir konnten nicht lesen.)
– **Оксані** хочеться молока. (Oksana möchte etwas Milch.)
– Оксані хотілось молока. (Oksana mochte etwas Milch / wollte etwas Milch haben.)

Übung 8
Übersetzen Sie ins Deutsche:

Дмитрові сьогодні не працюється. Як Вам тут живеться? Мені хочеться пити. Йому хочеться їсти. Їй нездоровиться.

Übung 9
Übersetzen Sie ins Ukrainische:

Wir können heute nicht schlafen. Er kann nicht schreiben. Pawlo kann nicht ruhig liegen. Sie können nicht arbeiten. Ich kann nicht trinken. Die Studenten können nicht ruhig sitzen.

Dialog 4

Прикордонник	Добрий день! Прошу показати Ваш паспорт.
Віра Петрівна	Будь ласка.
Прикордонник	Ваше прізвище Бахманн?
Віра Петрівна	Так.
Прикордонник	Пані Бахманн, яка мета Вашого приїзду: приватна чи службова?
Віра Петрівна	Службова.
Прикордонник	Скільки часу Ви плануєте пробути в Україні?
Віра Петрівна	Два тижні.
Прикордонник	Назад будете повертатися також через Бориспіль?
Віра Петрівна	Я ще не знаю. Можливо, поїду потягом через Львів.
Прикордонник	Гаразд. Ось Ваш паспорт.
Віра Петрівна	Дякую.
Прикордонник	А це реєстраційний талон – для пред'явлення прикордонникам при виїзді з України.
Віра Петрівна	Добре. Це все?
Прикордонник	Це був паспортний контроль. Вам ще треба пройти митний огляд.

Dialog 5

Митник	Добрий день. Дозвольте Ваш паспорт.
Віра Петрівна	Будь ласка.
Митник	Ви заповнили митну декларацію?
Віра Петрівна	Так.
Митник	Покажіть, будь ласка.
Віра Петрівна	Ось, прошу.
Митник	Дякую. Тут бракує Вашого підпису.

Віра Петрівна	Зараз, хвилиночку.
Митник	Це Ваша валіза?
Віра Петрівна	Так, а тут моя сумка.
Митник	Прошу поставити Ваші речі на транспортер.
Віра Петрівна	Будь ласка.
Митник	Ви маєте речі, заборонені до ввозу?
Віра Петрівна	Ви маєте на увазі зброю, наркотики, ... ?
Митник	... радіоактивні матеріали?
Віра Петрівна	Звичайно, ні.
Митник	Вироби з дорогоцінних металів: золота, срібла, платини?
Віра Петрівна	Маю лише золоту обручку.
Митник	Маєте валюту: українську чи іноземну? Скільки?
Віра Петрівна	150 євро.
Митник	Чеки, кредитні картки?
Віра Петрівна	Маю одну кредитну картку.
Митник	Прошу відкрити Вашу валізу.
Віра Петрівна	Тут мої особисті речі.
Митник	Маєте також речі, які належать іншим особам?
Віра Петрівна	У сумці є кілька подарунків.
Митник	Можете закрити валізу та сумку. Ось Ваші папери.
Віра Петрівна	Я можу йти?
Митник	Так. Бажаю приємного перебування в Україні.
Віра Петрівна	Дякую.

Übung 10
Sie befinden sich im Flughafengebäude. Was bedeuten diese Schilder?

БАГАЖНІ візки	Паспортний контроль	ЗАЛ очікування	ПУНКТ обміну валюти
ТЕРМІНАЛ С	Митний зал	ТЕРМІНАЛ А	МЕДПУНКТ
До готелю	Банкомат	До автостоянки	АВІАКВИТКИ
Прохолоджувальні напої	До зупинки *автобуса*	Кімната відпочинку	Доступ до ІНТЕРНЕТУ
Конференц-**зал**	**БУФЕТ**	Ресторан	ГАЛАНТЕРЕЯ
Українські сувеніри	Ремонт *взуття*	*Міжнародна* книга	Ремонт *одягу*
Перехід до ТЕРМІНАЛУ D	Реєстрація авіаквитків	Реєстрація багажа	ВИХІД у місто
Кімната МАТЕРІ і ДИТИНИ	КАФЕ „Сьоме небо"	*Видача багажа*	Місце для куріння

Steigerung der Adjektive / Reflexivverben / Genus der Verben   223

Dialog 6

Віра Петрівна	Нарешті!
Віктор Іванович	Ну, що, куди тепер?
Лідія Іванівна	Поїдемо автобусом чи на таксі?
Віра Петрівна	Можна автобусом.
Віктор Іванович	Ось зупинка. Тут висить розклад руху автобуса.
Лідія Іванівна	Він ходить два рази на годину.
Віра Петрівна	А тривалість поїздки – майже година.
Віктор Іванович	Давайте, візьмемо таксі! Адже це найшвидший вид транспорту.
Лідія Іванівна	Міського транспорту. Ви дійсно думаєте, що на таксі швидше?
Віктор Іванович	Я впевнений.
Віра Петрівна	Я б не сказала. Але робіть як хочете. Мені байдуже.
Лідія Іванівна	Таксі вільне?
Водій	Так. Вам куди?
Лідія Іванівна	До готелю „Темп".
Водій	Кладіть речі в багажник і сідайте.
Віктор Іванович	Як довго нам їхати?
Водій	Трохи більше години. Ми мусимо їхати в об'їзд, бо центр перекритий.
Віра Петрівна	Ви маєте на увазі Помаранчеву революцію?
Водій	Так. У Ваших газетах теж про неї пишуть?
Віра Петрівна	І в газетах пишуть, і по телебаченню показують.
Лідія Іванівна	Тому ми дуже хочемо побачити все власними очима! Особливо Майдан Незалежності.
Віра Петрівна	І, звичайно, наметове містечко на Хрещатику!

Übung 11
Bilden Sie Dialoge zu den Themen „Паспортний і митний контроль", „Таксі".

Texte

1. Lesen und übersetzen Sie die beiden Texte.
2. Welche der beschriebenen Regionen würden Sie gern besuchen? Warum?

Київ і Львів

Київ і Львів – дуже гарні, але одночасно дуже різні міста. Київ більший ніж Львів, але Львів набагато затишніший. Київські вулиці довші, ширші та зеленіші за львівські. Зате Львів має гарнішу архітектуру.
З екологічної точки зору великої різниці між містами нема. Важко сказати, де повітря краще – у Києві чи у Львові. Але у вихідні львів'яни мають можливість поїхати до екологічно чистішої зони – у Карпати. Кияни ж мусять проводити вільний час у більш забрудненій зоні, адже Київ лежить недалеко від Чорнобиля, де відбулася найбільша екологічна катастрофа нашого часу. Тому щороку тисячі киян їздять в екологічно чистіші й приємніші регіони України – у Крим або в Карпати – і проводять там відпустку.

Карпати

Українські Карпати – зелене серце України, один з її найбільш мальовничих регіонів. Тут біля села Ділове Рахівського району знаходиться географічний центр Європи. Майже 80 відсотків території краю займають гори. Найвищою точкою гір та всієї України є гора Говерла (2061 метр).
Ліси займають понад 50 % території. Тут ростуть різні види дерев: у долинах – дуби та граби, у горах – ялини та смереки. Доповнюють ландшафт альпійські луки – полонини, романтична краса яких оспівується у багатьох українських піснях. Тут протікають тисячі мальовничих річок і потоків.
Клімат – помірно-континентальний. Влітку середня температура повітря становить +21° Цельсія, а взимку -4°. Казковий рельєф, географічне розташування, ліси, мінеральні води, м'який клімат, багатовікові традиції та багатонаціональна культура населення краю створюють унікальний потенціал для туризму.

точка зору – *Gesichtspunkt*, повітря – *Luft*, у вихідні – *am Wochenende*, забруднений – *verschmutzt*, мальовничий – *malerisch*, відсоток, процент – *Prozent*, край – *Region*, дуб – *Eiche*, граб – *Weißbuche*, ялина – *Tanne*, смерека – *Fichte*, лука – *Wiese*, оспівувати / оспівати – *besingen*, протікати – *durchfließen*, потік – *Strom*, м'який – *sanft*, створювати / створити – *schaffen*, унікальний – *einzigartig*

– Офіціанте, це курча – найтвердіше м'ясо, яке я будь-коли їв! – О, Ви ще не куштували нашого біфштекса! (Український гумор)
„Найбільше багатство – здоров'я." (Українське народне прислів'я)

Vokabeln

автостоянка *f*	*Parkplatz*	нудний, нудно	*langweilig*
багажник *m*	*Kofferraum*	об'їзд *m*	*Umleitung*
багатство *n*	*Reichtum*	обмін *m*	*Umtausch*
байдуже	*egal*	обручка *f*	*Ehering*
банкомат *m*	*Geldautomat*	особистий	*persönlich*
бракувати, -є / бракнути, -е	*fehlen*	очікування *n*	*Warten*
валюта *f*	*Währung*	перебування *n*	*Aufenthalt*
ввіз, вивіз *m*	*Einfuhr, Ausfuhr*	перекритий	*gesperrt*
відкривати, -ю, -єш / відкрити, -ю, -єш	*öffnen*	підпис *m*	*Unterschrift*
візок *m*	*Wagen*	платина *f*	*Platin*
в'їзд, виїзд *m*	*Einreise, Ausreise*	повертатися, -юсь, -єшся / повернутися, -усь, -ешся	*zurückkehren*
власний	*eigener*		

галантере́я f	Kurzwaren	полови́на f	Hälfte, halb
деше́вий	billig	пред'явле́ння n	Vorzeigen, Vorlegen
Дозво́льте ...	Gestatten Sie ... Darf ich ?...	приї́зд, від'ї́зд m	Ankunft, Abfahrt
докла́дний	ausführlich	прикордо́нник m	Grenzsoldat
дорогоці́нний	wertvoll, kostbar	радіоакти́вний	radioaktiv
до́ступ m	Zugang	реєстраці́йний	Anmelde-
заборо́нений	verboten	ремо́нт m	Reparatur
закрива́/ти, -ю, -єш / закри́ти, -ю, -єш	schließen	рі́зниця f	Unterschied
збро́я f	Waffe	ро́зклад ру́ху m	Fahrplan
зо́лото n	Gold	рух m	Bewegung
зру́чний	bequem	срі́бло n	Silber
ма́ти на ува́зі	meinen	ста́в/ити, -лю, -иш / поста́в/ити	stellen
ми́тник m	Zöllner/in	сумни́й	traurig
ми́тниця f	Zollamt, Zöllnerin	тало́н m	Schein, Quittung
місте́чко n	Städtchen	тверди́й	hart
наза́д	zurück	телеве́жа f	Fernsehturm
нале́ж/ати, -у, -иш uv	gehören	кла́/сти, -ду, -деш / покла́/сти	hinlegen
наме́т m	Zelt	транспорте́р m	Fließband
низьки́й	niedrig	трива́лість f	Dauer
ніж, від, за	als	ува́жний	aufmerksam

LEKTION 25

Die Steigerung der Adverbien
Die Deklination der Possessivpronomen (Zusammenfassung)
Das Possessivpronomen свій

> – **Раніше** тут було набагато **холодніше**.

Dialog 1

Водій	Ви звідки прилетіли, якщо не секрет?
Віктор Іванович	Не секрет. Ми прилетіли з Франкфурта.
Водій	З Німеччини! І яка там погода?
Віктор Іванович	Там значно тепліше ніж у Києві. Тут справжній Сибір.
Водій	Це ще нічого. Колись було набагато холодніше.
Лідія Іванівна	Ще холодніше ніж сьогодні?
Водій	Аякже! 20 градусів морозу та ще й вітер!
Віра Петрівна	Вітер, хуртовина, снігу по коліна... Я пам'ятаю.
Водій	Ви киянка?
Віра Петрівна	Ні, я колись жила пару років у Києві.
Водій	А в Німеччині взагалі тепліше. Інший клімат!
Віктор Іванович	Більш помірний клімат. Ви знаєте Німеччину?
Водій	Аякже! Колись я служив там у Ваймарі. Чули про таке місто?
Віктор Іванович	Звичайно. Я навіть їздив туди минулого місяця.
Водій	Ну і як там зараз? Краще чи гірше ніж раніше?
Віктор Іванович	Одні кажуть, що краще, інші скаржаться.
Водій	Як у нас, в Україні. Одним живеться легше, іншим набагато важче ніж колись.
Віктор Іванович	Як кажуть, найкраще там, де нас нема.
Водій	Маєте рацію. Хоча, можливо, зараз в Україні щось зміниться.
Лідія Іванівна	Обов'язково! Тому люди й стоять на Майдані.
Водій	Революцію роблять романтики! А ось і Ваш готель.
Віктор Іванович	Скільки з нас?
Водій	З вас 195 гривень.
Віктор Іванович	Ось, будь ласка. Решта для Вас.
Водій	Дякую. Щасливо! Привіт Німеччині...

Die Steigerung der Adverbien

Der Bedeutung nach unterscheidet man im Ukrainischen *Qualitäts-* (добре, чудово, погано) und *Beziehungsadverbien* (**по-німецьки, по-київськи**).

Die meisten Qualitätsadverbien können Steigerungsformen bilden: den Komparativ und den Superlativ. Diese können eine einfache und eine zusammengesetzte Form haben:
- га́рно, гарні́ше, найгарні́ше *(einfache Form)* schön, schöner, am schönsten
- ціка́во, більш / менш ціка́во, найбі́льш / найме́нш ціка́во *(zusammengesetzte Form)* interessant, interessanter, am interessantesten *oder:* mehr / weniger interessant, / am meisten / am wenigsten interessant.

Die Bildung der Steigerungsstufen:

Positiv	*Einfache Form*		*Zusammengesetzte Form*	
	Komparativ	*Superlativ*	*Komparativ*	*Superlativ*
ціка́во	ціка́віше	найціка́віше	більш / менш ціка́во	найбі́льш / найме́нш ціка́во

Der einfache Superlativ kann durch die Präfixe **якнай-, щонай-** verstärkt werden: – якнайціка́віше, щонайціка́віше (am allerinteressantesten).
Die Steigerungsformen mit dem Suffix -ш- sind immer stammbetont:
- де́шево, деше́вше, найдеше́вше.

Übung 1
Bilden Sie die einfachen Formen des Komparativs und des Superlativs:

a) betontes -іше- те́пло, хо́лодно, ве́село, су́мно, га́рно
b) unbetontes -іше- акти́вно, паси́вно, мо́дно, докла́дно, доскона́ло
c) -ше- де́шево, гру́бо, м'я́ко

Unregelmäßige Fälle:
a) Ausfall der Suffixe -к-, -ок-, -г- *(Komparativ mit -ше-)*:
   ко́ротко – коро́тше / глибо́ко – глі́бше / до́вго – до́вше
   (Ausnahmen: гі́рко – гірккі́ше, рі́зко – різкі́ше, стрі́мко – стрімкі́ше, м'я́ко – м'які́ше, м'я́кше)
b) Konsonantenwechsel г, ж, з (зь) – жч; с – щ:
   до́рого – доро́жче, ва́жко – ва́жче, ни́зько – ни́жче, ви́соко – ви́ще
c) Neuer Stamm:
   до́бре – кра́ще *oder* лі́пше, пога́но – гі́рше

Der Gebrauch des Komparativs in einem Vergleich:
- У Я́лті **тепліше ніж** у Ха́ркові *oder* **як** у Ха́ркові. (In Jalta ist es wärmer **als** in Charkiw.)
- Іва́н працю́є **кра́ще ніж** Степа́н *oder* **як** Степа́н. (Iwan arbeitet besser **als** Stepan.)

Übung 2
Bilden Sie den Komparativ und ergänzen Sie die Sätze:

- У Києві (хо́лодно) **ніж** у ...
- Сергі́й працю́є тут (до́вго) ...
- Літа́к лети́ть (висо́ко) ...
- Євге́н їсть (ма́ло) ...
- Андрі́й п'є (бага́то) ...
- Ні́мці святку́ють Нови́й рік (ве́село) ...
- Ї́здити на таксі́ (до́рого) ...
- Степа́н зна́є німе́цьку мо́ву (пога́но) ...
- Розмовля́ти по-украї́нськи (ва́жко) ...
- Оле́на співа́є (га́рно) ...

– У Полта́ві га́рно, **а** в Ки́єві **ще гарні́ше** (**noch** schöner).

Übung 3
Bilden Sie den Komparativ und vervollständigen Sie die Sätze nach dem Muster:
Яри́на готу́є борщ до́бре, а Марі́йка **ще кра́ще**.

1. Фе́дір розповіда́є казки́ ціка́во, а ...
2. На́ша гру́па працю́є акти́вно, ...
3. Ми ма́ємо ма́ло ча́су, ...
4. Учо́ра було́ те́пло, ...
5. У коридо́рі було́ хо́лодно, ...
6. У Дюссельдо́рфі бу́де ве́село, ...
7. Га́нна почува́є себе́ пога́но, ...
8. В Украї́ні бага́то жи́телів, ...
9. Авто́бус ї́де шви́дко, ...

Zur Verstärkung der Aussage wird der einfache Komparativ mit den Adverbien **зна́чно, набага́то, тро́хи, куди́** verbunden:
– У Ки́єві взи́мку **зна́чно** холодні́ше ніж у Фра́нкфурті. (In Kyjiw ist es im Winter **wesentlich / viel** kälter als in Frankfurt.)

Übung 4
Bilden Sie Sätze mit dem Komparativ nach dem Muster:
Львів – га́рно – Доне́цьк У Льво́ві (набага́то) **гарні́ше** ніж у Доне́цьку.

че́рвень – те́пло – жо́втень	дискоте́ка – ве́село – уро́к	семіна́р – ціка́во – ле́кція
Бонн – зати́шно – Берлі́н	село́ – ти́хо – мі́сто	сі́чень – хо́лодно – ли́пень

Übung 5
Übersetzen Sie ins Deutsche:

1) Прошу́ якнайшви́дше принести́ мені́ словни́к. 2) Мале́нька Уля́на прега́рно розповіда́ла ві́ршик. 3) Заха́р одяга́ється за́вжди супермо́дно. 4) Співа́йте щонайголосні́ше! Хай усі́ чу́ють, як ми святку́ємо! 5) Він хоті́в це зроби́ти якнайкра́ще, а ви́йшло якнайгі́рше! 6) Одяга́йтесь якнайтеплі́ше! Сього́дні ду́же хо́лодно.

Übung 6
Lesen und üben Sie die Wörter und Wortverbindungen zum Thema „Klima, Wetter":

клімат	das Klima ist ...	падає / іде дощ	es regnet
континентальний	kontinental	... сніг	schneit
помірний	mäßig, gemäßigt	... град	hagelt
вологий / сухий	feucht / trocken	гроза	Gewitter
субтропічний	subtropisch	грім (гримить)	Donner (es donnert)
погода ...	das Wetter ist ...	блискавка (блискає)	Blitz (es blitzt)
гарна	schön	хмара	Wolke
погана	schlecht	буря	Sturm
тепла	warm	веселка	Regenbogen
жарка	heiß	сонце (світить)	Sonne (scheint)
парка / душна	schwül	вітер (дме)	Wind (weht)
хмарна	wolkig	туман (лежить)	(es ist) Nebel
дощова	regnerisch	мороз (стоїть)	(es ist) Frost
прохолодна	kühl	ожеледиця	Glatteis
холодна	kalt	хуртовина	Schneesturm
очікується	wird erwartet	за даними ...	nach Angaben ...
передбачається	... vorhergesagt	хмарність ...	die Bewölkung ist ...
залишається	bleibt ...	мінлива	wechselhaft
температура ...	die Luft- und	з проясненнями	mit Aufheiterungen
повітря / води	Wassertemperatur	атмосферний тиск	Luftdruck
піднімається	steigt	вологість	Feuchtigkeit
знижується / падає	sinkt	опади ...	die Niederschläge sind ...
вітер ...	der Wind ist ...	окремі	vereinzelt
сильний	stark	короткочасні	kurzzeitig
слабкий	schwach	тривалі	dauerhaft
поривчатий	böig	переважно	vorwiegend
північний	nördlich	місцями	stellenweise
змінних напрямків	wechselhaft	за добу	in 24 Stunden

Übung 7
Lesen und übersetzen Sie die folgenden Wetterberichte:

Прогноз погоди

> За даними Укргідрометцентру у Києві та області очікується мінлива хмарність, окремі снігопади. Вітер північно-західний, 5 – 8 м / сек. (метрів за секунду). Температура повітря у Києві -8 / -10°С (мінус вісім – десять градусів Цельсія / *oder* за Цельсієм), по області вдень -10 / -12°С, вночі -14 / -16°С.

> 11 – 12 грудня в Україні без опадів, лише вночі у північно-західних областях короткочасний сніг, на півдні туман і ожеледиця. Вітер змінних напрямків, 8 – 10 метрів за секунду. Температура повітря вночі 10 – 15, вдень 8 – 12 градусів морозу, на півдні України та в Закарпатті вночі мінус 4 – 6 градусів, вдень близько нуля.

> Завтра по Києву та області передбачається хмарна з проясненнями погода, вдень місцями невеликий дощ, можлива гроза. Вітер південно-західний, 3 – 7 м / сек. Температура повітря у Києві +22 / +24°С, вночі +12 / +14°С, по області вдень +21 / +26°С, вночі +11 / +16°С. Температура води у Дніпрі біля Києва +19°С.

> 18 – 19 липня у східних областях України без опадів, на решті території місцями невеликі короткочасні дощі, окремі грози. Вітер переважно північно-західний, 5 – 10 метрів за секунду. Температура повітря вночі 11 – 16, вдень на більшості території України 18 – 25 градусів тепла. У південних, західних областях України і в Криму очікується 32 – 34 градуси. Температура води у Чорному морі плюс 17 – 23, в Азовському морі 22 – 23 градуси за Цельсієм.

Übung 8
Bilden Sie einen Dialog (z. B. ein Telefongespräch) zum Thema „Погода в Україні".

Übung 9
Beantworten Sie die folgenden Fragen zum Thema „Klima, Wetter".

Яка погода буває в Німеччині? / взимку, навесні, влітку та восени
Яку пору року Ви любите? Чому?
Яка сьогодні погода?
Яка погода була вчора?

Die Possessivpronomen (Zusammenfassung)

Übung 10
Bilden Sie Possessivpronomen nach dem Muster:
В Донецьку живе (я) стара подруга. – В Донецьку живе моя стара подруга.

1. Де працює (ти) чоловік?
2. Посередині стоїть (він) син.
3. (Вона) хата – третя праворуч.
4. Тут лежить (він) мобільний телефон.
5. (Ми) село невелике, але гарне.
6. Коли починається (Ви) відпустка?
7. Це (вони) домашнє завдання.
8. Вам подобається (я) нове авто?
9. (Ти) сусідка вже мені дзвонила.
10. (Вона) пісня посіла на конкурсі „Євробачення" перше місце.
11. Над диваном висить (він) портрет.
12. На терасі стоїть (вони) стіл.
13. (Ми) підручник дуже цікавий.
14. А (ви) книжка досить нудна.
15. (Вони) школа знаходиться навпроти парку.

Die Deklination der Possessivpronomen

Die Possessivpronomen der 1. und 2. Person *(Singular und Plural)* sowie der 3. Person Plural werden dekliniert. Die Possessivpronomen der 3. Person Singular sind unveränderlich.

Die Tabelle zur Deklination der Possessivpronomen finden Sie im Anhang (Grammatik, S. 273 – 274).

Steigerung der Adverbien / Possessivpronomen (Zusammenfassung)

Übung 11
Setzen Sie die richtige Form des Possessivpronomens ein:

1. Ми поїдемо на виставку з .... дочкою.	твоїй
2. Учора я зустрів .... дочку.	твоєю
3. Я подарувала .... дочці сувенір.	твою
1. У мене нема .... часопису.	Вашому
2. Зустрінемося у .... офісі.	Вашим
3. Вона цікавиться ...., планом.	Вашого
1. Поїдемо без .... вчительки.	їхнього
2. Біля .... дому – великий город.	їхньому
3. У .... міністерстві – новий шеф.	їхньої

Übung 12
Bilden Sie Possessivpronomen und setzen Sie sie in der richtigen Form ein:

я	Ось .... дім. Навпроти .... дому – парк. За .... домом – гарний сад. У .... домі – 4 кімнати. Ти вже бачила .... дім?
ти	Скільки жителів у .... місті? .... місто дуже старе. Це фотографія .... міста? Над .... містом часто пролітають літаки.
ви	Це .... офіс? Хто ще працює в .... офісі? Завдяки .... офісу я маю роботу. Перед .... офісом – станція метро. Ви живете далеко від .... офісу?
вони	.... діти ще дуже маленькі. Моя дочка вчиться разом із .... дітьми. Чи ви знаєте .... дітей? .... дітям 5 і 7 років.

Das Possessivpronomen свій

Das Possessivpronomen **свій, своя, своє, свої** kann alle Possessivpronomen ersetzen, wenn es sich auf das Subjekt des Satzes direkt bezieht. Dabei *muss* **свій** für die 3. Person und *kann* für die 1. und 2. Person verwendet werden:

– Я вітаю **мого** друга. = Я вітаю **свого** друга. (Ich grüße **meinen** Freund.)
– Він вітає **свого** друга. (Er grüßt seinen Freund / **seinen eigenen** Freund.)
– Він вітає **його** друга. (Er grüßt seinen Freund / den Freund **einer anderen Person**.)

свій, своя, своє, свої wird wie **мій, моя, моє, мої** dekliniert und ins Deutsche als **mein** (meine), **dein** (deine), **unser** (unsere), **euer** (eure), **sein** (seine), **ihr** (ihre) übersetzt:

Я бачу мою (**свою**) дочку.	**Ich** sehe **meine** Tochter.
Ти бачиш твою (**свою**) дочку.	**Du** siehst **deine** Tochter
Він бачить **свою** дочку.	**Er** sieht **seine** Tochter.
Вона бачить **свою** дочку.	**Sie** sieht **ihre** Tochter.
Ми бачимо нашу (**свою**) дочку.	**Wir** sehen **unsere** Tochter.
Ви бачите вашу (**свою**) дочку.	**Ihr** seht **eure** Tochter.
Вони бачать **свою** дочку.	**Sie** sehen **ihre** Tochter.

Übung 13
Vergleichen Sie die Possessivpronomen und erklären Sie ihren Gebrauch.

1. Тут Іван. Оксана – **його сестра**. Іван дивиться на Оксану. Він дивиться на **свою сестру**.
2. Там Данило. Петро – **його брат**. Данило дивиться на Петра. Він дивиться на **свого брата**.
3. Ось Борис. Олена – **його сестра**. Марійка – подруга Олени. Борис дивиться Олену і Марійку. Він дивиться на **свою сестру** і **її подругу**.
4. Там Марійка. Богдан – **її сусід**. Ганна – дочка Богдана. Марійка дивиться на Богдана та Ганну. Вона дивиться на **свого сусіда** і **його дочку**.

Setzen Sie die Übung fort:

5. Ось Василь. Леся – його сестра. Галя – подруга Лесі. Василь бачить Лесю і Галю. Він бачить .... сестру і .... подругу.
6. Ось Оксана Петрівна. Василь – її син. Руслана – подруга Василя. Оксана Петрівна бачить Василя і Руслану. Вона бачить .... сина та .... подругу.
7. Ось Марічка. Руслана – її подруга. Богдан Іванович – батько Руслани. Марічка бачить Руслану і Богдана Івановича. Вона бачить .... подругу та .... батька.
8. Ось Віра Петрівна. Юлія – її дочка. Макс – її син. Віра Петрівна бачить Юлію та Макса. Вона бачить .... дочку і .... сина.

Übung 14
Setzen Sie його, її, їхній, їхня, їхнє *oder* свій, своя, своє *ein:*

Остап живе у Стрию. Він дуже любить .... місто. Учора до нього приїхав .... друг Володимир. Остап показав йому .... місто. Володимирові дуже сподобалось .... місто.

Богдан і Марія – чоловік та жінка. Тут .... дім. Вони вже 2 роки живуть у .... домі. У .... домі є чотири кімнати, ванна, туалет і тераса. Біля .... дому – великий сад. Марія і Богдан сфотографували .... дім. Ось фото .... дому.

Влітку Марічка їздила на канікули до .... бабусі. .... бабуся живе у Яворові. Вона має великий гарний сад. Бабуся любить відпочивати в .... саду. Марічка теж любить сидіти в .... саду і читати.

Das Wort **свій** kann auch als Adjektiv auftreten und bedeutet **eigener**:
 – Оксана має **свій** дім і **свою** машину. (Oksana hat eigenes Haus und eigenes Auto.)

Dialog 2

Віктор Іванович	Непоганий готель.
Лідія Іванівна	Дуже затишний вестибюль.
Віктор Іванович	А у відділі прийому нікого нема.
Лідія Іванівна	Треба почекати.
Віктор Іванович	Добре, що крісла поруч. Сідаймо!
Лідія Іванівна	Яка надворі погода! Класична зима. Сніг, мороз.
Віра Петрівна	Напевно, градусів 5 – 10. Ще й вітер.
Лідія Іванівна	Добре, що ми вже в Києві.
Віктор Іванович	А в Москві набагато холодніше. Я чув прогноз погоди.
Лідія Іванівна	Там уже три дні не вщухає хуртовина, я теж читала.

Віктор Іванович	У таку пору року краще летіти на південь.
Лідія Іванівна	На Канари!
Віра Петрівна	На Канари полетіти ще не пізно. Зима ще тільки почалась.
Віктор Іванович	А ось і адміністратор. Добрий день!

Dialog 3

Черговий	Добрий день! Прошу пробачення за затримку!
Віктор Іванович	Нічого.
Черговий	Чим можу служити?
Віра Петрівна	Я замовила на сьогодні номери у Вашому готелі.
Черговий	Скільки номерів і які?
Віра Петрівна	Один двомісний і один „люкс".
Черговий	Як Ваше прізвище?
Віра Петрівна	Бахманн.
Черговий	Так, бачу. Ваші паспорти, будь ласка. Дякую.
Віра Петрівна	Усе гаразд?
Черговий	Звичайно. У Вас номери 305 і 311.
Віктор Іванович	На якому це поверсі?
Черговий	На третьому. Ось Ваші ключі.
Віктор Іванович	Дякуємо. Скажіть, будь ласка, у готелі є ресторан?
Черговий	Ресторан – на першому поверсі, кафе і буфет – на четвертому.
Віра Петрівна	А бар – на дев'ятому.
Черговий	Ви знаєте наш готель?
Віра Петрівна	Так, я вже колись тут зупинялася.
Черговий	Крім того, в готелі є перукарня, бюро послуг і басейн.
Віктор Іванович	А де тут ліфт?
Черговий	Пройдіть по коридору до кінця і там побачите 2 ліфти.
Віктор Іванович	Коли починається сніданок?
Черговий	О дев'ятій годині. Кнопка виклику покоївки біля лампи на стіні.
Віктор Іванович	Сподіваюсь, Ви можете нас розбудити о восьмій?
Черговий	Немає проблем. У Вас ще є питання?
Віктор Іванович	Тут є десь поблизу банкомат?
Черговий	Навпроти нашого готелю знаходиться банк.
Віра Петрівна	А на вулиці – ліворуч, перед поштою, теж висить банкомат.
Черговий	Крім того, ми маємо пункт обміну валюти.
Віктор Іванович	Тоді ми все вияснили.

Übung 15
Bilden Sie Dialoge zum Thema „У готелі".

Text

1. *Lesen und übersetzen Sie den Text.*
2. *Bilden Sie Dialoge zum Thema* „Пори року".

Пори року

Леся робить домашнє завдання. Їй треба писати твір на тему „Пори року".
За вікном мороз, сніг. Типова груднева погода. Надворі галасають діти. Вони бігають і роблять великого гарного сніговика. Але Лесі зараз не до них. Вона бере свій зошит і ручку і починає писати:
„Рік має чотири пори року. Це весна, літо, осінь та зима.
Перша пора року називається весна. Весняні місяці – березень, квітень і травень. Навесні дні стають довшими, ночі коротшими. Температура повітря піднімається, стає тепліше. Птахи повертаються з півдня додому. Листя на деревах розпускається, трава зеленіє. Часто падає теплий дощ.
Друга пора року – літо. Літні місяці – червень, липень і серпень.
Дні влітку довгі, ночі короткі. Температура повітря піднімається високо, інколи до 30-ти градусів Цельсія і вище. Тому часто буває жарко і можна ходити на пляж, купатися. У школі, нарешті, починаються літні канікули, коли можна поїхати у відпустку до моря, в гори або за кордон. Інколи падає теплий дощ, буває гроза. В кінці літа на полях починаються жнива.
Третя пора року – осінь. Осінні місяці – вересень, жовтень, листопад.
Дні восени стають коротшими, ночі довшими. Температура повітря падає, надворі стає холодніше. Деякі птахи відлітають на південь. Інші залишаються на зиму вдома. Листя на деревах жовкне і падає на землю. На полях закінчуються жнива. Часто падає дощ. Дме холодний вітер, подекуди лежить туман.
Четверта і остання пора року – зима. Зимові місяці – грудень, січень і лютий. Дні взимку короткі, а ночі довгі. Температура повітря падає до нуля і нижче. Починаються морози, на будинках і деревах лежить іній. На вулицях буває ожеледиця. Часто падає сніг, дме сильний вітер. Але я люблю цю пору року, тому що взимку ми святкуємо Новий рік, Різдво і день народження тітки Віри."
Леся кладе ручку на стіл і починає читати свій твір. Тут вона згадує свого старшого брата Василя. Непогано було б, якби він ще раз перечитав написане. Він завжди знаходить і виправляє в її роботах помилки. Краще за вчителя!
Але його, як завжди, нема вдома. Напевно, знову пішов до своєї Руслани.

твір – *Aufsatz*, галасати – *Lärm machen*, сніговик – *Schneemann*, листя n – *Blätter*, розпускатися / розпуститися – *aufgehen, aufblühen*, трава – *Gras*, зеленіти / зазеленіти – *grün werden*, за кордон – *ins Ausland*, жнива – *Ernte*, жовкнути / пожовкнути – *gelb werden*, іній – *Reif*

– Андрійку, хто у вас в класі найшвидше бігає? – Якщо стометрівку, то Василько. А якщо в їдальню, то я бігаю швидше за всіх.   (Український гумор)
„Краще погана дорога, ніж поганий супутник."   (Українське народне прислів'я)

Vokabeln

А я́кже!	Und ob!	колі́но n	Knie
басе́йн m	Schwimmhalle	ко́ротко	kurz
буд/и́ти, -жу́, -иш / розбуд/и́ти	wecken	ле́гко	leicht
буфе́т m	Imbissbar	лі́фт m	Fahrstuhl
бюро́ по́слуг n	Kundenservice	моро́з m	Frost
викли́ка/ти, -ю, -єш / ви́кли/кати, -чу, -чеш	rufen	Нема́є пробле́м.	Kein Problem.
		очі́ку/вати, -ю, -єш uv	erwarten
вияснят́и, -ю, -єш / вия́сн/ити, -ю, -иш	klären	па́да/ти, -ю, -єш, -є / впа́/сти, -ду́, -де́ш	fallen, sinken
ві́дділ прийо́му m	Rezeption	передба́ча/ти, -ю, -єш / передба́ч/ити, -у, -иш	voraussehen, erwarten, vorhersagen
взагалі́	überhaupt		
вщуха́/ти, -є, -ють / вщу́хн/ути, -е, -уть	nachlassen	підніма́/тися, -юсь, -єшся / підня́/тися, -іму́сь, -і́мешся	sich erheben, steigen
глибо́ко	tief	поде́куди, місця́ми	stellenweise
де́шево	billig	поко́ївка f	Zimmermädchen
до́вго	lange	помі́рний	gemäßigt
докла́дно	ausführlich	почува́/тися, -юсь, -єшся uv	sich fühlen
до́рого	teuer	прогно́з пого́ди	Wetterbericht
залиша́/тися, -юсь, -єшся / залиши́/тися, -у́сь, -ишся	bleiben	проліта́/ти, -ю, -єш / проле/ті́ти, -чу́, -ти́ш	vorbeifliegen, überfliegen
затри́мка f	Verzögerung	ре́шта	Rest
знахо́д/ити, -жу, -иш / знай/ти́, -ду́, -деш	finden	ска́рж/итися, -усь, -ишся / поска́ржитися	klagen, sich beklagen
		супу́тник m	Begleiter
зупиня́/тися, -юсь, -єшся / зупин/и́тися, -ю́сь, -ишся	halten, anhalten sich aufhalten	Щасли́во!	Viel Glück!

LEKTION 26

Der Gebrauch des Genitivs
Die Wortbildung der Substantive

> – Вам **кави** чи **чаю**?

Dialog 1

Віктор Іванович	Доброго ранку Вам, мої чарівні колеги!
Лідія Іванівна	Доброго ранку, шановний колего! Ви щось довго спите.
Віктор Іванович	Я дійсно сьогодні проспав.
Лідія Іванівна	Хіба Вас не розбудили о восьмій годині?
Віктор Іванович	Мій телефон, як виявилось, не працює.
Віра Петрівна	І це у „люксі"?
Віктор Іванович	Буває. Але адміністратор пообіцяла, що його відремонтують.
Лідія Іванівна	„Відремонтують" чи „полагодять"? Як правильно?
Віктор Іванович	Яка різниця! Головне, щоб він дзвонив, коли треба!
Віра Петрівна	Маєте рацію. Вам кави чи чаю?
Віктор Іванович	Чаю, будь ласка. Дякую, Віро Петрівно.
Лідія Іванівна	Тут сир, масло, ковбаса, мед, білий і чорний хліб, тістечка.
Віра Петрівна	А тут яєчня, сосиски, оселедець. Вибирайте, що хочете!
Віктор Іванович	Дякую. Який багатий стіл!
Лідія Іванівна	Смачного Вам!
Віктор Іванович	А Ви?
Лідія Іванівна	Ми вже поснідали. Ще тільки чаю з вами поп'ємо.

Der Gebrauch des Genitivs

Der Genitiv der Substantive wird häufig nach transitiven Verben gebraucht, wenn sich die Handlung nicht auf das ganze Objekt, sondern nur auf *einen Teil* davon bezieht:
– Я хочу **чаю**. (Ich möchte etwas Tee.)
– Вам (налити) **кави**? (Möchten Sie etwas Kaffee?)

Übung 1
Setzen Sie die Substantive in den Genitiv:

1. Я хочу (лимонад, вода, кефір, узвар).
2. Дітям хочеться (морозиво, цукерки, кола, шоколад).
3. Налийте мені, будь ласка, (молоко, какао, вино, шампанське).
4. Дай мені (хліб, масло, ковбаса, сир, повидло).
5. Петро наївся (м'ясо, риба, шинка) і напився (сік, пиво).

Aber: „Дай / Переда́й мені́ хліб, ма́сло, ковбасу́ сир, пови́дло!" *(Akkusativ)* – wenn es sich um eine konkrete Menge – eine Dose, einen Teller, eine Portion handelt.

Vergleichen Sie:
– Да́йте мені́, будь ла́ска, цу́кру. (Geben Sie mir bitte etwas Zucker.)
– Да́йте мені́, будь ла́ска, цу́кор. (Geben Sie mir bitte die Zuckerdose. *Oder:* Reichen Sie mir bitte die Zuckerdose herüber.)
– Ві́ктор наї́вся варе́ників. – Він з'їв варе́ники.

Der Genitiv Singular der Maskulina

Verschiedene Maskulina können im Genitiv neben der Endung -**а**, -**я** die Endung -**у**, -**ю** haben. Die Wahl der richtigen Endung hängt von der Bedeutung des Wortes ab.

Aufgabe: *Arbeiten Sie das Thema* „Genitiv Singular der Maskulina" *im Anhang (Grammatik, S. 267) selbständig durch.*

Übung 2
Bilden Sie den Genitiv. Erklären Sie den Gebrauch der Endung:

Степа́н	ба́тько	Бонн	офіце́р	колекти́в
парк	університе́т	дощ	зал	фокстро́т
Га́мбург	Люксембу́рг	Ватика́н	сад	універма́г
Донба́с	Байка́л	Нью-Йо́рк	резона́нс	телеві́зор
франк	метр	сантиме́тр	альмана́х	візи́т
Франк	сті́льчик	замо́к	Дуна́й	газопрові́д
підру́чник	Андрі́й	за́мок	Львів	комп'ю́тер
учи́тель	О́дер	Луцьк	Петро́	президе́нт
тигр	готе́ль	літр	цент	сніг

Übung 3
Verneinen Sie die Sätze nach dem Muster:

У на́шому мі́сті є парк. – У на́шому мі́сті **нема́є** па́рку.
Васи́ль ма́є телеві́зор. – Васи́ль **не ма́є** телеві́зора.

У мого́ бра́та є автомобі́ль. У це́нтрі мі́ста є істори́чний музе́й. У Гали́ни є га́рний портфе́ль. Ві́ктор ма́є вла́сний бі́знес. Га́нна ма́є до́брий словни́к. Пан Демче́нко ма́є нови́й при́нтер. О́льга ма́є цифрови́й фотоапара́т.

Dialog 2

Ві́ктор Іва́нович	Нас обслуго́вує офіціа́нт чи офіціа́нтка?
Лі́дія Іва́нівна	У кафе́ самообслуго́вування.
Ві́ктор Іва́нович	До́бре, що ви знайшли́ мі́сце за мале́ньким сто́ликом.
Лі́дія Іва́нівна	Так, тут набага́то приє́мніше, ніж за вели́ким столо́м.
Ві́ктор Іва́нович	А такси́ст учо́ра допитли́вий був, усе́ хоті́в зна́ти.

Віра Петрівна	Така у них робота. Крім того, з мовчунами їздити нудно.
Віктор Іванович	Ну, й погодонька ж сьогодні! Як у казці! Сніжок, морозець, ...
Віра Петрівна	Вже поснідали, Вікторе Івановичу? Нам час іти.
Віктор Іванович	Ще чаю ковточок. Так, готовий. Де Ваші кожушки?
Лідія Іванівна	На вішалці в кутку.

кут, куток – *Ecke*, в куті, в кутку – *in der Ecke*
ріг – *Ecke (Außenecke)*, на розі – *an der Ecke*, за рогом – *um die Ecke*

Die Wortbildung der Substantive

Neue Substantive können durch Präfigierung, Suffigierung, Zusammensetzung mehrerer Wortstämme und Bildung von Abkürzungen entstehen.

Aufgabe: *Arbeiten Sie das Thema „Die Wortbildung der Substantive" im Anhang (Grammatik, S. 268) selbständig durch.*

Übung 4
Was bedeuten diese Substantive? Unterstreichen Sie die wortbildenden Elemente.

столяр, селянин, казкар, маляр, носильник, тракторист, машиніст, слухач, історик, бібліотекар, садівник, друкар, велосипедист, львів'янин, учасник, розумник, дурень, ліфтер, відвідувач, початківець, поштар, дзвонар, пияк, тенісистка, м'ясник, продовжувач, друкарня, почекальня, годинник, книгарня, морозильник, градусник, вітрило, світило, чорновик, купальник, синяк, чорнило, їдальня

продовження, почуття, закінчення, відкриття, замовлення, партнерство, розуміння, запізнення, знайомство, турбота, швидкість, сучасність, теплота, доброта, Тернопільщина, Полтавщина, дійсність, старість, молодість, працьовитість, знання

столище, доміще, килимок, стільчик, тарілочка, дзеркальце, садочок, ліжечко, подруженька, пташенятко, халатик, черевички, піжамка, сніданочок, яблучко, молочко, квіточка, спідничка, книжечка, портфельчик, кімнатка, головище, листоноша, літературознавство, країнознавство, десятиріччя

Dialog 3

Віктор Іванович	Мені б хотілося оглянути місто. Я ще ніколи не був у Києві.
Гід	Будь, ласка, заходьте. У нашому автобусі є ще вільні місця.
Віктор Іванович	Як довго триває екскурсія?
Гід	Три години.
Віктор Іванович	Який маршрут Ви пропонуєте?
Гід	Спочатку ми оглянемо стару частину міста.
Віктор Іванович	Софійський собор теж?
Гід	Звичайно. І Софійський собор, і Печерську Лавру.
Віктор Іванович	А Майдан і Хрещатик?
Гід	Обов'язково. Шановні пані та панове! Вітаю Вас у столиці України.
Віктор Іванович	Що це за пам'ятник?

Турист	Це пам'ятник Шевченкові.
Гід	Шановні гості, прошу Вас розмовляти тихіше.
Віктор Іванович	Прошу пробачення.
Гід	Ми проїжджаємо біля національного університету...
Віктор Іванович	Тут я вже сьогодні був.
Турист	А Ви кажете, що не знаєте Києва.
Гід	... і біля парку імені Шевченка ми зробимо невелику зупинку.
Віктор Іванович	Непогано було б зайти до ресторану. Випити чогось теплого.
Турист	Відвідування ресторану не входить до плану екскурсії.
Віктор Іванович	А жаль!
Гід	Прошу всіх вийти з автобуса і підійти до пам'ятника.

Dialog 4

Лідія Іванівна	Куди це Віктор Іванович подівся?
Віра Петрівна	Не знаю. Після семінару я його не бачила.
Лідія Іванівна	А я думала, ми разом підемо на Майдан Незалежності.
Віра Петрівна	Як тут багато людей!
Лідія Іванівна	Яка чудова атмосфера! Я нічого подібного в житті не бачила!
Віра Петрівна	І це все кияни?
Лідія Іванівна	Не думаю. Дівчата, звідки ви?
Люба	Я з Києва, Галя з Полтави, Леся зі Львова. А Кіра з Донецька.
Віра Петрівна	Я думала, в Донецьку Помаранчевої революції не люблять.
Кіра	Ми любимо, тому ми тут. Правда, Сергію?
Сергій	Так, ми вже другий тиждень живемо в наметі на Хрещатику.
Віра Петрівна	І вам не холодно? Адже зима!
Сергій	Ні. Спочатку було трохи холоднувато, а зараз усе нормально.
Лідія Іванівна	„Разом нас багато, нас не подолати ... " Яка гарна пісня!
Леся	Це гурт „Ґринджоли" співає гімн Помаранчевої революції.
Кіра	А ви звідки приїхали?
Лідія Іванівна	Ми приїхали сюди на пару днів з Німеччини.
Люба	Приїжджайте до нас ще в травні – на конкурс Євробачення!
Галя	Ви, напевно, знаєте, що наступний конкурс відбудеться в Києві.
Леся	Завдяки нашій співачці Руслані та її „Диким танцям".
Віра Петрівна	Обов'язково приїдемо!
Лідія Іванівна	А ви приїжджайте у серпні до Кельна на Всесвітній день молоді!

Dialog 5

Віктор Іванович	Скажіть, будь ласка, як мені дістатися до готелю „Темп"?
Перехожий	Вам треба сісти на тролейбус номер 3.
Віктор Іванович	А де зупинка?
Перехожий	Спочатку ідіть прямо – метрів сто, до перехрестя.
Віктор Іванович	Так, бачу.
Перехожий	Потім зверніть праворуч. Зупинка тролейбуса за рогом.
Віктор Іванович	І як довго їхати тролейбусом?

Перехо́жий	Вам тре́ба ви́йти на тре́тій зупи́нці, бі́ля вели́кого ба́нку.
Ві́ктор Іва́нович	А-а... Навпро́ти ба́нку – мій готе́ль, тепе́р я зна́ю.
Перехо́жий	Ві́рно. Вам тре́ба ті́льки перейти́ че́рез вули́цю.
Ві́ктор Іва́нович	Щи́ро дя́кую за поя́снення.
Перехо́жий	Нема́ за що. На все до́бре.

сіда́ти / сі́сти на тролейбус *(Akkusativ)* – einsteigen
вихо́дити / ви́йти з тролейбуса *(Genitiv) oder* схо́дити / зійти́ з тролейбуса – aussteigen
пересіда́ти / пересі́сти (з тролейбуса на автобус) – umsteigen

Übung 5
Bilden Sie Dialoge zum Thema „Я огляда́ю мі́сто".

Übung 6
Lesen und übersetzen Sie die Speisekarte.
Erzählen Sie, welche Gerichte Sie als Gast dieses Restaurants bestellen würden?
„Я б замо́вив /-ла на за́куску ..., на пе́рше ..., на дру́ге ..., на десе́рт ..., з напо́їв ..."

МЕНЮ
Рестора́н „Темп", 11 гру́дня 2004 р.

Холо́дні стра́ви, за́куски

Сала́т «Столи́чний»
Сала́т з огіркі́в
Сала́т з помідо́рів
Ши́нка ва́рена
Са́ло з пе́рцем і часнико́м
Шпро́ти в ма́слі
Яйце́ під майоне́зом
Гриби́ марино́вані
Оселе́дець з цибу́лею
Ікра́ чо́рна / черво́на

Пе́рші стра́ви

Борщ черво́ний з м'я́сом і смета́ною
Соля́нка м'ясна́
Соля́нка ри́бна
Бульйо́н з ку́рки
Суп овоче́вий
Ю́шка грибна́ по-украї́нськи

Напо́ї

Гаря́чі

Чай грузи́нський
Чай фрукто́вий
Чай зеле́ний
Ка́ва / з цу́кром / з молоко́м
Кака́о
Молоко́

Дру́гі стра́ви

Варе́ники з си́ром і смета́ною
Ку́рка сма́жена
Гу́ска пе́чена
Свини́на тушко́вана
Я́ловичина ва́рена з гриба́ми
Шашли́к з бара́нини
Ри́ба з овоча́ми (ко́роп)
Гу́ляш по-уго́рськи
Ка́чка по-пекі́нськи
Котле́та по-ки́ївськи

Соло́дкі стра́ви / Десе́рт

Ба́бка ри́сова з я́блуками
Желе́ фрукто́ве
Пу́динг вершко́вий з роди́нками
Са́ло в шокола́ді
Моро́зиво з фру́ктами
Моро́зиво з вершка́ми

Прохоло́джувальні

Міне́ра́льна вода́ (газо́вана)
Міне́ра́льна вода́ (натура́льна)
Сік яблу́чний
Кисі́ль я́гідний
Лимона́д «Ви́шня»
Узва́р із сухофру́ктів

Алкогольні напої

Вино́ бі́ле натура́льне	Горі́лка украї́нська з пе́рцем
Вино́ черво́не крі́плене	Нали́вка з ме́дом
Портве́йн	Конья́к грузи́нський
Ве́рмут	Лікер полуни́чний
Шампа́нське «Кри́мське»	Пи́во «Оболо́нь»

Dialog 6

Ві́ктор Іва́нович	Це Ви, Ві́ро Петрі́вно?
Ві́ра Петрі́вна	Ві́кторе Іва́новичу! Наре́шті! Де ж це Ви були́?
Ві́ктор Іва́нович	На екску́рсії.
Лі́дія Іва́нівна	Але́ ж ми хоті́ли ра́зом огляда́ти мі́сто.
Ві́ктор Іва́нович	Ви з Ві́рою Петрі́вною вже добре́ його́ зна́єте.
Ві́ра Петрі́вна	Ну, то й що?
Ві́ктор Іва́нович	Я не хоті́в Вас за́йвий раз турбува́ти.
Лі́дія Іва́нівна	Але́ я, напри́клад, Ки́їв ще не ду́же добре зна́ю, як і Ви.
Ві́ктор Іва́нович	Тре́ба було́ мені́ взя́ти Вас з собо́ю.
Лі́дія Іва́нівна	Ми шука́ли Вас пі́сля семіна́ру.
Ві́ктор Іва́нович	Я Вас теж шука́в і не знайшо́в. Тому́ й пої́хав сам.
Лі́дія Іва́нівна	Вам сподо́балась екску́рсія?
Ві́ктор Іва́нович	Ду́же. Ми огля́нули бага́то істори́чних місць.
Лі́дія Іва́нівна	А на Майда́ні Ви теж були́?
Ві́ктор Іва́нович	Ая́кже!

Dialog 7

Ві́ктор Іва́нович	А за́раз дозво́льте запроси́ти Вас на вече́рю.
Лі́дія Іва́нівна	О, дя́куємо.
Ві́ктор Іва́нович	До яко́го рестора́ну Ви бажа́єте піти́ або́ пої́хати?
Ві́ра Петрі́вна	Я пропоную́ залиши́тися в готе́лі. Тут теж є рестора́н.
Ві́ктор Іва́нович	А Ви вже були́ в ньо́му?
Ві́ра Петрі́вна	Так. Запевня́ю Вас, тут чудо́во готу́ють.
Лі́дія Іва́нівна	Тим бі́льше, пого́да зно́ву псу́ється. Кра́ще ніку́ди не ї́хати.
Ві́ктор Іва́нович	Ну, що ж, пої́хали на пе́рший по́верх. Ліфт якра́з ві́льний.

Dialog 8

Ві́ктор Іва́нович	Па́не офіціа́нте, цей сто́лик ві́льний?
Офіціа́нт	Так, будь ла́ска, сіда́йте. Ось меню́.
Ві́ктор Іва́нович	Дя́кую. Шано́вні да́ми, що ми ві́зьмемо на за́куску?
Ві́ра Петрі́вна	Я ма́ю апети́т на сві́жий сала́т з огіркі́в.
Лі́дія Іва́нівна	Я ві́зьму яйце́ під майоне́зом.
Ві́ктор Іва́нович	А мені́ принесі́ть марино́ваний оселе́дець з цибу́лею.
Офіціа́нт	Так, сала́т, яйце́ та оселе́дець. Бу́дете замовля́ти пе́рше?
Ві́ктор Іва́нович	Звича́йно. Я сього́дні не обі́дав. Лише́ перекуси́в по доро́зі.

Віра Петрівна	Ми приєднуємося до Вас.
Офіціант	Що будете замовляти?
Віктор Іванович	Солянка свіжа?
Офіціант	Вибачте, не розумію Вашого питання. У нас усі страви свіжі.
Віктор Іванович	Тоді я візьму солянку. А Ви що бажаєте?
Лідія Іванівна	Я теж з задоволенням покуштую солянки.
Віра Петрівна	А мені принесіть, будь ласка, тарілку борщу.
Офіціант	Дві солянки і борщ. Що Ви бажаєте на друге?
Лідія Іванівна	Я беру гуляш.
Віра Петрівна	Я візьму вареники з сиром.
Віктор Іванович	А мені принесіть котлету по-київськи.
Офіціант	Що будете пити?
Віктор Іванович	Може, візьмемо пляшечку вина або шампанського?
Лідія Іванівна	Дякую, але я б краще випила апельсинового соку.
Віра Петрівна	Мені прошу принести мінеральної води – натуральної.
Віктор Іванович	Мені теж.
Офіціант	Ви бажаєте щось на десерт? У нас великий вибір солодких страв: фруктові желе, морозиво, ...
Віктор Іванович	Ні, дякуємо.

Dialog 9

Віктор Іванович	Пане офіціанте, принесіть, будь ласка, рахунок.
Офіціант	Хвилиночку. Сподіваюсь, наші страви Вам сподобались.
Віктор Іванович	І страви були смачні, і обслуговування добре.
Офіціант	Дякую. Ось Ваш рахунок, прошу.
Віктор Іванович	Будь ласка. Решта для Вас.
Офіціант	Дуже дякую. Заходьте до нас іще.
Віктор Іванович	З задоволенням. До побачення.

Übung 7
Bilden Sie Dialoge zum Thema „У ресторані".

Übung 8
Sie möchten mit Ihrem Freund essen gehen und suchen ein passendes Lokal.
Lesen Sie die folgenden Anzeigen und sprechen Sie im Dialog darüber.
Anschließend berichten Sie, für welches Lokal Sie sich entschieden haben und warum.

Ресторани і кафе (Оголошення в інтернеті)

Європа
Вам тут сподобається усе: і асортимент смачних європейських та українських страв, і години роботи, і внутрішня атмосфера. Тут завжди є улюблене пиво багатьох українців – "Славутич". Крім того, "Європа" ще й є місцем, де збираються футбольні фани, щоб разом повболівати за свої улюблені команди. Відчинено 8-23.

Бістро "Б-317"
Фаст-фуд. Піца. Гарячі страви. Салати. Кондитерські вироби.

Муза (ресторан)
Широкий асортимент страв з риби, птиці, м'яса, овочів; страви української кухні. На замовлення клієнтів звучить музика для саксофону і піаніно, українські пісні, романси. Відчинено 12-23:30.

Ніагара (ресторан - данс-клуб)
DVD - відеопроектор, VIP - обслуговування, персонал володіє кількома мовами, своя музична програма. Дискотека. Старовинні підвали в лицарському стилі з каміном, унікальні інтер'єри.

Діва (ресторан)
Класичний ресторан у французькому стилі в поєднанні з смачними стравами і професійним обслуговуванням. Відчинено 12-23.

Пекін (ресторан)
Китайська кухня, професійні китайські кухарі. Відчинено 11-23.

Ресторан "Гранд-Готель"
Елегантний ресторан у львівському першорозрядному готелі, гарно оформлені традиційні страви української та єврейської кухні з відповідними вишуканими винами, відмінний сервіс та чудовий настрій. Відчинено 8-23.

Віденська кав'ярня
Тут ви відчуєте атмосферу Львова за австрійських часів та скуштуєте улюблені страви місцевих жителів – деруни з м'ясом, налисники з ікрою, шніцель по-віденськи, а також більш ніж двадцять видів кави та солодощі домашнього приготування. Відчинено 9-23.

Титанік (бістро-бар)
В бістро Ви можети швидко і добре поїсти. Якщо Ви бажаєте вразити друзів і покуштувати смачні, вишукані страви – завітайте в кафе-бар. Смак англійського стейку і гальба пива вищого ґатунку дасть можливість відчути себе господарем життя.

Гармонія
Це затишне кафе стало другим домом для іноземців, котрі живуть і працюють у Львові. По п'ятницях, починаючи від 18:30, вони проводять в "Гармонії" свої вечірки. Тут завжди добрий сервіс, українські страви та холодне пиво. Відчинено 10-23.

„Проти віку нема ліку." „Від гніву старієш, від сміху молодієш."
„Яка головонька, така й розмовонька."   (Українські народні прислів'я)

Vokabeln

асортимéнт *m*	Auswahl	налива́ти, -ю, -єш / налúти, наллю́, наллє́ш	eingießen, einschenken
бульйóн *m*	Brühe		
вáрений	gekocht	налúвка *f*	Hauswein
вечíрка *f*	Party	налúсник *m*	Eierkuchen
вибирá/ти, -ю, -єш / вúб/рати, -еру, -ереш	wählen	обслугóву/вати, -ю, -єш / обслуж/úти, -у, -иш	bedienen
вишýканий	erlesen, fein	оселéдець *m*	Hering

виявля́/тися, -є́ться / ви́яв/итися, -иться	sich herausstellen	переку́/сити, -шу́, -сиш v	etw. zu sich nehmen
відмі́нний	ausgezeichnet	перехре́стя n	Kreuzung
відчи́нено	geöffnet	пе́чений	gebacken
відчува́/ти, -ю, -єш / відчу́/ти, -ю, -єш	spüren, fühlen	підва́л m	Keller
вража́/ти, -ю, -єш / вра́/зити, -жу́, -зиш	beeindrucken	поді́/тися, -ну́сь, -нешся v	stecken, bleiben
гнів m	Zorn, Ärger	поді́бний	ähnlich
гурт m	Gruppe	поєдна́ння n	Verbindung
ди́кий	wild	полуни́ця f	Erdbeere
деру́н m	Kartoffelpuffer	Пра́вда?	Ist es wahr?
діста́/ватися, -ю́сь, -єшся / діста́/тися, -ну́сь, -нешся	gelangen	ремонту́/вати, -ю, -єш / відремонту́/вати	reparieren
за́йвий	überflüssig, übrig	розря́д m	Kategorie, Rang
за́ку́ска f	Vorspeise, Imbiss	самообслуго́вування n	Selbstbedienung
запевня́/ти, -ю, -єш / запе́вн/ити, -ю, -иш	versichern	сма́жений	gebraten
зверта́/ти, -ю, -єш / зверн/у́ти, -у́, -еш	abbiegen, wenden	сміх m	Lachen
інтер'є́р m	Innenausstattung	ті́стечко n	Gebäck, Törtchen
кушту́/вати, -ю, -єш / покушту́/вати	kosten, probieren	цуке́рок m, цуке́рка f	Bonbon
кріпле́ний	hochprozentig	чарівни́й	bezaubernd
ла́год/ити, -жу, -иш / пола́год/ити	reparieren	часопи́с m	Zeitung, Zeitschrift
ли́цар m	Ritter	яє́чня f	Rühr- / Spiegelei
мовча́/ти, -у́, -и́ш uv	schweigen	яйце́ n	Ei

LEKTION 27

Die Pronomen (Zusammenfassung)
Die Grund- und Ordnungszahlen ab 200

> – Я б хотíла **собí** купи́ти **яку́сь** те́плу ша́пку.

Dialog 1

Ві́ктор Іва́нович	Ви до́бре зна́єте цей універма́г, Ві́ро Петрі́вно?
Ві́ра Петрі́вна	Коли́сь я його́ до́бре зна́ла, але́ за́раз тут усе́ змини́лося.
Ві́ктор Іва́нович	На яко́му по́версі продаю́ться ювелі́рні ви́роби?
Ві́ра Петрі́вна	Ду́маю, на тре́тьому. Ви щось хо́чете купи́ти?
Ві́ктор Іва́нович	Так, яке́сь га́рне нами́сто або́ ланцюжо́к з підві́скою.
Ві́ра Петрі́вна	Подару́нок для дружи́ни?
Ві́ктор Іва́нович	Ви вгада́ли. Вона́ ду́же лю́бить ви́роби з бурштину́ і зо́лота.
Ві́ра Петрі́вна	Ось план універма́гу. На пе́ршому по́версі є ві́дділ „Сувені́ри".
Ві́ктор Іва́нович	І, як я ба́чу, „Галантере́я", „І́грашки" та „Культтова́ри".
Лі́дія Іва́нівна	На дру́гому по́версі – „Чолові́чий і жіно́чий о́дяг" і „Взуття́".
Ві́ра Петрі́вна	На тре́тьому є ві́дділи „Ювелі́рні ви́роби" та „Годи́нники".
Ві́ктор Іва́нович	„Парфюме́рія" і „Ткани́ни" теж там.
Лі́дія Іва́нівна	А на четве́ртому – „Електротова́ри", „Господа́рчі това́ри" і „По́суд".
Ві́ктор Іва́нович	Мені́ потрі́бно на тре́тій по́верх. Вам теж?
Лі́дія Іва́нівна	Ні, я хоті́ла б купи́ти собі́ яку́сь те́плу ша́пку з но́рки чи лиси́ці.
Ві́ра Петрі́вна	Головні́ убо́ри продаю́ться по́руч із ві́дділом гото́вого о́дягу.
Лі́дія Іва́нівна	Тоді́ мені́ тре́ба на дру́гий по́верх.
Ві́ра Петрі́вна	Мене́ ціка́вить украї́нська кера́міка.
Ві́ктор Іва́нович	Це пе́рший по́верх.
Ві́ра Петрі́вна	Ну що ж, зу́стрінемось за годи́ну тут, бі́ля вхо́ду?
Ві́ктор Іва́нович	До́бра іде́я. О котрі́й годи́ні зачиня́ється універма́г?
Ві́ра Петрі́вна	Тут напи́сано: „Універма́г відчиня́ється о дев'я́тій годи́ні...
Лі́дія Іва́нівна	... і зачиня́ється о два́дцять пе́ршій годи́ні".
Ві́ктор Іва́нович	Тоді́ ми ще всти́гнемо купи́ти все необхі́дне. За́раз якра́з во́сьма.

Die Pronomen (Zusammenfassung)

Man unterscheidet im Ukrainischen folgende Pronomengruppen:
– Personalpronomen: я, ти, він, вона́, воно́, ми, ви, вони́
– Possessivpronomen: мій (моя́, моє́, мої́), твій (твоя́, твоє́, твої́), його́, її́, його́, наш (на́ша, на́ше, на́ші), ваш (ва́ша, ва́ше, ва́ші), ї́хній (ї́хня, ї́хнє, ї́хні), їх, свій (своя́, своє́, свої́)

- Interrogativpronomen: Хто? Що? Яки́й? (Яка́? Яке́? Які́?) Чий? (Чия́? Чиє́? Чиї́?) Котри́й? (Котра́? Котре́? Котрі́?)
- Relativpronomen: хто, що, яки́й (яка́, яке́, які́), чий (чия́, чиє́, чиї́), котри́й (котра́, котре́, котрі́)
- Demonstrativpronomen: цей (ця, це, ці), той (та, те, ті), таки́й (така́, таке́, такі́)
- Determinativpronomen: весь (вся, все, всі), уве́сь (уся́, усе́, усі́), ко́жний (ко́жна, ко́жне, ко́жні), вся́кий (вся́ка, вся́ке, вся́кі), уся́кий (уся́ка, уся́ке, уся́кі), люби́й (лю́ба, лю́бе, лю́бі)
- Reflexivpronomen: себе́
- Negativpronomen: ніхто́, ніщо́, нія́кий (нія́ка, нія́ке, нія́кі), нічи́й (нічия́, нічиє́, нічиї́)
- Indefinitpronomen: хтось, щось, яки́йсь, де́хто, де́що, де́який, будь-хто, будь-що, будь-яки́й, хто-не́будь, що-не́будь, яки́й-не́будь, ...

Aufgabe: *Arbeiten Sie das Thema „Pronomen" im Anhang (Grammatik, ab S. 273) selbständig durch.*

Übung 1
Setzen Sie die Relativpronomen *in die richtige Form. Muster:*
Ви не зна́єте, з (**хто**) Рома́н був у теа́трі? / Ви не зна́єте, з **ким** Рома́н був у теа́трі?

1. Га́нна сказа́ла мені́, для (**хто**) .... ще тре́ба купи́ти подару́нки.
2. Не ма́ю поня́ття, на (**котри́й**) .... по́версі він мешка́є.
3. Окса́на розповіда́ла, (**хто**) .... вона́ ба́чила на ви́ставці.
4. Скажі́ть, будь ла́ска, (**яки́й**) .... учні́в сього́дні нема́ на уро́ці.
5. Учени́ця, (**яки́й**) .... я зустрі́ла в коридо́рі, дочка́ мого́ сусі́да.
6. Я хо́чу зна́ти, (**чий**) .... це су́мка: Іва́нова чи Степа́нова.
7. Ти не зна́єш, о (**котри́й**) .... годи́ні почина́ється виста́ва?
8. Мені́ хотіло́ся б дізна́тися, про (**хто**) .... вони́ розмовля́ли.
9. У нови́нах, (**яки́й**) .... ми прослу́хали на уро́ці, ішло́ся про ситуа́цію в Іра́ку.
10. Ви мо́жете мені́ сказа́ти, (**чий**) .... контро́льної робо́ти тут нема́.

Übung 2
Setzen Sie die Wortverbindungen mit Demonstrativpronomen *in die richtige Form:*

- На (**цей** пляж) .... бага́то люде́й.
- У (**ця** аудито́рія) .... пога́но працюва́ти.
- Марі́йка ціка́виться (**та** істо́рія) ....
- Я зо́всім не зна́ю (**той** чолові́к) ....
- Скі́льки ро́ків (**ця** ді́вчинка) ....?
- Як зва́ти (**цей** хло́пчик) ....?
- Да́йте (**той** у́чень) .... кни́жку.
- Без (**ця** допомо́га) .... я б не зроби́ла впра́ви.

Übung 3
Setzen Sie das passende Determinativpronomen *in der richtigen Form ein.*
- **весь / уве́сь, вся / уся́, все / усе́, всі / усі́ -**

1. Вони́ розмовля́ли .... ніч.
2. .... працюва́ли в саду́.
3. Ра́зом з .... кла́сом ми пої́демо на екску́рсію.
4. Учо́ра .... були́ на уро́ці.
5. Це .... , що я хоті́в вам сказа́ти.
6. На .... ді́тях були́ спорти́вні костю́ми.
7. Бажа́ю Вам .... до́брого.
8. Семе́н оде́ржав поздоро́влення від .... гру́пи.
9. Ми огля́дали експона́ти музе́ю ра́зом з .... відві́дувачами.
10. .... цього́ ми, звича́йно, не зна́ли.

Übung 4
Das Reflexivpronomen **себе́**. *Übersetzen Sie ins Deutsche:*

Як Ви **себе́** почува́єте? Я купи́в **собі́** нову́ маши́ну. Ти задово́лений **собо́ю**? Ми приготува́ли **собі́** смачни́й обі́д. Га́лю та Дми́тре, ви вже замо́вили для **себе́** місця́? Він сам **себе́** не лю́бить. Візьми́ з **собо́ю** су́мку. Лі́дія купи́ла **собі́** в Ки́єві те́плу ша́пку. В газе́ті Юрі́й поба́чив статтю́ про **себе́**. „Усе́ своє́ ношу́ з **собо́ю**" (Біас).

Übung 5
Setzen Sie das passende Negativpronomen *in der richtigen Form ein.*
- **ніхто́, ніщо́, нія́кий -**

1) .... не хоті́в ї́хати додо́му.
2) Я .... не зна́ю про цю істо́рію.
3) Ми не хо́чемо .... пода́рунку.
4) Не кажи́, будь ла́ска, ... , де я живу́.
5) (в) .... теа́трі ми не були́.
6) (на) .... ви́ставку ми не ходи́ли.
7) .... не дава́й цього́ словника́.
8) .... не запро́шуйте на ве́чір!
9) .... секре́тів вона́ мені́ не розпові́дала.
10) Оле́г давно́ .... не чув про не́ї.

Übung 6
Setzen Sie die Indefinitpronomen *in die richtige Form.*

- (**Де́хто**) .... ми ба́чили вже ра́ніше.
- (**Де́які**) .... у́чнів ми зустрі́ли в музе́ї.
- Да́йте ці проспе́кти (**де́котрі**) .... відві́дувачам.
- Напиші́ть це сло́во (**яки́й-небудь**) .... кольоро́вим олівце́м.
- (**Хтозна-що**) .... вони́ там займа́лись.
- Він пообіця́в їй (**ка́зна-що**) ....
- Ви (**хтось**) .... вже зна́єте в цьо́му о́фісі?
- Покажі́ть цю касе́ту (**котри́йсь**) .... із співробі́тників.
- Ти вже (**щось**) .... чита́ла на цю те́му?
- Ми (**що-небудь**) .... дої́демо до мі́ста, не хвилю́йся.

Übung 7
Deklination der Substantive, Adjektive *und* Pronomen *(Zusammenfassung).*
Setzen Sie die Wörter in Klammern in die richtige Form.

Навпроти (дім), в (який) живуть Кравченки, відкрили новий великий супермаркет. У (він) є різні відділи: молочний, хлібний, м'ясний, ковбасний, кондитерський, рибний, овочевий і фруктовий. Супермаркет працює щодня від (дев'ята година) (ранок) до (десята година) (вечір) без (обідня перерва).
Завтра до (Оксана Петрівна) приїде сестра Віра, яка живе в Німеччині, і прийдуть гості – колеги й сусіди, тому (вона) треба приготувати (святкова вечеря).
Біля (вхід) до (супермаркет) стоять візки. Оксана Петрівна бере один з (вони) і йде спочатку до (молочний відділ). Тут вона бере 2 (банка) (сметана) і 3 (пакет) (молоко). У (цей) ж (відділ) можна купити масло, маргарин і сир. Оксана Петрівна кладе у візок 400 (грам) (голландський сир) і 4 (пачка) (масло). У (м'ясний відділ) вона купує 500 (грам) (яловичина) і 2 (кілограм) (свинина). Потім вона йде до (ковбасний відділ) і вибирає різні сорти (ковбаса): 300 (грам) (варена), 600 (грам) (сервелат) і 1 (кілограм) (українська домашня ковбаса). Від (хлібний відділ), в (який) Оксана Петрівна взяла 2 (буханець) (чорний) і 3 (буханець) (білий хліб), вона йде до (овочевий). Вона зважує 4 (кілограм) (картопля), (головка) (капуста), 5 (буряк) і 2 (кілограм) (морква). Тут вона згадує, що ще (ніщо) не купила на солодке. Де тут можна знайти морозиво? У (цей супермаркет) Оксана Петрівна вперше, тому вона ще погано тут орієнтується.
Вона обходить усі відділи, бере по (дорога) (торт), (кава), (банка) (вершки) і (пачка) (цукор). І тут вона бачить навпроти (каса) великі морозильники. Морозиво! Який великий вибір! Оксана Петрівна розглядає великі й малі пакети з (фруктове, молочне, вершкове і шоколадне морозиво) і бере (пачка) (вершкове) та дві (пачка) (фруктове морозиво). Потім вона йде до (каса), кладе продукти на (транспортер). Касир швидко підраховує (вартість), Оксана Петрівна розраховується (пластикова картка) і йде до (вихід).
„Сподіваюсь, я (ніщо) не забула," – думає вона. „А якщо (щось) бракне, треба буде ще раз (Василь) або (Леся) сюди відправити. Адже це недалеко."

– Намисто і браслет коштують разом **550 гривень.**

Dialog 2

Продавець 1	Хвилиночку, зараз Вас обслужать.
Віктор Іванович	Нічого-нічого.
Продавець 2	Чим можу служити?
Віктор Іванович	Прошу показати мені це бурштинове намисто.
Продавець 2	Прошу дуже.
Віктор Іванович	Дуже гарне намисто. Це український виріб?
Продавець 2	Так. Можу порекомендувати Вам до нього ще й браслет.
Віктор Іванович	Бурштиновий браслет? Він дійсно пасує до намиста.
Продавець 1	І коштує недорого. Разом з намистом 550 гривень.
Віктор Іванович	Беру. Платити Вам?
Продавець 2	Ні, платити треба в касу. Ось рахунок.

Dialog 3

Продаве́ць	Що Ви бажа́єте?
Лі́дія Іва́нівна	Покажі́ть мені́, будь ла́ска, цю но́ркову ша́пку.
Продаве́ць	Яки́й ро́змір Вам потрі́бен?
Лі́дія Іва́нівна	П'ятдеся́т сьо́мий.
Продаве́ць	Про́шу ду́же.
Лі́дія Іва́нівна	Мо́жна приміря́ти?
Продаве́ць	Звича́йно. Ось дзе́ркало.
Лі́дія Іва́нівна	Дя́кую. Якра́з на ме́не. А яко́го ро́зміру та ли́сяча ша́пка?
Продаве́ць	Теж п'ятдеся́т сьо́мого. Бажа́єте приміря́ти?
Лі́дія Іва́нівна	З вели́ким задово́ленням.
Продаве́ць	О! Ли́сяча ша́пка Вам бі́льше ли́чить.
Лі́дія Іва́нівна	Я теж так гада́ю. Скі́льки вона́ кошту́є?
Продаве́ць	385 гри́вень.
Лі́дія Іва́нівна	Ма́йже 400 гри́вень!
Продаве́ць	Це ху́тро висо́кої я́кості. Бу́дете бра́ти?
Лі́дія Іва́нівна	Так. Про́шу ви́писати чек.
Продаве́ць	Ось, будь ла́ска. Платі́ть у ка́су. Там тако́ж оде́ржите това́р.
Лі́дія Іва́нівна	Ду́же дя́кую. До поба́чення.
Продаве́ць	Дя́кую Вам. На все до́бре.

Die Grundzahlen ab 200

Übung 8
Lesen und üben Sie die folgenden Grundzahlen:

200	дві́сті		2000	дві ти́сячі
300	три́ста		2001	дві ти́сячі оди́н
400	чоти́риста		3000	три ти́сячі
500	п'ятсо́т		5000	п'ять ти́сяч
600	шістсо́т		10000	де́сять ти́сяч
700	сімсо́т		1000000	оди́н мільйо́н
800	вісімсо́т		2000000	два мільйо́ни
900	дев'ятсо́т		5000000	п'ять мільйо́нів
1000	(одна́) ти́сяча		1000000000	оди́н мілья́рд
1001	(одна́) ти́сяча оди́н		...	
1975	ти́сяча дев'ятсо́т сімдеся́т п'ять			

Übung 9
Lesen Sie die folgenden Grundzahlen vor:

234 278 345 382 444 511 616 620 702 773 826 888 909 919

1234 1999 2003 2222 3112 4414 5560 6716 7024 8833 9619

Übung 10
Verbinden Sie die Grundzahlen mit den Substantiven nach dem Muster:

400 / гривня — чотириста **гривень**
401   — чотириста **одна гривня**
402   — чотириста **дві гривні**

200 / миля	300 / учень	500 / сторінка	800 / літр
201	301	501	801
202	303	504	802
1600 / долар	2700 / кілометр	15000 / книжка	1000 / рік
1651	2711	15101	201
1684	2772	15202	403

Übung 11
Lesen Sie die folgende Mitteilung vor:

На перше березня цього року кількість населення України становила 47 170 000 чоловік. Ще першого січня вона була більшою (47 280 800).
Кількість міських жителів становить 31 950 000, сільських – 15 210 000.
Найбільше жителів має Донецька область – 4 700 000, найменше людей проживає в Чернівецькій області – 913 000.
Багато українців виїжджає за кордон. За п'ять перших місяців цього року за кордон виїхало 18 000 чоловік, а повернулося 15 900.
Загальна територія України – 603 700 квадратних кілометрів.

за кордон – *ins Ausland* / за кордоном – *im Ausland* / загальна територія – *Gesamtfläche*

Dialog 4

Віктор Іванович	Яке сьогодні число?
Лідія Іванівна	Сьогодні вже дванадцяте грудня.
Віра Петрівна	Дві тисячі четвертого року. Чому Ви питаєте?
Віктор Іванович	Я підписую фотографії, які зробив під час екскурсії по Києву.
Віра Петрівна	Можна подивитися?
Віктор Іванович	Будь ласка.
Віра Петрівна	Як гарно! Хто це тут з Вами біля пам'ятника Шевченкові?
Віктор Іванович	Посередині – гід, а ліворуч – один симпатичний турист із Донецька.
Лідія Іванівна	Цікава була екскурсія?
Віктор Іванович	Дуже. І я помітив, що погано знаю українську історію.
Віра Петрівна	Україна має довгу і трагічну історію.
Лідія Іванівна	Колись тут була велика середньовічна держава.
Віктор Іванович	Київська Русь. Батьківщина всіх східних слов'ян, як ми знаємо.
Лідія Іванівна	Після феодального подрібнення виникла держава Україна.
Віра Петрівна	Вперше про це згадується у 1187 році.
Лідія Іванівна	Потім Україна була протягом багатьох століть під владою інших держав, а після революції 1917 року – республікою в СРСР.
Віра Петрівна	24-го серпня 1991 року була проголошена незалежність України.
Лідія Іванівна	Тепер цей день – національне свято України.

Віктор Іванович	День Незалежності, я знаю.
Віра Петрівна	Хоча справжня незалежність, як ми бачимо, починається, можливо, лише тепер – на Майдані.
Лідія Іванівна	Хочеться вірити, що так воно й буде.

Die Ordnungszahlen ab 200

Übung 12
Lesen und üben Sie die folgenden Ordnungszahlen:

200	двохсотий		2000	двохтисячний
201	двісті перший		2001	дві тисячі перший
300	трьохсотий		2006	дві тисячі шостий
400	чотирьохсотий		2008	дві тисячі восьмий
500	п'ятисотий		2009	дві тисячі дев'ятий
600	шестисотий		...	
700	семисотий			
800	восьмисотий			
900	дев'ятисотий			
1000	тисячний			
1001	(одна) тисяча перший ...			
1995	тисяча дев'ятсот дев'яносто п'ятий			

Котрий рік?	1947 р. – тисяча дев'ятсот сорок сьомий рік
	2000 р. – двохтисячний рік
Коли?	1947 р. – тисяча девятсот сорок сьомого року
Котрого року?	2000 р. – двохтисячного року
Коли?	У 1947 р. – у тисяча девятсот сорок сьомому році
У котрому році?	у 2000 р. – у двохтисячному році
Як довго?	З 1947 р. до 2000 р. – з тисяча дев'ятсот сорок сьомого до
З котрого року до котрого?	двохтисячного року

In der Sprachpraxis wird oft statt „**Котрий рік?** **Котрого року?** **У котрому році?**" „Який рік? Якого року? У якому році?" gebraucht.

Übung 13
Lesen Sie die Ordnungszahlen vor:

Котрий рік (Який рік)?

1912 р. 1995 р. 1875 р. 1772 р. 1643 р. 1564 р. 1436 р. 1313 р. 1259 р. 1114 р.
2001 р. 2003 р. 2004 р. 2005 р. 2006 р. 2008 р. 2011 р.

Коли? Котрого року (Якого року)?

1993 р. 1865 р. 1713 р. 1618 р. 1544 р. 1419 р. 1356 р. 1271 р. 1120 р. 1947 р.
2000 р. 2001 р. 2003 р. 2004 р. 2005 р. 2008 р. 2022 р.

Коли? У котро́му ро́ці (У яко́му ро́ці)?

у 1983 р., у 1825 р., у 1703 р., у 1602 р., у 1555 р., у 1412 р., у 1323 р., у 1264 р., у 1130 р., у 2000 р., у 2001 р., у 2003 р., у 2005 р., у 2008 р., у 2020 р.

Übung 14
Beantworten Sie die folgenden Fragen:

Коли́ народи́вся Тара́с Шевче́нко? / 1814 р.
... він поме́р? / 1861 р.
... народи́лася Ле́ся Украї́нка? / 1871 р.
... народи́вся То́мас Манн? / 1875 р.
... народи́лася Крі́ста Вольф? / 1929 р.
... Ви народи́лися?
... народи́лася Ва́ша по́друга / сестра́ / ма́ти?
... народи́вся Ваш друг / брат / ба́тько?

Die Angabe des Datums

– **Яке́ сього́дні число́?** – Welches Datum / Der wievielte ist heute?
Сього́дні 12.12.2004 р. (двана́дцяте гру́дня дві ти́сячі четве́ртого ро́ку) – Heute ist der 12.12.2004.
– **Яко́го числа́ Ви народи́лись?** – Am wievielten wurden Sie geboren?
Я народи́вся (народи́лась) 25.08.1975 р. (два́дцять п'я́того се́рпня ти́сяча дев'ятсо́т сімдеся́т п'я́того ро́ку) – Ich wurde am 25.08.1975 geboren.

Übung 15
Lesen Sie vor:

Яке́ сього́дні число́?

01.10.2005 р.   04.07.2003 р.   12.03.2000 р.   25.02.1999 р.   18.09.2008 р.

Яко́го числа́?

30.04.1948 р.   13.05.1973 р.   06.10.1965 р.   15.03.1880 р.   02.08.2009 р.

Übung 16
Lesen Sie den Text und erzählen Sie, was Sie über Roman erfahren haben.

АВТОБІОГРА́ФІЯ: Мене́ зва́ти Рома́н Поліща́к. Я народи́вся 02.09.1971 р. в Терно́полі. 1978 р. я пішо́в до шко́ли, яку́ закінчи́в 1988 р. Пі́сля закі́нчення шко́ли я вчи́вся з 1988 до 1993 р. в університе́ті на факульте́ті журналі́стики і закінчи́в його́ з до́брими результа́тами. З 1993 до 1996 р. я працюва́в у реда́кції газе́ти «Наш край».
Пото́му я 2 ро́ки жив за кордо́ном, у Че́хії, де був реда́ктором газе́ти «Украї́нська ду́мка». У 1998 р. поверну́вся в Украї́ну і поча́в працюва́ти в реда́кції газе́ти «Прикарпа́ття», де працю́ю й ни́ні.
Я одру́жений. Мою́ дружи́ну зва́ти Окса́на, їй 30 ро́ків. Вона́ народи́лася 03.11.1974 р. Окса́на за фа́хом дитя́чий лі́кар і працю́є в ліка́рні. У нас дво́є діте́й: син і дочка́. Си́на зва́ти Сергі́й, йому́ 8 ро́ків. Він народи́вся 14.06.1996 р. Дочку́ зва́ти О́льга, їй 3 ро́ки. Вона́ народи́лася 21.03.2001 р. Сергі́й хо́дить до шко́ли, а О́льга в дитя́чий садо́к.
У ві́льний час я люблю́ чита́ти, ходи́ти в теа́тр, пла́вати в басе́йні, гра́ти у волейбо́л і те́ніс.

Übung 17
Schreiben Sie Ihren Lebenslauf.

Dialog 5

Віра Петрівна	Вибачте, будь ласка, на якому поверсі зараз містяться білетні каси?
Залізничник	На першому поверсі вокзалу ліворуч.
Віра Петрівна	Спасибі.
Залізничник	Нема за що. Вам допомогти?
Віра Петрівна	Дякую, я візьму візок.

Dialog 6

Віра Петрівна	Прошу дати один квиток до Львова на вечірній поїзд.
Касир	У який вагон – загальний, купейний чи плацкартний?
Віра Петрівна	В купейний, будь ласка.
Касир	Яке місце Ви бажаєте – верхнє чи нижнє?
Віра Петрівна	Нижнє, якщо є.
Касир	Ваш вагон 9-й, місце 11-е. З Вас 68 гривень 75 копійок.
Віра Петрівна	Будь ласка.
Касир	Ось Ваш квиток. Поїзд відправляється з третьої платформи.

Dialog 7

Провідник	Прошу показати Ваш квиток.
Віра Петрівна	Будь ласка.
Провідник	Місце 11-е. Це в 4-ому купе. Будьте ласкаві, проходьте.
Віра Петрівна	Куди я можу покласти валізу?
Провідник	На верхню полицю або під нижнє сидіння.
Віра Петрівна	Я буду одна в купе?
Провідник	Думаю, ні. Постільну білизну братимете?
Віра Петрівна	Так, прошу принести один комплект.
Провідник	Чай будете пити?
Віра Петрівна	З задоволенням.
Провідник	З печивом, з лимоном чи з варенням?
Віра Петрівна	З печивом, будь ласка.
Провідник	Ось Ваша білизна, а тут Ваш чай і печиво.
Віра Петрівна	Щиро дякую.
Провідник	Щасливої поїздки. А ось і Ваші сусіди. Проходьте, панове.

Übung 18
Bilden Sie Dialoge zu den Themen „В універмазі", „На вокзалі", „У поїзді".

Text

1. *Lesen und übersetzen Sie den Text.*
2. *Sie planen eine Reise nach Lwiw. Was würden Sie in dieser Stadt gern besichtigen? Warum?*

Львів

Львів є одним з найбільших міст України. У ньому проживає понад 830 000 жителів. Львів – це також центр Львівської області, населення якої – 2 600 000 жителів, а площа – 21 800 кв. км. Місто виникло в середині XIII століття (у 1256 р.) і стало центром Галицько-Волинського князівства. Його засновником був великий князь Данило Романович, відомий як Данило Галицький. Назву місто одержало від імені його сина Лева. Протягом століть Львів був великим економічним і культурним центром, який з'єднував українські землі з Європою. У середині 16-го століття тут виникла перша друкарня, де працював легендарний друкар Іван Федоров і де вийшли перші друковані книжки «Апостол» і «Буквар».
У центрі міста розташована площа Ринок – центр громадського, політичного і культурного життя міста. Її прикрашають чудові старовинні фонтани із скульптурами Нептуна, Адоніса, Діани та Амфітрита. Тут знаходиться і міська ратуша, яка органічно доповнює архітектурний ансамбль Львова. Її вежа є символом міста. Висота вежі 65 метрів. На ній знаходиться великий годинник, встановлений у 1852 р. До годинника ведуть 400 сходинок. Діаметр циферблата 3 метри, довжина великої стрілки майже 2 метри. Вхід у ратушу стережуть два леви. Вони тримають щити з гербом міста.
Львів нагадує музей під відкритим небом, у якому знаходиться понад 2000 історичних, архітектурних і культурних пам'яток. Деякі з них збереглися ще з феодальних часів. У місті багато музеїв, театрів, картинних галерей. Львівський театр опери та балету носить ім'я знаменитої української співачки Соломії Крушельницької. А Львівський національний університет, заснований у 1661 р. – один із найстаріших у східній Європі. Він носить ім'я великого Каменяра – відомого українського поета і письменника Івана Франка.
Щороку в травні святкується «День міста» – день народження Львова. Тисячі львів'ян і гостей міста відвідують у ці дні святкові концерти класичної та сучасної музики, виставки народного мистецтва, змагання з різних видів спорту, паради військових оркестрів, беруть участь у параді-карнавалі, у музичних конкурсах та молодіжних шоу і, звичайно ж, у знаменитих фестивалях пива «Гальба». Закінчується свято великим святковим феєрверком і лазерним шоу.

область – *Gebiet*, князівство – *Fürstentum*, князь – *Fürst*, протягом – *während*, з'єднувати / з'єднати – *verbinden*, друкарня – *Druckerei*, ринок – *Markt*, стрілка – *Zeiger*, стерегти – *bewachen*, лев – *Löwe*, тримати – *halten*, щит – *Schild*, пам'ятка – *Denkmal*, зберігатися / зберегтися – *erhalten bleiben*

Театри і музеї Львова

Lesen Sie die folgenden Informationen. Welche kulturellen Einrichtungen der Stadt Lwiw würden Sie gern besuchen? Welche würden Sie Ihrem Freund empfehlen? Warum?

Державний академічний Театр Опери і Балету ім. Соломії Крушельницької Засновано в 1900 р. Адреса: пр. Свободи, 5	Український академічний драматичний театр ім. Марії Заньковецької Засновано 1918 р. Адреса: вул. Л. Українки, 1

Молодіжний театр ім. Л. Курбаса
Засновано в 1988 р.
Адреса: вул. Л. Курбаса, 4

Обласна філармонія
Засновано 1939 р.
Адреса: вул. П. Чайковського, 7

Обласний театр ляльок
Засновано в 1946 р.
Адреса: пл. Д. Галицького, 1

Будинок органної та камерної музики
Засновано 1988 р.
Адреса: вул. С. Бандери, 10

Театр естрадних мініатюр
"І люди, і ляльки"
Засновано в 1990 р.
Адреса: вул. Фредра, 6

Перший Український театр
для дітей та юнацтва
Засновано 1944 р.
Адреса: вул. В. Гнатюка, 11

Естрадний театр "Не журись"
Засновано в 1988 р.
Адреса: вул. Братів Рогатинців, 25

Державний цирк
Засновано 1968 р.
Адреса: вул. Городоцька, 83

Львівська картинна галерея
Заснована 19 ст.
Фонди - 40 тис. творів
Адреса: вул. Стефаника, 3
вул. Личаківська, 2

Національний музей
Заснований в 1905 р.
Фонди - 130 тис. творів
Адреса: пр. Свободи, 20
вул. Драгоманова, 42

Історичний музей
Засновано 1893 р.
Фонди - 310 тис. експонатів
Адреса: пл. Ринок, 4, 6, 24

Музей історії релігії
Засновано в 1973 р.
Фонди - 50 тис. одиниць
Адреса: вул. Ставропігійська

Літературно - меморіальний музей
Івана Франка
Засновано 1940 р.
Фонди - 30 тис. експонатів
Адреса: вул. І. Франка, 150, 152, 154

Літературно - меморіальний музей
Соломії Крушельницької
Засновано в 1989-91 рр.
Фонди - 10 тис. одиниць
Адреса: вул. С. Крушельницької, 23

Музей народної архітектури і побуту
Засновано 1971-72 рр.
Адреса: Чернеча гора, 1

Аптека - музей
Засновано в 1735 р.
Адреса: вул. Друкарська, 2

Übung 19
Bereiten Sie Kurzvorträge zu den folgenden Themen vor (Sprechzeit ca. 5 Minuten):

1. Angaben zu Person
2. Familie
3. Arbeit / Studium
4. Wohnen
5. Tagesablauf
6. Freizeit / Urlaub
7. Stadt (Heimatstadt oder die Stadt Ihrer Wahl)
8. Sport (in Ihrem Leben oder allgemein)
9. Lebenslauf
10. Deutschland – Ukraine:
    a) Allgemeine Informationen
    b) Nationale Besonderheiten (Feiertage, Küche)
    c) Klima, Wetter

Übung 20
Bilden Sie Dialoge zu den o. g. Themen.

Український гумор

Батьки пишуть синові, який вчиться в столичному університеті, лист: „Як справи? Як екзамен? Чому ти не пишеш? Чекаємо відповіді".
Син відповідає: „У мене все чудово. Результат екзамену також відмінний. Професори в захопленні. Просять повторити екзамен восени".

(відмінний – *ausgezeichnet*, в захопленні – *begeistert*)

Один чоловік приходить до зубного лікаря і каже:
– Лікарю, допоможіть мені, будь ласка. Мені здається, що я міль.
– Тоді вам, шановний, не до мене треба, а до психотерапевта.
– Та я знаю.
– То ж чому ви до мене прийшли?
– А у вас світло горіло!

(мені здається – *ich glaube*, міль – *Motte*, світло – *Licht*, горіти – *brennen*)

Івасик до батька:
– Тату, скільки людей працює в твоєму офісі?
– М-м, думаю, половина.

Молодий чоловік каже нареченій:
– Кохана, подружнє життя має не тільки приємні сторони. Наприклад, ти мусиш щодня варити обіди ...
– А ти мусиш їх щодня їсти...

(наречена – *Verlobte*, кохана – *Liebste*, подружнє життя – *Eheleben*, сторона – *Seite*)

Через міську площу йде чоловік, за ним біжить дворняжка. До нього підходить міліціонер: „Шановний, візьміть собаку на прив'язь, бо інакше мусите заплатити штраф".
Чоловік не реагує. „Платіть штраф!" „За що штраф?! Це не мій собака!"
„Але ж він за вами біжить!" „Ну то й що?! Ви теж за мною бігаєте, але ж ви не мій собака!"

(дворняжка – *Mischling*, прив'язь *f* – *Leine*, інакше – *sonst*, реагувати – *reagieren*)

Українські народні прислів'я

Гарно того вчити, хто хоче все знати. / Не кажи „не вмію", а кажи „навчусь".
Весела думка – половина здоров'я. / Хто перший приходить, тому першому й подають.

Vokabeln

батьківщина *f*	Heimat	норка *f*	Nerz
бурштин *m*	Bernstein	одиниця *f*	Einheit, Eins
варення *n*	Konfitüre	одружений	verheiratet
вартість *f*	Wert	пасувати, -є, -ють *uv*	passen

ве́рхній	oberer	підві́ска f	Anhänger
вгаду́/вати, -ю, -єш / вга́да/ти, -ю, -єш	erraten, raten	підпи́су/вати, -ю, -єш / підпи/са́ти, -шу́, -шеш	unterschreiben
відправля́/тися, -єтся / відпра́в/итися, -иться	abfahren	підрахо́ву/вати, -ю, -єш / підраху́/вати, -ю, -єш	zusammenrechnen, berechnen
відчиня́/ти, -ю, -єш / відчин/и́ти, -ю́, -иш	öffnen	пла/ти́ти, -чу́, -тиш / запла/ти́ти	zahlen, bezahlen
відчиня́/тися, -єтся / відчин/и́тися, -иться	geöffnet werden	патфо́рма f	Bahnsteig
вла́да f	Macht, Herrschaft	плацка́ртний	Platzkarten-
встига́/ти, -ю, -єш / встиґн/ути, -у, -еш	es schaffen (zeitlich)	поміча́/ти, -ю, -єш / помі́/тити, -чу, -тиш	merken
„Головні́ убо́ри" Pl.	Kopfbedeckung	посте́льна білизна́ f	Bettwäsche
„Господа́рчі това́ри" Pl.	Haushaltswaren	„По́суд" m	Geschirr
дізна́/ватися, -ю́сь, -є́шся / дізна́/тися, -ю́сь, -є́шся	sich erkundigen	приміря́/ти, -ю, -єш / примі́ря/ти, -ю, -єш	anprobieren
зачиня́/ти, -ю, -єш / зачин/и́ти, -ю́, -иш	schließen	провідни́к m	Schaffner
зачиня́/тися, -єтся / зачин/и́тися, -иться	geschlossen werden	пропози́ція f	Vorschlag
зміню́/вати, -ю, -єш / змін/и́ти, -ю́, -иш	ändern	про́тягом G	während
зміню́/ватися, -єтся / змін/и́тися, -иться	sich ändern	ро́змір m	Größe
„І́грашки" Pl.	Spielwaren	слов'яни́н m	Slawe
компле́кт m	Satz, Garnitur	Спаси́бі.	Danke.
купе́ n	Abteil	„Ткани́ни" Pl.	Stoffe
лиси́ця f	Fuchs	ху́тро n	Pelz
лич/и́ти, -и́ть, -а́ть uv	(gut) stehen, passen	„Ювелі́рні ви́роби" Pl.	Schmuck
ни́жній	unterer	я́кість f	Qualität

ANHANG

1. Abkürzungen

Adj.	*Adjektiv*	*Nom. / N*	*Nominativ*
Adv.	*Adverb*	*Pers.*	*Person*
Akk. / A	*Akkusativ*	*Pl.*	*Plural*
arch.	*archaische Konjugation*	*Präp. / P*	*Präpositiv*
Dat. / D	*Dativ*	*Präs.*	*Präsens*
etw.	*etwas*	*Prät.*	*Präteritum*
f	*Femininum / weiblich*	*S. / Sing.*	*Singular*
Fut.	*Futur*	*Transl.*	*Transliteration*
Gen. / G	*Genitiv*	*uv*	*unvollendeter Aspekt*
Instr. / I	*Instrumental*	*v*	*vollendeter Aspekt*
j-n, j-m	*jemanden, jemandem*	*Vok. / V*	*Vokativ*
m	*Maskulinum / männlich*	*I, (I)*	*1. Konjugation der Verben*
n	*Neutrum / sächlich*	*II, (II)*	*2. Konjugation der Verben*

2. Grammatik

2.1.   Die Wortarten
2.1.02. Die Substantive / belebte und unbelebte / Eigennamen / grammatische Kategorien / Gebrauch der Kasus / Deklination / Wortbildung
2.1.03. Die Adjektive / Gebrauch / Deklination / Steigerung
2.1.04. Die Pronomen / Pronomengruppen / Deklination
2.1.05. Die Zahlwörter / Grundzahlen / Ordnungszahlen
2.1.06. Die Verben / grammatische Kategorien / Konjugation / Aspekte / Zeitformen / Präfixbildungen / Verben der Fortbewegung / Modalverben / Reflexivverben / Aktiv und Passiv / Konjunktiv / Imperativ
2.1.07. Die Adverbien / Einteilung / Steigerung
2.1.08. Die Präpositionen / Allgemeines / Häufig gebrauchte Präpositionen
2.1.09. Die Konjunktionen
2.1.10. Die Partikel
2.1.11. Die Interjektionen

2.1. Die Wortarten

Man unterscheidet im Ukrainischen zehn Wortarten: das Substantiv (іме́нник), das Pronomen (займе́нник), das Adjektiv (прикме́тник), das Zahlwort (числі́вник), das Verb (дієсло́во), das Adverb (прислі́вник), die Präposition (прийме́нник), die Konjunktion (сполу́чник), die Partikel (ча́стка), die Interjektion (ви́гук). Die ersten fünf gehören zu flektierten *(veränderlichen)*, die letzten zu nichtflektierten *(unveränderlichen)* Wortarten.

2.1.2. Die Substantive

Substantive bezeichnen Personen, Gegenstände, Begriffe oder Sachverhalte: брат, книжка, завда́ння, ангі́на. Die Frage nach Substantiven lautet **Хто? Що?** *Wer? Was?*

2.1.2.1. Die grammatischen Kategorien der Substantive

Die grammatischen Kategorien der Substantive sind **Genus**, **Numerus** und **Kasus**.

Das Genus *(das Geschlecht)* der Substantive – рід
männlich (Maskulinum) *m* – чолові́чий
weiblich (Femininum) *f* – жіно́чий
sächlich (Neutrum) *n* – сере́дній

Bei den Substantiven unterscheidet man im Ukrainischen das natürliche und das grammatische Geschlecht. Das natürliche Geschlecht kann nur bei belebten Substantiven bestimmt werden. Männlich sind Substantive, die Personen männlichen Geschlechts bezeichnen: Іва́н, учи́тель, аташе́. Weiblich sind Substantive, die weibliche Personen bezeichnen: Гали́на, ма́ти, па́ні.
Das grammatische Geschlecht erkennt man an der Endung des Substantivs.
Männlich sind die Substantive, die im Nominativ Singular endungslos sind (auf harten oder weichen Konsonanten bzw. auf **-й** enden) – парк, стіле́ць, музе́й. Dazu gehören auch belebte Substantive auf **-о**: ба́тько, Павло́ *(aber auch* Дніпро́ *– unbelebt)*.
Weiblich sind die meisten Substantive, die im Nominativ Singular auf **-а / -я** enden – шко́ла, ву́лиця, ста́нція. Außerdem können viele endungslose Substantive weibliches Geschlecht aufweisen: ніч, о́сінь.
Sächlich sind die Substantive, die im Nominativ Singular auf **-о**, **-е** oder **-я** enden: вікно́, мо́ре, завда́ння.
Einige Substantive, die Personen bezeichnen und im Nominativ Singular auf **-а / -я** enden, können sowohl das männliche als auch das weibliche Geschlecht haben (коле́га, суддя́). Dekliniert werden sie wie *weibliche* Substantive.
Belebte Substantive, die kleine Lebewesen (Menschen und Tiere) bezeichnen und im Nominativ Singular auf **-а / -я** enden, weisen das sächliche Geschlecht auf: дівча́ – *(Mädchen)*, хлоп'я́, хлопченя́ – *(Junge)*, курча́ – *(Kücken)*, щеня́ – *(Welpe)*, левеня́ – *(kleiner Löwe)*.

Der Numerus *(die Zahl)* der Substantive – число́
Singular *(Sing.)* – однина́, Plural *(Pl.)* – множина́

Die meisten Substantive haben sowohl eine Singular- als auch eine Pluralform: студе́нт – студе́нти *(der Student – die Studenten)*, шко́ла – шко́ли *(die Schule – die Schulen)*, крі́сло – крі́сла *(der Sessel – die Sessel)*.

Nur im Singular werden folgende Substantive gebraucht:
– die meisten Eigennamen: Берлі́н, Ки́їв, Украї́на
– Sammelbegriffe: лю́дство *(Menschheit)*, листя́ *(Blätter)*
– abstrakte Begriffe: чита́ння *(Lesen)*, малюва́ння *(Zeichnen)*, доброта́ *(Güte)*
– Stoff- und Substanznamen: залі́зо *(Eisen)*, де́рево *(Holz)*, скло *(Glas)*.

Nur im Plural werden gebraucht:
- einige Eigennamen, vor allem geographische: Карпа́ти, А́льпи, Су́ми
- abstrakte Begriffe: перегово́ри *(Verhandlungen)*
- Substantive, die Gegenstände bezeichnen, welche aus zwei oder mehreren Teilen bestehen: штани́ *(Hose)*, гро́ші *(Geld)*, две́рі *(Tür)*.

Der Kasus *(der Fall)* der Substantive – відмі́нок
Die Veränderung der Substantive nach Kasus heißt Deklination. Es gibt im Ukrainischen sieben Kasus:

Nominativ	нази́вний	Хто?	Що?
Genitiv	родови́й	Кого́?	Чого́?
Dativ	дава́льний	Кому́?	Чому́?
Akkusativ	знахі́дний	Кого́?	Що?
Instrumental	ору́дний	Ким?	Чим?
Präpositiv	місце́вий	На кому́?	На чо́му?
Vokativ	кли́чний	-	-

Nicht dekliniert werden:
- Fremdwörter und Namen, die auf einen Vokal *(außer* **-а** *und* **-я***)* enden: кафе́, кіно́, аташе́, Рене́, Га́йке, Ме́рі, ...
- Fremdwörter, die auf einen Konsonanten enden und weibliche Personen bezeichnen: мада́м, Ка́рін, Жане́т.

2.1.2.2. Der Gebrauch der Kasus

Der Genitiv
wird in folgenden Fällen gebraucht:
- nach vielen Präpositionen wie **до**, **для**, **з**, **від**, **бі́ля**, **у / в**, **крім**, **пі́сля**, **впродо́вж**, ...
- nach Substantiven zur Bezeichnung der Zugehörigkeit *(bei der Frage* **Чий?** *Wessen?)*: словни́к Василя́ Кра́вченка *(das Wörterbuch von Wassyl Krawtschenko)*
- nach der Verneinung: **нема́є** Оста́па Са́вченка *(Ostap Sawtschenko ist nicht da)* **нема́** словника́ *(es gibt kein Wörterbuch / das Wörterbuch ist nicht da)*
- nach Grundzahlwörtern: 2 вікна́ *(2 Fenster)*, 5 книжо́к *(5 Bücher)*
- nach unbestimmten Zahlwörtern **ма́ло** *(wenige, wenig)*, **бага́то** *(viele, viel)*
- in temporaler Bedeutung *(bei der Frage* **Коли́?** *Wann?)*:
мину́л**ого** ро́к**у** *(im vergangenen Jahr)*, п'ятна́дцят**ого** жо́втн**я** *(am 15. Oktober)*.

Der Dativ
wird gebraucht:
- als Objekt nach vielen Verben *(bei der Frage* **Кому́?** *Wem?)*: **дарува́ти**, **бажа́ти**, **купува́ти**, ...
- in unpersönlichen Sätzen mit den Adverbien **мо́жна**, **тре́ба**
- nach einigen Substantiven zum Ausdruck des Bestimmungszwecks: па́м'ятник Шевче́нк**ові** *(Schewtschenko-Denkmal)*
- nach Adverbialpräpositionen wie **назу́стріч** *(entgegen)*, **напереки́р**, **всу́переч** *(trotz, entgegen)*
- nach der Verbalpräposition **завдяки́** *(dank)*.

Der Akkusativ
wird gebraucht:
- nach transitiven Verben als direktes Objekt *(bei der Frage* **Кого́? Що́?** *Wen? Was?)*: **ба́чити** дру́га, **писа́ти** лист, ...
- nach den Präpositionen **в / у, на** *(bei der Frage* **Куди́?** *Wohin?)*
- nach den Präpositionen **за, про, че́рез, по, під**
- in temporaler Bedeutung in Verbindung mit den Begriffen „Tag, Wochentag" und „Zeit, Uhrzeit" bei der Frage **Коли́?** В яки́й день? У яки́й час? *(Wann? Am welchen Tag? In welcher Zeit?)* mit der Präposition **в / у**: в неді́лю, у ві́льний день, у ві́льний час *(am Sonntag, an einem freien Tag, in der Freizeit)*.

Der Akkusativ hat viele Gemeinsamkeiten mit dem Genitiv und dem Nominativ. Im Akkusativ Singular haben belebte Maskulina die Endung des Genitivs. Die unbelebten Maskulina sowie alle Neutra und die endungslosen Feminina haben die Form des Nominativs. Im Akkusativ Plural haben *alle* belebten Substantive die Genitiv-, die unbelebten – die Nominativ-Endung.

Der Instrumental
wird gebraucht:
- als Objekt nach einigen Verben wie **працюва́ти, займа́тися,** ... bei der Frage **Ким? Чим?** *(Als was? Womit?)*: працюва́ти інжене́р**ом** *(als Ingenieur arbeiten)*, займа́тися грама́тик**ою** *(sich mit der Grammatik beschäftigen)*
- nach den Verben **бу́ти, става́ти / ста́ти**: бу́ти слю́сар**ем** *(Schlosser sein)*, ста́ти інжене́р**ом** *(Ingenieur werden)*
- als Mittel oder Instrument einer Handlung bei der Frage **Чим?** *(Womit?)*: ї́хати авто́бус**ом** *(mit dem Bus fahren)*, ї́сти виде́лк**ою** *(mit der Gabel essen)*
- nach den von Verben abgeleiteten Substantiven: пої́здка авто́бус**ом** *(Fahrt mit dem Bus)*, заня́ття спо́рт**ом** *(Beschäftigung mit Sport)*, захо́плення гімна́стик**ою** *(Begeisterung für Gymnastik)*
- zur Bezeichnung des Ortes *(bei der Frage* **Де?** *Wo?)* – mit den Präpositionen **за, пе́ред, під, над, між**: за шко́л**ою** *(hinter der Schule)*, пе́ред теа́тр**ом** *(vor dem Theater)*, aber auch ohne Präposition: ї́хати лі́с**ом** *(durch den Wald fahren)*.
- nach der Präposition **з** *(mit)*: з дру́г**ом** *(mit dem Freund)*, з молоко́м *(mit Milch)*
- in temporaler Bedeutung bei der Frage **Коли́?** *(Wann?)* – mit den Präpositionen **пе́ред, між**: пе́ред семіна́р**ом** *(vor dem Seminar)*, між уро́к**ами** *(zwischen den Unterrichtsstunden)*, oder auch ohne Präposition: ноча́ми *(nächtelang)*, вечора́ми *(abends)*.

Der Präpositiv
wird gebraucht:
- mit den Präpositionen **в / у, на, по** zur Bezeichnung des Ortes *(bei der Frage* **Де?** *Wo?)*: у мі́сті *(in der Stadt)*, на фа́бриці *(in der Fabrik)*, по ву́лиці *(durch die Straße / die Straße entlang)*.
- in temporaler Bedeutung mit den Präpositionen **в / у, на** bei der Frage **Коли́?** *(Wann?)*: у сі́чні *(im Januar)*, в 2000-ому ро́ці *(im Jahr 2000)*, на кані́кул**ах** *(in / während der Ferien)*.

Der Präpositiv hat viele Gemeinsamkeiten mit dem Dativ:
- die Singular-Endungen belebter Maskulina und aller Feminina
- die Unregelmäßigkeiten *(wie Konsonantenwechsel)*.

Grammatik / Substantive

Der Vokativ

wird nur bei der Anrede gebraucht. Dabei erhalten Maskulina und Feminina im Singular bestimmte Endungen:
– Іване Петровичу! Олено Максимівно! Василю! Маріє! Лесю!

2.1.2.3. Die Deklination der Substantive

Bei der Deklination der Substantive unterscheidet man im Ukrainischen 4 Haupttypen:

Die 1. Deklination

Dazu gehören Feminina und Substantive mit dem doppelten Geschlecht – Maskulina und Feminina mit der Endung -**a**, -**я**: колега *(Kollege, Kollegin)*
Die zu dieser Deklination gehörenden Substantive werden in drei Gruppen eingeteilt: *harte* (Endung -a), *weiche* (Endung -я), und *gemischte* (Endung -a nach einem Zischlaut).

Die Besonderheiten der 1. Deklination

1) Konsonantenwechsel im Dativ und Präpositiv Singular: **г – з, к – ц, х – с**: подруга – подрузі, книжка – книжці, стріха – стрісі
2) Vokalwechsel **o / e – i** im Genitiv Plural: школа – шкіл
3) Einschub von **o / e** im Genitiv Plural: книжка – книжок, сестра – сестер
4) Akkusativ und Genitiv Plural *belebter* Feminina haben die gleiche Form.

Kasus	1. Deklination			
	Singular			
	hart	*weich*		*gemischt*
N	сестра́	ву́лиця	ста́нція	пло́ща
G	сестри́	ву́лиці	ста́нції	пло́щі
D	сестрі́	ву́лиці	ста́нції	пло́щі
A	сестру́	ву́лицю	ста́нцію	пло́щу
I	сестро́ю	ву́лицею	ста́нцією	пло́щею
P	сестрі́	ву́лиці	ста́нції	пло́щі
V	се́стро	ву́лице	ста́нціє	пло́ще/о
	Plural			
N	се́стри	ву́лиці	ста́нції	пло́щі
G	сесте́р	ву́лиць	ста́нцій	площ
D	се́страм	ву́лицям	ста́нціям	пло́щам
A	сесте́р	ву́лиці	ста́нції	пло́щі
I	се́страми	ву́лицями	ста́нціями	пло́щами
P	се́страх	ву́лицях	ста́нціях	пло́щах
V	се́стри	ву́лиці	ста́нції	пло́щі

Die 2. Deklination

Dazu gehören Maskulina und die meisten Neutra.
Die zu dieser Deklination gehörenden Substantive werden in drei Gruppen eingeteilt: *harte* (Maskulina, die auf harte Konsonanten oder -**o** enden, sowie Neutra auf -**o**), *weiche* (Maskulina auf -**ь**, -**й**, und auf -**ир**, -**ар** / *stammbetont im Nominativ oder endbetont beim Deklinieren* /, sowie Neutra auf -**e** und -**я** / unbelebt), *gemischte* (Maskulina, die auf einen Zischlaut oder -**яр** / *Beruf oder Beschäftigung* / enden, sowie Neutra auf -**e** nach Zischlaut).

Die Besonderheiten der 2. Deklination

1) Die Endung **-у**, **-ю** haben
   im Genitiv Singular: abstrakte Maskulina: дощ – дощу́, та́нець – танцю́
   im Präpositiv Singular:
   a) Maskulina auf **-г** /**-ґ**, **-к**, **-х**: Га́мбург – у Га́мбургу, Луцьк – у Лу́цьку, Караба́х – у Караба́ху *(manchmal findet hier auch ein Konsonantenwechsel mit der Endung -і statt:* бе́рег – на бе́резі, уро́к – на уро́ці, по́верх – на пове́рсі*)*
   b) viele einsilbige Maskulina *(endbetont im Präpositiv Singular):* сад – у саду́, гай – у гаю́
   c) Neutra auf **-ко**: лі́жко – в лі́жку *(aber:* молоко́ – у молоці́*)*
   d) Maskulina und Neutra Singular nach der Präposition **по** *(parallel zur Endung -і, -ї):* **по** коридо́ру, **по** мі́сту, **по** музе́ю (по коридо́рі, по мі́сті, по музе́ї)
   im Vokativ Singular: Maskulina auf **-ко**, **-к**: ба́тько – ба́тьку, хло́пчик – хло́пчику.
2) Die Endung **-ові**, **-еві**, **-єві** haben
   im Dativ und Präpositiv Singular Maskulina, die Personen bezeichnen: син – си́нові, учи́тель – учи́телеві, геро́й – геро́єві
3) Konsonantenwechsel *im Vokativ Singular (Maskulina):* **г – ж, к – ч**: друг – дру́же, коза́к – коза́че
4) Vokalwechsel **і – о / е, ї – є** *in allen flektierten Formen* der Maskulina *(Singular und Plural):* стіл – стола́, столу́, ... Ка́нів – Ка́нева, Ка́неву, ... Ки́їв – Ки́єва, Ки́єву, *(nach* **л** *kommt zusätzlich das Weichheitszeichen* **ь** *hinzu:* полі́т – польо́ту, ... *)*
5) Flüchtiges **о / е**: *in allen flektierten Formen (wie beim Vokalwechsel):* вівто́рок – вівто́рка, вівто́рку, ... день – дня, дню, ... *(nach* **л** *kommt das Weichheitszeichen* **ь** *hinzu:* стіле́ць – стільця́, стільцю́, ... *)*
6) Kein Weichheitszeichen **-ь** haben im Genitiv Plural die Neutra auf Doppelzischlaut + **я**: обли́ччя – обли́ч

Kasus	2. Deklination / hart			
	Singular			
	Maskulina			Neutra
	belebt		unbelebt	
N	брат	ба́тько	стіл	вікно́
G	бра́та	ба́тька	стола́	вікна́
D	бра́тові	ба́тькові	столу́	вікну́
A	бра́та	ба́тька	стіл	вікно́
I	бра́том	ба́тьком	столо́м	вікно́м
P	бра́тові	ба́тькові	столі́	вікні́
V	бра́те	ба́тьку	столе́	вікно́
	Plural			
N	брати́	батьки́	столи́	ві́кна
G	браті́в	батькі́в	столі́в	ві́кон
D	брата́м	батька́м	стола́м	ві́кнам
A	браті́в	батькі́в	столи́	ві́кна
I	брата́ми	батька́ми	стола́ми	ві́кнами
P	брата́х	батька́х	стола́х	ві́кнах
V	брати́	батьки́	столи́	ві́кна

2. Deklination / weich							
Kasus	Singular						Neutra
	Maskulina						
	belebt			unbelebt			
N	учень	герой	лікар	день	музей	море	завдання
G	учня	героя	лікаря	дня	музею	моря	завдання
D	учневі	героєві	лікареві	дню	музею	морю	завданню
A	учня	героя	лікаря	день	музей	море	завдання
I	учнем	героєм	лікарем	днем	музеєм	морем	завданням
P	учневі	героєві	лікареві	дні	музеї	морі	завданні
V	учню	герою	лікарю	дню	музею	море	завдання
	Plural						
N	учні	герої	лікарі	дні	музеї	моря	завдання
G	учнів	героїв	лікарів	днів	музеїв	морів	завдань
D	учням	героям	лікарям	дням	музеям	морям	завданням
A	учнів	героїв	лікарів	дні	музеї	моря	завдання
I	учнями	героями	лікарями	днями	музеями	морями	завданнями
P	учнях	героях	лікарях	днях	музеях	морях	завданнях
V	учні	герої	лікарі	дні	музеї	моря	завдання

2. Deklination / gemischt				
Kasus	Singular				Neutra
	Maskulina				
	belebt		unbelebt	
N	товариш	школяр	дощ	прізвище
G	товариша	школяра	дощу	прізвища
D	товаришеві	школяреві	дощу	прізвищу
A	товариша	школяра	дощ	прізвище
I	товаришем	школярем	дощем	прізвищем
P	товаришеві	школяреві	дощі	прізвищі
V	товаришу	школяре	дощ	прізвище
	Plural				
N	товариші	школярі	дощі	прізвища
G	товаришів	школярів	дощів	прізвищ
D	товаришам	школярам	дощам	прізвищам
A	товаришів	школярів	дощі	прізвища
I	товаришами	школярами	дощами	прізвищами
P	товаришах	школярах	дощах	прізвищах
V	товариші	школярі	дощі	прізвища

Die 3. Deklination

Dazu gehören Feminina, die auf einen Konsonanten enden *(hart oder weich)* sowie das Substantiv **мати**.

Die Besonderheiten der 3. Deklination

1) Doppelkonsonant im Instrumental Singular bei allen Feminina, die auf nur *einen* Konsonanten enden: подорож – подорожжю, тінь – тінню *(aber*: радість – радістю)
2) Apostroph im Instrumental Singular sowie im Dativ, Instrumental und Präpositiv Plural bei Feminina auf **б, п, м, в, ф** oder **-р**: верф – верф'ю, кіновар – кіновар'ю

3) Vokalwechsel **i – o / e** in allen flektierten Formen außer Akkusativ und Instrumental Singular: ніч – но́чі, но́чі, ніч, ні́ччю, но́чі, / но́чі, ноче́й, ноча́м, но́чі, ноча́х, / о́сінь – о́сені, о́сені, о́сінь, о́сінню, о́сені, …

Kasus	3. Deklination				
	Singular				
N	подоро́ж	верф	тінь	ра́дість	ма́ти
G	подоро́жі	ве́рфі	ті́ні	ра́дості	ма́тері
D	подоро́жі	ве́рфі	ті́ні	ра́дості	ма́тері
A	подоро́ж	верф	тінь	ра́дість	ма́тір
I	подоро́жжю	ве́рф'ю	ті́нню	ра́дістю	ма́тір'ю
P	подоро́жі	ве́рфі	ті́ні	ра́дості	ма́тері
V	подоро́ж / -е	верф / -е	тінь / -е	ра́дість / -осте	ма́ти
	Plural				
N	подоро́жі	ве́рфі	ті́ні	ра́дості	ма́тері
G	подоро́жей	верфе́й	тіне́й	радосте́й	матері́в
D	подоро́жам	верф'я́м	тіня́м	радостя́м	матеря́м
A	подоро́жі	ве́рфі	ті́ні	ра́дості	матері́в
I	подоро́жами	верф'я́ми	тіня́ми	радостя́ми	матеря́ми
P	подоро́жах	верф'я́х	тіня́х	радостя́х	матеря́х
V	подоро́жі	ве́рфі	ті́ні	ра́дості	ма́тері

Die 4. Deklination

Dazu gehören belebte Neutra auf **-а, -я** sowie unbelebte Neutra auf **-м'я**.

Kasus	4. Deklination		
	Singular		
N	дівча́	котя́	ім'я́
G	дівча́ти	котя́ти	і́мені
D	дівча́ті	котя́ті	і́мені
A	дівча́	котя́	ім'я́
I	дівча́м	котя́м	і́менем
P	дівча́ті	котя́ті	і́мені
V	дівча́	котя́	ім'я́
	Plural		
N	дівча́та	котя́та	імена́
G	дівча́т	котя́т	іме́н
D	дівча́там	котя́там	імена́м
A	дівча́т	котя́т	імена́
I	дівча́тами	котя́тами	імена́ми
P	дівча́тах	котя́тах	імена́х
V	дівча́та	котя́та	імена́

Wie man sieht, entspricht der Akkusativ Singular belebter Substantive dem Nominativ. Im Plural ist ihr Akkusativ gleich dem Genitiv.

2.1.2.4. Der Gebrauch des Genitivs

Der Genitiv wird häufig nach transitiven Verben gebraucht, wenn sich die Handlung nicht auf das ganze Objekt, sondern auf nur einen Teil davon bezieht:
– Я хочу **чаю**. *(Ich möchte etwas Tee.)*

Der Genitiv Singular der Maskulina

Die Maskulina können im Genitiv entweder die Endung **-а**, **-я** oder die Endung **-у**, **-ю** haben. Die Wahl der richtigen Endung hängt von der Bedeutung des Wortes ab.

-а / -я

1. *Substantive, die Personen und ihre Namen bezeichnen:* студе́нт – студе́нт**а**, у́чень – учн**я́**, Іва́н – Іва́н**а**, Васи́ль – Васил**я́**
2. *Städtenamen:* Берлі́н – Берлі́н**а**, Терно́піль – Терно́пол**я**
3. *Tier- und Baumbezeichnungen:* вовк – вовк**а**, кінь – кон**я́**, дуб – ду́б**а**, я́сень – я́сен**я**
4. *Geographische Namen auf* -ов, -ев, -їв, -ів, -ин, -їн: Тре́птов – Тре́птов**а**, Колгу́їв – Колгу́єв**а**, Те́терів – Те́терев**а**, Пиря́тин – Пиря́тин**а**
5. *Geographische Namen mit der betonten Endsilbe im Genitiv:* Дніпро́ – Дніпр**а́**, Дністе́р – Дністр**а́**, Доне́ць – Донц**я́** *(vergleichen Sie:* Дуна́й – Дуна́**ю**)
6. *Substantive, die konkrete Gegenstände bezeichnen:* стіл – стол**а́**, олівець – олівц**я́**
7. *Maß- und Zeiteinheiten, substantivierte Zahlen:* грам – гра́м**а**, метр – ме́тр**а**, понеді́лок – понеді́лк**а**, день – дн**я**, тра́вень – тра́вн**я**, мільйо́н – мільйо́н**а**
8. *Währungsbezeichnungen:* до́лар – до́лар**а**, рубль – рубл**я́**
9. *Wissenschaftliche Termini (darunter Sprachwissenschaft, Physik, Geometrie):* суфі́кс – суфі́кс**а**, а́том – а́том**а**, ра́діус – ра́діус**а**
10. *Bezeichnungen für Fahrzeuge, Maschinen und ihre Teile:* літа́к – літак**а́**, велосипе́д – велосипе́д**а**, автомобі́ль – автомобі́л**я**, трамва́й – трамва́**я**, мото́р – мото́р**а**, трансформа́тор – трансформа́тор**а**
11. *Wörter auf* **-ок**, **-ик**: садо́к – са́дк**а**, сто́лик – сто́лик**а**, па́м'ятник – па́м'ятник**а**

-у / -ю

1. *Stoff- und Substanznamen:* цеме́нт – цеме́нт**у**, мед – ме́д**у**, борщ – борщ**у́**, кисі́ль – кисел**ю́** *(aber:* хліб – хлі́б**а**)
2. *Sammelbegriffe:* наро́д – наро́д**у**, хор – хо́р**у**, ансамбль – анса́мбл**ю**, текст – те́кст**у**, ліс – лі́с**у**
3. *Bezeichnungen für Sträucher, Kräuter und Obstbäume:* бузо́к – бузк**у́**, ща́вель – щавл**ю́**, ренкло́д – ренкло́д**у**
4. *Substantive, die Einrichtungen und Institutionen benennen:* заво́д – заво́д**у**, музе́й – музе́**ю**, готе́ль – готе́л**ю**, парла́мент – парла́мент**у**
5. *Abstrakte Begriffe:* проце́с – проце́с**у**, час – ча́с**у**, гумані́зм – гумані́зм**у**
6. *Fremdsprachige Termini (darunter Chemie, Literaturwissenschaft):* ана́ліз – ана́ліз**у**, си́нтез – си́нтез**у**, жанр – жа́нр**у**, стиль – сти́л**ю**, рома́н – рома́н**у**
7. *Wörter mit räumlicher Bedeutung:* абза́ц – абза́ц**у**, край – кра**ю́**, майда́н – майда́н**у**, степ – сте́п**у**
8. *Bezeichnungen für Naturerscheinungen und Gefühle:* тума́н – тума́н**у**, хо́лод – хо́лод**у**, моро́з – моро́з**у**, страх – стра́х**у**, біль – бол**ю́**

9. *Bezeichnungen für Spiele und Tänze:* футбо́л – футбо́лу, те́ніс – те́нісу, хоке́й – хоке́ю, вальс – ва́льсу *(aber:* гопа́к – гопака́*)*
10. *Bezeichnungen für konkrete Bauten, Räume und ihre Teile:* дім – до́му, сара́й – сара́ю, коридо́р – коридо́ру, клас – кла́су, кана́л – кана́лу *(aber:* гара́ж – гаража́*)*
11. *Zusammengesetzte Wörter:* водопрові́д – водопрово́ду, ру́копис – ру́копису *(aber:* паропла́в – паропла́ва*)*
12. *Substantive mit Präfixen:* приї́зд – приї́зду, вхід – вхо́ду, о́пис – о́пису
13. *Geographische Namen (Länder, Berge, Flüsse, Inseln, Halbinseln, Regionen):* Іра́н – Іра́ну, Кита́й – Кита́ю, Кавка́з – Кавка́зу, Рейн – Ре́йну, Сахалі́н – Сахалі́ну, Крим – Кри́му, Сибі́р – Сибі́ру

Manche Substantive mit mehreren Bedeutungen können im Genitiv Singular sowohl die Endung **-a / -я** als auch die Endung **-у / -ю** haben:

-а / -я	-у / -ю
алма́за *Diamant (Schmuck)*	алма́зу *Mineral*
а́кта *Akte*	а́кту *Aktion*
апара́та *Gerät*	апара́ту *Behörde*
бло́ка *Teil eines Mechanismus*	бло́ку *Verein*
елеме́нта *Bestandteil*	елеме́нту *abstrakter Begriff*
те́рміна *Wort*	те́рміну *Frist*
фа́ктора *Makler*	фа́ктору *abstrakter Begriff*
це́нтра *geometrischer Mittelpunkt*	це́нтру *Zentrum der Stadt, der Industrie*

Ukrainische Termini haben im Genitiv die Endung **-а / -я**:

іме́нника	прикме́тника	пі́дмета	трику́тника
Substantiv	*Adjektiv*	*Subjekt*	*Dreieck*
займе́нника	прийме́нника	прису́дка	*(aber:* ви́ду *Aspekt,*
Pronomen	*Präposition*	*Prädikat*	ро́ду *Geschlecht)*

2.1.2.5. Die Wortbildung der Substantive

Neue Substantive können durch Präfigierung, Suffigierung, Zusammensetzung mehrerer Wortstämme und Bildung von Abkürzungen entstehen.

a) Die Präfigierung

Die Bedeutungen von Präfixen wird im Thema „Wortbildung der Verben" behandelt.

b) Die Suffigierung

Die Suffigierung ist die häufigste Form der Bildung von Substantiven. So können Substantive durch das Anfügen verschiedener Suffixe von anderen Substantiven sowie von Verben, Adjektiven, Adverbien, Pronomen und Zahlen gebildet werden.

1. Suffixe zur Bildung von Substantiven, die Personen bezeichnen:

-ик, -ник, -иця, -ниця	робітни́к, робітни́ця (Arbeiter/in)
-тель, -телька	учи́тель, учи́телька (Lehrer/in)
-ист, -іст, -истка, -істка	арти́ст, арти́стка, піані́ст, піані́стка (Schauspieler/in, Pianist/in)
-ар, -яр, -арка, -ярка	лі́кар, лі́карка, школя́р, школя́рка (Arzt, Ärztin, Schüler/in)
-ець, -єць, -ка, -йка	ні́мець, ні́мка, англі́єць, англі́йка (Deutscher, -e, Engländer/in)
-нин, -ин, -нка, -ка	кия́нин, кия́нка, болга́рин, болга́рка (Kiewer/in, Bulgare, -in)
-як, -ак, -ячка, -ачка	земля́к, земля́чка, співа́к, співа́чка (Landsmann, -männin, Sänger/in)
-ич, -ович, -ичка, -івна	москви́ч, москви́чка, Іва́нович, Іва́нівна (Moskauer/in, Vatersnamen)
-ач, -ачка	чита́ч, чита́чка (Leser/in)
-ант, -янт, -антка, -янтка	практика́нт, практика́нтка, симуля́нт, симуля́нтка (Praktikant/in, Simulant/in)
-ень, -тень	ду́рень, ве́летень (Dummkopf, Riese)
-тор	дикта́тор, нова́тор (Diktator, Neuerer)
-ун	мавчу́н, бігу́н (Schweiger, Läufer)
-ій	воді́й (Fahrer)

2. Suffixe zur Bildung von Substantiven, die unbelebte konkrete Gegenstände und Dinge bezeichnen:

-ник	ча́йник, буди́льник (Teekanne, Wecker)
-вач	вини́щувач, ско́лювач (Jagdflugzeug, Locher)
-ак, -як	лежа́к, вітря́к (Liegestuhl, Windmühle)
-арня	пека́рня, перука́рня (Bäckerei, Friseursalon)
-альня	чита́льня, спа́льня (Leseraum, Schlafzimmer)
-алка, -ялка	ві́шалка, сі́ялка (Kleiderständer, Sämaschine)
-ина	свини́на, гороши́на (Schweinefleisch, Erbse)
-ище	учи́лище, схо́вище (Fachschule, Schutzkeller)
-ило, -ало	зуби́ло, укрива́ло (Meißel, Decke)

3. Suffixe zur Bildung von Substantiven, die abstrakte Begriffe bezeichnen:

-ізм, -изм	оптимі́зм, раси́зм (Optimismus, Rassismus)
-ість	ра́дість, можли́вість (Freude, Möglichkeit)
-інь	теплі́нь, далечі́нь (Wärme, Weite)
-ина	величина́, давнина́ (Größe, Altertum)
-ота	пустота́, доброта́ (Leere, Güte)
-ція	кваліфіка́ція, демонстра́ція (Qualifikation, Demonstration)
-ка	підгото́вка, переві́рка (Vorbereitung, Kontrolle)
-ура	архітекту́ра, літерату́ра (Architektur, Literatur)
-ба	дру́жба, боротьба́ (Freundschaft, Kampf)
-щина, -чина	Ки́ївщина, Галичина́ (Kiewer Region, Galizien)
-ство, -цтво	селя́нство, будівни́цтво (Bauernschaft, Aufbau)
-ння	чита́ння, малюва́ння (Lesen, Zeichnen)
-ття	закриття́, життя́ (Schließung, Leben)

4. Suffixe zur Bildung von Substantiven mit subjektiver Einschätzung (die mit Hilfe dieser Suffixe gebildeten Substantive lassen sich häufig schwer ins Deutsche übersetzen):

Verkleinerungs- und Vergrößerungssuffixe:

-ик, -ок	сто́лик, сніжо́к (kleiner Tisch, Tischlein, leichter Schnee)
-чик, -чок	сті́льчик, віно́чок (kleiner Stuhl, Stühlchen, Blumenkränzchen)
-ець	морозе́ць, камі́нець (leichter Frost, kleiner Stein, Steinchen)

-усь	Петру́сь, тату́сь *(Koseform von* Петро́, та́то*)*
-енько	козаче́нько *(Koseform von* коза́к*)*
-ка	голі́вка, ні́жка *(Köpfchen, Füßchen, Beinchen)*
-чка	скля́ночка, до́нечка *(Gläschen, Töchterchen)*
-нька	ті́тонька, рі́ченька *(Tantchen, Flüsschen)*
-уся, -юся	Віру́ся, Галю́ся *(Koseform von* Ві́ра, Га́ля*)*
-уня, -юня	Віру́ня, Галю́ня *(wie* Віру́ся*)*
-це	ві́конце, деревце́ *(Schalter, Fensterchen, kleiner Baum, Bäumchen)*
-чко	сонечко, молочко *(Koseform von* со́нце, молоко́*)*
-ище	голоси́ще, ручи́ще, домище́ *(sehr laute Stimme, riesige Hand, riesiges Haus)*

Suffixe der negativen Einschätzung und des Verachtens:

-сько	хлопчи́сько, дівчи́сько *(böser Junge, böses Mädchen)*
-юга	злодю́га, волоцю́га, бандю́га *(Gauner, Dieb, Vagabund, Verbrecher)*

5. Suffixe zur Bildung von Substantiven, die Tiere bezeichnen:

-иха, -иця	слон – слони́ха, вовк – вовчи́ця *(Elefant – Elefantenkuh, Wolf – Wölfin)*
-а, -атко, -я, -ятко	курча́, курча́тко, котя́, котя́тко, ягня́, ягня́тко *(Kücken, Kätzchen, Lamm, Lämmchen)*
-еня, -енятко	левеня́, левеня́тко *(kleiner Löwe)*

c) Die Zusammensetzung mehrerer Wortstämme
Diese Art der Wortbildung hat verschiedene Formen:
– Die Zusammensetzung zweier Substantivstämme durch den Bindevokal **-о-** oder **-е-**:
  лісопа́рк *(Naturpark)*, землетру́с *(Erdbeben)*
– Die Zusammensetzung zweier Substantivstämme durch Bindestrich:
  мі́сто-побрати́м *(Partnerstadt)*, жі́нка-адвока́т *(Anwältin)*
– Die Zusammensetzung zweier Stämme verschiedener Wortarten:
  a) паро**пла́в** *(Dampfer)*, мово**зна́вство** *(Sprachwissenschaft)* – *Substantiv + Verb*
  b) **Червоно**град, **Ново**воли́нськ *(Städtenamen)* – *Adjektiv + Substantiv*
  c) **сто**лі́ття *(Jahrhundert)*, **семи**рі́ччя *(siebenjähriges Bestehen / Jubiläum)* – *Zahlwort + Substantiv*
  d) **само**обслуго́вування *(Selbstbedienung)* – *Pronomen + Substantiv*

d) Die Abkürzungen
Es gibt im Ukrainischen zwei Arten von Abkürzungen: Silbenabkürzung und Initialabkürzung.
Eine **Silbenabkürzung** kann entweder aus Anfangsteilen zweier Wörter:
– **мінфі́н** / **мі́ні**сте́рство **фіна́нсів** *(Finanzministerium)*, **інфі́з** / **ін**ститу́т **фіз**культу́ри *(Sporthochschule)*, **мін'ю́ст** / **мі́н**істе́рство **юст**и́ції *(Justizministerium)*
oder durch die Zusammensetzung eines Anfangsteils und eines vollständigen Wortes:
– **аеро**по́рт *(Flughafen)*, **авто**вокза́л *(Busbahnhof)*
entstehen.
Eine **Initialabkürzung** entsteht aus den Anfangsbuchstaben verschiedener Wörter:
– ООН / **О**рганіза́ція **О**б'є́днаних **Н**а́цій *(UNO)*, США / **С**полу́чені **Ш**та́ти **А**ме́рики *(USA)*, ФРН / **Ф**едерати́вна **Р**еспу́бліка **Н**іме́ччина *(Bundesrepublik Deutschland)*.

2.1.3. Die Adjektive

Adjektive bezeichnen Eigenschaften. Sie beziehen sich immer auf Substantive und stimmen mit ihnen im Genus, Numerus und Kasus meistens überein: старий парк *(alter Park – m)*, стара́ шко́ла *(alte Schule – f)*, старе́ село́ *(altes Dorf – n)*, старо́го села́ *(des alten Dorfes – Genitiv Singular)*, старі́ села́ *(die alten Dörfer – Nominativ Plural)*. Die Frage nach Adjektiven lautet **Яки́й?** *(m)* **Яка́?** *(f)* **Яке́?** *(n)* **Які́?** *(Pl.)* – *Welcher? Was für ein ...? / Welche? Was für eine ...? / Welches? Was für ein ...? / Welche? (Pl.)*
Der **Betonung** nach unterscheidet man *stamm-* und *endbetonte* Adjektive: вели́к-ий, вели́к-а, вели́к-е *(stammbetont)*, мал-и́й, мал-а́, мал-е́ *(endbetont)*.
Dem **Stammauslaut** nach unterscheidet man *harte* und *weiche* Adjektive: нов-и́й, нов-а́, нов-е́ *(hart)*, син-ій, син-я, син-є *(weich)*.
Der **Bedeutung** nach unterscheidet man *Qualitäts-* und *Beziehungsadjektive*.
Die *Qualitätsadjektive* benennen eigene Qualitäten (вели́кий, га́рний, черво́ний), die *Beziehungsadjektive* bezeichnen Eigenschaften, die mit anderen Begriffen oder Gegenständen verbunden sind (украї́нський *von* Украї́на, Ки́ївський *von* Ки́їв, шкі́льний *von* шко́ла). Zu den Beziehungsadjektiven gehören auch die *Possessivadjektive*, die von belebten Substantiven gebildet werden (Окса́на *f* / Окса́нин стіл, Окса́нина кни́жка *(Oksanas Tisch, Oksanas Buch)*. Die Frage nach Possessivadjektiven lautet **Чий?** *(m)* **Чия́?** *(f)* **Чиє́?** *(n)* **Чиї́?** *(Pl.)* – *Wessen?*

2.1.3.1. Der Gebrauch der Adjektive

Die Adjektive können im Satz sowohl *attributiv* als auch *prädikativ* gebraucht werden. In *attributiver* Funktion stimmen die Adjektive mit den Substantiven im Genus, Numerus und Kasus überein:

– Це ду́же ціка́ва кни́жка *(Nominativ Singular)*. Ми розмовля́ли про ціка́ву кни́жку *(Akkusativ Singular)*. Це були́ ціка́ві кни́жки *(Nominativ Plural)*.

In *prädikativer* Funktion können Kasusformen der Adjektive von den der Substantive abweichen:

– Кни́жка ду́же ціка́ва *(beides Nominativ)* = Кни́жка *(Nominativ)* є ду́же ціка́вою *(Instrumental)*.

2.1.3.2. Die Deklination der Adjektive

Die Adjektive werden im Ukrainischen wie die Substantive nach Genus, Numerus und Kasus verändert:

Kasus	Singular			Plural
	m	*f*	*n*	
N	Яки́й?	Яка́?	Яке́?	Які́?
G	Яко́го?	Яко́ї?	Яко́го?	Яки́х?
D	Яко́му?	Які́й?	Яко́му?	Яки́м?
A	Яко́го? Яки́й?	Яку́?	Яке́?	Яки́х? Які́?
I	Яки́м?	Яко́ю?	Яки́м?	Яки́ми?
P	Яко́му?	Які́й?	Яко́му?	Яки́х?

Kasus	harter Stamm			weicher Stamm		
	\multicolumn{6}{c}{Singular}					
	m	f	n	m	f	n
N	вели́кий	вели́ка	вели́ке	си́ній	си́ня	си́нє
G	вели́кого	вели́кої	вели́кого	си́нього	си́ньої	си́нього
D	вели́кому	вели́кій	вели́кому	си́ньому	си́ній	си́ньому
A	вели́кого / вели́кий	вели́ку	вели́ке	си́нього / си́ній	си́ню	си́нє
I	вели́ким	вели́кою	вели́ким	си́нім	си́ньою	си́нім
P	вели́кому	вели́кій	вели́кому	си́ньому	си́ній	си́ньому
	\multicolumn{6}{c}{Plural}					
N	\multicolumn{3}{c}{вели́кі}			\multicolumn{3}{c}{си́ні}		
G	\multicolumn{3}{c}{вели́ких}			\multicolumn{3}{c}{си́ніх}		
D	\multicolumn{3}{c}{вели́ким}			\multicolumn{3}{c}{си́нім}		
A	\multicolumn{3}{c}{вели́ких / вели́кі}			\multicolumn{3}{c}{си́ніх / си́ні}		
I	\multicolumn{3}{c}{вели́кими}			\multicolumn{3}{c}{си́німи}		
P	\multicolumn{3}{c}{вели́ких}			\multicolumn{3}{c}{си́ніх}		

2.1.3.3. Die Steigerung der Adjektive

Von den meisten Qualitätsadjektiven können 2 Steigerungsstufen – **Komparativ** und **Superlativ** gebildet werden. Man unterscheidet *einfache* und *zusammengesetzte* Steigerungsformen.

Der *einfache* Komparativ wird durch Anfügen der Suffixe **-іш-**, **-ш-** an den Adjektivstamm gebildet. Die Komparativformen auf **-ш-** sind immer stammbetont. Der zusammengesetzte Komparativ wird durch Vorsetzen des unveränderlichen Wortes **більш** *(mehr)* bzw. **менш** *(weniger)* vor den Positiv des Adjektivs gebildet.

Der einfache Superlativ wird durch Anfügen des Präfixes **най-** an den einfachen Komparativ des Adjektivs gebildet. Der zusammengesetzte Superlativ wird durch Vorsetzen des unveränderlichen Wortes **найбі́льш** bzw. **найме́нш** vor den Positiv des Adjektivs gebildet.

Die Formen des Komparativs und des Superlativs können sowohl attributiv als auch prädikativ gebraucht werden. Zur Verstärkung der Aussage wird der einfache Komparativ mit folgenden Adverbien oder Partikeln verbunden: **зна́чно** *(wesentlich, bedeutend)*, **набага́то** *(viel)*, **тро́хи** *(etwas)*, **куди́** *(bei weitem)*.

Zur Verstärkung der Aussage im Superlativ werden oft die Präfixe **якнай-**, **щонай-**, **пре-** (якнайгарні́ший, щонайгарні́ший, якнайбі́льш / щонайбі́льш га́рний, прега́рний – *der allerschönste, am allerschönsten*) oder die wortbildenden Elemente **су́пер-**, **у́льтра-** (супермо́дний, ультрамо́дний) gebraucht.

2.1.3.4. Substantivierte Adjektive

Adjektive können als Substantive gebraucht werden. So kann z. B. das Adjektiv **хво́рий** „krank" und „der Kranke" bedeuten:
– Лі́кар огляда́є хво́рого чолові́ка. *(Der Arzt untersuch den kranken Mann.)*
– Він огляда́є іліку́є хво́рого. *(Der Arzt untersucht und behandelt den Kranken.)*
Andere Beispiele für substantivierte Adjektive: лю́тий *(Februar)*, ва́нна *(Badezimmer)*, дитя́ча *(Kinderzimmer)*, рі́дні *(Verwandte)*, безробі́тний *(Arbeitsloser)*.

2.1.4. Die Pronomen

Pronomen werden als „Stellvertreter der Substantive" oder zu ihrer näherer Bestimmung als „Begleiter" gebraucht. Man unterscheidet im Ukrainischen folgende Pronomengruppen:

1. Personalpronomen: я, ти, ... – *ich, du, ...*
2. Possessivpronomen: мій, твій, ... – *mein, dein, ...*
3. Interrogativpronomen: Хто? Що? – *Wer? Was?*
4. Relativpronomen: хто, що, ... – *wer, was, ...*
5. Demonstrativpronomen: цей, ця, ... – *dieser, diese, ...*
6. Determinativpronomen: весь / увесь, вся / уся, ... – *der ganze, die ganze, ...*
7. Das Reflexivpronomen себе – *sich*
8. Negativpronomen: ніхто, ніщо, ... – *niemand, nichts, ...*
9. Indefinitpronomen: хтось, щось, ... – *jemand, etwas, ...*

Die Personalpronomen

Die Personalpronomen **я, ти, він, вона, воно, ми, ви, вони** gehören zu den flektierten Wortarten und werden dekliniert:

N	я	ти	ми	ви
G	мене / до мене	тебе / до тебе	нас / до нас	вас / до вас
D	мені	тобі	нам	вам
A	мене / за мене	тебе / за тебе	нас / за нас	вас / за вас
I	мною	тобою	нами	вами
P	(на) мені	(на) тобі	(на) нас	(на) вас

N	він	вона	воно	вони
G	його / до нього	її / до неї	його / до нього	їх / до них
D	йому	їй	йому	їм
A	його / за нього	її / за неї	його / за нього	їх / за них
I	(з) ним	(з) нею	(з) ним	(з) ними
P	(на) ньому	(на) ній	(на) ньому	(на) них

Wie man sieht, wechselt bei den Personalpronomen der 1. und 2. Person Singular nach einer Präposition die Betonung: мене́ – до ме́не, за ме́не. Den Formen der 3. Person *(Singular und Plural)* wird ein **н-** vorgesetzt: його – до **н**ього, за **н**ього.

Die Possessivpronomen

Die Possessivpronomen **мій** (моя, моє, мої), **твій** (твоя, твоє, твої), **його, її, його, наш** (наша, наше, наші), **ваш** (ваша, ваше, ваші), **їхній** (їхня, їхнє, їхні), **їх, свій** (своя, своє, свої) werden zur Bezeichnung der Zugehörigkeit gebraucht.
Die Frage nach Possessivpronomen lautet **Чий? Чия? Чиє? Чиї?** *(Wessen?)*
Die Possessivpronomen beziehen sich immer auf Substantive und stimmen mit ihnen im Genus, Numerus und Kasus überein: **мій** син *(mein Sohn m)*, **моя** дочка *(meine Tochter f)*.
Die Possessivpronomen der 1. und 2. Person unterscheiden sich nach Genus, Numerus und Kasus.

Kasus	Singular			Plural
	m	f	n	
N	Чий?	Чия́?	Чиє́?	Чиї́?
G	Чийо́го?	Чиє́ї?	Чийо́го?	Чиї́х?
D	Чийо́му?	Чиї́й?	Чийо́му?	Чиї́м?
A	Чийо́го? Чий?	Чию́?	Чиє́?	Чиї́х? Чиї́?
I	Чиї́м?	Чиє́ю?	Чиї́м?	Чиї́ми?
P	Чийо́му?	Чиї́й?	Чийо́му?	Чиї́х?

	Singular								
	m	f	n	m	f	n	m	f	n
N	мій	моя́	моє́	наш	на́ша	на́ше	ї́хній	ї́хня	ї́хнє
G	мого́	моє́ї	мого́	на́шого	на́шої	на́шого	ї́хнього	ї́хньої	ї́хнього
D	моє́му	мої́й	моє́му	на́шому	на́ший	на́шому	ї́хньому	ї́хній	ї́хньому
A	мого́ / мій	мою́	моє́	на́шого / наш	на́шу	на́ше	ї́хнього / ї́хній	ї́хню	ї́хнє
I	мої́м	моє́ю	мої́м	на́шим	на́шою	на́шим	ї́хнім	ї́хньою	ї́хнім
P	моє́му	мої́й	моє́му	на́шому	на́ший	на́шому	ї́хньому	ї́хній	ї́хньому

	Plural		
N	мої́	на́ші	ї́хні
G	мої́х	на́ших	ї́хніх
D	мої́м	на́шим	ї́хнім
A	мої́х / мої́	на́ших / на́ші	ї́хніх / ї́хні
I	мої́ми	на́шими	ї́хніми
P	мої́х	на́ших	ї́хніх

Твій, твоя́, твоє́, твої́ wird wie мій, моя́, моє́, мої́ und **ваш, ва́ша, ва́ше, ва́ші** wie наш, на́ша, на́ше, на́ші dekliniert. Von den Possessivpronomen der 3. Person wird nur **ї́хній, ї́хня, ї́хнє, ї́хні** dekliniert. Die Possessivpronomen **його́, її́, їх** sind undeklinierbar.

Das Possessivpronomen **свій, своя́, своє́, свої́** kann **alle** Possessivpronomen ersetzen, wenn es sich auf das Subjekt des Satzes direkt bezieht. Dabei *muss* **свій** für die 3. Person und *kann* für die 1. und 2. Person verwendet werden:
– Я віта́ю мого́ дру́га = Я віта́ю свого́ дру́га (*Ich grüße* meinen *Freund.*)
– Він віта́є свого́ дру́га (*Er grüßt seinen Freund – seinen eigenen Freund.*)
– Він віта́є його́ дру́га (*Er grüßt seinen Freund – den Freund einer anderen Person.*)
Свій, своя́, своє́, свої́ wird wie мій, моя́, моє́, мої́ dekliniert und ins Deutsche als **mein** (meine), **dein** (deine), **unser** (unsere), **euer** (euere), **sein** (seine), **ihr** (ihre) übersetzt.

Die Interrogativpronomen

Interrogativpronomen werden als Fragewörter an Substantive, Adjektive, Personal- und Possessivpronomen gebraucht: **Хто? Що? Яки́й? Чий?**
– **Хто** це? **Кому́** ти дає́ш ру́ку? **Що** там? **Яки́й** це підру́чник? **Чий** він син? (*Wer ist das? Wem gibst du die Hand? Was ist dort? Welches Lehrbuch ist das? Wessen Sohn ist er?*)

Die Relativpronomen

Interrogativpronomen können in zusammengesetzten Sätzen als Relativpronomen auftreten:
- **хто, що** *(wer, was)*: Я не зна́ю, **хто** цей чолові́к. *(Ich weiß nicht, wer dieser Mann ist.)* Ми не чу́ли, **що** вона́ каза́ла. *(Wir hörten nicht, was sie sagte.)*
- **яки́й, яка́, яке́, які́** *(welcher, der, ...)*: Сувені́р, **яки́й** купи́ла Ві́ра, сподо́бався всім. *(Das Souvenir, das Wira gekauft hatte, gefiel allen.)* Газе́та, **яку́** ти приніс, стара́. *(Die Zeitung, die du mitgebracht hast, ist alt.)*
- **чий, чия́, чиє́, чиї́** *(wessen)*: Ми зна́ємо, **чия́** вона́ до́чка. *(Wir wissen, wessen Tochter sie ist.)* На **чиє́му** горо́ді ви були́? *(Im wessen Garten seid ihr gewesen?)*

Die Demonstrativpronomen

- **цей, ця, це, ці** – dieser, ... – weist auf etwas hin, was zeitlich oder räumlich näher liegt: **цей** стіл, **ця** неді́ля *(dieser Tisch, dieser Sonntag)*
- **той, та, те, ті** – jener, ... – verweist auf etwas Entferntes: **той** буди́нок, **те** вікно́ *(jenes Haus, jenes Fenster)*

Kasus	Singular					
	m	f	n	m	f	n
N	цей	ця	це	той	та	те
G	цього́ до цього́	ціє́ї	цього́ до цього́	того́ до того́	тіє́ї	того́ до того́
D	цьому́	цій	цьому́	тому́	тій	тому́
A	цього́ / цей	цю	це	того́ / той	ту	те
I	цим	ціє́ю	цим	тим	тіє́ю	тим
P	цьому́	цій	цьому́	тому́	тій	тому́

Kasus	Plural	
N	ці	ті
G	цих	тих
D	цим	тим
A	цих / ці	тих / ті
I	ци́ми	ти́ми
P	цих	тих

Das Demonstrativpronomen **таки́й, така́, таке́, такі́** *(solcher, ...)* wird wie ein hartes Adjektiv dekliniert.

Die Determinativpronomen

- **весь / уве́сь, вся / уся́, все / усе́, всі / усі́** *(ganz)*: Ми працюва́ли **весь** день. *(Wir arbeiteten den ganzen Tag.)* Він не спав **усю́** ніч. *(Er hat die ganze Nacht nicht geschlafen.)*

Synonym: **ці́лий, ці́ла, ціле́, цілі́** *(ganz)* – Adjektiv

Die sächliche Form **все / усе́** kann außerdem noch als substantiviertes Pronomen **alles**
- Дя́кую за **все**. *(Danke für alles.)* oder in der Bedeutung **immer**
- Він **все** ще тут. *(Er ist immer noch da.)* gebraucht werden.

Die Pluralform **всі / усі́** wird oft als substantiviertes Pronomen **alle** gebraucht:
- **Всі** задово́лені. *(Alle sind zufrieden.)*

Kasus	Singular		
	m	*f*	*n*
N	весь / увесь	вся / уся	все / усе
G	всього / усього	всієї / усієї	всього / усього
	до всього / від усього		до всього / від усього
D	всьому / усьому	всій / усій	всьому / усьому
A	всього / весь / усього / увесь	всю / усю	все / усе
I	всім / усім	всією / усією	всім / усім
P	всьому / усьому	всій / усій	всьому / усьому
	Plural		
N		всі / усі	
G		всіх / усіх	
D		всім / усім	
A		всіх / всі / усіх / усі	
I		всіма / усіма	
P		всіх / усіх	

Die Determinativpronomen **кожний**, -а, -е *(jeder)*, **всякий** / **усякий**, -а, -е *(jeglicher)*, **любий**, -а, -е *(beliebiger)* – werden wie harte Adjektive dekliniert.

Das Reflexivpronomen себе

wird für alle drei Personen der Personalpronomen *(Singular und Plural)* gebraucht, wenn sich das Personalpronomen des Satzes unmittelbar auf das Subjekt bezieht:
– Я купив **собі** зошит. *(Ich habe* mir *ein Heft gekauft.)*
– Ти купив **собі** підручник. *(Du hast* dir *ein Lehrbuch gekauft.)*

N	-	A	себе / за себе
G	себе / для себе	I	собою
D	собі	P	на (при) собі

Die Negativpronomen

werden aus Relativpronomen durch Vorsetzen der Partikel ні- gebildet: **ніхто** *(niemand)*, **ніщо** *(nichts)*, **ніякий** *(kein)*, **нічий** *(niemandem gehörend)*, **нічого** *(nichts)*.
– **Ніхто не** знає, де він. *(Niemand weiß, wo er ist.)*
– Ми **нікого не** бачили. *(Wir haben niemanden gesehen.)*

N	ніхто	ніщо	ніякий	нічий
G	нікого	нічого	ніякого	нічийого
	ні до кого	ні до чого	ні до якого	ні до чийого
D	нікому	нічому	ніякому	нічийому
A	нікого	ніщо	ніякого / ніякий	нічийого / нічий
	ні за кого	ні за що	ні за якого / ні за який	ні за чийого / ні за чий
I	ніким	нічим	ніяким	нічиїм
	ні з ким	ні з чим	ні з яким	ні з чиїм
P	ні на кому	ні на чому	ні на якому	ні на чийому

Das Prädikat des Satzes, welcher ein Negativpronomen enthält, muss zusätzlich durch die Partikel **не** verneint werden *(Doppelte Verneinung)*.
Das Pronomen **нічого** wird in der Umgangssprache auch in der Bedeutung „Keine Ursache / Macht nichts / Es geht." gebraucht: „Вибачте! – Нічого." „Як справи? – Нічого."

Die Indefinitpronomen

zeigen eine Unbestimmtheit, deren Grad die einzelnen Partikeln zum Ausdruck bringen. Die Indefinitpronomen werden aus Personal- bzw. Relativpronomen durch Vorsetzen von **де-, аби-, будь-, хтозна-, казна-** oder Anfügen von **-сь, -небудь** gebildet:
- **де́**хто *(manch einer / dieser und jener)*, **аби́**хто *(egal wer)*, **будь**-хто, **хто́зна**-хто, **ка́зна**-хто *(irgendjemand, irgendeiner, wer weiß wer)*, хто**сь** *(jemand, ein gewisser)*, хто-**не́будь**, *wie* будь-хто
- **Де́хто** вже оде́ржав лист. *(Manch einer hat bereits einen Brief erhalten.)*
- **Хтось** загуби́в словни́к. *(Jemand hat das Wörterbuch verloren.)*

Andere Indefinitpronomen: де́який, абия́кий, будь-яки́й, які́йсь, яки́й-не́будь, де́котрий, котри́й-небудь, котри́йсь, чийсь, чий-небудь, ...

Die Indefinitpronomen werden wie die entsprechenden Personal- *bzw.* Relativpronomen dekliniert:

N	де́хто	хтось	хто-небудь	ка́зна-хто	щось	які́йсь
G	де́кого до де́кого	когось до когось	кого-небудь до кого-небудь	ка́зна-кого ка́зна до кого	чогось до чогось	якогось до якогось
D	де́кому	комусь	кому-небудь	ка́зна-кому	чомусь	якомусь
A	де́кого за де́кого	когось за когось	кого-небудь за кого-небудь	ка́зна-кого ка́зна за кого	щось за щось	(за) якогось (за) які́йсь
I	де́ким з де́ким	(з) кимсь (з) кимось	ким-небудь з ким-небудь	ка́зна-ким ка́зна з ким	(з) чимсь (з) чимось	(з) якимсь (з) якимось
P	на де́кому	на комусь	на кому-небудь	ка́зна на кому	на чомусь	на якомусь

2.1.5. Die Zahlwörter

Zahlwörter drücken Zahlbegriffe aus. Man unterscheidet zwei Gruppen von Zahlwörtern: die Grundzahlen und die Ordnungszahlen.

2.1.5.1. Die Grundzahlen

Die Grundzahlen bezeichnen eine bestimme Anzahl. Die Frage danach lautet **Скі́льки?** *(Wie viel? Wie viele?)*

Das Grundzahlwort **1** stimmt mit dem Substantiv in Genus, Numerus und Kasus überein und hat in seiner Grundform drei Varianten: **оди́н** – für Maskulina, **одна́** – für Feminina und **одне́** – für Neutra: оди́н текст *(ein Text)*, одна́ впра́ва *(eine Übung)*, одне́ вікно́ *(ein Fenster)*. Das gleiche gilt für die zusammengesetzten Grundzahlen, die als letzte Zahl eine **1** enthalten: двадцять **оди́н** текст, двадцять **одна́** впра́ва, двадцять **одне́** вікно.

0	нуль				
1	оди́н, одна́, одне́, одні́			1000	(одна́) ти́сяча
2	два, дві	20	два́дцять	2000	дві ти́сячі
3	три	30	три́дцять	3000	три ти́сячі
4	чоти́ри	40	со́рок		
5	п'ять	50	п'ятдеся́т	5000	п'ять ти́сяч
6	шість	60	шістдеся́т		
7	сім	70	сімдеся́т	10000	де́сять ти́сяч
8	ві́сім	80	вісімдеся́т		
9	де́в'ять	90	дев'яно́сто	1000000	оди́н мільйо́н
10	де́сять	100	сто	2000000	два мільйо́ни
11	одина́дцять			5000000	п'ять мільйо́нів
12	двана́дцять	200	дві́сті		
13	трина́дцять	300	три́ста	1000000000	оди́н мілья́рд
14	чотирна́дцять	400	чоти́риста	2000000000	два мілья́рди
15	п'ятна́дцять	500	п'ятсо́т	5000000000	п'ять мілья́рдів
16	шістна́дцять	600	шістсо́т		
17	сімна́дцять	700	сімсо́т		
18	вісімна́дцять	800	вісімсо́т		
19	дев'ятна́дцять	900	дев'ятсо́т		

2.1.5.2. Die Ordnungszahlen

Ordnungszahlen bezeichnen die Reihenfolge. Sie beziehen sich stets auf Substantive und stimmen mit ihnen im Genus, Numerus und Kasus überein.
Die Frage nach den Ordnungszahlen lautet **Котри́й? Котра́? Котре́? Котрі́?** *(Der wievielte? Die wievielte? Das wievielte? Die wievielten?)*

1	пе́рший, -а, -е, -і	11	одина́дцятий				
2	дру́гий, ...	12	двана́дцятий	20	двадця́тий	200	двохсо́тий
3	тре́тій	13	трина́дцятий	30	тридця́тий	300	трьохсо́тий
4	четве́ртий	14	чотирна́дцятий	40	сороко́вий	400	чотирьохсо́тий
5	п'я́тий	15	п'ятна́дцятий	50	п'ятдеся́тий	500	п'ятисо́тий
6	шо́стий	16	шістна́дцятий	60	шістдеся́тий	600	шестисо́тий
7	сьо́мий	17	сімна́дцятий	70	сімдеся́тий	700	семисо́тий
8	восьми́й	18	вісімна́дцятий	80	вісімдеся́тий	800	восьмисо́тий
9	де́в'ятий	19	дев'ятна́дцятий	90	дев'яно́стий	900	дев'ятисо́тий
10	деся́тий			100	со́тий	1000	ти́сячний
				101	сто пе́рший	2000	двохти́сячний

2.1.6. Die Verben

Ein Verb drückt eine Handlung, einen Zustand oder ein Geschehen aus: **чита́ти** *(lesen)*, **спа́ти** *(schlafen)*. **Der Infinitiv** ist die Grundform des Verbs. Das Merkmal des Infinitivs ist im Ukrainischen das Suffix **-ти**, welches an den Infinitivstamm angefügt wird. Der Infinitivstamm kann auf einen Vokal (чита́-ти – *lesen*, писа́-ти – *schreiben*) oder einen Konsonanten (нес-ти́ – *tragen*) enden. Im Satz werden die Verben meistens nicht in ihrer Grundform, sondern in einer abgewandelten Form verwendet *(Änderung der Endung oder des Stammes)*. Die Abwandlung des Verbs nennt man Konjugation.

Die grammatischen Kategorien der Verben

- Person und Numerus *(Zahl)* / 1., 2., 3. Person, Singular und Plural: Я читáю. *(Ich lese.)* Ти читáєш. *(Du liest.)* Ми читáємо. *(Wir lesen.)*
- Aspekt *(Betrachtungsweise)* / unvollendet und vollendet: Я читáю лист. *(Ich lese einen Brief.)* Я прочитáв лист *(Ich habe den ganzen Brief gelesen.)*
- Tempus *(Zeitform)* / Präsens, Präteritum und Futur *(Gegenwart, Vergangenheit und Zukunft)*: Він читáє. *(Er liest.)* Він читáв. *(Er las.)* Він читáтиме. *(Er wird lesen.)*
- Modus *(Aussageweise)* / Indikativ, Konjunktiv und Imperativ *(Wirklichkeits-, Möglichkeits- und Befehlsform)*: Ти читáєш. *(Du liest.)* Ти читáв би. *(Du würdest lesen.)* Читáй! *(Lies!)*
- Genus *(Aktionsweise)* / Aktiv und Passiv: Олéна читáє книжку. *(Olena liest ein Buch.)* Книжка читáється. *(Das Buch wird gelesen.)*

2.1.6.1. Die Präsens-Konjugation der Verben

Man unterscheidet im Ukrainischen 3 Konjugationsarten:
– die 1. Konjugation / I
– die 2. Konjugation / II
– die archaische Konjugation / *arch.*
Die meisten Verben gehören der 1. oder 2. Konjugation an.
Der Betonung nach unterscheidet man bei der Konjugation drei Typen:
- Typ A: stammbetont *(die Verben behalten während der Konjugation die Infinitivbetonung:* **читá**-ти, **читá**-ю, **читá**-єш, **читá**-є, ...*)*
- Typ B: endbetont *(die Verben bleiben während der Konjugation endbetont:* стоя́-ти: сто-ю́, сто-ї́ш, сто-ї́ть, ...*)*
- Typ C: gemischt *(die Verben sind in der 1. Person Singular endbetont, von der 2. Person Singular an springt die Betonung um eine Silbe zurück*: писá-ти: пи-**шý**, **пи́**-шеш, **пи́**-ше, ...*)*

2.1.6.2. Die Verbalaspekte

Die Aspekte *(aus dem Lateinischen „aspectus" – Anblick, Betrachtung)* stellen eine typische Besonderheit aller slawischen Sprachen dar. Sie bezeichnen die Betrachtungsweise des Sprechers in einer konkreten Situation. Es gibt 2 Aspekte – den unvollendeten und den vollendeten, die ein Verbpaar bilden. So stehen *fast* jedem deutschen Verb zwei ukrainische Verben gegenüber, die die gleiche Bedeutung aber unterschiedliche Betrachtungsweise des Sprechers beinhalten: робúти – зробúти *(machen, tun)*, читáти – прочитáти *(lesen)*, писáти – написáти *(schreiben)*.

Der unvollendete Aspekt *(uv)*
Bei dem unvollendeten Aspekt betrachtet der Sprecher die Handlung in ihrem Verlauf oder als Wiederholung und gewohnheitsmäßiges Geschehen – meistens ohne zeitliche Begrenzung. Diese Betrachtungsweise ist für alle Zeitformen *(Präsens, Präteritum, Futur)* möglich:
- Борúс **читáє** книжку. (Boris **liest** das Buch.) – *Verlauf einer Handlung (Präsens)*
- Борúс **читáв** книжку. (Boris **las** das Buch.) ... *(Präteritum)*
- Борúс **читáтиме** книжку. (Boris **wird** das Buch **lesen**.) ... *(Futur)*

Der vollendete Aspekt *(v)*
Der vollendete Aspekt gibt dem Sprecher die Möglichkeit, die Handlung als ein Ganzes, als ein abgeschlossenes Ereignis zu betrachten. Dabei wird die Vollendung, das Resultat oder die zeitliche Begrenzung einer Handlung mit einbezogen. Diese Betrachtungsweise ist nur im Präteritum und Futur möglich und *niemals* im Präsens:
- Тарас **прочитав** книжку. *(Taras hat /das ganze/ Buch gelesen.)* – Abschluss und Ergebnis einer Handlung (Präteritum)
- Він **прочитав** книжку **за два дні**. *(Er hat das Buch* innerhalb von *zwei Tagen gelesen.)* – zeitliche Begrenzung (Präteritum)
- Він **прочитає** книжку **за два дні**. *(Er wird das Buch* innerhalb von *zwei Tagen lesen / gelesen haben.)* – zeitliche Begrenzung (Futur)

2.1.6.3. Das Präteritum der Verben

Das Präteritum *(die Vergangenheitsform)* der Verben richtet sich im Gegensatz zum Präsens nicht nach Personen, sondern nur nach dem Genus und Numerus *(Geschlecht und Zahl)*: він читав, вона читала, вони читали – *er las (m), sie las (f), sie lasen (Pl.)*. Das Präteritum wird durch Anfügen von **-в, -ла, -ло** und **-ли** an den Infinitivstamm gebildet. Das gilt sowohl für den unvollendeten *(uv)* als auch für den vollendeten *(v)* Aspekt: писати *uv* / написати *v:* він писав / написав, вона писала / написала, воно писало / написало, вони писали / написали.
Endet der Infinitivstamm auf einen Konsonanten, fällt in der männlichen Singularform das -в aus: **бігти** – **побігти** *(laufen, rennen)*: він біг / побіг, вона бігла / побігла, вони бігли / побігли. Endet der Infinitiv auf **-нути**, fällt das Suffix **-ну-** sowie das **-в** der männlichen Singularform aus: мерзнути / замерзнути, змерзнути *(frieren)*: він мерз / замерз, змерз, вона мерзла / замерзла, змерзла, вони мерзли / замерзли, змерзли.
Die Reflexivverben bilden das Präteritum wie *alle* Verben: дивитися / подивитися *(sich etw. ansehen)*: він дивився / подивився, вона дивилась / подивилась, вони дивились / подивились.

Unregelmäßige Fälle:
- Vokalwechsel **е – і** *(m)*: нести / понести *(tragen)*: він ніс / поніс, вона несла / понесла, вони несли / понесли
- Stammwechsel: іти – піти *(gehen)*: він ішов / пішов, вона ішла (йшла) / пішла, вони ішли (йшли) / пішли

2.1.6.4. Das Futur der Verben

Der unvollendete Aspekt:
Das Futur der unvollendeten Verben hat im Ukrainischen zwei Formen: die *einfache* und die *zusammengesetzte*. Beide Formen werden vom Infinitiv gebildet:
- Я **чита́ти**му, ти **чита́ти**меш, ... / *einfache Form* – Я буду **читати**, ти будеш **читати**, ... / *zusammengesetzte Form (Ich werde lesen, du wirst lesen, ...)*

Der vollendete Aspekt:
Das Futur der vollendeten Verben entspricht seiner Form nach dem Präsens der unvollendeten Verben:
- Я про**чита́ю**, ти про**чита́єш**, ... *(Ich werde lesen, du wirst lesen, ...)*

2.1.6.5. Die Präfixbildungen der Verben

Die Präfigierung des Verbalstammes dient in erster Linie der Bildung des vollendeten Aspekts: робити *uv* – зробити *v*, читати *uv* – **про**читати *v*. Außerdem dient sie der Bildung neuer Verben, wie z. B. писати *(schreiben)* – **о**писати *(beschreiben)*, **за**писати *(aufschreiben)* usw.

Die wichtigsten Verbalpräfixe und ihre Bedeutung

Präfix	Bedeutung	Beispiel	Übersetzung
по- п-	*Beginn einer Bewegung* *Kurzzeitigkeit*	іти – піти читати – почитати	*losgehen, hingehen* *eine gewisse Zeit lang lesen*
при-	*Annäherung* *Anbringen, Befestigen*	їхати – приїхати нести – принести шити – пришити	*kommen, ankommen* *herbeibringen, bringen* *annähen*
про-	*durch-* *vorbei- über*	іти – пройти їхати – проїхати пролітати – пролетіти	*durchgehen* *durchfahren, vorbeifahren* *vorbeifliegen, überfliegen*
пере-	*hinüber- herüber-* *um- über-*	бігти – перебігти їхати – переїхати дати – передати	*hinüberlaufen* *überfahren, umziehen* *übergeben*
до- д-	*Abschluss einer Handlung* *hinzu- hin-*	читати – дочитати робити – доробити писати – дописати їхати – доїхати, іти – дійти	*zu Ende lesen* *fertig stellen, beenden* *hinzuschreiben* *hinkommen*
за-	*Beginn einer Handlung* *hinein- vorbei-*	говорити – заговорити співати – заспівати їхати – заїхати	*anfangen zu sprechen* *anfangen zu singen* *hinein- / vorbeifahren*
в-	*hinein- herein-* *ein-*	їхати – в'їхати іти – увійти	*hereinfahren* *hineingehen / -kommen*
ви-	*Ergebnis einer Handlung* *aus- hinaus-*	пити – випити думати – видумати іти – вийти	*austrinken* *ausdenken* *hinausgehen*
від-	*weg- los- ab-*	нести – віднести їхати – від'їхати	*wegbringen* *losfahren, abfahren*
з- зі- с-	*zusammen- (mit -ся)* *herab- / hinauf-* *ab-*	іти – зійтися їхати – з'їхати (з гори) летіти – злетіти (в небо) писати – списати	*zusammen kommen* *herab- / herunterfahren* *hinauf- / hochfliegen* *abschreiben*
об- о-	*herum- um- be-*	іти – обійти писати – описати	*herum- / umgehen* *beschreiben*
під-	*darunter- unter-* *heran- hoch-*	писати – підписати іти – підійти піднімати – підняти	*unterschreiben* *herankommen* *hochheben*
над-	*darauf- heran- an-*	писати – надписати іти – надійти	*draufschreiben* *herankommen*
на-	*fertig- auf- darauf-* *sich satt ... (mit -ся)*	писати – написати клеїти – наклеїти їсти – наїстися	*fertig schreiben* *daraufkleben* *sich satt essen*
роз-	*auseinander- (auch mit -ся)* *zer-*	іти – розійтися бити – розбити	*auseinander gehen* *zerschlagen*

2.1.6.6. Die Verben der Fortbewegung

Unter den Verben der Fortbewegung versteht man eine Gruppe von Verbpaaren, die eine Fortbewegung ausdrücken. Die gebräuchlichsten von ihnen sind: **ходи́ти – іти́** *(gehen)*, **ї́здити – ї́хати** *(fahren)*, **бі́гати – бі́гти** *(laufen)*, **літа́ти – летіти́** *(fliegen)*, **пла́вати – пливти́** *(schwimmen)*, **носи́ти – нести́** *(tragen)*, **вози́ти – везти́** *(jemanden fahren, etwas transportieren)*, **води́ти – вести́** *(führen)*. In ihrer Grundform haben diese Verben den **unvollendeten** Aspekt. Man unterscheidet unbestimmte und bestimmte Verben.

Die unbestimmten Verben der Fortbewegung bezeichnen:
a) eine nicht zielgerichtete, zeitlich nicht festgelegte, sich wiederholende Handlung:
   – Я ходжу́ по мі́сту. *(Ich gehe durch die Stadt.)* – *ohne konkretes Ziel, ohne zeitliche Begrenzung*
b) eine zielgerichtete, zeitlich festgelegte gewohnheitsmäßige Handlung:
   – Він щодня́ хо́дить до спортза́лу. *(Er geht täglich in die Sporthalle.)* Він лю́бить туди́ ходи́ти. *(Er geht gern dorthin.)*
c) eine einmalige Fortbewegung in zwei Richtungen *(hin und zurück)*:
   – Вчо́ра ми ходи́ли до теа́тру. *(Gestern waren wir im Theater. / wir sind hingegangen und zurückgekehrt)*
d) eine allgemeine Fähigkeit zum Fortbewegen:
   – Іва́сь ще мале́нький, а вже хо́дить. *(Iwas' ist noch klein, kann aber schon gehen.)*

Die bestimmten Verben der Fortbewegung drücken eine einmalige, zielgerichtete, zeitlich festgelegte Handlung aus:
 – Сього́дні він і́де до Ки́єва. *(Heute fährt er nach Kyjiw.)*

Das Präteritum der Verben der Fortbewegung:
ходи́ти – ходи́в, ходи́ла / іти́ – ішо́в, ішла́ / ї́здити – ї́див, ї́здила / ї́хати – ї́хав, ї́хала / бі́гати – бі́гав, бі́гала / бі́гти – бі́г, бі́гла / літа́ти – літа́в, літа́ла / летіти́ – летів, леті́ла / пла́вати – пла́вав, пла́вала / пливти́ – плив, пливла́ / носи́ти – носи́в, носи́ла / нести́ – ніс, несла́ / вози́ти – вози́в, вози́ла / везти́ – віз, везла́ / води́ти – води́в, води́ла / вести́ – вів, вела́.

2.1.6.7. Die Modalverben

Die Modalverben fügen dem Verb eine zusätzliche Information über die Möglichkeit, die Erlaubnis, die Notwendigkeit oder den Wunsch zu einer Handlung hinzu.
– Möglichkeit / Erlaubnis: **могти́** – Він мо́же йти додо́му. *(Er kann / darf nach Hause gehen.)*
– Notwendigkeit: **му́сити** – Він му́сить іти́ додо́му. *(Er muss / soll nach Hause gehen.)*
– Wunsch: **хоті́ти** – Він хо́че йти додо́му. *(Er will / möchte nach Hause gehen.)*

Das Präteritum der Modalverben:
могти́ – міг, могла́ / му́сити – му́сив, му́сила / хоті́ти – хоті́в, хоті́ла

2.1.6.8. Die Reflexivverben

Reflexivverben sind Verben, deren Infinitiv auf **-ся** bzw. **-сь** endet. Die Endung **-сь** *kann* nach Vokalen statt **-ся** gebraucht werden. Die Reflexivverben können der 1., der 2. oder der archaischen Konjugation angehören: займатися (I) – я займаюсь, ти займаєшся, … вчитися (II) – я вчусь, ти вчишся, … наїстися *arch.* – я наїмся, ти наїсися, …

Unpersönliche Reflexivverben
Die unpersönlichen Reflexivverben werden **nur** in der 3. Person Singular *(sächliche Form)* gebraucht und bezeichnen einen physischen oder psychischen Vorgang, der unabhängig vom Willen des Trägers der Handlung stattfindet. Das logische Subjekt steht in solchen Konstruktionen im Dativ:
– **Мені** не спиться. *(Ich kann nicht schlafen.)*

2.1.6.9. Das Genus der Verben

Unter dem Genus versteht man das durch das Verb ausgedrückte Verhältnis zwischen Subjekt und direktem Objekt. Es gibt zwei Genera: **Aktiv** und **Passiv**. Im Aktiv ist das Subjekt im Satz Träger und das Objekt Gegenstand der Handlung. Im Passiv ist das Subjekt im Satz Gegenstand und das Objekt Träger der Handlung *(steht im Instrumental)*. Das Passiv wird von *Reflexivverben* ausgedrückt und lässt sich nur von unvollendeten transitiven Verben bilden:
– Туристи відвідують музей. *(Die Touristen besuchen das Museum.) Aktiv*
– Музей відвідується туристами. *(Das Museum wird von den Touristen besucht.) Passiv*

2.1.6.10. Der Modus der Verben

Unter dem Modus versteht man die Aussageweise, in welcher der Sprecher den Bezug einer Handlung zur Realität einschätzt. Es gibt drei Modi. Sie heißen **Indikativ**, **Konjunktiv** und **Imperativ**. Der Indikativ ist die Grundform der Aussageweise, der Konjunktiv ist die Möglichkeitsform und der Imperativ ist die Befehlsform.
– Андрій читає. *(Andrij liest. - Indikativ)* Андрій хотів би читати. *(Andrij möchte lesen. - Konjunktiv)* Читай! *(Lies! - Imperativ)*

Der Konjunktiv
Der Konjunktiv bedeutet:
– eine Möglichkeit, eine mögliche Handlung
– einen Wunsch, eine erwünschte Handlung
– eine höfliche Aussage, Aufforderung oder verbindliche Frage.

Er wird vom Präteritum unvollendeter und vollendeter Verben und der Partikel **би** *(nach Konsonanten)* und **б** *(nach Vokalen)* gebildet. Zum Ausdruck eines unerfüllbaren oder unerfüllten Wunsches bzw. einer Bedingung wird der Konjunktiv in Konditionalsätzen mit **якщо**, **коли** oder **якби** gebraucht. In **якби** ist die Partikel **би** bereits integriert, deshalb wird sie nicht noch mal im Satz verwendet. Das Verb im Nebensatz steht ebenfalls im Konjunktiv:
– Коли б я мав час, я пішов би в кіно. *(Wenn ich Zeit hätte, … / Hätte ich Zeit, würde ich ins Kino gehen.)*

Der Konjunktiv wird auch in Objektsätzen, die Wünsche, Forderungen, Befehle oder Mitteilungen enthalten, mit **щоб, щоби, аби** in der Bedeutung **dass, damit** verwendet. In diesem Fall steht das Verb unabhängig von der Zeitform auch immer im Präteritum:
– Я хочу, **щоб** він мені **подзвонив**. *(Ich will, dass er mich anruft.)*

Der Imperativ
Der Imperativ drückt im Allgemeinen einen Befehl, ein Kommando oder eine Aufforderung zum Ausüben einer Handlung aus.
Man unterscheidet im Ukrainischen 4 Formen des Imperativs:
– den Imperativ der 2. Person
– den Imperativ der gemeinsamen Handlung
– den Imperativ der 3. Person
– den Imperativ des Infinitivs.
Der Imperativ kann sowohl von unvollendeten als auch von vollendeten Verben gebildet werden.

Der Imperativ der 2. Person
Der Imperativ der 2. Person wird vom Präsensstamm *(3. Person Plural)* durch das Anfügen der Endungen **-й, -и, -ь** im Singular und **-йте, -іть, -ьте** im Plural gebildet:
– читачита-**й** / чита-**йте** *(lies! / lest! lesen Sie!)*
– писати (пиш-у) / пиш-**и**! / пиш-**іть**! *(schreib! / schreibt! schreiben Sie!)*
– бути (буд-у) / буд-**ь**! буд-**ьте**! *(sei! / seid! seien Sie!)*

Der Imperativ der gemeinsamen Handlung
Der Imperativ der gemeinsamen Handlung wird durch das Anfügen von **-ймо** nach einem Vokal und **-імо** bzw. **-мо** nach einem Konsonanten gebildet:
– читати – чита-**ймо**! *(lesen wir! lass/t uns lesen! wollen wir lesen!)*, писати – пиш-**імо**! *(schreiben wir! lass/t uns schreiben! wollen wir schreiben!)*, їхати – їдь-**мо**! *(fahren wir! lass/t uns fahren! wollen wir fahren!)*
Der Imperativ der gemeinsamen Handlung kann auch von einem unvollendeten Verb im Infinitiv mit Hilfe von **давай / давайте** oder von einem vollendeten Verb in der Form der 1. Person Plural mit oder ohne **давай / давайте** gebildet werden:
– Давай/те **пити** каву! Давай/те **вип'ємо** кави! **Вип'ємо** кави! *(Wollen wir Kaffe trinken! Lass/t uns Kaffee trinken!)*

Der Imperativ der 3. Person
Diese Form des Imperativs wird durch die 3. Person Singular oder Plural unvollendeter und vollendeter Verben mit Hilfe von **хай** oder **нехай** ausgedrückt:
– **Хай** Роман читає! **Нехай** Роман читає! *(Roman soll lesen!)*
Der Imperativ der 3. Person ist auch im gehobenen Stil gebräuchlich:
– **Хай живе** німецько-українська дружба! *(Es lebe die deutsch-ukrainische Freundschaft!)*

Der Infinitiv als Imperativ
Bei einer strengen Anweisung oder allgemeinen Aufforderung wird oft der Infinitiv unvollendeter und vollendeter Verben gebraucht:
– **Встати**! *(Aufstehen!)* **Не розмовляти**! *(Nicht sprechen!)*

2.1.7. Die Adverbien

Adverbien machen Angaben zu Umständen bestimmter Vorgänge oder Eigenschaften. Der Bedeutung nach unterscheidet man folgende Adverbien:
– Lokaladverbien: **праворуч** *(rechts)*
– Adverbien der Art und Weise: **гарно** *(schön)*
– Temporaladverbien: **зараз** *(jetzt, gleich)*
– Frageadverbien: **Де?** *(Wo?)*
– Relativadverbien): **де** *(wo)*
– Negativadverbien: **ніде** *(nirgendwo)*
– Indefinitadverbien: **десь** *(irgendwo)*

Die Lokaladverbien
bezeichnen einen Ort der Handlung oder des Geschehens: **тут** *(hier)*, **там** *(dort)*, **поруч** *(daneben)*, **ліворуч** *(links)*, **праворуч** *(rechts)*, **(не)далеко** *(nicht / weit)*, **посередині** *(in der Mitte)*, **попереду** *(vorn)*, **позаду** *(hinten)*, **навпроти** *(gegenüber)*. Die Frage nach den Lokaladverbien lautet: **Де?** *(Wo?)*

Die Adverbien der Art und Weise
bezeichnen die Qualität eines Vorgangs und vertreten die Funktion der Adverbialbestimmung im Satz:
– Петро розмовляє **по-німецьки**. *(Petro spricht* deutsch.*)*
Die meisten Adverbien der Art und Weise werden von Adjektiven abgeleitet:
– **цікаво** (*von* цікавий), **погано** (*von* поганий): Endung **-о**
– **добре** (*von* добрий): Endung **-е**
– **по-новому** (*von* новий), **по-старому** (*von* старий): Partikel **по-** + Endung **-ому**
– **по-українськи** (*von* український), **по-німецьки** (*von* німецький): Partikel **по-** + Endung **-и** / *oder auch* **по-українському**, **по-німецькому**: **по-** + **-ому**.
Die Frage nach den Adverbien der Art und Weise lautet: **Як?** *(Wie?)*

Die Temporaladverbien
bezeichnen den Zeitraum des Vorgangs. Viele Temporaladverbien werden von den abstrakten Substantiven abgeleitet: **вранці** *(morgens)*, **вдень** *(tagsüber, am Tag)*, **ввечері** *(abends, am Abend)*, **вночі** *(nachts, in der Nacht)*, **навесні** *(im Frühling)*, **влітку** *(im Sommer)*, **восени** *(im Herbst)*, **взимку** *(im Winter)*.
Neben den abgeleiteten gibt es auch selbständige Temporaladverbien: **сьогодні** *(heute)*, **завтра** *(morgen)*, **вчора** *(gestern)*, **деколи** *(manchmal)*, **рідко** *(selten)*, **часто** *(oft)*, **завжди** *(immer)*, **тепер**, **зараз** *(jetzt, gleich)*, **рано** *(früh)*, **пізно** *(spät)*.
Die Frage nach den Temporaladverbien lautet **Коли?** *(Wann?)*

Die Frageadverbien
leiten Fragesätze ein und werden als undeklinierbare Fragewörter gebraucht: **Де?** *(Wo?)* **Куди?** *(Wohin?)* **Звідки?** *(Woher?)* **Як?** *(Wie?)* **Чому?** *(Warum?)* **Навіщо?** *(Wozu?)*:
– Де ти живеш? *(Wo wohnst du?)* **Куди** ти їдеш? *(Wohin fährst du?)*

Die Relativadverbien
sind Frageadverbien, die Relativsätze einleiten: **де, куди́**, … *(wo, wohin, …)*
– Я зна́ю, **де** він живе́. *(Ich weiß, wo er wohnt.)* Ми не зна́ємо, **куди́** він їде. *(Wir wissen nicht, wohin er fährt.)*

Die Negativadverbien
werden aus Relativadverbien durch Vorsetzen der Partikel **ні-** gebildet: **ніде́** *(nirgendwo)*, **ніку́ди** *(nirgendwohin)*. Das Prädikat des Satzes, welcher ein Negativadverb enthält, muss zusätzlich durch die Partikel **не** verneint werden *(Doppelte Verneinung)*:
– Вона́ ще **ніде́ не** була́. *(Sie war noch nirgendwo.)* Він **ніку́ди** сього́дні **не** поїде. *(Er wird heute nirgendwohin fahren.)*

Die Indefinitadverbien
oder *die unbestimmten Adverbien* zeigen eine Unbestimmtheit, deren Grad die einzelnen Partikeln zum Ausdruck bringen. Die Indefinitadverbien werden aus Relativadverbien durch Anfügen von **-сь, -не́будь** oder Vorsetzen von **хтозна-** gebildet: **десь** *(irgendwo)*, **куди́сь** *(irgendwohin)*, **хто́зна-де / ка́зна-де** *(wer weiß wo)*, **хто́зна-куди́ / ка́зна-куди́** *(wer weiß wohin)*.
– Він **десь** недале́ко живе́. *(Er wohnt irgendwo in der Nähe.)* **Хто́зна-де** він за́раз. *(Wer weiß, wo er jetzt ist.)*

2.1.7.1. Die Steigerung der Adverbien

Der Bedeutung nach unterscheidet man im Ukrainischen
– Qualitätsadverbien (до́бре, пога́но) und
– Beziehungsadverbien: **по-німе́цьки, по-ки́ївськи**.

Die meisten Qualitätsadverbien können wie Adjektive Steigerungsformen bilden: den Komparativ und den Superlativ. Diese können eine einfache und eine zusammengesetzte Form haben. Der einfache Komparativ wird durch Anfügen der Suffixe **-іше / -ше** an den Adverbstamm gebildet: га́рно – гарні́ше *(schön – schöner)*, де́шево – деше́вше *(billig – billiger)*. Die Komparativformen auf **-ше** sind immer stammbetont. Der zusammengesetzte Komparativ wird durch Vorsetzen des unveränderlichen Wortes **більш** bzw. **менш** vor den Positiv des Adverbs gebildet: **більш** / менш де́шево *mehr / weniger billig)*.
Der einfache Superlativ wird durch Anfügen der Präfixe **най-**, an den einfachen Komparativ des Adverbs gebildet: **найдеше́вше** *(am billigsten)* Der zusammengesetzte Superlativ wird durch Vorsetzen des unveränderlichen Wortes **найбі́льш** bzw. **найме́нш** vor den Positiv des Adverbs gebildet: **найбі́льш** / найме́нш де́шево.
Zur Verstärkung der Aussage wird der einfache Komparativ mit den Adverbien **зна́чно, бага́то, тро́хи, куди́** verbunden:
– У Ки́єві взи́мку **зна́чно** холодні́ше ніж у Фра́нкфурті. *(In Kyjiw ist es im Winter wesentlich / viel kälter als in Frankfurt.)*
Zur Verstärkung der Aussage im Superlativ werden oft die Präfixe **якнай-, щонай-, пре-** oder die wortbildenden Elemente **супер-, у́льтра-** gebraucht: якнайціка́віше, щонайціка́віше, якнайбі́льш / щонайбі́льш ціка́во, преціка́во *(am allerinteressantesten)*, супермо́дно, ультрамо́дно *(super-, ultramodern)*.

2.1.8. Die Präpositionen

Präpositionen sind unveränderliche Hilfswörter, die Beziehungen zwischen einzelnen Satzgliedern ausdrücken: **в / у** *(in, an, nach)*, **на** *(auf, in, an, nach)*, **по** *(durch, entlang)*. Jede Präposition hat eine eigene Rektion. Viele Präpositionen haben mehrere Bedeutungen und können dadurch mehrere Rektionen haben, z. B. die Präposition **в / у**:
– Ми були́ в Берлі́ні. Де ми були́? *(Wir waren* in *Berlin. Wo waren wir?)* – *Präpositiv*
– Ми були́ в мого́ ба́тька. У кого́ ми були́? *(Wir waren* bei *meinem Vater. Bei wem waren wir?)* – *Genitiv*
– Ми ї́демо в Берлі́н. Куди́ ми ї́демо? *(Wir fahren* nach *Berlin. Wohin fahren wir?)* – *Akkusativ*

2.1.8.1. Häufig gebrauchte Präpositionen:

Genitiv: без *(ohne)*, бі́ля *(neben)*, в / у *(bei)*, від *(von)*, впродо́вж *(während)*, до *(nach, bis, zu)*, для *(für)*, з *(aus, von)*, за́мість *(statt)*, ко́ло *(an, neben)*, крім *(außer)*, навко́ло *(um, herum)*, навпро́ти *(gegenüber)*, посе́ред *(mitten)*, про́ти *(gegen)*, протя́гом *(im Laufe, im Verlauf)*, се́ред *(mitten, unter)*, уздо́вж *(entlang)*, щодо *(bezüglich)*

Dativ: всу́переч *(entgegen, gegen)*, завдяки́ *(dank)*, назу́стріч *(entgegen)*, наперекі́р *(zum Trotz)*

Akkusativ: в / у *(nach, in, an)*, за *(für, in, innerhalb)*, крізь *(durch, hindurch)*, на *(auf, nach, in, an)*, під *(unter)*, по *(bis, nach)*, че́рез *(durch, über, in)*

Instrumental: з / із / зі *(mit)*, за *(hinter)*, між *(zwischen)*, над *(über)*, пе́ред *(vor)*, під *(unter, bei)*

Präpositiv: в / у *(in, an)*, на *(auf, in, an)*, о / об *(um)*, по *(durch, entlang)*, при *(bei, an, neben)*

2.1.9. Die Konjunktionen

Konjunktionen sind Hilfswörter, die einzelne Wörter und Satzteile miteinander verbinden. Die gebräuchlichsten von ihnen sind **і, й, та** und **а**. **І, й** und **та** *(und, auch)* sind anreihende Konjunktionen; **а** *(und, aber)* ist eine entgegenstellende Konjunktion. Die Konjunktion **і** wird am Satzanfang, zwischen zwei Konsonanten und nach Konsonanten vor Vokalen *(vor allem vor jotierten)* gebraucht. **Та** und **й** werden zwischen zwei Vokalen oder nach Vokalen vor Konsonanten verwendet:
– Це Тара́с і Рома́н. *(Das sind Taras und Roman.)* Оле́на тут, і Русла́на тут. *(Olena ist hier, Ruslana ist auch hier).* Там Ната́лка та Окса́на. *(Dort sind Natalka und Oksana.)* Тут Степа́н, а там Богда́н. *(Hier ist Stepan und / aber dort ist Bohdan.)*

Andere Konjunktionen:
але́ *(aber)*, або́ *(oder)*, наві́ть *(sogar)*, тако́ж / теж *(auch)*, ні́би *(angeblich, als ob)*, неначе / мов *(wie, als wenn)*, ле́две *(kaum)*, якби́ / якщо *(wenn)*, зате́ *(dafür)*, проте́ / одна́к *(jedoch)*, щоб / аби́ *(dass, damit, um zu)*, і ..., і ... *(sowohl ... als auch ...)*, ні ..., ні ... *(weder ... noch ...)*, не ті́льки ..., а й ... / не лише́ ..., а й ... *(nicht nur, sondern auch)*, то ..., то ... *(mal ... mal ...)*, незважа́ючи не те, що ... *(ungeachtet)* u. a.

2.1.10. Die Partikel

Partikel sind Hilfswörter, welche dem Wort oder dem Satz eine zusätzliche Schattierung verleihen:
– так *(ja, so)*, ні *(nein, weder, noch)*, не *(nicht, kein)*, чи *(ob, oder)*, хіба́ *(etwa)*, невже́ *(ob, wirklich)*, це *(das, dies)*, ось *(da)*, ж / же / *(doch)*

oder der Bildung neuer Grammatik- bzw. Wortformen dient:
– би / б (хоті́в би) / Bildung des Konjunktivs
– хай (хай чита́є!) / Bildung des Imperativs
– аби́- (аби́хто, аби́куди), де- (де́хто, де́який), ка́зна- (ка́зна-хто), хто́зна- (хто́зна-що, хто́зна-де, хто́зна-куди) / Bildung neuer Pronomen und Adverbien
– -ся (ми́тися) / Bildung von Reflexivverben
– най- (найкра́щий), якнай- (якнайбі́льше) / Bildung von Steigerungsstufen
– що- (щодня́) / Bildung neuer Adverbien
– не- (неціка́во, неціка́вий) / Bildung neuer Adverbien und Adjektive

2.1.11. Die Interjektionen

Interjektionen sind Ausrufeworte, welche einen bestimmten emotionalen Gehalt tragen:
о! ой! ох! ай! гей! овва! ану! марш! геть! стоп! гав-гав! ку-ку-рі́-ку! му-у́! тьох-тьох! До́брий день! До́брого ра́нку! Сма́чно́го! Спаси́бі! На здоро́в'я! Хай йому́ грець! А щоб тебе́!

3. Lösungen der Aufgaben

3.1. Einführungskurs

1 / 5 акт, такт, кóма, мáма, какáо, томáт, тéма, áтом, мат, комітéт
2 / 3 Торóнто, трáктор, мотóр, ананáс, Áахен, Сáар, Áхім, Марс, Марóкко, метрó, контрáст, текст, кáктус, контáкт, старт, Ірáн
2 / 7 - такт, акт, курс, сорт, нерв, хор, Рим / - - вáнна, нóта, рáма, кáрта, кáса, Нíна, Мáрко, Вíра, Хáрків, Вáрна / - - томáт, Антóн, контáкт, теáтр, оркéстр, контрáкт, матрóс, Ромáн, Тарáс, Макáр / - - - мíміка, Мóніка / - - - Оксáна, ракéта, харáктер, касéта, Тамáра, Христи́на / - - - кімонó, комітéт, ресторáн, океáн, автомáт, астронáвт
2 / 8 крос, ритм, мотóр, квадрáт, сати́ра, кáрта, Ромáн, Торóнто, Макáр
3 / 3 Óсло, Амстердáм, солдáт, делíкт, Лóндон, парк, майóр, сóло, Юпíтер, лáма, парлáмент, стадіóн, рáдіо, діалéкт, Бóстон, Лíма, табáк
3 / 5 *belebt*: Тарáс, студéнт, хамелеóн, лáма, какадý / *unbelebt*: мотóр, трáктор, парк, Донбáс, проспéкт
3 / 6 кінó, ресторáн, Óсло, Роттердáм, теáтр, Бонн, стандáрт, Брéмен, хáос, динамíт, Дéлі, Анкарá, майóр, юри́ст, Лóндон, Мадри́д, тирáн, парк, Сахáра
4 / 5 Вáгнер, Гáмлет, Фáуст, Кáрлсберг, Гáнновер, Фрáнкфурт, Гéссен, Гáмбург, Тегерáн, Маґдебýрг, Багдáд, Мадаґаскáр
4 / 6 фíзика, центр, легéнда, фанфáра, діалóг, телеграма, колéга, Украї́на, бíзнес, вáза
4 / 8 *m:* хор, клас, календáр; *f:* кáса, комéта, теóрія; *n:* кінó, метрó, пюрé
5 / 7

				І	В	А	Н							В	О	Л	О	Д	И	М	И	Р	
				А									М										О
				Т				М		Г	А	Л	И	Н	А								М
Б	О	Г	Д	А	Н			И		Р													А
				Л				Р															Н
І	В	А	Н	К	А			О		Й						Ф	Е	Д	І	Р			
		А	Н	Т	О	Н		С		К							Н						
		К						Л		А							А						
		С						А		М	А	Р	К	О			І						
Х	Р	И	С	Т	И	Н	А	В									Т	А	Р	А	С		
			Н					А									И						
		К	И	Л	И	Н	А						М	И	Р	О	Н						
								Д	М	И	Т	Р	О				А						

5 / 8 Богдáнович, Богдáнівна / Євгéнович, Євгéнівна / Анатолíйович, Анатолíївна / Руслáнович, Руслáнівна / Ярослáвович, Ярослáвівна / Маркіянович, Маркіянівна / Сергíйович, Сергíївна / Олексíйович, Олексíївна
5 / 9 *Vorname m:* Івáн, Богдáн, Андрíй, Сергíй, Мáрко; *f:* Гали́на, Óльга, Катери́на, Марíя, Олéна / *Vatersname m:* Семéнович, Петрóвич, Андрíйович, Сергíйович, Мáркович; *f:* Івáнівна, Маркíвна, Андрíївна, Богдáнівна, Сергíївна / *Nachname mf:* Лукашéнко, Тимчéнко, Грищýк, Шевчéнко, Марчýк
6 / 4 автомáт бензи́н вíлла гімн диск еконóміка éвро жандáрм зодіáк ідéя інженéр йод кафé Лóндон мáйстер нóта океáн пáста ритм старт табáк таксí урáн факт хáос ци́фра чардáш Шампáнь що юри́ст ягуáр я́хта
6 / 6 стадіóн, парлáмент, телефóн, елемéнт, ідеалíст, Пóтсдам, кáнцлер, стандáрт, Фрáнкфурт, Шверíн, Брáнденбург, Я́лта, харáктер, дóктор, Ґутенбéрг, старт, Бáмберґ, Гондурáс, Йогáннес, Пакистáн, Ґренáда
6 / 13 е – *hart*, о – *Vokal*, є – *weich*, з – *kein Zischlaut*, ч – *Zischlaut*
7 / 1 Мю́ллер, Нóйберт, Áксель, Гáйне, Éльбрехт, Кéлер (Кьóлер), Шрéдер (Шрьóдер), Зіґфрíд, Гáйке, Рафаéль, Дíтер, Тóмас, Мю́нстер, Гíсен, Майнц, Рейн, Óйскірхен, Гáнновер, Ню́рнберґ, Дю́ссельдорф, Ґюрт, Зуль, Éльсдорф

7 / 4

```
        К Л А У С         О Т Т О       М А Н Ф Р Е Д
              Л                   О               Г
  Г А Н С Ь       Б               Н               Е
        Ь Р С А Н Д Р А     М І Х А Е Л Ь
        Ф І Б               К                     Ь
        Р Е А       Д   К С А В Е Р М
  Б Е Р Н Д Р         Т О М А С       У
        Д       А     Е                 Ю Р Г Е Н
                      Р
        С Е Б А С Т І А Н       А Г Ю Н Т Е Р
```

3.2. Grundkurs

1 / 2 Що це? Це ра́діо. Це ра́діо? Так. Де воно́? Воно́ тут. Воно́ тут? Так. Що це? Це кни́жка. Це кни́жка? Так. Де вона́? Вона́ там. Вона́ там? Так. Що це? Це вікно́. Це вікно́? Так. Де воно́? Воно́ тут. Воно́ тут? Так. Що це? Це зо́шит. Це зо́шит? Так. Де він? Він там. Він там? Так. Хто це? Це Оста́п. Це Оста́п? Так. Де він? Він тут. Він тут? Так. Хто це? Це Соломі́я. Це Соломі́я? Так. Де вона́? Вона́ там. Вона́ там? Так. Хто це? Це студе́нт і студе́нтка. Це студе́нт і студе́нтка? Так. Де вони́? Вони́ тут. Вони́ тут? Так. Що це? Це стіл і стіле́ць. Це стіл і стіле́ць? Так. Де вони́? Вони́ там. Вони́ там? Так.

1 / 3 Хто це? Це Іва́сь. Хто він? Він школя́р. Іва́сь школя́р? Так. Хто це? Це Ле́ся. Хто вона́? Вона́ школя́рка. Ле́ся школя́рка? Так. Хто це? Це Богда́н Іва́нович. Хто він? Він учи́тель. Богда́н Іва́нович учи́тель? Так. Хто це? Це Ві́ра Петрі́вна. Хто вона́? Вона́ вчи́телька. Ві́ра Петрі́вна вчи́телька? Так. Хто це? Це пан Тимоше́нко. Хто він? Він інжене́р. Пан Тимоше́нко інжене́р? Так. Хто це? Це Русла́на Луце́нко. Хто вона́? Вона́ студе́нтка. Русла́на Луце́нко студе́нтка? Так.

1 / 4 Це Оле́на? Ні, це не Оле́на. Це Марі́чка. А де Оле́на? Вона́ там. Оле́на там? Так, вона́ там. Це Тара́с? Ні, це не Тара́с. Це Іва́н. А де Тара́с? Він тут. Тара́с тут? Так, він тут. Це вчи́телька? Ні, це не вчи́телька. Це учени́ця. А де вчи́телька? Вона́ там. Вчи́телька там? Так, вона́ там. Це студе́нт? Ні, це не студе́нт. Це у́чень. А де студе́нт? Він тут. Студе́нт тут? Так, він тут. Це журна́л? Ні, це не журна́л. Це газе́та. А де журна́л? Він там. Журна́л там? Так, він там. Це ка́рта? Ні, це не ка́рта. Це карти́на. А де ка́рта? Вона́ тут. Ка́рта тут? Так, вона́ тут. Це ба́тько? Ні, це не ба́тько. Це дя́дько. А де ба́тько? Він там. Ба́тько там? Так, він там. Це сестра́? Ні, це не сестра́. Це ті́тка. А де сестра́? Вона́ тут. Сестра́ тут? Так, вона́ тут.

1 / 11 Що це? Це стіл? Так, це стіл. А це що? Це стіле́ць. Це Тара́с. Хто він? Він у́чень. А це хто? Це Оле́на. Хто вона́? Вона́ учени́ця. Там до́шка. А це що? Це ка́рта. А де табли́ця? Вона́ тут. Хто Ви? Я То́мас Мю́ллер. Ви студе́нт? Ні, я не студе́нт. Яви́кладач. Хто це? Це Рома́н чи Оста́п? Це Оста́п. А там Окса́на. Хто вони́? Він учи́тель, і вона́ вчи́телька.

1 / 12

```
        В І К Н О Л І В Е Ц Ь       П
                      Г           К   О
                  Р У Ч К А       Л Т Р
                      Б   Д О Ш К А А Т
          Ш               Р С Б Ф
          Б К А Р Т А А       С І Л Е
          І О       У         Т С И Ц Ь
          Л К Д       С Т І Л Н О   Я
          І Н И       Т     І Ш А Ф А   С
          О Ж О       Л     З       Р У
          Т К А       І     С Л О В Н И К
          Е А І       М             Ш А
          К   Я       П             И
          А   К Р Е Й Д А           Т
                      Т Е Л Е В І З О Р
```

Lösungen der Aufgaben

2 / 1 мій журна́л, моя́ газе́та, моє́ крі́сло, твій гара́ж, твоя́ кімна́та, твоє́ село́, наш сусі́д, на́ша сусі́дка, на́ше мі́сто, ваш син, ва́ша дочка́, ва́ше подві́р'я

2 / 2 мій син, твоя́ дочка́, ва́ша ті́тка, моє́ ра́діо, на́ша кварти́ра, ваш клас, твій чолові́к, Ва́ше крі́сло

2 / 3 Чий це словни́к? Це наш словни́к. Чия́ це поли́ця? Це ва́ша поли́ця. Чия́ це ма́па? Це твоя́ ма́па. Чий це зо́шит? Це мій зо́шит. Чий це олі́вець? Це твій олі́вець. Чиє́ це ра́діо? Це на́ше ра́діо. Чия́ це табли́ця? Це на́ша табли́ця. Чия́ це ру́чка? Це Ва́ша ру́чка.

2 / 5 Хто це? Де він? Хто він? Чий він ба́тько? Хто це? Де вона́? Хто Ле́ся? Чия́ вона́ сестра́? Що це? Де він? Чий там горо́д? Де на́ше подві́р'я?

2 / 6 і, а, а, та, а, і, а, й, а

2 / 8 Це Павло́? Так, це Павло́. Хто він? Він мій брат. Це Васи́ль? Так, це Васи́ль. Хто він? Він мій ону́к. Це Окса́на? Так, це Окса́на. Хто вона́? Вона́ моя́ племі́нниця. Це Русла́на? Так, це Русла́на. Хто вона́? Вона́ моя́ дочка́. Це Іва́н Дани́лович? Так, це Іва́н Дани́лович. Хто він? Він мій дід. Це Ві́ра Петрі́вна? Так, це Ві́ра Петрі́вна. Хто вона́? Вона́ моя́ ті́тка. / Чи Фе́дір твій дя́дько? Ні, він мій чолові́к. Чи Ма́рко твій племі́нник? Ні, він мій брат. Чи О́льга твоя́ дружи́на? Ні, вона́ моя́ сестра́. Чи Ле́ся твоя́ ону́ка? Ні, вона́ моя́ дочка́. Чи пан Бо́йко твій дід? Ні, він мій пра́дід. Чи па́ні Чуб твоя́ ба́ба? Ні, вона́ моя́ праба́ба.

2 / 11

					Ч			
			С	Б	О	Н	У	К	А
Д	Р	У	Ж	И	Н	А		П
О			Н	Б		О	Д	Л
Ч		С		А	В		Я	Е
К		Е			Д	І	Д	М
А		С		М		К		І
Т	І	Т	К	А			К	Н
		Р		Б	А	Т	Ь	К	О	Н	У	К
Б	Р	А	Т		И			И
П	Л	Е	М	І	Н	Н	И	Ц	Я	К

2 / 12 Ось моя́ сім'я́ (роди́на). Право́руч мій ба́тько. По́руч моя́ ма́ти. А ліво́руч мій дя́дько. Це Ваш син? Ні, це не мій син, це мій брат. Це ва́ша ті́тка? Так, це на́ша ті́тка Мо́ніка. Це пан Шмідт? Так, це він. Він Ваш сусі́д? Ні, він мій племі́нник. А де Ва́ша дружи́на? Вона́ тут, посереди́ні.

3 / 1 його́ словни́к, її́ кімна́та, їхнє́ подві́р'я, його́ ха́та, її́ мі́сце, їхній горо́д, їхня ті́тка, її́ сусі́д, його́ сусі́дка, його́ крі́сло, їхній сад, її́ чолові́к

3 / 2 Чий це друг? Це її́ друг. Чий це вчи́тель? Це їхній вчи́тель. Чиє́ це вікно́? Це їхнє́ вікно́. Чий це двір? Це його́ двір. Чия́ це ма́па? Це її́ ма́па. Чий це підру́чник? Це його́ підру́чник. Чий це виклада́ч? Це їхній виклада́ч. Чия́ це кни́жка? Це її́ кни́жка.

3 / 3 Це Окса́на. Ле́ся – її́ дочка́. Це Оста́п. Васи́лько – його́ брат. Це Іва́н і Ні́на. Ма́рко – їхній друг. Це Гнат і Га́нна. Га́ля – їхня ону́ка. Це Ілля́ та Лю́ба. Бикі́в – їхнє́ село́. Це Гліб і Ві́ра. Петро́ – їхній син. / Чи Тара́с Ваш брат? Ні, він не мій брат. Він її́ брат. Чи Сергі́й Ваш ону́к? Ні, він не мій ону́к. Він його́ ону́к. Чи Марі́йка Ва́ша сестра́? Ні, вона́ не моя́ сестра́. Вона́ його́ сестра́. Чи Христи́на Ва́ша дочка́? Ні, вона́ не моя́ дочка́. Вона́ їхня дочка́. Чи пан Моро́з Ваш лі́кар? Ні, він не мій лі́кар. Він їхній лі́кар. Чи па́ні Левчу́к Ва́ша коле́га? Ні, вона́ не моя́ коле́га. Вона́ її́ коле́га.

3 / 10 домогоспода́рка, прибира́льниця, бізнесме́н, архіте́ктор, селяни́н, робітни́к, підприє́мець, залізни́чник, переклада́ч, офіціа́нт, військовослужбо́вець

3 / 11

```
Ж У Р Н А Л І С Т
Ч
В И К Л А Д А Ч     П
О Т   І Н Ж Е Н Е Р   О
Д Е   К     С     О   Ф
І Л   А     Л     Д   І
Й Ь   Р     Ю     А   Ц
            С     В   І
Д И П Л О М А Т П Е К А Р
    К У Х А Р       Ц   Н
                    Ь   Т
```

3 / 12 Марк – учи́тель. Ла́ура – лі́кар (медсестра́). Дени́с – інжене́р. Домі́нік – комерса́нт. Кла́ус – диплома́т. Мо́ніка – службо́вець. То́мас – журналі́ст. Са́ндра – продаве́ць. Олекса́ндр – програмі́ст. Веро́на – офіціа́нтка. Ві́ктор – спортсме́н. Ро́ланд – військовослужбо́вець. Ганс – залізни́чник. Ма́нфред – водій́.

3 / 13 Це Ва́ша подру́га? Ні, це моя́ коле́га. Як її́ ім'я́? Її́ ім'я́ Са́ндра. А як її́ прі́звище? Її́ прі́звище Мю́ллер. А це хто? Це мій друг. Його́ ім'я́ То́мас. Хто він за фа́хом? Він переклада́ч? Ні, він архіте́ктор. Це його́ дружи́на? Так, це його́ дружи́на А́нна. Вона́ вихова́телька.

4 / 2 стари́й сад, ста́ра ха́та, старе́ подві́р'я, нови́й стіле́ць, нова́ ла́мпа, нове́ крі́сло, вели́кий телеві́зор, вели́ка табли́ця, вели́ке вікно́

4 / 3 англі́йська, стари́й, мале́ньке, вели́ка, га́рна, блаки́тне, зеле́не, украї́нський, німе́цьке, нова́, си́нє, си́ній, англі́йський, молоди́й, помара́нчева

4 / 5 Яка́ тут бібліоте́ка? Яке́ це сло́во? Яка́ там стіна́? Яки́й це сувені́р? Яке́ тут о́зеро? Яки́й парк по́руч? Яка́ кімна́та право́руч?

4 / 11 Чий тут брат? – Степа́нів (Степа́н). Чия́ там до́чка? – Ві́рина (Ві́ра). Чий це син? – Андрі́їв (Андрі́й). Чиє́ це вікно́? – Га́лине (Га́ля). Чий це двір? – Фе́дорів (Фе́дір). Чий тут сад? – Ма́рків (Ма́рко). Чия́ там ха́та? – Сергі́єва (Сергі́й). Чиє́ тут село́? – Марі́їне (Марі́я).

4 / 12 Берлі́н – вели́ке німе́цьке мі́сто. Семені́вка – мале́ньке украї́нське село́. Ліво́руч зати́шна ста́ра ву́лиця. Іва́н Петро́вич – до́брий учи́тель. Він твій ба́тько? Звича́йно. Яке́ сього́дні свя́то? Сього́дні Жіно́чий день. Це Ваш письмо́вий стіл? Ні, мій письмо́вий стіл право́руч. А там моя́ нова́ книжко́ва ша́фа.

5 / 2 слу́хати – слу́хаю, слу́хаєш, слу́хає, слу́хаємо, слу́хаєте, слу́хають / відпочива́ти – відпочива́ю, відпочива́єш, відпочива́є, відпочива́ємо, відпочива́єте, відпочива́ють / ду́мати – ду́маю, ду́маєш, ду́має, ду́маємо, ду́маєте, ду́мають / вече́ряти – вече́ряю, вече́ряєш, вече́ряє, вече́ряємо, вече́ряєте, вече́ряють / ма́ти – ма́ю, ма́єш, ма́є, ма́ємо, ма́єте, ма́ють

5 / 3 Я він (вона́) Ви я Я він (вона́) Ти Вони́ ви (Ви) Ви Я Ви Я він (вона́) Ви він (вона́)

5 / 4 я чита́ю, ти пи́шеш, ми ма́ємо, він дя́кує, ми розмовля́ємо, вони́ відпочива́ють, вона́ працю́є, Ви малю́єте, я кажу́, вони́ слу́хають, ти подоро́жуєш, ми дя́куємо, ви несе́те, він сніда́є, вона́ вече́ряє, вони́ ма́ють

5 / 6 чита́єте чита́ю чита́є / пишу́ пи́шемо пи́шуть / ка́жеш ка́жете ка́же / працю́єш працю́ю працю́ють / подоро́жуємо подоро́жує подоро́жують / несе́ш несу́ несу́ть

5 / 8 га́рна га́рно / те́пло те́плий / ціка́во ціка́ва / Украї́нська по-украї́нськи / німе́цький по-німе́цьки / холо́дний холо́дно

5 / 10 хо́лодно по-украї́нськи по-німе́цьки га́рно до́бре пога́но ва́жко доскона́ло

5 / 13 чита́є пишу́ сніда́ємо, обі́даємо та вече́ряємо розмовля́єте розумі́ю ду́маю ка́жете розумі́ю

5 / 14 Тара́с чита́є текст, а Іва́н слу́хає ра́діо. Ви розмовля́єте по-украї́нськи? Так, але́, на жаль, лише́ тро́хи. Мій друг доскона́ло гово́рить по-украї́нськи. Спра́вді? Звича́йно. Ви розумі́єте по-німе́цьки? На жаль, ні. Як жаль! Ось на́ша аудито́рія. Тут мо́жна до́бре працюва́ти. Моя́ ма́ти – пенсіоне́рка, а мій ба́тько ще працю́є. Що Ви ка́жете? Я не розумі́ю. Чи сього́дні те́пло? Так, сього́дні га́рна те́пла пого́да. Німе́цька мо́ва важка́. Але́ мій сусі́д ду́же до́бре розмовля́є по-німе́цьки. Я ще пога́но розмовля́ю по-англі́йськи. А Ви?

Lösungen der Aufgaben 293

5 / 15

```
        Т       Г   П
        Е   Ц І К А В О
        П       Р   Г
        Л       Н В А Н Ж К О   Д
Х О Л О Д Н О       Н         С
Д О С К О Н А Л О             С
            Б                 И
        Т Р О Х И             Т
        Е                     Ь
```

6 / 1 вари́ти – варю́, ва́риш, ва́рить, ва́римо, ва́рите, ва́рять / пали́ти – палю́, па́лиш, па́лить, па́лимо, па́лите, па́лять / ба́чити – ба́чу, ба́чиш, ба́чить, ба́чимо, ба́чите, ба́чать / служи́ти – служу́, слу́жиш, слу́жить, слу́жимо, слу́жите, слу́жать / ходи́ти – ходжу́, хо́диш, хо́дить, хо́димо, хо́дите, хо́дять / люби́ти – люблю́, лю́биш, лю́бить, лю́бимо, лю́бите, лю́блять / спа́ти – сплю́, спиш, спить, спимо́, спите́, сплять

6 / 2 Я він (вона) Ви я Ти я Він (Вона) ми Я вони Я вона (він) ти

6 / 3 стою́ (сиджу́, лежу́) стої́ть (сиди́ть, лежи́ть) стоїмо́ (сидимо́, лежимо́) стої́ш (сиди́ш, лежи́ш) стоя́ть (сидя́ть, лежа́ть) стоїте́ (сидите́, лежите́)

6 / 4 стої́ть стоїте́ / лежи́ть лежа́ть / виси́ть вися́ть / сиджу́ сиди́ть / ро́бите роблю́ / лю́бите лю́бимо / вчу вчить

6 / 5 я стою́, ти лежи́ш, він сиди́ть, ми спимо́, вони́ хо́дять, вона́ ва́рить, Ви па́лите, він ба́чить, ми слу́жимо, я прошу́, ви вчите́, вони́ лю́блять

6 / 6 ро́биш роблю́ ро́бить па́лить па́лиш палю́ па́лять / ва́риш варю́ ва́рить лю́биш люблю́ лю́бимо лю́бимо / спить сиди́ть вчить сплять ро́бите сиджу́ чита́ю / говори́ть говоря́ть говори́мо говори́те говорю́

6 / 7 Що ро́бить Га́нна? Вона́ лежи́ть і відпочива́є. Що ро́бить Бори́с? Він сиди́ть і па́лить. Що ро́бить Ві́ра? Вона́ стої́ть і телефону́є. Що ро́блять ма́ма та О́льга? Вони́ ва́рять обі́д і розмовля́ють. Що ро́блять Мико́ла та Іри́на? Вони́ сидя́ть і пи́шуть дикта́нт. Що ро́блять Тара́с і Петро́? Вони́ хо́дять і слу́хають му́зику.

6 / 10 Тара́с і Марі́йка сидя́ть у кафе́ і розмовля́ють. Ваш чолові́к працю́є? Ні, він лежи́ть і чита́є. Ма́рко ка́же, що ду́же лю́бить подорожува́ти. Що ро́бить Ва́ша до́чка? Вона́ переклада́є текст. Що ро́блять Мико́ла і Тетя́на? Вони́ стоя́ть і па́лять. Ваш син ще вчи́ться? Ні, він вже працю́є.

6 / 11 Коли́ Павло́ вече́ряє? Він вече́ряє вве́чері. Коли́ Ната́лка відпочива́є? Вона́ відпочива́є влі́тку. Коли́ Соломі́я пи́ше лист? Вона́ пи́ше лист сього́дні. Коли́ Сергі́й подорожу́є? Він подорожу́є навесні́. Коли́ Катери́на ро́бить завда́ння? Вона́ ро́бить завда́ння вдень. Коли́ Володи́мир слу́хає ра́діо? Він слу́хає ра́діо вночі́.

6 / 12 вра́нці, вдень, вве́чері, вночі́ / навесні́, влі́тку, восени́, взи́мку / сього́дні, за́втра, вчо́ра, де́коли / рі́дко, ча́сто, завжди́, тепе́р

6 / 13 *m:* дя́дько, ба́тько, ра́нок, музе́й, стіле́ць, день, виклада́ч, Дмитро́ / *f:* зима́, весна́, табли́ця, ву́лиця, сім'я́, ма́ти, осі́нь, любо́в, ніч, тінь / *n:* вікно́, пра́вило, лі́то, дівча́, поме́шкання, котя́, ім'я́, кафе́, мо́ре, прі́звище

6 / 14 вели́ка сім'я́, стари́й ба́тько, граматчи́не пра́вило, до́вга тінь, важке́ завда́ння, мале́ньке дзе́ркало, нове́ подві́р'я, жіно́чий день, молоди́й виклада́ч, те́пла о́сінь, ціка́ва річ, німе́цьке ім'я́

6 / 17 Що Ви за́раз ро́бите? Я сиджу́ і пишу́ завда́ння. Що Ви ро́бите у ві́льний час? Я люблю́ малюва́ти. Там стої́ть комп'ю́тер. Ви ба́чите? Де лежи́ть кили́м? Посере́дині. Як вона́ гово́рить? Ми не розумі́ємо. Вве́чері ми ча́сто хо́димо в теа́тр. А що Ви ро́бите вра́нці? Восени́ та взи́мку хо́лодно. Навесні́ те́пло. Влі́тку вони́ лю́блять подорожува́ти. Ми, звича́йно, теж. Ви лю́бите вари́ти? Ні, але́ моя́ подру́га ду́же лю́бить вари́ти. Ви па́лите? Ні. А Ви?

6 / 18

```
          В  Р  А  Н  Ц  І     З  А  Р  А  З
          В
          Е     С              З  А  В  Ж  Д  И
          Ч     Ь                    Л
    Д  Е  К  О  Л  И     Ч  А  С  Т  О
          Р     Г        В  З  И  М  К  У
          І     О        О
                Д        С
    В  Д  Е  Н  Ь        Е
                І        Н  А  В  Е  С  Н  І
                         И
```

7 / 2 оди́н у́чень, одна́ вчи́телька, одне́ ра́діо, оди́н день, одна́ ха́та, оди́н телеві́зор, одне́ вікно́, одна́ сім'я́, одне́ ім'я́, одна́ ніч, одна́ ла́мпа, одне́ дівча́, оди́н стіле́ць, одна́ о́сінь, одна́ табли́ця, одне́ котя́, одна́ ста́нція, одне́ прі́звище, одна́ ву́лиця

7 / 7 чоти́ри, ві́сім, де́сять, одина́дцять, сімна́дцять, трина́дцять, два́дцять, три́дцять

7 / 8 купа́тися – купа́юсь, купа́єшся, купа́ється, купа́ємось, купа́єтесь, купа́ються / назива́тися – назива́юсь, назива́єшся, назива́ється, назива́ємось, назива́єтесь, назива́ються / одру́жуватися – одру́жуюсь, одру́жуєшся, одру́жується, одру́жуємось, одру́жуєтесь, одру́жуються / диви́тися – дивлю́сь, ди́вишся, ди́виться, ди́вимось, ди́витесь, ди́вляться /ква́питися – кваплю́сь, ква́пишся, ква́питься, ква́пимось, ква́питесь, ква́пляться

7 / 9 дивлю́сь ди́виться ди́вимось диви́шся ди́вляться ди́витесь

7 / 10 ро́биш займа́юсь ро́бить купа́ється займа́єшся люблю́ займа́тися лю́биш диви́тися дивлю́сь вчи́шся вчу́сь

7 / 11 я вчу́сь, ти ди́вишся фільм, він купа́ється, я кваплю́сь, вони́ назива́ються, вона́ вчи́ться, Ви займа́єтесь спо́ртом, він одру́жується, вони́ ква́пляться, ми купа́ємось

7 / 12 займа́ються займа́юсь / вчи́ться вчи́шся / купа́ємось купа́юсь / назива́ється назива́ється / одру́жується одру́жуєшся

7 / 15 Яки́й Ваш но́мер телефо́ну? Чотирна́дцять – вісімна́дцять – шість (оди́н – чоти́ри – оди́н – ві́сім – нуль – шість). А Ваш? Яки́й но́мер Ви набира́єте? Дев'ятна́дцять – трина́дцять (оди́н – де́в'ять – оди́н – три). Пра́вильно? Ні, непра́вильно. Пра́вильний но́мер: сімна́дцять – одина́дцять (оди́н – сім – оди́н – оди́н). Алло́! Це Тара́с Ле́мак? На жаль, ні. Це Оста́п Ле́мак, його́ брат. Про́шу проба́чення. Нічо́го. Як назива́ється ва́ша ву́лиця? Вона́ назива́ється „Ве́реснева". Що Ви ро́бите у ві́льний час? Я займа́юсь спо́ртом, купа́юсь і дивлю́сь телеві́зор. Як вчи́ться Ва́ша до́чка? Вона́ вчи́ться до́бре.

7 / 16

```
                         Т           О
                         Р           Д
                О     Д  И  Н        И
          Ш     В     І     С  І  М  Н
          І     А                    А
          С  І  М                    Д
    Ч  О  Т  И  Р  И                 Ц
          Ь                          Я
          Д  В  А  Н  А  Д  Ц  Я  Т  Ь
                Д  Е  С  Я  Т  Ь
```

8 / 2 пе́рший комп'ю́тер, пе́рша кни́жка, пе́рше ра́діо, дру́гий уро́к, дру́га впра́ва, дру́ге завда́ння, тре́тій день, тре́тя ніч, тре́тє лі́то, четве́ртий ве́чір, четве́рта касе́та, четве́рте ім'я́, сьо́мий но́мер, сьо́ма шко́ла, сьо́ме пра́вило, деся́тий текст, деся́та табли́ця, деся́те сло́во

8 / 5 дру́га сестра́, п'я́тий ону́к, дев'я́те крі́сло, одина́дцята ка́рта, вісімна́дцятий текст, двадця́те завда́ння, шо́сте мі́сце, шістна́дцятий стіле́ць, сьо́ма ха́та, чотирна́дцяте фо́то

8 / 6 тре́тій, п'я́тий, восьми́й, четве́ртий, пе́рший, сьо́мий, дев'я́та, тре́тя, дру́га, шо́сте, восьме́, тре́тє

8 / 9 Бе́резень Ве́ресень Кві́тень тра́вень сі́чень се́рпень че́рвень жо́втень

Lösungen der Aufgaben 295

8 / 10 Четве́рта (п'я́та, шо́ста, сьо́ма, во́сьма, одина́дцята, двана́дцята, трина́дцята, п'ятна́дцята, сімна́дцята, два́дцять дру́га, два́дцять тре́тя) годи́на.
8 / 13 Проба́чте, будь ласка, це університе́т? Ні, університе́т – п'я́тий буди́нок ліво́руч. Щи́ро дя́кую. Я тут пе́рший раз (упе́рше). Ваш готе́ль – тре́тій буди́нок право́руч. Дя́кую за поя́снення. Нема́ за що. Сього́дні середа́, тре́тій день ти́жня. Ли́пень – сьо́мий мі́сяць ро́ку. Це лі́тній мі́сяць. Ви зна́єте, котра́ за́раз годи́на? Так, за́раз дру́га годи́на. Ваш годи́нник іде́ пра́вильно? Що за пита́ння? Звича́йно, він іде́ пра́вильно.
8 / 14

			в		к						
с	і	ч	е	н	ь	в					
			р		і		ч		ж		г
			е		т	р	а	в	е	н	ь	о	у
			с		е		р		в		д
б	е	р	е	з	е	н	ь		в		т	е
			н		ь			с	е	р	п	е	н	ь
			ь		л	и	п	е	н	ь		н	ь
					ю				ь		
			л	и	с	т	о	п	а	д		
					и						
					й						

9 / 1 журна́ли, зо́шити, портфе́лі, моте́лі, трамва́ї, уро́ки, студе́нти, кла́си, геро́ї, шафи́, коле́ги, табли́ці, неді́лі, ста́нції, по́дорожі, свя́та, я́блука, пита́ння
9 / 2 дядьки́, діди́, сини́, брати́, чоловіки́, водії́, учителі́, лікарі́, секретарі́, переклада́чі, товариші́, виклада́чі, листи́, словники́, номери́, професори́, ключі́, календарі́, тітки́, до́чки, по́ри, сті́ни, зи́ми, ру́чки, су́мки, книжки́, жінки́, учи́тельки, ма́ми, ха́ти, ві́кна, се́ла, міста́, моря́, поля́, місця́ / мости́, со́ки, вечори́, пе́чі, по́вені, о́сені / учні́, молоді́, олівці́, кінці́, ве́ресні, ґа́нки, за́мки, понеді́лки, буди́нки / ді́ти, лю́ди, ма́тері
9 / 3 Секретарі́ працю́ють щодня́. Посереди́ні стоя́ть столи́. По́руч стоя́ть стільці́. Переклада́чі розмовля́ють по-украї́нськи. Ді́ти слу́хають ра́діо. Студе́нтки га́рно малю́ють. Жінки́ займа́ються спо́ртом. Учні́ чита́ють те́ксти. Де тут магази́ни? Вони́ навпроти́. Увече́рі студе́нти відпочива́ють.
9 / 4 стіл, сті́лець, ша́фа, поли́ця, ка́рта, табли́ця, карти́на, фотогра́фія, зо́шит, підру́чник, портфе́ль, оліве́ць, словни́к, кни́жка, ру́чка, річ, вікно́, студе́нт, текст, дикта́нт, впра́ва, фільм
9 / 5 молоді́ виклада́чі, до́брі медсе́стри, украї́нські міста́, га́рні се́ла, лі́тні вечори́, си́ні олівці́, мале́нькі сини́, ціка́ві книжки́, до́вгі дні, вели́кі ві́кна, о́сінні дні, те́плі місця́
9 / 6 мої́ комп'ю́тери, мої́ слова́, твої́ листи́, твої́ ха́ти, на́ші музе́ї, на́ші кімна́ти, ва́ші міста́, ва́ші дру́зі, ї́хні дядьки́, ї́хні ті́тки, ї́хні місця́, його́ ключі́, його́ завда́ння, її́ лікарі́, її́ подру́ги, їх коле́ги
9 / 7 Які́ чудо́ві відеокасе́ти! Чиї́ вони́? Твої́? Ні, ї́хні. Тут працю́ють мої́ старі́ дру́зі. А де працю́ють Ва́ші се́стри? Мої́ мале́нькі сини́ ди́вляться телеві́зор. А що ро́блять твої́ ді́ти? Де її́ нові́ словники́? Тут лежа́ть лише́ його́ старі́ табли́ці.
9 / 8 Як назива́ється Ва́ше рі́дне мі́сто? Моє́ рі́дне мі́сто назива́ється Бонн. Чи там є тако́ж вели́кі готе́лі та рестора́ни? Звича́йно. Крім того, там знахо́дяться чудо́ві теа́три та музе́ї. Це твої́ батьки́? Так, це вони́. А там мої́ ді́ти. Тут мої́ дру́зі та сусі́ди, а там мої́ учні́.
9 / 9 ніч, нови́й, ді́вча, тінь, ба́тько, ім'я́, ми, її́, мій, вікно́, стоя́ти, розумі́ти
9 / 10 на́ша, моя́, твоє́, ї́хній, твоя́, ї́хнє, ва́ша, твій / чо́рний, німе́цька, вели́ке, холо́дна, весня́ний, мале́ньке, украї́нський, помаранче́ва / чита́є, розмовля́ю, виси́ть, стої́ть, диви́мось, слу́хаєш, займа́ються, ду́маєш

9 / 11 Хто? – вчителька. Що? – комп'ютер. Чий? – твій. Чия? – наша. Чиє? – моє. Чиї? – їхні. Який? – зелений. Яка? – велика. Яке? – синє. Які? – літні. Як? – по-українськи. Коли? – восени. Де? – посередині. Що робить? – малює. Скільки? – чотири. Котрий? – сьомий. Котра? – одинадцята. Котре? – п'яте. Котрі? – перші.
9 / 12 Хто це? Марія. Яке місто Київ? Велике. Чий колега Федір? Мій. Що тут стоїть? Комп'ютер. Де висить лампа? Ліворуч. Який це дім? Білий. Котрий день тижня п'ятниця? П'ятий. Чия сусідка Марійка? Наша. Хто добре перекладає? Роман. Що робить Галина? Відпочиває.
10 / 1 Семене, Остапе, Павле, Дмитре, Сергійку, Іванку, Андрію, Григорію, Петре, Богдане, Олесю, Грицю, Левку, Марку, Олексію, Сергію, Катерино, Руслано, Наталю, Миросю, Лідіє, Софіє, Тетяно, Галино, Маріє, Лесю, Юліє, Галю, студенте, товаришу, друже, робітнице
10 / 2 Богдане Івановичу, Степане Михайловичу, пане генерал, пане інженер, пане Тарасе, пане Олексію, пане Дмитре, пане Костенко, Оксано Петрівно, Маріє Василівно, пані медсестра, пані вчителька, пані Олено, пані Соломіє, пані Люсю, пані Костенко
10 / 5 він читав, вона писала, вони дякували, він сидів, воно бігало, вона стояла, він малював, вони казали, вона відпочивала, він подорожував, я бачив (бачила)
10 / 6 ходив, була, читав, слухали, дивилися, відпочивали, розумів (розуміла), казала, лежав, висіла, займалися, купалися
10 / 8 Олено, що ти вчора робила? Я дивилася фільм. Олесю, що ти вчора робив? Я гуляв. Галю, що ти вчора робила? Я писала лист. Андрію, що ти вчора робив? Я спав. Маріє і Тарасе, що ви вчора робили? Ми читали. Ганно Петрівно, що Ви вчора робили? Я святкувала. Лідіє Павлівно, що Ви вчора робили? Я бігала. Борисе Івановичу, що Ви вчора робили? Я малював. Василю Марковичу, що Ви вчора робили? Я телефонував.
11 / 1 Житомирі, Чорнобилі, Берліні, Кустанаї, Касселі, Шанхаї, Сіднеї, Ялті, Вінниці, Казані, Таврії, Іспанії, Закарпатті, Запоріжжі, університеті, готелі, трамваї, хаті, лікарні, тіні, місті, селі, морі, полі
11 / 2 Тернополі, Яворові, Бикові, Миколаєві, столі, сході, заході, Тетереві, Бердичеві, Городку, Донецьку, Цюриху, столику, даху, парку, краї (краю), півдні, січні, олівці, замку
11 / 3 книжці, ріці, підлозі, стрісі, Макіївці, Горлівці, Празі, Балашисі
11 / 4 Де живе Ганна (Верена, Федір, ...)? Вона (він) живе в Ужгороді (Магдебургу, Скнилові, Райнбаху, Нечаєві, Василькові, Миколаєві, Донецьку, Бердянську, Ханої, Нью-Йорку, Мадриді, Нюрнбергу, Роттердамі, Цюриху, Шанхаї).
11 / 5 Де працює Степан (Марко, ...)? Він (вона) працює в театрі (школі, лікарні, музеї, гаражі, філармонії, кафе, книгарні, міністерстві, ресторані, крамниці, готелі, порту, бібліотеці, міліції).
11 / 6 Христино (Маріє, Галю, Тарасе, Василю, Андрію), ти живеш у Луцьку (Вінниці, Варшаві, Празі, Ялті, Жмеринці)? Ні, я живу не в Луцьку (...), а в Харкові (Воронежі, Дніпропетровську, Миколаєві, Сімферополі, Фастові). Павле Івановичу (Лідіє Петрівно, пане Федоренко, пані Марійко, пане лейтенанте, пане Романе), Ви живете в Мінську (Запоріжжі, Яворові, Каневі, Борисполі, Трускавці)? Ні, я живу не в Мінську (...), а в Ризі (Кишиневі, Скнилові, Євпаторії, Дарниці, Криму).
11 / 9 Де працює Галина? Вона працює в бібліотеці. Де вчиться мій брат? Він вчиться в школі. Де сидять студенти? Вони сидять в аудиторії. Де бігають діти? Вони бігають у парку. Де займається Павло? Він займається в кабінеті. Де стоїть стіл? Він стоїть у класі. Де висить полиця? Вона висить у коридорі. Де лежить килим? Він лежить у вітальні.
11 / 10 Ви не знаєте, де мій брат (моя сестра, мій онук, моя дружина, мій чоловік, моя онука, моя тітка, мій дядько, мій племінник, моя баба, мій дід, моя мама)? Думаю, він (вона) на терасі (на ґанку, на канапі, у кухні, на горищі, на дивані, у підвалі, у коридорі, у кабінеті, у передпокої, у спальні, у вітальні).
11 / 11 помешканні, вітальні, підлозі, килимі, столі, скатерці, тарілці, склянці, чашці, полиці, спальні, ліжку, шафі, кухні, холодильнику, передпокої, коридорі, вішаку, сумці, конверті, листі, фотографії

11 / 13 Альпах, Карпатах, Татрах, Піренеях, Гімалаях, Черкасах, Сумах, Жулянах, Чернівцях, Моринцях, Новосілках, Шегинях

11 / 14 журналі – журнали – журналах, готелі – готелі – готелях, степу – степи – степах, гаю – гаї – гаях, лісі – ліси – лісах, олівці – олівці – олівцях, шафі – шафи – шафах, ріці – ріки – ріках, таблиці – таблиці – таблицях, історії – історії – історіях, верфі – верфі – верф'ях, кріслі – крісла – кріслах, полі – поля – полях, відрядженні – відрядження – відрядженнях

11 / 15 Книжки лежать на столах. Картини висять на стінах. Килими лежать на підлогах. У кімнатах стоять стільці. В аудиторіях вчаться студенти. У бібліотеках працюють службовці.

12 / 1 я читатиму, ти писатимеш, ми дякуватимемо, він сидітиме, ви купатимотесь, вони стоятимуть, вона малюватиме, вони казатимуть, ми відпочиватимемо, я снідатиму, він спатиме, ти подорожуватимеш, ми вчитимемось, вона вечерятиме, вони палитимуть, я розмовлятиму

12 / 2 писатимемо, писатиме, писатимете, писатимеш, писатиму / перекладатимеш, перекладатиму, перекладатимемо, перекладатимуть, перекладатимуть, перекладатимемо / займатимемось, займатиметесь, займатиметься, займатимусь

12 / 3 відпочиватимемо, подорожуватимемо, дивитимусь, відповідатимуть, житимете, займатимусь

12 / 5 Оксано (Василю, Юліє, Петре), що ти завтра (післязавтра) робитимеш? Я гулятиму (телефонуватиму, писатиму лист, спатиму). Сергію і Лесю (Маріє та Федоре), що ви завтра (післязавтра) робитимете? Ми подорожуватимемо (святкуватимемо). Ганно Михайлівно (пане Андрію, пані Христино), що Ви завтра (післязавтра) робитимете? Я бігатиму в парку (малюватиму, дивитимусь фільм).

12 / 7 працює відпочивала бачив (бачила) були був (була) подорожував (подорожувала) дивиться займатиметься писатимемо слухатимемо

12 / 9 у великому театрі, у старому будинку, на вечірньому концерті, у літньому плащі, на новій канапі, на книжковій полиці, на високому дереві, на Чорному морі, на гарних квітах, на зелених вулицях, на синьому небі, в останніх новинах

12 / 10 Василь живе в старовинному місті. Де він живе? В якому місті? Богдан Іванович працює у Львівському університеті. Де він працює? В якому університеті? Ми були в різних музеях. Де ми були? В яких музеях? Моя подруга вчиться в політехнічному інституті. Де вчиться моя подруга? В якому інституті? Його сестра працює в дитячій лікарні. Де працює його сестра? В якій лікарні? Комп'ютер стоїть на письмовому столі. Де стоїть комп'ютер? На якому столі? Мої друзі живуть у нових районах. Де живуть мої друзі? У яких районах?

12 / 11 На котрому поверсі живе Ваша сестра (Ваш колега, Ваш друг, Ваша подруга)? Вона (він) живе на третьому (десятому, двадцятому, двадцять першому) поверсі. На котрому поверсі живуть Ваші батьки (Ваші діти)? Вони живуть на дванадцятому (п'ятнадцятому) поверсі. / У котрому класі вчиться Мирон (Тарас, Юлія, Василько)? Він (вона) вчиться в п'ятому (шостому, сьомому, першому) класі. У котрому класі вчаться Юрко та Галя (Олесь і Віра)? Вони вчаться у восьмому (в одинадцятому) класі.

12 / 18 у січні, лютому, березні, квітні, травні, червні, липні, серпні, вересні, жовтні, листопаді, грудні

12 / 19 Він святкує день народження у квітні. Вона була в Одесі у серпні. Він працював у школі у березні та вересні. Вона відпочивала на Чорному морі у червні та липні. Вона дивилась фільм „Троя" у травні. Він жив у готелі „Інтер" у жовтні та листопаді. Вона лежала в лікарні у січні та лютому. Він був у гостях в Німеччині у грудні.

12 / 20 Я був у Києві в минулому році. Іван буде відпочивати в Карпатах у наступному році. Оксана була в Гамбургу в минулому місяці. Вона здаватиме іспити в наступному місяці.

12 / 21 О котрій годині починається концерт (опера, ...)? Він (вона) починається о двадцятій (дев'ятнадцятій, десятій, одинадцятій, дев'ятій, дванадцятій, п'ятнадцятій, сімнадцятій) годині.

12 / 22 у (на) моєму комп'ютері, у моєму слові, у твоїй книжці, у твоїх зошитах, у нашому музеї, у нашій хаті, у вашому місті, у ваших кімнатах, на їхньому столі, на їхній полиці, на їхньому місці, на їхніх стільцях, в його номері, у її квартирі, на її вікні, у їх готелі

12 / 23 Він був у вашому університеті. Вона сидить у моїй кімнаті. Він стоїть у нашій новій бібліотеці. Вони живуть у їхньому рідному селі. Він стоїть у її кухні. Вона висить у нашому класі. Він лежить у твоїй вітальні. Вони дивляться фільми в нашому кінозалі. Ми бачили Івана Петровича у вашому кафе.

13 / 1 Іванові, Василеві, Сергієві, Олексієві, Вікторові, Левкові, Макарові, Петрові, братові, батькові, викладачеві, героєві

13 / 3 На Федорові чорна сорочка. На Дмитрові теплий пуловер. На Григорієві нові джинси. На Оксані гарна блузка. На Наталці довга сукня. На Марії зимове пальто. На водієві чорний костюм. На учневі червоний светр. На студентові старі сандалії.

13 / 6 лекції, театрі, довгій блакитній сукні, червоній спідниці, білій блузці, чорному костюмі, сірих штанах (штанях), синьому піджаку, джинсах, національних українських костюмах.

13 / 7 сорочка, штани, джинси, костюм, піджак, краватка, светр, футболка, кожух, куртка, пальто, сукня, спідниця, капелюх, туфлі, черевики, кросівки, хустка, картуз, пояс, блузка, сандалії

13 / 8 класі, школі, університеті, кімнаті, ресторані, готелі, театрі, бібліотеці, музеї, парку, місті, горах, відпустці, відрядженні, Україні, Німеччині, Берліні, Києві, Криму, землі / уроці, лекції, семінарі, факультеті, верфі, стадіоні, фабриці, морі, озері, канікулах, екскурсії, концерті, балеті, опері, дискотеці, півночі, півдні, сході, заході, землі

13 / 9 на канікулах, в Одесі, на Чорному морі, в архітектурному бюро, в університеті, у відпустці, в Криму, на екскурсії, в горах, у відрядженні, в Гамбургу, в Кельні, в Німеччині, у федеральній землі, в університеті, на історичному факультеті, на опері, в театрі, на Василеві, в гарній сукні, в бібліотеці, на дискотеці, на півдні, на заході.

13 / 10 у центрі міста, по центру, у Львові, по місту, по Львову, у нашому селі, по селу

14 / 1 підручника, портфеля, школи, вулиці, трамвая, ідеї, крісла, поля, Кустаная, Берліна, Касселя, Шанхая, Сіднея, Ялти, Вінниці, Чорнобиля, Таврії, Іспанії, Закарпаття, Запоріжжя

14 / 2 стола, Фастова, Василькова, Чугуєва, Миколаєва, Бердичева, учня, кінця, січня, замка, понеділка, вівторка, півночі, речі, повені

14 / 3 Твій дядько (твоя сестра, твоя тітка, твій племінник, твій друг, твоя подруга) живе у Києві (Вінниці, Луцьку, Львові, Бердичеві, Празі)? Так. А мій дядько (моя сестра, моя тітка, мій племінник, мій друг, моя подруга) з Миколаєва (Волиці, Донецька, Харкова, Воронежа, Риги).

14 / 4 Ужгорода, Магдебурга, Скнилова, Райнбаха, Нечаєва, Василькова, Миколаєва, Донецька, Бердянська, Ханоя, Нью-Йорка, Мадрида, Нюрнберга, Роттердама, Цюриха, Шанхая

14 / 5 пана Козаченка, Юрія Шияна, Марії Іванівни, Ганни Костюк

14 / 6 Львова, Софії, музею, України

14 / 7 подруги Оксани, сина і дочки, Києва, пана Шевчука, Василя Тимошенка, семінару

14 / 8 Херсона, Харкова, понеділка, середи, центру, парку, квітня, липня

14 / 9 В Олени є брат. В Остапа є подруга. У Руслани є книжка. У Василя є підручник. У Богдана Івановича є дім.

14 / 10 нема брата (подруги, книжки, підручника, дому)

14 / 11 нема сина (дочки, друга, холодильника, машини, комп'ютера, карти, театру, дивана)

14 / 14 Чий це зошит (чия це ручка, чиє це крісло, чиє це фото, чиї це словники, чия це хата, чий це син, чиї це діти, чия це онука)? Це зошит (ручка, ...) Сергія Костенка (Галини Петренко, Івана Петровича, Марії Денисівни, Михайла і Лесі, Андрія і Софії, Сергія Хоменка, Ганни Марчук, пана Шевченка).

14 / 16 село Івана, дочка Галини, спідниця баби, капелюх діда, клас Василька, подруга Володимира, машина батька, подвір'я Петра, брат Оксани, друг Андрія, комп'ютер Марка

14 / 17 Києва, Тараса Шевченка, Львова, Івана Франка, Лесі Українки, Адама Міцкевича, Романа Шухевича, Степана Бандери, В'ячеслава Чорновола, Георгія Гонгадзе, Сергія Павловича Білозора

14 / 22 автобуса, автобуси, автобусів / жителя, жителі, жителів / стола, столи, столів / німця, німці, німців / стільця, стільці, стільців / героя, герої, героїв / кімнати, кімнати, кімнат / кухні, кухні, кухонь / ідеї, ідеї, ідей / ночі, ночі, ночей / речі, речі, речей / вікна, вікна, вікон / поля, поля, полів / завдання, завдання, завдань

14 / 23 карт, пам'ятників, учнів, вчителів, ідей, театрів і музеїв, туристів

14 / 26 два місяці, дванадцять років, три книжки, двадцять крісел, п'ять музеїв, тридцять одна таблиця, вісім журналів, сорок два стільці, п'ятдесят шість слів, сімдесят чотири метри

14 / 27 Скільки коштує журнал „Дніпро" (газета „Киянин", ...)? Він (вона, воно) коштує дві гривні дев'яносто п'ять копійок (тридцять три копійки, сорок чотири гривні двадцять копійок, тридцять п'ять гривень шістдесят дві копійки, сімдесят три гривні двадцять п'ять копійок, двадцять дві гривні дванадцять копійок, одинадцять гривень дев'яносто копійок, п'ятнадцять гривень п'ятдесят дев'ять копійок).

14 / 29 літр молока, пачка цукру (масла), кілограм рису (ковбаси), буханець хліба, скибка сиру, порція ікри, плитка шоколаду, пляшка води (вина), банка лимонаду, склянка пива (чаю), чашка кави, тарілка борщу

15 / 1 йдеш, йду, йдемо, йдете, йде, йдуть / ходиш, ходжу, ходимо, ходите, ходити / їдете, їду, їдемо, їде / їздиш, їжджу, їздить, їздите, їздимо, їздять, їздити

15 / 2 йде, ходити / ходимо, іде / іде, ходити / іде / ходить, йде / їздить, іде / їздите, їжджу, їду / їздити, їдемо, іде / їздити, їхати

15 / 3 На чому любить їздити Василь (Богдан, ...)? Він (вона) любить їздити на поїзді (пароплаві, тролейбусі, метро, велосипеді, мотоциклі, вантажівці, таксі, автомобілі, моторолері, тракторі, трамваї).

15 / 4 ходив, йшов / їздив, їхав / ходив (їздив), ходив (їздив), йшов (їхав)

15 / 5 Де була Оксана (був Василь, були Марічка і Руслана, були Олена і Максим, була Віра Петрівна, був Богдан Іванович)? У бібліотеці (супермаркеті, музеї, крамниці, театрі, кафе)? Так, вона ходила (він ходив, вони ходили) до бібліотеки (супермаркету, музею, крамниці, театру, кафе). / Де був Марко (була Христина, були Остап і Мирося, були Марійка і Наталка, була Ганна Іванівна, був Дмитро Степанович)? У Дрогобичі (Тернополі, Харкові, Луцьку, Львові, Каневі)? Так, він їздив (вона їздила, вони їздили) до Дрогобича (Тернополя, Харкова, Луцька, Львова, Канева).

15 / 6 бігаю, бігаєш, бігає, бігаємо, бігаєте, бігають / біжу, біжиш, біжить, біжимо, біжите, біжать / літаю, літаєш, літає, літаємо, літаєте, літають / лечу, летиш, летить, летимо, летите, летять / плаваю, плаваєш, плаває, плаваємо, плаваєте, плавають / пливу, пливеш, пливе, пливемо, пливете, пливуть

15 / 7 я біжу, ти пливеш, він бігає, ми летимо, вони плавають, вона літає, Ви біжите, я лечу, вони літають, ти біжиш, ми пливемо, ви летите, він пливе

15 / 8 біжить, бігає, біжить, біжить, біжить, бігати, біжить / летите, лечу, літаєте, лечу, літають, летить / плавати, плаває, пливе, плаває, плаває, плаває, пливуть

15 / 9 історичного пам'ятника, історичні пам'ятники, історичних пам'ятників / кольорової спідниці, кольорові спідниці, кольорових спідниць / традиційного свята, традиційні свята, традиційних свят / осіннього дня, осінні дні, осінніх днів / літньої сукні, літні сукні, літніх суконь / синього намиста, сині намиста, синіх намист

15 / 10 Західної України, південного Криму, великого дзеркала, географічної карти, Олени Савицької, Федора Левицького, Івана Котляревського, Ольги Кобилянської, старовинних пам'ятників, історичних музеїв

15 / 11 минулого літа, наступного року, минулої п'ятниці, минулої весни, наступної неділі, минулого тижня

15 / 12 перше березня, четверте травня, тринадцяте серпня, двадцяте грудня, двадцять третє січня, двадцять дев'яте лютого, друге червня, тридцяте вересня

15 / 13 дванадцяте квітня, двадцять п'яте липня, одинадцяте жовтня, дев'ятнадцяте листопада

15 / 14 п'ятого червня, сьомого квітня, десятого липня, п'ятнадцятого вересня, двадцять шостого жовтня, тридцятого листопада, восьмого травня, першого січня

15 / 18 мого товариша, моєї сусідки, моїх батьків / нашого вчителя, нашої вчительки, наших колег / їхньої вілли, їхнього саду, їхніх городів / твого друга, твоєї подруги, твоїх друзів / вашого учня, вашої учениці, ваших учнів

15 / 19 вашої, вашій / твоєї, твоєї, твоїй / моїй, моєї / їхньої, їхньому / моїх, моїх

16 / 1 сестру, сина, друга, племінницю, племінника, вчителя, ідею, проблему, комп'ютер, завдання, час, програму / Андрія Івановича – Ніну Борисівну, Василя Федоровича – Ганну Іллівну, Миколу Степановича – Любов Іванівну, пана вчителя – пані вчительку, пана Сергія – пані Катерину, Віктора Тимошенка – Олену Бойко / музику – літературу, історію – географію, Житомир – Львів, Ренуара – Рембрандта, Томаса Манна – Стівена Кінга, Моцарта – Бетховена, весну – літо, зиму – осінь, Крим – Карпати

16 / 2 Кого ти бачиш? Я бачу пана Степана. А ще кого? Наталку, Лесю, Христину та Марію. Що ви бачите у класі? Ми бачимо дошку, лампу, таблицю та полицію.

16 / 4 книжку – Що вона читає? / лист – Що він пише? / галерею – Що вони відвідують? / площу – Що вона оглядала? / борщ і бабку – Що подають у ресторані? / Торстена – Кого ми часто зустрічали? / літературу – Що він викладає?

16 / 5 Він вивчає германістику і філософію. Вона вивчає математику і хімію. Він вчить фонетику і граматику. Ми вчимо вірш і пісню.

16 / 6 вчу, вчиш, вчить, вчимо, вчите, вчать / вчусь, вчишся, вчиться, вчимось, вчитесь, вчаться / вивчаю, вивчаєш, вивчає, вивчаємо, вивчаєте, вивчають

!6 / 7 вчиться, вчиться, вчиває, вивчає, вчить / вчиш, вчу, вчишся, вчишся, вчусь, вчитися, вчитися, вивчати

16 / 8 у школу, на урок, на факультет, в університет, на верф, на лекцію, в кімнату, на стадіон, у готель, на фабрику, у ресторан, на море, у музей, на семінар, у місто, на екскурсію, на оперу, у відпустку, у відрядження, у парк, на балет, у театр, у бібліотеку, в Україну, в Німеччину, в Берлін, на захід, на дискотеку, в аудиторію, на озеро, у Крим, на північ, на концерт, на землю, у землю

16 / 10 За що дякує Назар (Лідія, ...)? Він (вона) дякує за словник (таблицю, касету, газету, букет, намисто). Про що думає Євген (Ганна, Дмитро, Павло)? Він (вона) думає про Донецьк (Одесу, відпустку, оперу). А про кого він (вона) думає? Про брата (сестру, сина, подругу). Про що думають Іван і Леся (діти)? Вони думають про свято (диктант). А про кого вони думають? Про маму (вчителя).

16 / 11 ношу, носить, носимо, носиш, носять, носите / несе, несете, несемо, несе, несуть, несеш, несу / вожу, возиш, вожу, возять, возите / везе, везете, везу, везуть, везуть, воджу, водимо, водите, водять / веду, веде, ведуть, ведемо, ведете

16 / 12 несеш, несу, носиш, ношу / везеш, везу, возити, возить / веде, водить, водять

16 / 14 у / в понеділок, вівторок, середу, четвер, п'ятницю, суботу, неділю

16 / 15 Я був (була) на екскурсії в понеділок. Вона була в Києві у четвер. Вони оглядали місто у п'ятницю. Вони писали диктант у вівторок. Вона ходила в кіно у неділю. Він їздив у Трускавець у середу. Я водив (водила) сина до лікаря у суботу.

16 / 16 У понеділок, 12-го листопада, Руслана була в кіно. Вона дивилася фільм „Титанік". Потім вона ходила в кафе „Пінгвін". У вівторок, 13-го листопада, Руслана була в бібліотеці, а потім у басейні. У середу, 14-го листопада, вона була в картинній галереї і гуляла по місту. У четвер, 15-го листопада, Руслана ходила в лікарню до Оксани, а потім вона була у Василя і робила там домашнє завдання. У п'ятницю, 16-го листопада, Руслана ходила у супермаркет та в універмаг, а потім відпочивала в парку. У суботу, 17-го листопада, вона була в театрі. Там вона дивилась оперу „Аїда". Потім вона ходила в кафе „Київ". У неділю, 18-го листопада, Руслана була в школі № 5 на концерті і на дискотеці.

16 / 18 історію, музеї, театри, жителів міста / увагу, квіти, подарунки, книжки / роботу, колег, сусідів, сусідок / поля, ліси, гори, міста / пам'ятники, гідів, туристів, туристок / українців, поляків, італійців

16 / 19 Я вивчаю українську мову. Торстен дякує за вишиту сорочку. У місті ми бачили німецьких туристів. На семінарі вони розмовляли про відомого німецького поета. Денис любить слухати українську народну музику. Марічка читає німецьку газету. Автобус їхав через мальовничі українські села. Я маю відпустку з понеділка по наступну п'ятницю. Ганна Іванівна викладає англійську мову. У Берліні ми деколи зустрічали українських студентів і студенток.
16 / 20 Чотирнадцята година десять хвилин – десять на третю, п'ятнадцята година п'ятнадцять хвилин – чверть на четверту, шістнадцята година двадцять хвилин – двадцять на п'яту, сімнадцята година тридцять хвилин – пів на шосту, вісімнадцята година сорок хвилин – за двадцять сьома, двадцята година сорок п'ять хвилин – за чверть дев'ята, двадцять перша година п'ятдесят хвилин – за десять десята, двадцять третя година п'ятдесят п'ять хвилин – за п'ять дванадцята
16 / 21 6.20 (18.20), 11.50 (23.50), 0.10 (12.10), 10.45 (22.45), 5.20 (17.20), 1.55 (13.55), 3.30 (15.30), 2.45 (14.45), 8.30 (20.30)
16 / 22 об одинадцятій годині десять хвилин – десять на дванадцяту, о дванадцятій годині п'ятнадцять хвилин – чверть на першу, о чотирнадцятій годині двадцять хвилин – двадцять на третю, о п'ятнадцятій годині тридцять хвилин – пів на четверту, о сімнадцятій годині сорок хвилин – за двадцять шоста, о двадцять першій годині сорок п'ять хвилин – за чверть десята, о двадцять другій годині п'ятдесят хвилин – за десять одинадцята, о двадцять третій годині п'ятдесят п'ять хвилин – за п'ять дванадцята
16 / 23 встаю, встаєш, встає, встаємо, встаєте, встають, / миюсь, миєшся, миється, миємось, миєтесь, миються / голюсь, голишся, голиться, голимось, голитесь, голяться / чищу, чистиш, чистить, чистимо, чистите, чистять / приймаю, приймаєш, приймає, приймаємо, приймаєте, приймають / одягаюсь, одягаєшся, одягається, одягаємось, одягаєтесь, одягаються
16 / 24 встаєте, встаю, встає / приймаєте, приймаю, приймає / миється, миються / одягається
16 / 25 Іван встає о шостій годині. О шостій годині п'ять хвилин він миється, чистить зуби, голиться, приймає душ, а о шостій годині двадцять п'ять хвилин він одягається. О шостій годині тридцять хвилин він снідає, а о шостій сорок п'ять він іде (їде) на роботу. Іван обідає об одинадцятій годині тридцять хвилин, а о сімнадцятій годині він іде (їде) додому. Тут він о вісімнадцятій годині вечеряє, о дев'ятнадцятій годині відпочиває, дивиться телевізор, читає газети, а о двадцять другій годині йде спати.
16 / 27 мого сина, мою дочку, моїх друзів, нашого викладача, нашу вчительку, наших колег, їхнього брата, їхню сестру, їхніх батьків, твій комп'ютер, вашу квартиру, їхнє місто
16 / 28 Вашого сина, Вашу дочку, Вашу дружину, Вашого чоловіка, Ваше здоров'я, Ваше щастя, Вашу кар'єру, твого батька, твою сестру, твого брата, твоїх дітей, твоїх батьків, нашого іменинника, нашу іменинницю, нашого господаря, нашу господиню, наших дорогих гостей, нашу дружбу, нашу зустріч
16 / 29 наш дім, нашу хату, нашу вітальню / Ваш подарунок, Вашу допомогу, Ваші чудові квіти / нашого друга, нашу вчительку, наших колег / мого сина, мою дочку, моїх дітей / нашого сусіда, нашу сусідку, наших сусідів / їхні проблеми, їхніх учнів, їхню роботу / твого чоловіка, твою сестру, твоїх батьків / Ваших студентів, Вашу студентку, Вашого колегу
17 / 1 його, її, їх, мене, тебе, нас, Вас
17 / 2 Як її звуть? Її звуть Руслана. Як його звуть? Його звуть Олександр. Як мене звуть? Тебе звуть Тарас. Як тебе звуть? Мене звуть Андрій. Як їх звуть? Їх звуть Олег і Ганна. Як Вас звуть? Мене звуть Богдан Іванович. Як вас звуть? Нас звуть Василь і Леся. Як її звуть? Її звуть Віра Ткач.
17 / 3 Як звуть вашого сусіда (Вашу сусідку, твого сина, твою дружину, нашого викладача, їхнього вихователя)? Його (її) звуть Степан Михайлович, ...
17 / 6 для тебе, про нього, біля неї, для мене, для Вас, про них, крім нас
17 / 7 від неї, біля них, про нього, навпроти неї, про неї, крім них

17 / 8 У мене є подруга. У неї (є) гарний дім. У нас є сад. У мене є маленька племінниця. У тебе (є) добрий вчитель. У нього (є) гарна дружина. У неї (є) велика родина. У нас (є) нова вчителька. У вас (є) затишна квартира. У них канікули.

17 / 9 Я маю подругу. Вона має гарний дім. Ми маємо сад. Я маю маленьку племінницю. Ти маєш доброго вчителя. Він має гарну дружину. Вона має велику родину. Ми маємо нову вчительку. Ви маєте затишну квартиру. Вони мають канікули.

17 / 11 У мене висока температура. У Тараса грип. В Оксани ангіна. У Наталки кашель. В Андрія нежить. У Василя застуда. У Марійки гарячка.

17 / 12 Що болить у Василя (Галини, Степана, Омелька, Федора, Марії, Олеся, Богдана Івановича, Віри Петрівни)? У нього (у неї) болить зуб, ...

17 / 14 у неї поганий вигляд, у неї здоровий вигляд, у нього щасливий вигляд, у нього нездоровий вигляд, у неї хворий вигляд, у нього чудовий вигляд

17 / 15 у неї завтра екзамени, вона має відпустку, у нього завтра весілля, він бачив сьогодні Руслану

17 / 16 хоче, мусить, може, має, хочемо, мусить, можуть, маю, хочете, мушу

18 / 1 трактора, трактору, трактор, тракторі / стола, столу, стіл, столі / інженера, інженерові, інженера, інженерові / готелю, готелю, готель, готелі / учителя, учителеві, учителя, учителеві / музею, музею, музей, музеї / героя, героєві, героя, героєві / школи, школі, школу, школі / стюардеси, стюардесі, стюардесу, стюардесі / таблиці, таблиці, таблицю, таблиці / історії, історії, історію, історії / подорожі, подорожі, подорож, подорожі / села, селу, село, селі / поля, полю, поле, полі / прізвища, прізвищу, прізвище, прізвищі / завдання, завданню, завдання, завданні

18 / 2 Кому Микола дає книжку? Він дає її синові. Кому Тетяна дає сумку? Вона дає її дочці. Кому Галина дає каву? Вона дає її тітці. Кому учні дають зошити? Вони дають їх учителеві. Кому секретар дає план? Він дає його колезі. Кому медсестра дає ручку? Вона дає її лікареві. Кому Іван дає словник? Він дає його Василеві. Кому Олена дає хустину? Вона дає її Марії. Кому діти дають листи? Вони дають їх учительці. / Кому перекладач дарує фотоальбом? Лідії? Ні, ... / Кому пані Софія дарує картину? Панові Остапу? Ні, ... / Кому Богдан дарує портфель? Юркові Марчуку? Ні, ... / Кому Іван Семенович дарує радіо? Петрові Івановичу? Ні, ... / Кому Ганна Іванівна дарує сувенір? Томасові Мюллеру? Ні, ... / Кому пан Поліщак дарує квіти? Юліані Штайнер? Ні, ...

18 / 3 братові – Кому він пише лист? / дочці – Кому він бажає приємної подорожі? / дружині – Кому він купує намисто? / Руслані – Кому вона показує фотографії? / Василеві – Кому вона допомагає перекладати текст? / Оксані – Кому він дякує за подарунок?

18 / 4 Богданові треба готуватися до екзамену. Марійці треба купувати різдвяні подарунки. Сергієві треба займатися спортом. Наталії треба одягатися. Галі треба везти сина до школи. Григорієві треба голитися.

18 / 5 треба, треба було, треба буде, треба було, треба, треба буде

18 / 6 Тарасові можна їхати у відпустку. Учневі можна йти на перерву. Василеві можна відпочивати. Іванці можна дивитися телевізор. Катрусі можна гуляти в парку. Андрієві можна все їсти.

18 / 7 Тут можна сидіти (працювати, купатися, телефонувати, фотографувати, розмовляти, дивитися телевізор, слухати радіо)?

18 / 8 Олені треба ..., Тарасові можна ..., Руслані треба ..., Андрієві треба ..., Василеві можна ..., Марічці треба ..., Наталці треба ..., Іванові вже можна ..., Степанові треба ..., Марії треба ...

18 / 9 Ользі, Марійці та Софії / Борисові, Павлові, Ганні, Наталці / Тарасові Шевченку, Іванові Франку, В'ячеславові Чорноволу, Степанові Бандері, Лесі Українці, Іванові Федорову, Адамові Міцкевичу

Lösungen der Aufgaben 303

18 / 10 трактори́, тракторі́в, тра́кторам, трактори́, трактора́х / столи́, столі́в, стола́м, столи́, стола́х / інжене́ри, інженері́в, інжене́рам, інженері́в, інжене́рах / готе́лі, готе́лів, готе́лям, готе́лі, готе́лях / учителі́, учителі́в, учителя́м, учителі́в, учителя́х / музе́ї, музе́їв, музе́ям, музе́ї, музе́ях / геро́ї, геро́їв, геро́ям, геро́їв, геро́ях / шко́ли, шкіл, шко́лам, шко́ли, шко́лах / стюарде́си, стюарде́с, стюарде́сам, стюарде́с, стюарде́сах / табли́ці, табли́ць, табли́цям, табли́ці, табли́цях / істо́рії, істо́рій, істо́ріям, істо́рії, істо́ріях / подоро́жі, подоро́жей, подоро́жам, подоро́жі, подоро́жах / се́ла, сіл, се́лам, се́ла, се́лах / поля́, полі́в, поля́м, поля́, поля́х / прі́звища, прі́звищ, прі́звищам, прі́звища, прі́звищах / завда́ння, завда́нь, завда́нням, завда́ння, завда́ннях
18 / 11 ону́кам, вчителькам, практика́нтам, коле́гам, службо́вцям, тури́стам
18 / 12 че́ській кома́нді, німе́цьким футболі́стам, францу́зьким спортсме́нам, дворі́дному бра́тові, мале́нькій дочці́, украї́нським службо́вцям, інозе́мним тури́стам, німе́цькому дру́гові, старі́й сусі́дці, молоди́м арти́стам
18 / 13 німе́цькому студе́нтові, німе́цькій студе́нтці, німе́цьким тури́стам, украї́нському профе́сорові, украї́нській вчительці́, украї́нським лі́карям
18 / 14 моє́му ба́тькові, мої́й сестрі́, моє́му дру́гові, моє́му си́нові і мої́й дочці́, Ва́шим пла́нам, твої́й допомо́зі, твоє́му дру́гові, Ва́шим студе́нтам, ї́хнім виклада́чам, моі́м коле́гам
18 / 15 мій стіл, мого́ стола́, моє́му столу́, мій стіл, мої́ столи́, мої́х столі́в, мої́м стола́м, мої столи́, мої́х стола́х / моя́ кімна́та, моє́ї кімна́ти, мої́й кімна́ті, мою́ кімна́ту, мої́й кімна́ті, мої́ кімна́ти, мої́х кімна́т, мої́м кімна́там, мої́ кімна́ти, мої́х кімна́тах / моє́ крі́сло, мого́ крі́сла, моє́му крі́слу, моє́ крі́сло, моє́му крі́слі, мої́ крі́сла, мої́х крі́сел, мої́м крі́слам, мої́ крі́сла, мої́х крі́слах
18 / 16 Яки́й вид спо́рту подо́бається твої́й сестрі́ (твоє́му си́нові, твої́й дочці́, твоє́му ба́тькові, твоє́му дя́дькові, твої́й ті́тці, твої́м дру́зям, твої́м сусі́дам)? Мої́й сестрі́ (моє́му си́нові, мої́й дочці́, моє́му ба́тькові, моє́му дя́дькові, мої́й ті́тці, мої́м дру́зям, мої́м сусі́дам) подо́бається волейбо́л, ... (подо́баються автоперего́ни)
19 / 4 диви́лися, подиви́лися / вивча́в, вчив / роби́в, зроби́в (роби́ла, зроби́ла) / обі́дала, пообі́дала / слу́хав, прослу́хав / подо́балась, сподо́бався
19 / 5 чита́тиму, прочита́ю / роби́тимеш, зроблю́ / сні́датимеш, посні́даю / ба́читимете, поба́чите / малюва́тимеш, намалю́ю
19 / 6 прихо́джу, прихо́диш, прихо́дить, прихо́димо, прихо́дите, прихо́дять / прийду́, при́йдеш, при́йде, при́йдемо, при́йдете, при́йдуть / приї́жджу, приї́здиш, приї́здить, приї́здимо, приї́здите, приї́здять / приїжджа́ю, приїжджа́єш, приїжджа́є, приїжджа́ємо, приїжджа́єте, приїжджа́ють / приї́ду, приї́деш, приї́де, приї́демо, приї́дете, приї́дуть / прино́шу, прино́сиш, прино́сить, прино́симо, прино́сите, прино́сять / принесу́, принесе́ш, принесе́, принесемо́, принесете́, принесу́ть
19 / 7 прихо́дить, прийшо́в, при́йде / приїжджа́є, приї́хав, приї́де / прино́сить, принесла́, принесе́
19 / 8 йдеш, піду́, пішо́в / і́дете, пої́ду, пої́хав / біжи́ш, біжу́, побі́г / несе́ш, несу́, поні́с, понесе́
19 / 11 йдеш, йду, ходи́ти, пі́ти, ходи́ти, піду́ / ї́здив, пої́ду, і́деш, і́ду, пої́хала, ї́здимо, ї́жджу, і́хати (ї́здити)
19 / 12 uv: пока́зувати, сіда́ти, перемага́ти, запере́чувати, подава́ти, запи́сувати, запи́тувати, розповіда́ти, прига́дувати, одяга́тися, закі́нчувати, продо́вжувати, заступа́тися / v: показа́ти, сі́сти, перемогти́, запере́чити, пода́ти, записа́ти, запита́ти, розповісти́, пригада́ти, одягну́тися, закі́нчити, продо́вжити, заступи́тися
19 / 14 зустріча́ю, зустрі́в, зустрі́ну / відпочива́ли, відпочи́ли, відпочива́тимемо, відпочи́немо / почина́є, поча́в, почне́ / огля́дала, огляну́ла, огляда́є, огля́не / купу́ю, купи́в (купи́ла), купува́тимеш, куплю́ / перекла́даєш, переклада́ю, перекла́в (перекла́ла), перекла́в (перекла́ла), перекла́в (перекла́ла), перекладу́ / сіда́ють, сіда́є, сів, сів, ся́ду
19 / 16 беру́, бере́ш, бере́, беремо́, берете́, беру́ть / візьму́, ві́зьмеш, ві́зьме, ві́зьмемо, ві́зьмете, ві́зьмуть / говорю́, гово́риш, гово́рить, гово́римо, гово́рите, гово́рять / скажу́, ска́жеш, ска́же, ска́жемо, ска́жете, ска́жуть

19 / 17 береш (візьмеш), беру (візьму), взяв, візьму, беремо / говорить, говорить, сказав, сказав
19 / 18 оглядали, оглянули / відвідали, відвідували / зустрів, зустрічав / побачила, бачила / дякував, подякував / починає, почав / відпочивав, відпочив / купувати, купити / фотографувати, сфотографувати / перекладатиму, перекладу, перекладатиму
19 / 19 Скільки років Денисові (Романові, Сергієві, Ніні, Марії, Наталці, твоєму батькові, вашому дідові, нашій тітці, його дітям, її онукам, їхнім колегам)? Йому (їй, їм) двадцять років (двадцять два роки, дванадцять років, тридцять п'ять років, сорок один рік, сімнадцять років, п'ятдесят шість років, вісімдесят років, шістдесят три роки, два і чотири роки, п'ять і вісім років, тридцять і тридцять п'ять років).
19 / 21 йому, мені, Вам, їй, їм, тобі, нам, Вам
19 / 22 Вірі Петрівні, рідним та друзям, їй, дочці Юлії, синові Максу, йому, Віриній сестрі Оксані, племінникові Василю, Павлові, племінниці Лесі, батькам, колишній сусідці і подрузі Іванні, Юлії, Максові, старому приятелеві Богдану Івановичу, йому, йому, чоловікові, Рольфові, йому, йому
19 / 24 Мені потрібен новий підручник (новий комп'ютер, великий телевізор). Мені потрібне зимове пальто. Мені потрібна тепла куртка. Мені потрібні нові кросівки (гарні штани). Моїй подрузі потрібна нова сукня. Моїй колезі потрібен маленький холодильник. Моєму сусідові потрібна велика машина.
19 / 25 потрібна, потрібно, потрібні, потрібен, потрібно, потрібні, потрібен, потрібна, потрібно, потрібно
19 / 26 Що на тобі? На мені український костюм. Що на мені? На тобі військова форма. Що на нас? На вас теплі речі. Що на Вас? На мені гарна сукня. Що на ній? На ній довга спідниця. Що на них? На них святкові костюми.
19 / 27 ньому, ній, ньому, ній, них, ньому, них, ній
19 / 28 Хто брав участь у конференції (у демонстрації, у змаганнях, у чемпіонаті, в Олімпійських іграх, в автогонках)? У ній (у ньому, у них) брав участь (брали участь) …
20 / 1 адвокатом, Василем, Андрієм, перекладачем, Іваном Петровичем, учнем, груднем, пекарем, українцем, борщем, подругою, бабусею, Марією Петрівною, кухнею, піччю, медаллю, осінню, подорожжю, вежею, вулицею, містом, полем, життям, весіллям
20 / 2 Чим Олена (Олег, …) їздить на роботу? Вона (він) їздить трамваєм (метро, тролейбусом, велосипедом, мотоциклом, трактором).
20 / 3 Ким працює Борис (Степан, …)? Він (вона) працює журналістом (слюсарем, лікарем, адвокатом, водієм, медсестрою).
20 / 5 Магдебург є центром федеральної землі. Андрій є вчителем музичної школи. Олена є редактором газети „Час". Павло є братом Михайла Петровича. Ірина Іванівна та Федір Борисович є батьками мого колеги. Ніна та Леонід є друзями моїх сусідів.
20 / 6 Чим займається Федір (Юлія, Олівер, Наталка)? Він (вона) займається плаванням (гімнастикою, футболом, аеробікою). Чим займаються Ніна та Олена (Володимир і Віталій)? Вони займаються волейболом (боксом). / Чим цікавиться Рольф (Марко, Софія)? Він (вона) цікавиться технікою (історією, архітектурою). Чим цікавляться Теодор і Костянтин (Семен і Остап, учні)? Вони цікавляться теологією (балетом, географією).
20 / 8 над столом, за музеєм, між стадіоном і філармонією, під портфелем, між Польщею і Росією, перед аудиторією, за Львовом, під Києвом, за Вінницею
20 / 9 перед відпусткою, перед днем народження, перед обідом, перед семінаром, перед прийомом, між вівторком і п'ятницею, між вереснем і січнем
20 / 10 З ким працює Рольф? Він працює з Марією. З ким живе Катерина? Вона живе з сестрою. З ким Віктор іде в кіно? Він іде в кіно з Андрієм. З ким Галина іде в Крим? Вона іде в Крим з чоловіком. З ким Іванка ходить у театр? Вона ходить у театр з другом. З ким Борис вечеряє в ресторані? Він вечеряє в ресторані з Оксаною. З ким Мирослава готує сніданок? Вона готує сніданок з сином. З ким вчиться Марко? Він вчиться з Василем. З ким Юлія їздить у відпустку? Вона їздить у відпустку з Клавдією. З ким батько дивиться телевізор? Він дивиться телевізор з дочкою.

Lösungen der Aufgaben

20 / 11 Ми з дружиною були влітку в Карпатах. Ми з чоловіком будемо наступного року відпочивати в Криму. Ми з батьком ходили вчора в кіно. Остап з Оленою – студенти. Ми з Оксаною давно не бачились. Андрій з Василем – добрі друзі. Ми з Марією щодня займаємось спортом.

20 / 12 З чим Тарас їсть хліб? З маслом. З чим мама готує вареники? З сиром. З чим Галя любить канапки? З шинкою. З чим я п'ю чай? З цукром і лимоном. З чим ми їмо борщ? З хлібом і часником. З чим Юрко взяв картоплю? З м'ясом і салатом.

20 / 14 зі святом, з Різдвом, з Великоднем, з весіллям, з хрестинами, з новосіллям, з днем народження, з Днем Незалежності

20 / 15 юристом, юристи, юристами / вихователем, вихователі, вихователями / товаришем, товариші, товаришами / музеєм, музеї, музеями / школою, школи, школами / вулицею, вулиці, вулицями / тещею, тещі, тещами / лекцією, лекції, лекціями / піччю, печі, печами / медаллю, медалі, медалями / озером, озера, озерами / полем, поля, полями

20 / 16 Мої друзі були студентами, а стали вчителями. Мої брати були асистентами, а стали лікарями. Мої сусіди були солдатами, а стали офіцерами. Степан і Наталка були перекладачами, а стали викладачами. Ніна та Галя були прибиральницями, а стали співачками. Леся і Настя були домогосподарками, а стали стюардесами.

20 / 17 горами та озерами, полями та лісами, морями та ріками, містами і селами

20 / 18 Макс (Василь, ...) добре розмовляє англійською (німецькою, польською, французькою, російською, італійською, іспанською, чеською, турецькою) мовою.

20 / 20 українським обідом, свіжими овочами, молодою капустою і картоплею, морквою та буряком, зеленою петрушкою та цибулею, свіжим часником, сметаною та пампушками, товченою картоплею і свіжим сиром, яблуками або вишнями, сметаною, медом, цукром, підливкою, рисом, маком і родзинками, задоволенням

20 / 21 Що ви їсте? Я їм канапку, а він (вона) їсть салат. А вони що їдять? Він їсть сало, а вона їсть шинку. Що ти їси на сніданок? Булку або рогалик. А ми їмо на сніданок канапки. Що ти п'єш на сніданок? Я п'ю каву. А ми п'ємо чай. Вони п'ють сік, а Ви п'єте воду? Так, я завжди п'ю воду, коли хочу пити.

20 / 22 На сніданок я їм канапки з маслом і ковбасою і п'ю чай з лимоном. Іван їсть на сніданок булку з сиром або рогалик і п'є каву з молоком. А мої діти їдять на сніданок білий хліб з медом або з повидлом. Що ви їсте на обід? На обід ми їмо картоплю з м'ясом і підливою. А що ви п'єте на обід? Ми п'ємо кисіль. Я люблю їсти на перше борщ з пампушками. На друге я часто їм вареники з сиром і сметаною. На десерт ми їмо солодку бабку з яблуками і п'ємо узвар. На підвечірок вони п'ють каву з цукром і їдять солодкий пиріг з вершками. На вечерю Остап їсть чорний хліб з шинкою або салом і п'є пиво.

20 / 24 їси, їм, їсть, їсть, їсти, їмо / даси, дам, дати, дали, дамо / відповім, відповіси, відповімо

20 / 25 їсти, їла, з'їв, з'їв, їв, з'їла / дати, даю, дам / продаєш, продаю, продала, продам, продаси / відповідають, відповів, відповість / розповідав (розповідала), розповідав (розповідала), розповів (розповіла), розповів (розповіла), розповім

20 / 26 поїм, поїси, поїсть, поїмо, поїсте, поїдять / наїмся, наїсися, наїсться, наїмося, наїстеся, наїдяться / продам, продаси, продасть, продамо, продасте, продадуть / розповім, розповіси, розповість, розповімо, розповісте, розповідять

20 / 27 я відповім, ти розповіси, він дасть, ми продамо, ви наїстеся, вони відповідять, я розповім, ти даси, він продасть, ми наїмося, ви відповісте, вони дадуть

20 / 28 Перед нашим університетом. За вашим будинком. Між їхнім гаражем і вашим городом. За їхньою аудиторією. Під твоїм ліжком. За нашою верф'ю. Перед їхнім весіллям.

21 / 2 Після прес-конференції Тарас пішов додому. Додому він прийшов о 9-ій годині. Учень зайшов до класу. Він підійшов до стола, взяв підручник і відійшов від стола. Потім він вийшов з класу. По дорозі друзі зайшли у ресторан. Там вони повечеряли. Після вечері вони вийшли з ресторану, перейшли через дорогу і пройшли через парк. О 10-ій годині вони розійшлися.

21 / 3 приїхали, виїхали, під'їхали, доїхали, в'їхали, проїхали, об'їхали, з'їхали, від'їхали, переїхали, роз'їхалися, заїхав

21 / 6 об'є́кт, об'ї́зд, о́бмін, обсервато́рія, комп'ю́тер, В'єтна́м, святи́й, прем'є́ра, різдвя́ний, кон'юнкту́ра, буря́к, пан'євро́пейський, суб'є́кт, Вюртембе́рг, ін'є́кція, мю́зикл, бюрокра́т, п'я́тниця, дев'ятна́дцять

21 / 7 мно́ю, тобо́ю, не́ю, ним, на́ми, ни́ми, Ва́ми

21 / 8 пе́ред ни́ми, пе́ред не́ю, за ним, за ним, між ни́ми, з не́ю, з ним, не́ю, ним, з ни́ми

21 / 9 з викладаче́м – з ним, з гру́пою – з не́ю, з берлі́нськими коле́гами – з ни́ми, з Ві́рою Петрі́вною – з не́ю, з Андрі́єм та Марі́йкою – з ни́ми

21 / 10 коле́гою, не́ю, викладача́ми, Ки́ївським університе́том, рі́зними ки́ївськими шко́лами, ни́ми, літако́м, працівнико́м, ва́нною, туале́том, телефо́ном і телеві́зором, вели́кими зати́шними номера́ми, чудо́вим рестора́ном і ба́ром, приє́мним персона́лом, старови́нним па́рком, ста́нцією метро́ і міськи́м драмати́чним теа́тром, украї́нськими вчителя́ми, доце́нтами та професора́ми, стари́ми знайо́мими та дру́зями, украї́нською істо́рією та культу́рою, украї́нською класи́чною о́перою, Дуна́єм, батька́ми, сестро́ю Окса́ною, її́ чолові́ком Степа́ном, племі́нником Васи́лем, племі́нницею Ле́сею, по́другою Іва́нною, стари́м прия́телем Богда́ном Іва́новичем, коли́шніми однокла́сниками, ни́ми, не́ю

22 / 1 б пої́хав (пої́хав би), б відві́дав (відві́дав би), б купи́в (купи́в би)

22 / 2 працюва́ли б, диви́лися б, слу́хали б, чита́ли б, розмовля́ли б, ходи́ли б, вчи́лися б, зна́ти б

22 / 3 щоб Русла́на сиді́ла бі́ля ньо́го / щоб вона́ подзвони́ла Іва́нні / щоб вони́ переклада́ли текст / щоб Макс допомага́в їй роби́ти дома́шнє завда́ння / щоб вони́ займа́ли місця́ / щоб вони́ йшли до ви́ходу / щоб Ві́ра приї́хала до Льво́ва / щоб його́ працівники́ взяли́ у́часть у конфере́нції / щоб вони́ чека́ли на ньо́го бі́ля вхо́ду

22 / 5 стола́, стільця́, ша́фи, поли́ці, і кри́сла / стіл, стіле́ць, ша́фу, поли́цю і кри́сло / столо́м, стільце́м, ша́фою, поли́цею і кри́слом / столі́, стільці́, ша́фі, поли́ці і кри́слі / дива́ни, столи́, стільці́, ша́фи, поли́ці і кри́сла / дива́нів, столі́в, стільці́в, шаф, поли́ць і кри́сел / дива́ни, столи́, стільці́, ша́фи, поли́ці і кри́сла / дива́нами, стола́ми, стільця́ми, ша́фами, поли́цями і кри́слами / дива́нах, стола́х, стільця́х, ша́фах, поли́цях, і кри́слах.

22 / 6 Іва́на, Окса́ни, Васи́ля, Га́лі, Андрі́я та Марі́ї / Іва́нові, Окса́ні, Васи́леві, Га́лі, Андрі́єві та Марі́ї / Іва́на, Окса́ну, Васи́ля, Га́лю, Андрі́я та Марі́ю / Іва́ном, Окса́ною, Васи́лем, Га́лею, Андрі́єм та Марі́єю / Іва́нові, Окса́ні, Васи́леві, Га́лі, Андрі́єві та Марі́ї / Іва́не, Окса́но, Васи́лю, Га́лю, Андрі́ю та Марі́є

22 / 7 Іва́на Степа́новича й Оле́ни Макси́мівни, па́на Гнатю́ка і па́ні Тарасю́к, дя́дька Семе́на і ті́тки Соломі́ї, Васи́леві Савчуку́ і Марі́йці Га́лик, Заха́рові Петро́вичу й Окса́ні Микола́ївні, па́нові Шевче́нку і па́ні Левче́нко, дру́га Мико́лу і його́ по́другу Га́лю, Анато́лія Бори́совича і Катери́ну Григо́рівну, па́на Олексі́я і па́ні Лі́дію, ді́дом Оста́пом і ба́бою Горпи́ною, Григо́рієм Лавриненко́м і Мирославою Бі́лик, Моні́кою Лі́мбах і Жанне́т Кра́узе, Ві́кторові, Ма́ркові, Сергі́єві та Васи́леві, Га́нні, Ле́сі, Марі́йці та Да́рії, бра́те, дру́же, коле́го, ю́наче, хло́пчику, ма́мо, се́стро, бабу́сю, племі́ннице, Семе́не, Фе́доре, Сергі́ю, Ма́рку, Па́вле, Мико́ло, Ната́лко, Уля́но, На́стю, Га́лю, Соломі́є

22 / 8 днів і ноче́й / музе́їв, па́м'ятників, мості́в / карт, табли́ць і фотогра́фій / слів і пра́вил / украї́нців, ні́мців, францу́зів і поля́ків

22 / 9 теа́тром і філармо́нією, заво́дом і ве́рф'ю, приє́мністю, подоро́жжю, това́ришем, зе́ленню, консервато́рією, полюва́нням, любо́в'ю, Терно́полем, Украї́ною, По́льщею і Че́хією

22 / 10 в теа́тр – теа́трі, в готе́ль – готе́лі, в крамни́цю – крамни́ці, в о́фіс – о́фісі, на фа́брику – фа́бриці, в філармо́нію – філармо́нії, в книга́рню – книга́рні, в бібліоте́ку – бібліоте́ці, в музе́й – музе́ї, на верф – ве́рфі, в універма́г – універма́зі, в міністе́рство – міністе́рстві, на ста́нцію – ста́нції, в банк – ба́нку, в суперма́ркет – суперма́ркеті / в Жито́мир – Жито́мирі, в Ко́вель – Ко́велі, в Луцьк – Лу́цьку, в Ві́нницю – Ві́нниці, в Ри́гу – Ри́зі, в Ка́ховку – Ка́ховці, в Макі́ївку – Макі́ївці, у Львів – Льво́ві, в Я́ворів – Я́ворові, в Ки́їв – Ки́єві, в Кишині́в – Кишине́ві, в Во́роніж – Во́ронежі, в Німе́ччину – Німе́ччині, в А́встрію – А́встрії, в По́льщу – По́льщі

Lösungen der Aufgaben

22 / 11 Полта́ви, Полта́ву, Полта́ві / Гаа́ги, Гаа́гу, Гаа́зі / Ню́рнберга, Ню́рнберг, Ню́рнбергу / Го́рлівки, Го́рлівку, Го́рлівці / Фа́стова, Фа́стів, Фа́стові / Микола́єва, Микола́їв, Микола́єві / Берди́чева, Берди́чів, Берди́чеві / Луга́нська, Луга́нськ, Луга́нську / Чернівці́в, Чернівці́, Чернівця́х / Га́мбурга, Га́мбург, Га́мбургу / Фра́нції, Фра́нцію, Фра́нції / Німе́ччини, Німе́ччину, Німе́ччині

22 / 12 у дя́дька в Дре́здені, у ті́тки в Дмитрі́вці, у сестри́ в Су́мах, у по́други в Пра́зі, у бабу́сі в Василько́ві, у бра́та в Черні́гові, у коле́ги в Нау́мбургу, у ба́тька в Нью-Йо́рку, у си́на в Черка́сах

22 / 13 журна́л – журна́лом, газе́ту – газе́тою, табли́цю – табли́цею, портфе́ль – портфе́лем, фо́лію – фо́лією, стіле́ць – стільце́м, зо́шити – зо́шитами, кві́ти – кві́тами

23 / 1 слу́хай – слу́хайте, готу́йся – готу́йтесь, почина́й – почина́йте, вари́ – варі́ть, іди́ – іді́ть, бери́ – бері́ть, візьми́ – візьмі́ть, покажи́ – покажі́ть, сядь – ся́дьте, стань – ста́ньте

23 / 2 слу́хаймо, послу́хаймо, готу́ймось, почина́ймо, сіда́ймо, ся́дьмо, встава́ймо, вста́ньмо, купа́ймось

23 / 3 сніда́ймо (дава́й сні́дати) / поснідаємо (дава́й поснідаємо) ра́зом, огляда́ймо (дава́й огляда́ти) / огля́ньмо (огля́немо, дава́й огля́немо) мі́сто, диві́мось (дава́й диви́тися) / подиві́мось (дава́й подиви́мось) фільм, сіда́ймо (дава́й сіда́ти) / ся́дьмо (ся́демо, дава́й ся́демо) за стіл, чита́ймо, (дава́й чита́ти) / почита́ємо (дава́й почита́ємо) газе́ту, пиймо́ (дава́й пи́ти) / ви́п'ємо (дава́й ви́п'ємо) за дру́жбу

23 / 4 Неха́й Іва́н іде́ додо́му! Хай Оле́на ку́пить подару́нок! Хай Ві́ра лети́ть до Ки́єва! Неха́й відві́дає сестру́ у Льво́ві! Хай учні пи́шуть дикта́нт! Хай переклада́ють текст!

23 / 8 Чо́рного мо́ря, Карпа́тських гір, туристи́чним авто́бусом, інозе́мним студе́нтам, німе́цьким пересе́ленцям, по́льській столи́ці, старо́го при́ятеля, коли́шніх коле́г, Атланти́чним океа́ном, Середзе́мним мо́рем, рі́зними острова́ми, ву́лицею Льві́вською, Га́лицьким проспе́ктом, висо́кому ліси́стому бе́резі, мале́нькому зати́шному місте́чку, півні́чній А́нглії

23 / 9 на роди́нному свя́ті – Де ми були́? На яко́му свя́ті? / в старови́нному за́мку – Де було́ свя́то? В яко́му за́мку? / недале́ко від мале́нького села́ – Де знахо́диться за́мок? Недале́ко від яко́го села́? / істори́чною літерату́рою – Чим він ціка́виться? Яко́ю літерату́рою? / украї́нською мо́вою – Як ми розмовля́ли? Яко́ю мо́вою? / інозе́мним тури́стам – Кому́ сподо́бався Хреща́тик? Яки́м тури́стам? / на конди́терській фа́бриці – Де працю́є Фе́дір? На які́й фа́бриці? / за актуа́льну інформа́цію – За що він подя́кував? За яку́ інформа́цію? / украї́нським літако́м – Чим вона́ полеті́ла до Ки́єва? Яки́м літако́м? / з ха́рківськими арти́стами – З ким вони́ познайо́милсь? З яки́ми арти́стами? / недале́ко від Кри́мських гір – Де ми відпочива́ли? Недале́ко від яки́х гір?

23 / 10 Ки́їв – ду́же старе́ мі́сто. Мале́нький пам'ятник у це́нтрі мі́ста був до́сить стари́й. Украї́нські стра́ви були́ ду́же смачні́. Нови́й буди́нок ліво́руч був ду́же висо́кий. Посере́дині стоя́в вели́кий стіл. Стіл був бі́лий. Книжко́ва ша́фа була́ ду́же га́рна.

23 / 11 два німе́цьких підру́чники, двана́дцять стари́х міст, шість америка́нських фі́льмів, три ціка́ві кни́жки, два́дцять м'яки́х сті́льців, сім уча́рашніх газе́т, п'ять широ́ких ві́кон, чоти́ри мобі́льних телефо́ни, дві ви́шиті соро́чки, де́сять лі́тніх днів, одина́дцять нови́х слів, два висо́ких буди́нки

24 / 1 гарні́ший, найгарні́ший, тепло́ша, найтеплі́ша, холодні́ше, найхолодні́ше, зеле́ніші, найзелені́ші, червоні́ший, найчервоні́ший, гарячі́ша, найгарячі́ша, веселі́ше, найвеселі́ше, сумні́ші, найсумні́ші / акти́вніший, найакти́вніший, паси́вніша, найпаси́вніша, розу́мніше, найрозу́мніше, відо́міші, найвідо́міші, мо́дніша, наймо́дніша, улю́бленіші, найулю́бленіші, докла́дніший, найдокла́дніший / бага́тший, найбага́тший, деше́вша, найдеше́вша, ста́рше, найста́рше, моло́дші, наймоло́дші

24 / 2 гарні́ш ніж Доне́цьк (за Доне́цьк, від Доне́цька), холодні́ше ніж чай (за чай, від ча́ю), ува́жніший ніж Іва́н (за Іва́на, від Іва́на), теплі́ший ніж жо́втень (за жо́втень, від жо́втня), моло́дша ніж Катери́на (за Катери́ну, від Катери́ни), ме́нший ніж Берлі́н (за Берлі́н, від Берлі́на), доро́жчий ніж стіле́ць (за стіле́ць, від стільця́), ви́ща ніж поли́ця (за поли́цю, від поли́ці), до́вший ніж Е́льба (за Е́льбу, від Е́льби)

24 / 3 Тарасові тридцять років, Андрієві двадцять чотири роки. Тарас на шість років старший ніж Андрій (за Андрія, від Андрія). Марійці двадцять років, Галині двадцять сім років. Марійка на сім років молодша ніж Галина (за Галину, від Галини). Остапові п'ятдесят років, Тетяні сорок років. Остап на десять років старший ніж Тетяна (за Тетяну, від Тетяни). Лідії двадцять один рік, Ользі двадцять три роки. Лідія на два роки молодша ніж Ольга (за Ольгу, від Ольги). Надії двадцять п'ять років, Оксані двадцять два роки. Надія на три роки старша ніж Оксана (за Оксану, від Оксани). Насті двадцять років, пані Софії шістдесят років. Настя на сорок років молодша ніж пані Софія (за пані Софію, від пані Софії).

24 / 5 ще цікавіша, ще вищий, ще краще, ще гірше, ще нижча, ще гарніша, ще менший, ще дорожче, ще вужча

24 / 6 Мій сусід цікавиться історією. Мої друзі захоплюються класичною музикою. Ви щодня займаєтесь спортом? Не щодня, але часто. Що Ви зараз робите? Я дивлюсь телевізор. Концерт починається о двадцятій годині. Що робить Ваш син? Він купається. Тарас миється, голиться і одягається. О вісімнадцятій годині ми зустрічаємось з Оксаною.

24 / 7 Сніданок готується Марійкою. Українська мова вивчається студентами. Сувеніри тут часто купуються туристами. Домашнє завдання робиться нами.

24 / 9 Нам сьогодні не спиться. Йому не пишеться. Павлові не лежиться. Їм не працюється. Мені не п'ється. Студентам не сидиться.

25 / 1 тепліше, найтепліше, холодніше, найхолодніше, веселіше, найвеселіше, сумніше, найсумніше, гарніше, найгарніше / активніше, найактивніше, пасивніше, найпасивніше, модніше, наймодніше, докладніше, найдокладніше, досконаліше, найдосконаліше / дешевше, найдешевше, грубше, найгрубше, м'якше, найм'якше

25 / 2 холодніше ніж у Ялті, довше ніж Іван, вище ніж птах, менше ніж Гаврило, більше ніж Омелько, веселіше ніж росіяни, дорожче ніж на трамваї, гірше ніж Богдан, важче ніж по-англійськи, гарніше ніж Текля

25 / 3 а мама ще цікавіше, а ваша ще активніше, а ви ще менше, а сьогодні ще тепліше, а в аудиторії ще холодніше, а в Кельні ще веселіше, а Олег ще гірше, а в Китаї ще більше, а моя машина ще швидше

25 / 4 У червні набагато тепліше ніж у жовтні. У Бонні набагато затишніше ніж у Берліні. На дискотеці набагато веселіше ніж на уроці. У селі набагато тихіше ніж у місті. На семінарі набагато цікавіше ніж на лекції. У січні набагато холодніше ніж у липні.

25 / 10 твій, його, її, його, наше, Ваша, їхнє, моє, твоя, її, його, їхній, наш, ваша, їхня

25 / 11 твоєю, твою, твоїй / Вашого, Вашому, Вашим / їхньої, їхнього, їхньому

25 / 12 мій, мого, моїм, моєму, мій / твоєму, твоє, твого, твоїм / ваш, вашому, вашому, вашим, вашого / їхні, їхніми, їхніх, їхнім

25 / 13 свою, її, свого, його, свою, її, свою, свого

25 / 14 своє, його, своє, його / їхній, своєму, їхньому, їхнього, свій, їхнього / своєї, її, своєму, її

26 / 1 лимонаду, води, кефіру, узвару / морозива, цукерків, коли, шоколаду / молока, какао, вина, шампанського / хліба, масла, ковбаси, сиру, повидла / м'яса, риби, шинки, соку, пива

26 / 2 Степана, парку, Гамбурга, Донбасу, франка, Франка, підручника, учителя, тигра, батька, університету, Люксембургу (-а), Байкалу, метра, стільчика, Андрія, Одеру, готелю, Бонна, дощу, Ватикану, Нью-Йорка, сантиметра, замку, замка, Луцька, літра, офіцера, залу, саду, резонансу, альманаху, Дунаю, Львова, Петра, цента, колективу, фокстроту, універмагу, телевізора, візиту, газопроводу, комп'ютера, президента, снігу

26 / 3 немає автомобіля, немає історичного музею, немає гарного портфеля, не має власного бізнесу, не має доброго словника, не має нового принтера, не має цифрового фотоапарату

27 / 1 для кого, на котрому, кого, яких, яку, чия, котрій, про кого, які, чиєї

27 / 2 цьому пляжі, цій аудиторії, тією історією, того чоловіка, цій дівчинці, цього хлопчика, тому учневі, цієї допомоги

27 / 3 всю, всі, усім, всі, все, всіх, усього, усієї, усіма, всього

27 / 5 ніхто́, нічо́го, нія́кого, ніко́му, ні в яко́му, ні на яку́, ніко́му, ніко́го, нія́ких, нічо́го
27 / 6 де́кого, де́яких, де́котрим, яки́м-не́будь, хтозна́-чим, ка́зна-що, кого́сь, котро́мусь, щось, чим-не́будь
27 / 7 до́му, яко́му, ньо́му, дев'я́тої годи́ни, ра́нку, деся́тої годи́ни, ве́чора, обі́дньої пере́рви, Окса́ни Петрі́вни, їй, святко́ву вече́рю, вхо́ду, супермаркету, них, моло́чного ві́дділу, ба́нки, смета́ни, паке́ти, молока́, цьо́му, ві́дділі, гра́мів, голла́ндського си́ру, па́чки, ма́сла, м'ясно́му ві́дділі, гра́мів, ялови́чини, кілогра́ми, свини́ни, ковба́сного ві́дділу, ковба́си, гра́мів, варе́ної, гра́мів, серве́лату, кілогра́м, украї́нської дома́шньої ковбаси́, хлі́бного ві́дділу, яко́му, буха́нці, чо́рного, буха́нці, бі́лого хлі́ба, овоче́вого, кілогра́ми, карто́плі, голо́вку, капу́сти, буряків, кілогра́ми, мо́ркви, нічо́го, цьо́му супермаркеті, доро́зі, торт, ка́ву, ба́нку, вершкі́в, па́чку, цу́кру, ка́си, фрукто́вим, моло́чним, вершко́вим і шокола́дним моро́зивом, па́чку, вершко́вого, па́чки, фрукто́вого моро́зива, ка́си, транспорте́р, ва́ртість, пла́стиковою ка́рткою, ви́ходу, нічо́го, чого́сь, Васи́ля, Ле́сю
27 / 10 миль, ми́ля, ми́лі / до́ларів, до́лар, до́лари / у́чнів, у́чень, у́чні / кіломе́трів, кіломе́трів, кіломе́три / сторі́нок, сторі́нка, сторі́нки / книжо́к, кни́жка, кни́жки / лі́трів, літр, лі́три / ро́ків, рік, роки́
27 / 14 ти́сяча вісімсо́т чотирна́дцятого ро́ку, ти́сяча вісімсо́т шістдеся́т пе́ршого ро́ку, ти́сяча вісімсо́т сімдеся́т пе́ршого ро́ку, ти́сяча вісімсо́т сімдеся́т п'я́того ро́ку, ти́сяча дев'ятсо́т двадцять дев'я́того ро́ку
27 / 15 пе́рше жо́втня дві ти́сячі п'я́того ро́ку, четве́рте ли́пня дві ти́сячі тре́тього ро́ку, двана́дцяте бере́зня двохти́сячного ро́ку, два́дцять п'я́те лю́того ти́сяча дев'ятсо́т дев'яно́сто дев'я́того ро́ку, вісімна́дцяте ве́ресня дві ти́сячі во́сьмого ро́ку / тридця́того кві́тня ти́сяча дев'ятсо́т со́рок во́сьмого ро́ку, трина́дцятого тра́вня ти́сяча дев'ятсо́т сімдеся́т тре́тього ро́ку, шо́стого жо́втня ти́сяча дев'ятсо́т шістдеся́т п'я́того ро́ку, п'ятна́дцятого бере́зня ти́сяча вісімсо́т вісімдеся́того ро́ку, дру́гого се́рпня дві ти́сячі дев'я́того ро́ку

Literaturverzeichnis

Орфографічний словник української мови / Академія наук України
Інститут мовознаставa ім. О. О. Потебні / Інститут української мови
Український мовно-інформативний фонд
Київ, Видавництво „Довіра", 1994

Український правопис / Національна Академія наук України
Інститут мовознавства ім. О. О. Потебні / Інститут української мови
Стереотипне видання
Київ, Наукова думка, 2000

Сучасна українська літературна мова / За редакцією М. Я. Плющ
Київ, Вища школа, 2000

М. Я. Плющ, О. І. Леута, Н. П. Гальона. Сучасна українська літературна мова
Збірник вправ
Київ, Вища школа, 1995

В. В. Лобода, Л. В. Скуратівський. Українська мова в таблицях / Довідник
Київ, Вища школа, 1993

М. Г. Зубков. Сучасний український правопис / Комплексний довідник
Харків, Торсінг, 2000

І. П. Ющук. Практикум з правопису української мови
Київ, Освіта, 1997

Г. О. Козачук. Українська мова для абітурієнтів
Київ, Вища школа, 2001

З. Терлак, О. Сербенська. Українська мова для початківців
Львів, Видавництво „Світ", 2000

Д. В. Луцик, М. М. Проць, А. С. Савшак. Буквар
Львів, Видавництво „Світ", 2000

Ю. А. Жлуктенко, Е. А. Карпиловская, В. И. Якмак.
Изучаем украинский язык / Самоучитель
Київ, Либідь, 1996

И. Р. Выхованец, Е. А. Карпиловская, Н. Ф. Клименко.
Изучаем украинский язык / Расширенный курс, Самоучитель
Київ, Либідь, 1996

Л. М. Паламар. Практичний курс української мови / Навчальний посібник
Київ, Либідь, 1995

Т. Лещук, В. Задорожний, М. Весна, О. Романишин.
Українсько-німецький розмовник – Deutsch-ukrainischer Sprachführer
Львів, Світ, 1992

В. С. Калашник, А. Я. Опришко, А. А. Свашенко.
Русско-украинский разговорник
Київ, Вища школа, 1992

O. Anhalt-Bösche. Ukrainisch / Einführendes Lehrbuch
Harrassowitz Verlag Wiesbaden, 1996

S. Amir-Babenko. Lehrbuch der ukrainischen Sprache
Helmut Buske Verlag Hamburg, 1999

E.-G. Kirschbaum, E. Kretschmar. Kurze russische Sprachlehre
Volk und Wissen Berlin, 1973

Ф. Д. Заставний. Фізична географія України
Київ, Вища школа, 1999

Історія України
Львів, Видавництво „Світ", 1998

Енциклопедія Української кухні
Видавництво „Сталкер", 2001

Internet

В. А. Широков, О. М. Костишин, О. Г. Рабулець, І. В. Шевченко, Н. М. Сидорчук. Словники України on-line / http://ulif.org.ua/ulp/dict_all/index.php

Deutsche Rechtschreibung / http://www.neue-rechtschreibung.de/

Wikipedia / Die freie Enzyklopädie / http://de.wikipedia.org

Deutsch an der Uni / http://deutsch-uni.by.ru/data/ref.shtml

Ukrainisch / http://www.ukrainisch.info

Київ on-line / http://kievgid.com/, http://kyiv.osp-ua.info/index.php

Львів on-line / http://www.lviv.ua/web/

Високий замок / http://wz.lviv.ua

Deutsche Welle / http://www.dw-world.de/ukrainian/

Ludmila Schubert

Sprachführer
Deutsch – Ukrainisch – Russisch

Mit Basisvokabular und Kurzgrammatik
2., überarbeitete Auflage

2008. 197 Seiten, br
170x240 mm
ISBN 978-3-447-05765-3
€ 19,80 (D)

Der „Sprachführer Deutsch – Ukrainisch – Russisch" besteht aus fünf Teilen. Im ersten Teil werden das ukrainische und das russische Alphabet vorgestellt, die phonetischen und orthographischen Besonderheiten der beiden Sprachen verdeutlicht. Der zweite Teil befasst sich mit den allgemeinen Redewendungen, Anrede- und Grußformeln, Phrasen und Floskeln, die bei Begegnung, Vorstellung, Entschuldigung, Abschied etc. gebraucht werden. Der dritte Teil enthält Sätze und Redewendungen, die konkrete Kommunikationssituationen wie „Reise", „Pass- und Zollkontrolle", „Hotel", „Restaurant", „Orientierung", „Geschäftskontakte" usw. widerspiegeln. Im vierten und fünften Teil werden das allgemeine, alltagsbezogene Vokabular und eine Kurzgrammatik der beiden Sprachen im Vergleich vorgestellt. Alle mehrsilbigen Wörter sind mit Betonungszeichen versehen, für die Wiedergabe der Aussprache der allgemeinen Redewendungen wird die deutsche Umschrift benutzt.

Kersten Krüger, Horst Rothe

Ukrainisch-Deutsches Wörterbuch (UDEW)

Broschierte Sonderausgabe - Basiert auf Version 10.0 des digitalen Wörterbuchs

2022. 742 Seiten, br
170x240 mm
ISBN 978-3-447-11835-4
€ 39,– (D)

Die broschierte Sonderausgabe des Ukrainisch-deutschen Wörterbuchs (UDEW, Version 10) umfasst ca. 30.000 ukrainische Ein- und Mehrworteinträge, bei denen es sich zum überwiegenden Teil um Lexik handelt, die als Schnittmenge in ausgewählten Lehrwerken und einschlägigen Wörterbüchern zur ukrainischen Sprache enthalten ist. Darüber hinaus haben mit Ausnahme von Personennamen, die nur vereinzelt enthalten sind, auch alle Wörter, deren Formen zu den häufigsten 28.000 gehören, Eingang ins UDEW gefunden, und zudem auch zahlreiche Neologismen sowie Bezeichnungen für Realien aus dem deutschsprachigen Raum. Aus lexikalischer Sicht enthält das UDEW auch Abkürzungen, Wortfügungen im Sinne von Kollokationen, Wendungen, Redensarten, Phraseme und Sprichwörter. Mit Hilfe des UDEWs sollte es möglich sein, Texte aus dem Alltagsleben zu übersetzen, die nicht ausgesprochen fachspezifisches Vokabular beinhalten.

Basiert auf Version 10.0 des digitalen Wörterbuches.